金融理财概论

主 编 罗春婵 高翠云

北京理工大学出版社
BEIJING INSTITUTE OF TECHNOLOGY PRESS

内 容 简 介

本教材采用"总分"结构布局全文,在总体介绍理财的概念、原则、流程等知识的基础上,介绍金融理财的基本理论,阐述财务分析和风险偏好,进而从金融理财工具的角度,依次对银行金融产品、债券、股票、基金、保险、信托、衍生品、黄金的特点进行探讨,对其在理财方面的运用进行总结,以期投资者形成适合自己的金融理财方案。

本教材逻辑清晰,语言表达准确、流畅。每章开头从"问题导向""知识目标""综合素养"三个维度展开,在行文过程中纳入大量的案例分析,便于教师教学和学生理解。

本教材内容侧重于家庭角度的金融理财基础知识,具有较好的通识性和普适性,不仅适合高等院校经济类、金融类等相关专业本科生使用,也适合对金融理财感兴趣的人群参考。

图书在版编目(CIP)数据

金融理财概论 / 罗春婵,高翠云主编. --北京:

北京理工大学出版社,2024.1

ISBN 978-7-5763-3535-4

Ⅰ.①金… Ⅱ.①罗… ②高… Ⅲ.①金融投资

Ⅳ.①F830.59

中国国家版本馆 CIP 数据核字(2024)第 042210 号

责任编辑:武丽娟   **文案编辑:**武丽娟
责任校对:刘亚男   **责任印制:**李志强

出版发行 / 北京理工大学出版社有限责任公司
社　　址 / 北京市丰台区四合庄路 6 号
邮　　编 / 100070
电　　话 / (010) 68914026 (教材售后服务热线)
　　　　　　 (010) 68944437 (课件资源服务热线)
网　　址 / http://www.bitpress.com.cn

版 印 次 / 2024 年 1 月第 1 版第 1 次印刷
印　　刷 / 三河市天利华印刷装订有限公司
开　　本 / 787 mm×1092 mm　1/16
印　　张 / 18
字　　数 / 423 千字
定　　价 / 95.00 元

图书出现印装质量问题,请拨打售后服务热线,负责调换

随着我国经济的发展和居民收入水平的提高，理财已经成为人们生活中必不可少的一部分。存款、银行理财产品、基金、股票、债券、保险、黄金等相关产品为人们提供了多种可选择的理财工具，而与其不匹配的是多数人的金融理财知识匮乏。什么是结构性存款？什么是净值型理财产品？股票和基金如何选择？国债逆回购如何操作？我们是否需要保险产品？如何选择适合自己的理财产品？这些都是在理财过程中居民需要面对的现实问题。本书正是基于解决这些问题而进行编写。

本书体现以下特点。

1. 注重问题导向，内容体系完整。本书在保证一定学术水平的基础上，吸纳了与金融理财相关的最新理论，使基础理论与新发展相结合，并从问题出发，将金融理财知识系统地展示出来，用通俗易懂的语言阐述生涩难懂的理论。

2. 突出学以致用，树立正确的理财价值观。本书以二十大精神为指导，围绕正确的理财价值观这一核心要素进行课程思政建设，探讨投资与投机、风险与收益、理财与拜金、财务自由与人生规划、金融工具与家庭投资的适配性等问题，引导学生得出答案，以实现"润物细无声"的综合素养提升。

3. 重视案例分析，遵循理财顺序。本书以鲜活的案例进一步阐释、应用理论知识，明确理论知识的应用价值，并以理财的基本顺序为主线，由浅及深、循序渐进地对金融理财的整体框架进行介绍，符合教育教学规律和学生成长规律。

全书共 12 章：第 1 章为金融理财导论；第 2 章为金融理财基础理论；第 3 章为财务情况分析；第 4 章为风险偏好分析；第 5 章为银行金融产品与理财；第 6 章为债券与理财；第 7 章为股票与理财；第 8 章为基金与理财；第 9 章为保险与理财；第 10 章为信托与理财；第 11 章为金融衍生品与理财；第 12 章为黄金与理财。其中，第 5 章至第 12 章重点介绍可以选择的理财工具以及理财工具的适配性。

本书由罗春婵拟定编写大纲，并负责大部分章节内容的编写；高翠云负责第 10 章、第 11 章部分内容的撰写，并协助罗春婵统撰全书及定稿，梁广缘、孙小雨、吴雨、孙文霞、王梓潼、邹佳桐参与部分资料的整理、编撰、校对工作。

在写作过程中，作者参考和引用了大量文献，章末列出的参考文献只是其中一部分，这些文献资料为我们提供了坚实的基础和丰富的创作源泉，在此谨向文献作者致以诚挚的谢意。

限于编者的知识水平和教学经验，本书的不足之处在所难免，敬请广大读者批评指正。

罗春婵

2023 年 9 月

目录

CONTENTS

第1章　金融理财导论

问题导向

1. 投资等于理财吗？
2. "赚钱"是金融理财的唯一原则吗？
3. 如何进行金融理财呢？

知识目标

1. 理解投资和理财的区别。
2. 掌握金融理财的目的。
3. 掌握金融理财的基本步骤。

综合素养

1. 培养学生从金融投资向金融理财的理念转变。
2. 从金融理财角度培养学生的家庭责任感。
3. 通过风险与收益的对比，培养学生明确风险与收益的匹配性。

1.1　投资与理财

在当今社会，每个家庭都面临理财的问题。有的家庭整体收入较高，但花销很大，没有财富积累；有的家庭整体收入中等，但善于理财，不仅保持了较高的消费水平，也积累了一定的财富。那么，什么是投资与理财呢？本节将对投资和理财的基本含义进行介绍。

1.1.1　投资的基本含义

从广义上说，投资是指经济行为主体以获得未来收益为目的，投入一定数量的资金或资源来经营某项事业进而获得收益的行为，是一种资本的形成和扩张过程。根据不同的划分标准，投资可以分为直接投资和间接投资、实物投资和金融投资、企业投资和个人投资、生产性投资和非生产性投资、盈利性投资和公益性投资、境内投资和境外投资等。在本书中，投资主要是指金融投资，是居民对家庭资产进行配置和调整，通过购买适合的金融产品，在承担风险的基础上获取收益的过程，是资产保值和增值的手段。

 扩展空间

投资和投机的区别

投资和投机是在金融领域经常被提及的词语。在一些人的理解中，投资和投机是相同的；在一些人的理解中，投资是褒义词，投机是贬义词。那么，两者有什么区别呢？

第一，从动机方面看：投资是为了获得长期的资本增值收益，如将资金投入实体经济获得利润、将资金投入股票市场并长期持有获得股息收益等；而投机是为了获得短期的回报，如对股票的投机主要是指赚取短期的买卖差价或获得资本利得收益。

第二，从对象方面看：投资者选择发展较好的实体企业或者选择具有成长潜力的股票和债券进行投资；投机者选择价格波动较大的资产进行投机，较大的价格波动对投机者具有更高的吸引力。

第三，从行为方面看：投资者通常对自身的资产进行规划，将一部分资产进行投资，获取长期回报；投机者通常将自有资金全部投入甚至通过借入资金来提高投资规模，充分利用高杠杆进行交易，且交易更加频繁。

第四，从风险方面看：投资者的投资风险相对较小，收益更加稳定并且可预测性较强；投机者的投机风险相对较大，收益波动性更大。

从上面的分析可以看出，投资和投机其实很难区分。从动机方面看，金融市场参与者的心理行为无法被准确判断和度量；从对象方面看，很多资产的长期成长性和短期价格波动性并存；从行为方面看，有些市场参与者既获取长期回报，也进行杠杆交易；从风险方面看，很多金融资产的风险很难被准确评估。因此，投资和投机经常相互转换，投资者也可能是投机者，投机者也可能是投资者。

1.1.2 理财的基本含义

投资是资产保值、增值的过程，那么，理财是什么呢？它与投资有什么联系和区别呢？从广义上看，金融理财是对资产和负债进行合理的规划和匹配，从而实现资产配置、财富增值和安全保障；从狭义上看，金融理财主要是指个人或者家庭为实现财务目标，在对个人或家庭风险偏好进行分析的基础上，对资产负债状况、收入支出状况进行分析和估计，从而制订的一整套财富管理计划。本书主要从狭义的角度考虑金融理财活动。

此外，根据《金融理财师资格认证办法》的解释，金融理财是面向个人和家庭的综合性金融服务，主要包括个人和家庭的生命周期中每个阶段的资产和负债分析、现金流量预算与管理、个人风险管理与保险规划、投资规划、职业生涯规划、子女养育及教育规划、居住规划、退休规划、个人税务规划和遗产规划等内容。本书的重点在于帮助居民了解自身的风险偏好、寻找适合自己的金融产品，因此侧重于从居民家庭角度探讨金融理财问题。

从以上的分析可以看出，理财的含义更加广泛，不仅包括资产增值，也包括收益保障；不仅包括对收益的追求，也包括对投资适合性的评判，是整体的、系统的财富计划和安排。相对而言，投资是金融理财的一个部分，具有个体性、具体性的特点。

扩展空间

天下不患无财，患无人以分之。

—— （战国）《管子·牧民》

蓄积者，天下之大命也。

—— （汉）贾谊

善理财者，不加赋而国用足。

—— （宋）王安石

为国者，取之民而藏之官，出之官而散之天下。善于富国者，必先理民之财，而为国理财者次之。

—— （明）邱濬

1.2　金融理财的目的和原则

赚钱是金融理财的基本目的吗？不是，赚钱只是手段，是为了使生活更加美好。本节将对金融理财的基本目的和原则进行介绍。

1.2.1　金融理财的基本目的

从根本上讲，金融理财的基本目的是使人们的生活更加富足，心情更加愉悦。投资赚钱、资产配置、保险保障等都是理财的手段，而非理财的目的。具体地讲，理财是为了满足个人及其家庭以下几方面的需要。

第一，改善物质生活水平的需要。无论是独立生活还是结婚生子，无论是未来养老还是赡养父母，无论是娱乐休闲还是旅游度假，良好的财务状况和财富积累都是这些活动顺利实施的物质保证。财务独立是独立生活的前提，物质基础是结婚生子的保障，丰厚储蓄是未来养老的基础，金钱富足是改善父母生活的重要手段，资金宽裕是娱乐休闲和旅游度假的有效支撑。

第二，提高精神生活水平的需要。物质文明是精神文明的基础，伴随着物质文明的不断提高，人们的精神文明程度也会有所提升。《管子·牧民》中讲道，"仓廪实而知礼节，衣食足而知荣辱"，即百姓的粮仓充足，丰衣足食，才能顾及礼仪，重视荣誉和耻辱。人们生活水平不断提高，在学习、教育等方面的投资也越来越多，从而使人们的受教育水平和受教育程度也得到相应的提高。而且，通过休闲娱乐、旅游度假，人们的生活方式更加多样，生活节奏逐步放慢，生活情绪和生活状态更加健康有序。

第三，强化生活风险保障的需要。在理财活动中，保险是重要的组成部分。"天有不测风云，人有旦夕祸福"，每个人的一生都不会是一帆风顺的，有些意外事件会对家庭生活产生极大的负面影响。通过保险，可以用最低的成本最大限度地解决问题，平滑整个生命周期的现金流，从而保障物质生活和精神生活水平。

扩展空间

儒家积极的理财思想①

- **义利思想**

义利观是儒家财政思想的核心，它要求各个不同的社会集团在经济生活中遵守一定的道德规范，即"以义制利"的思想，它要求人们以德、仁、礼规范生活，生财有道，取民有信，公平、人道。否则，所获之利即是不义暴利。其主张具体表现在：君主兴利要取之于民而用之于民，生财有道，用之不讳仁政。孔子的思想中有量入为出的财政思想，是对统治者以义制利、以礼制欲的具体要求。生民要勤劳致富，痛斥偷窃、抢劫行为。指责那些权势人物利用政权力量与民争利的不公平状况，发不义之财。孔孟曾一再痛斥诸侯国的公族、权臣以权谋私的劣迹。

- **富民富国的目标**

孔孟儒家与法家理财的总目标的巨大差别在于前者强调富国先富民。孔子认为百姓富裕、社会生活安定和谐，国家人口就会增加，国家就会富强，否则讳礼越法，社会动荡不安，人口锐减，国力渐沦弱穷。在孔子这一思想基础上，后人又对如何富民富国提出了进一步的措施：首先要培养税源，其次是实行轻徭薄赋。

- **崇俭节用的生活准则**

孔孟儒家在财政支出上要求崇俭节用，即无论是个人生活还是国家财政，都应以节约为原则。孔子看到了财政与人民之间存在"财聚则民散，财散则民聚"的关系，提出了"节用以爱人"的主张，但这种节用还应符合俭不违礼、用不伤义的封建伦理规范。受儒家思想影响，历代明君贤臣都倡导节俭，并以此作为自律的重要生活准则和国家兴衰的标志，这也是孔孟儒家思想中的重要内容。

1.2.2　金融理财的基本原则

金融理财的基本原则主要包括量入为出原则、三性原则、最优化原则、因人制宜原则、终生理财原则和快乐理财原则。

第一，量入为出原则。

量入为出意味着在金融理财的过程中，应该在保证基本生活支出的前提下，对自身的收入和财富进行估算，利用剩余的资金进行投资。这一点对于刚刚开始投资的新手尤其重要。支出的多少影响到结余，花钱无度、寅吃卯粮的家庭无法累积大量财富。

第二，三性原则。

三性原则指流动性原则、安全性原则和收益性原则。

流动性原则是指在金融理财的过程中，人们选择流动性较强的资产。流动性是指资产转变为现金的速度和难易程度。失去了流动性，支出会受到严重影响。例如，在房价不断上升的背景下，人们将大部分资产投资于房地产市场，虽然可能会获得较高的收益，但是变现性较差，当人们需要使用现金时，会受到影响。

安全性原则是指在金融理财的过程中，对资产的风险进行评估并不断寻找降低风险的

---

① 田玉娟. 中国古代理财思想及借鉴意义［J］. 财会月刊，2004（10）：47-48.

方式。风险承受能力较低的人应选择风险低、安全性高的资产，并且通过分散投资的方式降低风险。投资的前提是资产的安全，不要把全部鸡蛋放在同一个篮子里，也不要把全部篮子挑在同一个肩膀上，要组合投资，分散风险。

收益性原则是指在金融理财的过程中，对投资的收益进行预估和判断，不仅要关注投资收益的绝对值，也要关注投资收益的相对值。

第三，最优化原则。

对于特定的金融产品，流动性、安全性和收益性三者之间存在矛盾，即流动性较高、安全性较好的金融产品通常收益较低、风险也较低；流动性较低、安全性较低的金融产品通常收益较高、风险也较高，无法同时实现高流动性、高安全性和高收益性。因此，需要考虑最优化原则。最优化原则是指在金融理财的过程中，人们需要对不同金融产品的风险和收益进行比较，在风险既定下追求收益最大化，在收益既定下追求风险最小化。

第四，因人制宜原则。

世界上没有两片相同的叶子，也不存在适合任何人、任何家庭的金融理财计划。由于经济环境、个性、投资偏好、年龄、职业、经历等方面的差异，不同人和家庭的理财规划也不尽相同。因此，对于某些个人和家庭而言，即使有专业的金融理财规划师为其服务，也需要学习一些基本的金融理财知识，只有这样，才能更好地掌握家庭的具体情况，才能更好地与理财规划师进行交流，共同设计出符合个人和家庭特点的理财规划。

第五，终生理财原则。

在个人及其家庭的不同阶段，资产负债水平不一样，财富情况不一样，收入支出情况不一样，现金流不一样，对金融理财的需求也不一样。同时，风险偏好也存在巨大差异。因此，应该根据个人及其家庭不同阶段的特点，制订金融理财规划，并注意不同阶段之间的衔接性和延续性。

第六，快乐理财原则。

金融理财的根本目的是为了使生活更美好。在金融理财的过程中，保持快乐的心情和健康的身体有助于对投资机会的把握。并且，伴随着人们金融知识的不断增加，风险控制能力、财富管理能力也在不断提高，自己也会更加优秀。

扩展空间

在遥远的古巴比伦时代，人们创造了巨大的财富，也积累了大量的理财经验，本文向读者介绍古巴比伦人关于黄金的法则，供参考和借鉴。

第一，凡能把全部所得的1/10或更多的黄金存储起来，留着为自己和家庭未来之用的人，黄金将乐意进入他的家门，而且快速增加。

第二，凡发现了让黄金为自己带来收益的效力，并使黄金像牧场羊群那样不断繁衍增值的英明主人，黄金将殷勤不懈且心甘情愿地为他努力工作。

第三，凡谨慎保护黄金，且在智慧之人的忠告之下才运用和投资黄金的人，黄金就会牢牢地攥在他的手里。

第四，凡在自己不熟悉的行业或用途上进行投资，或者在投资老手所不赞成的行业或用途上进行投资的人，黄金都将从他身边悄悄溜走。

第五，凡将黄金强迫运用在不可能获得的收益上，以及听从骗子和阴谋家诱人的建议，或盲目相信自己毫无经验和天真的投资概念而付出黄金的人，将使黄金一去不复返。

——乔治·克拉森（2007）①

1.3　金融理财的基本步骤

前文已讲述什么是金融理财、什么是金融理财的目的和原则，那么，如何进行金融理财呢？在本节中，我们将对金融理财的基本步骤进行学习，主要包括了解家庭特点、梳理财务情况、清楚风险偏好、了解理财工具、规划理财目标、进行资产配置和调整等方面。

1.3.1　了解家庭特点

每个人和每个家庭均具有差异性。对于每个家庭而言，家庭成员的数量、年龄结构、工作情况、学习经历、子女情况、父母情况等会存在差异，这些特点决定了其资产负债情况、收入支出情况、家庭风险偏好、家庭理财目标等，是进行金融理财的基础。本书将在第 2 章对此部分内容进行详细介绍。

1.3.2　梳理财务情况

对于个人和家庭而言，进行金融理财的第二步就是梳理自己的财务情况，主要包括资产负债情况和收入支出情况。本书将在第 3 章对此部分内容进行详细介绍。

1.3.2.1　明确资产负债情况

首先，对个人及家庭的资产情况进行分析，清楚现金、活期存款、定期存款、债券、股票、基金、保险、衍生品、黄金等资产的绝对数量及所占比例，并根据不同的用途进行初步分类；其次，对个人及家庭的负债情况进行分析，清楚信用卡欠款、银行贷款、外借款项等负债的绝对数量及所占比例，分析负债形成的原因；最后，对资产和负债的整体情况进行分析，对个人及家庭的整体资产负债情况、财务实力进行判断。

1.3.2.2　明确收入支出情况

第一，对个人及家庭的收入情况进行分析，清楚收入的主要来源，明确工资薪金和劳动报酬收入、个体工商户生产经营所得、投资性收入、转移性收入等不同来源的收入所占比重；第二，对个人及家庭的支出情况进行分析，清楚不同类型支出的绝对数量及所占比例，并根据自身偏好将支出分为必要性支出和选择性支出；第三，对收入支出情况进行整体分析，对支出是否造成个人及家庭净资产减少进行判断。此外，也要对收入和支出的时间节点进行关注，并结合资产负债情况，对家庭整体的财务情况进行把握。

1.3.3　清楚风险偏好

不同的个人和家庭具有不同的风险偏好。对股票投资是否有经验？是否有不愿意投资的金融产品？可以承受多少本金损失？投资损失是否对个人的精神、生活等方面造成严重

---

① 乔治·克拉森. 巴比伦富翁的理财课 [M]. 比尔李，译. 北京：中国社会科学出版社，2007.

影响? 这些都会影响个人及家庭的风险承受能力和风险承受态度, 也决定了其在资产配置方面对风险资产的态度及投资比例。本书将在第4章对此部分内容进行详细介绍。

1.3.4 了解理财工具

这部分是本书的重点内容。金融理财工具包括银行存款、信用卡、银行理财产品、股票、债券、基金、金融衍生产品、保险、信托、黄金等。了解不同金融理财工具的优缺点及其风险收益情况, 有助于我们判断哪些金融理财工具适合个人及家庭选择。本书将在第5章至第12章对金融理财工具进行详细介绍。

1.3.5 规划理财目标

在明确财富情况和风险偏好的基础上, 个人及家庭根据可以选择的理财工具、当前的经济金融形势等方面规划自己的理财目标。具体而言, 理财目标是通过对金融理财产品的选择, 使资产在多长时间达到何种规模的规划。第一, 对所有愿望和目标进行排序, 选择自己要优先实现的几个目标, 并对目标的弹性、可调整性进行分析; 第二, 在此基础上, 选择自己在既定的约束条件下可以实现的目标; 第三, 根据这一目标制订理财规划。

 扩展空间

理财的平衡观①

理财的主要目的不是"掘金"而是"平衡", 即实现财务的平衡。保持"财务平衡"是理财的首要目标, 也是迈向财务独立的第一步。一般来说,"财务平衡"要保证四个方面的平衡。

1. 内容上的平衡

理财在内容上包括住房计划、汽车计划、子女教育计划、资产分配计划、保险计划、养老计划、退休保障计划、遗产计划等。理财的目的之一就是要使这些理财内容达到一个平衡, 不能顾此失彼。

2. 结构上的平衡

理财涉及投资, 但不等同于投资, 资产增值是理财的重要目的之一, 但更重要的是对风险的控制和规避以及对财产或债务的梳理。所以, 一个稳健平衡的财务结构才是合理的, 不过这个结构还要因人而异: 根据风险偏好、资产多少的不同, 这个合理的结构也会不同。

3. 时间上的平衡

制订理财计划时, 按时间长短分为短期目标(1年左右)、中期目标(3~5年)、长期目标(5年以上)。要实现这些目标, 就需要达到时间上的平衡。时间上的平衡主要是指平衡现在和未来的消费, 从而决定人一生各个阶段的生活方式, 它是理财的基础部分, 也是最容易忽视的部分。

4. 动态上的平衡

在人的一生中, 物资的多少、财富的多少等都是动态的、变化的, 不是恒定的。如果只出不进, 千万家财也会毫厘不剩; 如果只进不出, 这样的财富犹如粪土; 只有合理平衡物资与财富的进出, 才会拥有更幸福的生活。

---

① 李旭. 个人理财的理论基础与主要应用 [J]. 中外企业家, 2013 (6): 263.

1.3.6　进行资产配置与调整

资产配置主要包括选择资产类别、确定不同资产的比重、确定子类别中的资产比重、确定具体资产的品种选择和买入/卖出时机、进行绩效跟踪和资产调整等。

第一，选择资产类别。根据个人及家庭的特殊性，选择可以接受的资产类别及复杂程度，将其无法接受的资产类别排除在外；并根据不同资产的风险、收益特点，判定其在资产组合中的地位和作用，如哪些资产用于流动性支出、哪些资产用于长期升值、哪些资产可以承担保险功能等。

第二，确定不同资产的比重。根据金融市场情况及个人和家庭的需要，将资产分为应对流动性支出的资产、应对预防性支出的资产、保本升值的资产、投资资产等几部分，并设定不同部分的比重。例如，应对流动性支出的资产主要是 3～6 个月的生活费；应对预防性支出的资产主要用于疾病、意外事故，如果针对这一部分购买保险，那么保险可以发挥以小博大的作用，如果采取定期存款的方式，则此部分资产的占比可能会较大；保本升值的资产主要用于养老、子女教育等，这部分资产以投资银行理财产品、债券、年金保险等本金较安全、收益较稳定的资产为主；投资资产主要侧重于资产的收益性和成长性，因此可以投资在股票、基金、房地产、外汇等资产方面，但投资前要对风险加以考虑。每个人和每个家庭的资产情况、收入水平、年龄结构等存在很大差异，没有适用于所有人或者所有家庭的标准资产比重设计。

第三，确定子类别中的资产比重。首先，以应对流动性支出的资产中，确定现金、活期存款、货币市场基金等资产的数额和所占比重，根据不同的支出习惯进行调整，同时，要考虑自身的收入支出情况以及当期净收入的情况；其次，确定应对预防性支出的资产，通常将意外伤害、重大疾病、房屋损失等保险列入此项，但是，由于不同个人或家庭的偏好不同，保险所占比重也不尽相同，同时，定期存款也可以列入这一范围；再次，确定保本升值资产中银行理财产品、债券、年金保险等资产的比重，根据不同资产的情况和家庭特点，要重视这部分资产的风险控制，严格降低本金损失的风险；最后，确定投资资产中股票、基金等资产的比重。

第四，确定具体资产的品种选择和买入/卖出时机。充分利用互联网等各种信息渠道，对相似的资产进行对比，选择风险较低、收益较高的资产进行投资；同时，对资产进行分散，寻找较好的投资组合；此外，特别是对股票、基金等金融产品，确定好买入和卖出时机，考虑短期持有还是长期持有。

第五，进行绩效跟踪和资产调整。金融市场瞬息万变，每个人和家庭的财务状况、未来的收支水平、家庭风险偏好也在不断变化。因此，应该对投资的绩效进行回顾，不断调整理财规划，调整理财目标，优化资产类别和比重，从而实现个人及家庭的财务自由。

扩展空间

一提到"理财"，人们不应只联想到赚钱、投资和买保险，应明白理财是一个集认识自身、设定目标、控制消费、管理债务、发展职业、购入和盘活资产、控制风险、设计架构和传承规划于一体的系统工程。

理财不只是解决燃眉之急的金钱问题，而应该是通过合理调配有限职业生涯的财富盈余、适当利用负债来支付人一辈子的支出，以达到个人终生消费的效用最大化。

理财是每一个普通人都可以做的事，只要做好资产配置，了解风险管理方法，就能在承受一部分能承受的风险的基础上，实现资产的增值和保值。

没有一个完美的投资公式能适合所有家庭，没有一个完美的理财方案能适用人生的所有阶段，应明白理财背后的原理，根据不同家庭的实际状况和不同需求来量身定做。

——艾玛·沈（2018）①

素养提升

2023年以来，我国存款利率进一步下调，工商银行等大型银行一年期整存整取利率下降至1.55%，二年期整存整取利率下降至1.85%，三年期整存整取利率下降至2.2%。

由于存款利率较低，王先生试图选择其他产品以获得较高的收益。通过上网查询，他发现银行理财产品、股票、基金等多种金融产品的"收益"都高于存款，其"收益"在3%~8%之间，有的产品甚至达到15%。如果王先生进行投资，真的可以获得如此高的收益吗？

首先，从风险收益组合矩阵谈一谈风险和收益的匹配性。

风险收益主要包括四种组合，如表1-1所示，高收益高风险组合、高收益低风险组合、低收益高风险组合、低收益低风险组合。高收益低风险组合是投资者最喜欢的，但现实中存在这种组合吗？下面依次加以分析。

表1-1　风险收益组合

组合	风险	
收益	高收益高风险	高收益低风险
	低收益高风险	低收益低风险

第一种组合：高收益高风险组合。在这种组合下，资产的高收益与高风险并存，投资者欲获得高额的收益，就需要承担较高的风险，较高的收益中包含了对投资者承担风险的补偿。

第二种组合：高收益低风险组合。在这种组合下，投资者是否获益取决于投资者所处的位置以及价格调整的时间等因素，但这种情况很难存在。这里利用供给需求分析法进行分析：如果一种资产的收益较高而风险较低，那么就会吸引大量投资者进行购买，从而增加了这种资产的需求，在其他条件不变的情况下，会推高这种资产的价格，从而增加了后进投资者的成本，降低了投资收益，直至价格回归到正常水平为止。因此，在调整时间较长的条件下，最初的投资者可能获益。然而，对于很多金融资产而言，价格的调整十分迅速，投资者很难获益。

第三种组合：低收益高风险组合。投资者不会去购买这种资产，也就无法形成市场。当然，如果存在信息不对称，投资者对资产的风险收益情况存在误判，也可能会购买。

---

① 艾玛·沈. 理财就是理生活［M］. 北京：电子工业出版社，2018.

第四种组合：低收益低风险组合。在这种组合下，投资者承担了较低的风险，获得的收益也相对较低，这种组合适合风险承受能力较低的投资者。

其次，银行理财产品、股票、基金等金融产品较高的收益属于预期收益，存在本金损失的可能性。而银行存款的收益属于利息，受到存款保险制度的保护，基本不存在本金损失的可能性，安全性更高。

因此，银行存款、银行理财产品、股票、基金等不同金融产品的风险性不同，收益性也自然存在差异。一般而言，银行存款属于低风险低收益的产品，银行理财产品属于中风险中收益的产品，股票、基金属于高风险高收益的产品，它们之间不具有完全的替代性。王先生没有清楚地认识到风险和收益的匹配性，试图将高风险产品与低风险产品的收益率相比较，没有坚持"流动性、安全性、收益性"的三性原则，这会得出错误的结论，无法实现理财目标。

本章小结

投资是为了取得收益，侧重于资产的保值和增值，而理财是为使投资达到收益最大化所采取的方法和手段，内容十分广泛，不仅要考虑财富的积累，还要考虑财富的保障，甚至节税安排。因此，理财活动包括投资行为，投资是理财的一个组成部分。金融理财的基本目的是使人们的生活更加富足，心情更加愉悦，改善物质生活水平，提高精神生活水平，增强生活风险保障。金融理财的基本原则主要包括量入为出原则，流动性、安全性和收益性原则，最优化原则，因人制宜原则，终生理财原则，快乐理财原则。金融理财的过程包括了解家庭特点、梳理财务情况、清楚风险偏好、了解理财工具、设定理财目标、资产配置和调整等方面。

核心概念

投资　理财　流动性

复习思考题

1. 原中国银保监会主席郭树清在2022年金融街论坛上发表主题演讲，并指出"市场经济条件下，高收益必然伴随着高风险，宣扬'保本高收益''低风险高收益'肯定都是金融诈骗"，谈谈你的理解？

2. 请谈一谈流动性、安全性和收益性之间的关系？

3. 为什么世界上没有适合所有人的理财产品？谈谈你的理解。

4. 学完这一章，你在金融理财方面有什么感悟呢？

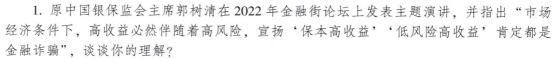

第 2 章　金融理财基础理论

问题导向

1. 家庭生命周期的不同阶段在理财方面有何区别？
2. 个人生涯规划的不同阶段在理财方面有何区别？
3. 如何判断某个项目/产品是否值得投资？

知识目标

1. 掌握单利、复利、连续复利的含义及计算方法。
2. 理解货币的时间价值。
3. 掌握净现值和内部收益率的含义及计算方法。

综合素养

1. 培养学生根据家庭特点或者个人特征进行理财的能力。
2. 对比中美助学贷款，认识中国助学贷款的普惠性。

2.1　家庭及个人发展特点与金融理财

在进行金融理财的过程中，家庭生命周期是家庭不同阶段行为特征和价值取向的重要影响因素，是进行金融理财的前提和基础，它影响着家庭的收入、支出、净资产等各个方面。

2.1.1　家庭生命周期与金融理财

2.1.1.1　家庭生命周期不同阶段的特点

一般而言，家庭生命周期包括家庭形成期、家庭成长期、家庭成熟期、家庭衰老期四个阶段。

1. 家庭形成期

家庭形成期是指一对夫妻结婚建立家庭并生养子女的时期。在这一时期，家庭具有以下特点：

从家庭成员数量方面看，家庭成员随着子女出生而增加，从两口之家向三口之家、四口之家或更多转变，也被称为"筑巢期"；

从夫妻年龄方面看，年龄以 25～35 岁者居多，正值青壮年，身体健康；

从居住方面看，常自行租房或购房居住；

从资产方面看，夫妻双方年龄较轻，如果已经购房，那么资产中房产占比较大；

从负债方面看，以信用卡账单等负债为主，如果选择按揭贷款的方式购房，负债中尚未偿还的贷款余额比重较大；

从净资产方面看，夫妻双方如果只凭借自身的资产积累，没有任何馈赠等额外的来源，则净资产较少；

从收入方面看，以双薪家庭为主，即夫妻二人均有收入来源；

从支出方面看，在子女出生后，支出显著增加，特别是对于多孩家庭而言，子女支出在整个家庭中的比重较大。

2. 家庭成长期

家庭成长期是指从子女出生到子女完成学业为止的时间段。在这一时期，家庭具有以下特点：

从家庭成员数量方面看，家庭成员数量较固定，也被称为"满巢期"；

从夫妻年龄方面看，年龄以 30～50 岁者居多，正值壮年，身体健康；

从居住方面看，常与父母同住；

从资产方面看，资产中房产占比仍然较大，但随着时间增加，可累计的资产逐年增加，对风险的控制更加重要；

从负债方面看，如果选择按揭贷款的方式购房，贷款数额在不断降低；

从净资产方面看，一般而言，净资产稳中有升或者较快增长；

从收入方面看，以双薪家庭为主，但是，如果夫妻一方收入较高，子女养育工作较重，那么，夫妻另一方可能会回归家庭，放弃工作；

从支出方面看，支出稳定增加。

3. 家庭成熟期

家庭成熟期是指从子女完成学业到夫妻均退休的时期。在这一时期，家庭具有以下特点：

从家庭成员数量方面看，家庭成员随着子女独立而减少，也被称为"离巢期"；

从夫妻年龄方面看，年龄以 50～60 岁者居多，身体较为健康；

从居住方面看，常将父母接来同住，或者夫妻二人居住；

从资产方面看，在整个家庭生命周期中，这一时期的资产规模达到顶峰；

从负债方面看，住房贷款在这个阶段需要全部还清，小额的信用卡账单、消费贷款成为主要组成部分；

从净资产方面看，这一时期的净资产也达到顶峰；

从收入方面看，通常在退休前夫妻二人均达到工作的最高职位，收入也最高，储蓄也在增长；

从支出方面看，如果子女财务独立，那么家庭支出将下降，可为退休的生活储备资金。

4. 家庭衰老期

家庭衰老期是指从夫妻均退休到夫妻一方过世的时期。在这一时期，家庭具有以下特点：

从家庭成员数量方面看，家庭成员多为夫妻二人，也被称为"空巢期"；

从夫妻年龄方面看，年龄以 60～80 岁者居多；

从居住方面看，多是夫妻二人居住，或者与子女同住；

从资产方面看，变现资产以增加收入来源，资产规模下降，对控制风险的要求更加强烈；

从负债方面看，新增负债的规模很小，所欠债务基本还清；

从净资产方面看，这一时期的净资产也逐渐减少；

从收入方面看，退休金、保险返还收入、年金、理财收入等成为主要的收入来源；

从支出方面看，休闲、医疗等方面的支出上升，储蓄减少。

2.1.1.2 家庭生命周期对家庭风险偏好的影响

1. 一般分析

在家庭的形成期，夫妻年龄较为年轻，财富积累不足，但是抗风险能力较强。因此，在资产配置方面可以选择股票等高风险高收益的资产，可以通过信用卡、小额信贷等方式，扩大自己的当期消费边界，弥补财富不足对消费的约束；在保险方面的需求主要用于应对意外伤害等方面带来的风险。

在家庭成长期，随着年龄的增加，用于子女教育等方面的支出不断上升，应逐步加强对风险的控制，高风险资产的比重有所降低，房屋贷款、汽车贷款都可以帮助家庭提高当前的消费水平；对保险方面的需求更加侧重教育年金、家庭支柱的健康保险等方面。

在家庭成熟期，财富积累达到了顶峰，最具资金实力，主要在于对资产的保值增值管理。这一时期，一方面需要为未来准备退休金；另一方面，随着年龄的增加，风险偏好也随之降低，对保险方面的需求较高（侧重对养老保险、重大疾病保险等方面）。

在家庭衰老期，对风险的偏好降到最低，股票等高风险资产在资产组合中的比重降到最低，也不再增加储蓄性、投资性保险产品的支出。

2. 具体分析

家庭生命周期的不同阶段对每个家庭的风险偏好、资产配置等方面的影响是一般性的，但每个家庭的特点不尽相同，具有差异性。这种差异性对不同家庭的金融理财影响巨大。

例如，丁克家庭和二孩家庭的金融理财规划存在显著差异。丁克家庭理财的目标主要是对高品质生活的追求，其理财目标的弹性较强，必要性支出和选择性支出的转换较为灵活，风险承受能力也较强。但对于二孩家庭而言，子女的生活、教育支出占比较大，而且主要是必要性支出，家庭的风险承受能力也较弱，会避免投资可能遭受本金较大损失的资产。

再如，初始财富情况对家庭的影响也较大。有的家庭在成立之初，便从父母等处接受了房产、汽车等的赠与，这类家庭通常不需要承担高额的债务，净资产数额较大，可以选择的资产种类较多，风险承受能力也较强。但是，有的家庭没有任何赠与，全部靠自身的财富积累，其选择性支出受到的限制较多，可以选择的资产种类较少，风险承受能力也相对较低。

2.1.2　生涯规划与金融理财

家庭生命周期是多数家庭必须经历的过程，而生涯规划是个人前瞻性的活动。生涯规划涉及学业及工作的选择、结婚及组建家庭、居住情况、退休规划等各个方面，涵盖资产投资、信用选择、保险规划、合理避税等环节。根据年龄层次，本书把生涯规划分为六个阶段。

2.1.2.1　探索期

从年龄方面看，这一时期多为 15~24 岁。

从学业方面看，根据个人的兴趣、自己的能力、社会需求等方面的因素来选择自己的学校及专业。对自己的未来有规划，继续深造还是走向工作岗位？在国内求学还是出国留学？不同的规划决定了家庭对个人未来的支出方向和数额多少。

从家庭方面看，这一时期大多未婚，在这一时期的后期，也有些人刚刚步入婚姻。

从居住方面看，主要与父母同住或者在学校宿舍居住，是家庭形成期前的阶段，仍以父母的家庭为生活重心。

从资产投资方面看，重点在于提高自身的知识水平和专业技能，为未来工作做准备。此时，可理的财产有限，可以利用银行储蓄、货币市场基金等金融工具，在保持资产流动性的同时，提高其保值、增值率。

从信用选择方面看，可以选择一到两张信用卡，扩大当期消费的边界。如有需要，也可以利用消费信贷等金融产品。

从保险方面看，可以选择意外伤害险、定期寿险等保险产品，这类保险费支出相对较低。

此外，由于年龄较小、收入较低，对退休、避税等方面的考虑较少。

2.1.2.2　建立期

从年龄方面看，这一时期多为 25~34 岁，逐渐在职场上站稳脚跟。

从工作方面看，选择与自己的愿望、能力较为匹配的工作。如果第一份工作不尽如人意，可以寻找更适合自己的工作，但需要对职场的规则有所领悟，切忌频繁跳槽。在工作的过程中，不断充实自己，建立自己的资源网络，收入也不断增加。

从家庭方面看，这一时期是一般人择偶、结婚、养育婴幼儿子女的时间，对应于家庭形成期的阶段。

从居住方面看，如果需要购买房产，是一次性付款买房，还是按揭贷款。如果选择贷款买房，是使用住房公积金贷款，还是商业性住房贷款；首付款如何筹集；未来分期偿还房贷本金和利息的资金来源是什么，这些问题都需要考虑。

从资产投资方面看，伴随着工作能力的提升，收入也在增加，而且，这一时期的风险承受能力也较强。在制订理财计划的过程中，可以将高风险高收益的股票、基金等纳入资产组合。当然，也需要考虑应对日常支出的流动性资产比例。

从信用选择方面看，在可以承受的范围内，信用卡、小额贷款、住房按揭贷款、汽车贷款均可以考虑。

从保险方面看，对家庭支柱进行投保，意外伤害险、定期寿险、教育年金均可以考虑。

2.1.2.3　稳定期

从年龄方面看，这一时期多为 34~44 岁，基本确定了生涯方向。

从工作方面看，经历了十年左右时间的沉淀，对自己想要何种工作、适合何种工作已经有明确的认识。是否需要转变现在的工作状态、是否需要自主创业、对未来发展的估计也更加准确。

从家庭方面看，在这一时期，子女一般进入小学和中学的求学阶段，家庭需要对子女的高中、大学等教育进行规划，如是否要出国、在什么时间段出国等。计划的制订决定了未来教育方面的支出，是家庭成长期的前半段。

从居住方面看，如果利用住房按揭贷款的方式购买房产，需要对贷款的本金和利息进行偿还，而且这部分支出对于家庭来说是必要性支出。如果是自有住房，那么无需偿还贷款，可支配的净资产更多。

从资产投资方面看，工作收入对资产的增加影响重大，在扣除了房贷本息偿还额、教育储备金等必要性支出之后，可以重点考虑资产的获利性。

从信用选择方面看，在可以承受的范围内，信用卡、小额贷款、住房按揭贷款、汽车贷款均可以考虑。

从保险方面看，对家庭支柱进行投保，意外伤害险、定期寿险、教育年金均可以考虑，也可以考虑以保险年金的方式储备退休金。

2.1.2.4　维持期

从年龄方面看，这一时期多为 45~54 岁。

从工作方面看，自身的工作、业务能力均达到较高的水平，在业内积累了一定的声誉；如果是自营职业者，围绕业务建立的资源关系网络也已经较为完整。

从家庭方面看，在这一时期，子女多处于念大学或深造阶段，属于家庭成长期的后半段，子女教育费用是最大支出。

从居住方面看，首套房产的贷款已基本还清，可以考虑以小换大或为儿女准备房产的首付款。

从资产投资方面看，这一时期的投资能力最强，净资产数额最大，可以选择的资产种类也最多，可以构建包括存款、基金、股票、债券、投资性房产等多种资产的组合，在分散风险的同时，保持较高的收益增长。

从信用选择方面看，主要是信用卡、小额信贷等。对于创业者而言，在利用小额信贷获取资金时，需要考虑资金的利率、手续费、偿还计划等方面的内容。

从保险方面看，基本养老保险、医疗险、寿险、年金等产品均可以考虑。

2.1.2.5　高原期

从年龄方面看，这一时期多为 55~60 岁。

从工作方面看，在 60 岁之前，工作变化不大，收入也不会有大幅度的增加，工作的重心在于对接班人的培养。

从家庭方面看，在这一时期，子女已经就业，基本实现经济独立，属于家庭成熟期。

从居住方面看，大多会选择维持现有住所到退休。

从资产投资方面看，这一时期的投资主要在于"求稳"，逐渐降低资产组合中高风险资产的比重，增加低风险资产的比重。

从信用选择方面看，主要是信用卡。

从保险方面看，主要侧重于退休后养老金收入的规划、疾病支出的预判等方面的考虑。

2.1.2.6 退休期

从年龄方面看，这一时期在 60 岁之后，是退休生活的开始。

从工作方面看，处在这一时期的人已经退休，如果体力、精力允许，可以承担顾问等方面的工作。

从家庭方面看，多是夫妻二人居住或者与子女同住，属于家庭衰老期。

从居住方面看，根据家庭的具体情况，可以小换大，为子女回家探亲提供住宿方面的便利。

从资产投资方面看，如果退休工资可以满足基本的生活支出要求，可以选择风险较低的固定收益工具进行投资；如果需要进行资产变现以应付日常支出，那么，在选择资产时，还要考虑流动性的需要。

这一时期的投资主要在于"求稳"，逐渐降低资产组合中高风险资产的比重，增加低风险资产的比重。

从保险方面看，基本上没有新增的保险费用支出，主要为前期所购保险在这一时期的收入回流。

 扩展空间

理财价值观（节选）[①]

偏退休型——先牺牲后享受的"蚂蚁族"

这类人将大部分选择性支出都存起来，而他们储蓄投资的最重要目标是：期待退休后享受更高品质的生活水平。"认真工作，早日退休，筑梦余生"是该类型人群的写照。对于偏退休型人而言，储蓄率较高，时间较长，会经历整个经济周期循环，所以不宜太过保守。

偏当前享受型——先享受后牺牲的"蟋蟀族"

这类人把选择性支出大部分用在当前消费上，以提升当前的生活水平。"青春不留白，及时行乐"是该类型人群的典型写照。但是，如果享乐过于极端，会导致工作期储蓄率偏低，因此一旦退休，其累积的净资产大多不够老年生活所需，又需大幅降低生活水平或靠救济维生。所以，对于偏当前享受型人而言，在较少的储蓄条件下，应该重视对养老金的准备。

偏购房型——为壳辛苦忙碌的"蜗牛族"

这类人的义务性支出以房贷为主。对尚未购房者而言，一般会把选择性支出储蓄起来准备购房，他们多是为了拥有自有住房甘愿背负长期房贷并且节衣缩食的家庭。"有土斯有财，有恒产才有恒心"是该类人群的价值观。对于偏购房型人而言，应该首先计算自己的购房能力，设计出最适合他们的现金流量房贷。

偏子女型——一切为儿女着想的"慈乌族"

这类人当前投入子女教育经费的比重偏高，或者其首要储蓄动机也是为了筹集未来子女的高等教育准备金。他们视子女成功为自己最大的成就，终其一生为子女辛苦。对于偏子女型人而言，应该避免由于过多倾向子女而留给自己的资源较少。在投资方面，侧重于子女高等教育金的筹备。

---

① 中国金融教育发展基金会金融理财标准委员会. 金融理财原理［M］. 北京：中信出版社，2007.

2.2　理财理论基础：货币的时间价值

货币时间价值，是指货币经历一定时间的投资和再投资所增加的价值。例如，将现在的 1 元钱存入银行，1 年后可得到本利和 1.1 元。这 1 元钱经过 1 年时间的投资增加了 0.1 元，这就是货币的时间价值。货币的时间价值理论是金融理财的基础理论。本节在对单利、复利、连续复利等利率相关概念进行介绍的基础上，探讨现值与终值的含义及相互关系，指出净现值和内部收益率在投资规划中的重要意义。

2.2.1　利率的相关概念

利率是资金的价格，是理财中关注的重要因素。根据计算方式不同，利率可以分为单利、复利和连续复利。

2.2.1.1　单利

所谓单利，是指仅按本金和时间的长短计算利息，本金所产生的利息不加入本金重复计算利息。

设 I 为利息额，P 为初始本金，r 为利息率，n 为借贷期限，S_n 为第 n 年的本金和利息之和（简称本利和），$n = 1$，2，$\cdots$。

单利的计算公式为：

$$I = P \times r \times n$$
$$S_n = P \times (1 + r \times n)$$

【示例 2-1】假设有一笔为期 5 年、年利率为 10% 的 1 万元贷款，如果按照单利计算利息，利息额和本利和分别为：

$$I = 10\ 000 \times 10\% \times 5 = 5\ 000\ （元）$$
$$S_n = 10\ 000 \times (1 + 10\% \times 5) = 15\ 000\ （元）$$

2.2.1.2　复利

复利是在单利的基础上发展起来的，与单利不同，复利是在一定时期（如年、季或月）内按本金计算利息，然后再将其加入本金，作为下一期计算利息的基础。民间俗称的"利滚利"指的就是复利计算方法。

同样，设 I 为利息额，P 为初始本金，r 为利息率，n 为借贷期限，S_n 为第 n 年的本金和利息之和，$n = 1$，2，$\cdots$。

复利的计算公式为：

$$S_n = P \times (1 + r)^n$$
$$I = S_n - P = P \times \left[(1 + r)^n - 1 \right]$$

当计息次数超过一期时，从第二期开始，由于复利计息的本金高于单利计息的本金，到期限时，无论是总利息还是本息和，复利计息都高于单利计息。

【示例 2-2】假设有一笔为期 5 年、年利率为 10% 的 1 万元贷款，如果按照复利计算利息，利息额和本利和分别为：

$$S_n = 10\ 000 \times (1 + 10\%)^5 = 16\ 105.10\ （元）$$

$$I = 16\ 105.1 - 10\ 000 = 6\ 105.10\ （元）$$

（注：本书中的计算结果一般保留到小数点后 2 位。）

如果按照单利的计算利息，利息额和本利和分别为 5 000 元和 15 000 元，可见，对于债权人而言，复利计息的收入高于单利计息的收入。

2.2.1.3　连续复利

上述复利计息采用每年计息一次的方法。在实际计算时，有时也采用每半年一次或每月一次甚至每日一次的复利计息方式。一般地，如果本金为 P，期限为 n 年，年利率为 r，则在每年计息 m 次的复利条件下，本息和的计算公式为：

$$S_n = P \times \left(1 + \frac{r}{m}\right)^{n \times m}$$

当复利次数 m 趋于正无穷大时，即为连续复利：

$$S_n = \lim_{m \to +\infty} P \times \left(1 + \frac{r}{m}\right)^{n \times m} = P \times e^{r \times n} ①$$

【示例 2-3】假设有一笔为期 5 年、年利率为 10% 的 1 万元贷款，如果按照连续复利计算利息，利息额和本利和分别为：

$$S_n = 10\ 000 \times 2.72^{5 \times 10\%} = 16\ 492.42（元）$$
$$I = 16\ 492.42 - 10\ 000 = 6\ 492.42（元）$$

通过上述 3 个示例可知，如果按照单利计算利息，利息额和本利和分别为 5 000 元和 15 000 元；如果按照复利计算利息，利息额和本利和分别为 6 105.10 和 16 105.10 元；如果按照连续复利计算利息，利息额和本利和分别为 6 492.42 和 16 492.42 元。所以，对于债权人而言，连续复利计息方式获得的收入最高。

2.2.2　单期的终值和现值

货币具有时间价值，就单期而言，无论采取单利的计息方式，还是采取复利的计息方式，结果是一致的。

例如，假设利率为 3%，投资的本金为 100 万元，那么一年后，投资的本利和为 103 万元，即 100×（1+3%）= 103 （万元）。

从货币的时间价值角度看，103 万元是 100 万元在一年后的终值，用 FV（Future Value）表示；反过来，一年后如果想获得 103 万元，在利率为 3% 的条件下，现在需要投资 100 万元，即 100 万元是一年后 103 万元的现值，用 PV（Present Value）表示。

一般而言，用 PV 表示现值，FV_t 表示第 t 期的终值，t 表示现值和终值之间的时间区间，r 表示利率，则有公式：

$$FV = PV \times (1 + r)$$
$$PV = \frac{FV}{1 + r}$$

2.2.3　多期的终值和现值

从上文可知，由于单期只有一期，所以无论采取单利的计息方式，还是采取复利的计

---

① $e \approx 2.718\ 281\ 828\cdots\cdots$

息方式，其终值和现值的结果都是一致的。但是，对于多期而言，单利和复利的区别就很大。这里以 3 年期为例，同样假设利率为 3%，投资本金为 100 万元，对利用单利和复利计算的终值和现值进行比较。

1. 以单利计算终值和现值

如果以单利计息，投资的本利和一年后为 103 万元，两年后为 106 万元，3 年后为 109 万元。从时间价值的角度看，103 万元为 100 万元在一年后的终值，106 万元为 100 万元在两年后的终值，109 万元为 100 万元在三年后的终值。同理，100 万元是一年后 103 万元的现值，是两年后 106 万元的现值，是三年后 109 万元的现值，可用图 2-1 表示。

图 2-1　以单利计算的现值和终值

一般而言，用 PV 表示现值，FV_t 表示终值，t 表示现值和终值之间的时间区间，r 表示利率，则有公式：

$$FV_t = PV(1 + t \times r)$$

$$PV = \frac{FV_t}{1 + t \times r}$$

2. 以复利计算终值和现值

以复利计算终值和现值是更加常见的一种方式，如果没有特殊说明，那么关于货币时间价值的计算一般采取复利形式。

如果以复利计息，仍以 3 年期为例，利率为 3%，本金为 100 万元，则

一年后投资的本利和 = $100 \times (1 + 3\%) = 103$（万元）；

两年后投资的本利和 = $100 \times (1 + 3\%)^2 = 106.09$（万元）；

三年后投资的本利和 = $100 \times (1 + 3\%)^3 = 109.27$（万元）。

从时间价值的角度看，103 万元为 100 万元在一年后的终值，106.09 万元为 100 万元在两年后的终值，109.27 万元为 100 万元在三年后的终值。同理，100 万元是一年后 103 万元的现值，是两年后 106.09 万元的现值，是三年后 109.27 万元的现值，可用图 2-2 表示。

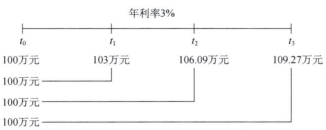

图 2-2　以复利计算终值和现值

一般而言，用 PV 表示现值，FV 表示终值，t 表示现值和终值之间的时间区间，r 表示利

率，则有公式：

$$FV_t = PV \times (1 + r)^t$$

$$PV = \frac{FV_t}{(1 + r)^t}$$

 扩展空间

72 法则

72 法则是指在已知投资报酬率的前提下，估算一项投资需要多长时间可以翻番的粗略法则。如果年利率为 $r\%$，投资大约会在 $72/r$ 年后翻番。但是，该法则只是一种粗略的估计。一般来说，利率在 6%～12% 的范围内，使用 72 法则比较准确。

例如，年利率为 10%，本金 100 万元，那么投资将会在 7.2 年后翻番。如果按照复利计算公式 $100 \times (1 + 10\%)^t = 200$，则根据财务计算器可知，$t \approx 7.27$（年）。

利用 72 法则可以进行很多简单的计算。例如，一项投资的本金为 5 万元，10 年后翻番为 10 万元，那么，$72/r = 10$，则年利率大约为 7.2%。

2.2.4　净现值

净现值（Net Present Value，NPV）是指所有时点上现金流（Cash Flow，CF）的现值之和。对一项投资而言，如果有收入，那么就有正向的现金流，则此项现金流的现值为正；如果有支出，那么就有负向的现金流，则此项现金流的现值为负。因此，当正向现金流大于负向现金流时，净现值为正，当正向现金流小于负向现金流时，净现值为负。如果净现值为正，那么该项投资是有利可图的，净现值越大，投资收益也越高；反之，如果净现值为负，那么该项投资是亏损的，不应该进行投资。

【示例 2-4】钱先生对某项投资很感兴趣，对投资项目进行了深入的考察，对投资的收入和支出情况进行了估计。该投资项目预期回报率为 5%，在期初时投资 10 万元，第一年年末收回 2 万元，但要追加投资 1 万元，第二年年末收回 3 万元，但要追加投资 1 万元，第三年年末收回 5 万元，第四年年末收回 3 万元，具体情况见表 2-1。

表 2-1　投资项目的收入支出情况　　　　　　　　　　　单位：元

年度	支出	收入
0	100 000	
1	10 000	20 000
2	10 000	30 000
3		50 000
4		30 000

通过简单的计算，不难发现，钱先生一共支出了 120 000 元，收入了 130 000 元，利润为 10 000 元。那这个答案准确吗？有考虑货币的时间价值吗？净现值的计算过程见图 2-3 和表 2-2。

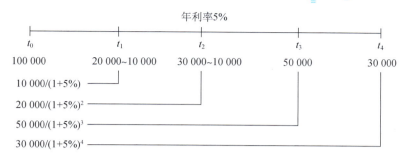

图 2-3　净现值的折现示意

表 2-2　投资项目的净现值情况　　　　　　　　　　　　　　单位：元

年度	净现金流	净现金流的现值
0	-100 000	-100 000
1	10 000	$10\ 000/(1+5\%)$
2	20 000	$20\ 000/(1+5\%)^2$
3	50 000	$50\ 000/(1+5\%)^3$
4	30 000	$30\ 000/(1+5\%)^4$

通过对收入和支出所形成的现金流的分析，利用复利公式计算该项目的净现值，过程如下：

$$NPV = -100\ 000 + \frac{20\ 000 - 10\ 000}{(1+5\%)} + \frac{30\ 000 - 10\ 000}{(1+5\%)^2} + \frac{50\ 000}{(1+5\%)^3} + \frac{30\ 000}{(1+5\%)^4}$$

$$NPV = -4\ 250.14$$

可见，该项投资的 NPV 为 -4 250.14 元，NPV 为负值，因此不建议钱先生进行该项投资。

 扩展空间

利用 WPS 表格计算 NPV

在许多情况下，投资项目涉及多期，每期现金流均不同，计算净现值十分麻烦。WPS 表格提供了 NPV 的计算公式，便于大家计算。

第一步：打开 WPS 表格，在表格内输入净现金流、利率的相应数值。例如，在 A1 单元格中输入"净现金流"，在 B1：F1 单元格中输入项目各期净现金流（正向现金流与负向现金流之和）的数值；在 A2 单元格中输入"利率"，在 B2 单元格中输入利率 5%；在 A3 单元格中输入"NPV"文本。

第二步：将光标移至单元格 B3（希望在此处得到 NPV 值），在"公式"选项卡下单击"财务"按钮，并选择 NPV，然后弹出对话框。

第三步：在弹出的"函数参数"对话框中，将"贴现率"设置为 B2 单元格，将"收益 1"设置为 B1：F1 区域，最后单击"确定"按钮，如图 2-4 所示。

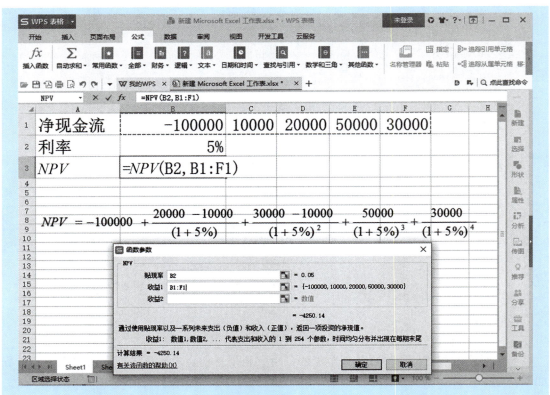

图 2-4　*NPV* 函数参数的设置

第四步：计算出 *NPV* 的值，*NPV*=-4 250.14，如图 2-5 所示。

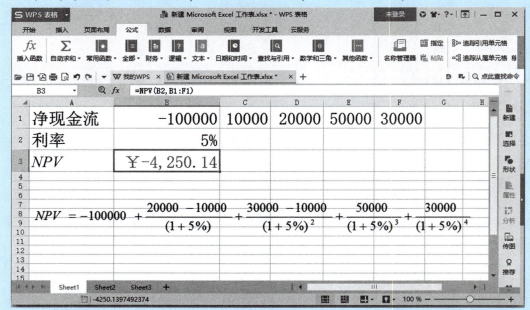

图 2-5　计算 *NPV* 的数值

2.2.5　内部收益率

内部收益率是与净现值相联系的一个概念，我们也可以从内部收益率的角度分析投资的财务可行性。内部收益率（Internal Return Rate，IRR），也称内含报酬率、内部回报率，是使净现值 NPV 为 0 的贴现率，是最准确的利率衡量指标。当投资者要求的收益率小于 IRR 时，则投资项目的 $NPV>0$，应当进行投资，投资项目的 IRR 越大越好；反之，当投资者要求的收益率大于 IRR 时，则投资项目的 $NPV<0$，不应进行投资。

此处仍然利用钱先生的例子进行分析，该项目的收入支出情况见表 2-1，则：

$$NPV = -100\,000 + \frac{20\,000 - 10\,000}{(1+IRR)} + \frac{30\,000 - 10\,000}{(1+IRR)^2} + \frac{50\,000}{(1+IRR)^3} + \frac{30\,000}{(1+IRR)^4} = 0$$

$$IRR = 3\%$$

这意味着，如果钱先生要求的投资收益率小于 3%，那么，该项目值得投资；反之，如果钱先生要求的投资收益率大于 3%，那么，应拒绝该项目，不进行投资。如果市场上可比项目的投资预期收益率为 5%，则意味着钱先生可以从市场上获得 5% 的投资回报，3% 小于 5%，因此，该项目应被拒绝。通过利用 IRR 进行分析，可以得出与利用 NPV 进行分析一样的结论。但是，IRR 的计算需要对一元多次方程求解，有时会出现无解或者多个解的情况，当 IRR 和 NPV 计算出现矛盾时，以 NPV 的结论为准。

扩展空间

懂货币的时间价值，做大慈善家[①]

富兰克林于 1790 年逝世，他在自己的遗嘱中写道，将他的遗产分别向波士顿和费城捐赠 1 000 美元设立奖学金。捐款由当地政府用最保守的方法投资，但必须等他死后 200 年方能使用。等到 1990 年时，捐给费城的款项已经变成 200 万美元，而波士顿的已达到 450 万美元。听起来不可思议，但这真实存在。其实，富兰克林这 2 000 美元，从时间上看，其平均年投资收益率并不高。

对于费城，根据现值和终值，可得

$$1\,000 = 2\,000\,000 / (1+r)^{200}$$

最终收益率：$r = 3.87\%$。

同理，可以得出波士顿的年平均投资收益为 4.3%。

这就是货币的时间价值。因为随着时间的推移，钱可以生钱，并且所生的钱会生出更多的钱。简单地说，也就是利滚利。因复利存在，所以即使以较低的投资收益率进行滚存，本金也会越来越多。并且，年收益率不同，货币的时间价值不同。1 元钱，放在 1%、5%、10%、15% 和 20% 投资收益率下，10 年后相差很大。

看完货币的时间价值，假设你用 1 万元人民币捐赠曾经读过的小学，设定这 1 万元以 3.87% 的利率利滚利地存起来，200 年后才可以用这笔钱，那么你就成了捐赠 2 000 万元的慈善家了，在学校的光荣捐赠榜上有名。

---

① https：//baijiahao.baidu.com/s？id=1659476881631262548&wfr=spider&for=pc

扩展空间

利用 WPS 表格计算 IRR

WPS 表格也提供了 IRR 的计算公式,其计算过程大致如下。

第一步:打开 WPS 表格,在表格内输入净现金流的相应数值。例如,在 A1 单元格中输入"净现金流",在 B1:F1 区域输入项目各期净现金流(正向现金流与负向现金流之和)的数值;在 A2 单元格中输入"IRR",文本如图 2-6 所示。

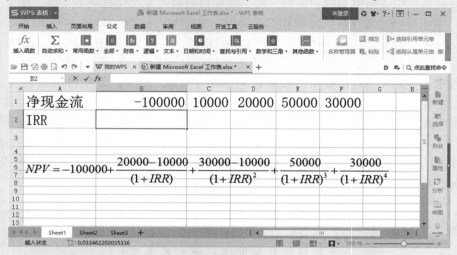

图 2-6 输入各期现金流

第二步:将光标移至 B2 单元格(希望在此处得到 IRR 的数值),在"公式"选项卡中单击"财务"按钮,并选择 IRR 函数,然后弹出对话框。

第三步:在对话框中,将"现金流"设置为 B1:F1,然后单击"确定"按钮,如图 2-7 所示。

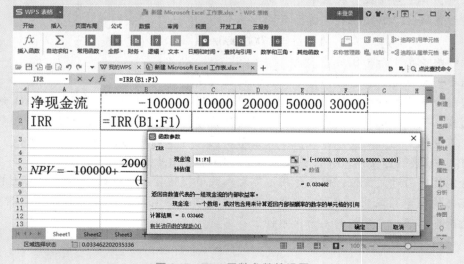

图 2-7 IRR 函数参数的设置

第四步：计算出 IRR 的结果为 3%，如图 2-8 所示。

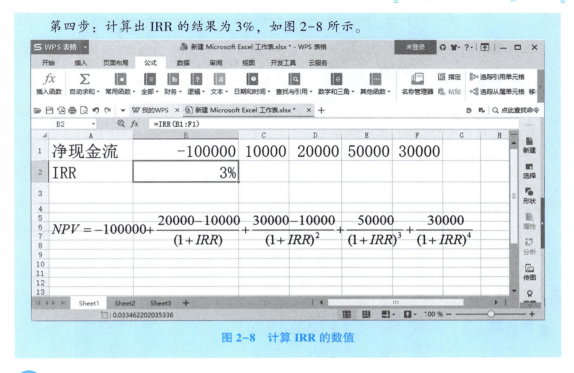

图 2-8　计算 IRR 的数值

案例分析

1999 年，中国国家助学贷款试点工作正式在北京、上海、天津、重庆、武汉、沈阳、西安、南京 8 个城市启动。2000 年 2 月和 8 月，国家对该政策进行了两次调整，将贷款范围扩大到全国高校，承办银行扩大到工农中建四家国有独资商业银行，贷款对象扩大到研究生和攻读双学位的全日制学生，并将担保贷款改为信用贷款。2003 年下半年，教育部、财政部、中国人民银行、银监会四部门对国家助学贷款政策和机制进行了重大改革，建立了以风险补偿机制为核心的新政策、新机制，实行贷款学生在校期间贷款利息全部由财政补贴、还款年限延长至毕业后 6 年。1999 年至 2023 年，已累计发放助学贷款 4 000 亿元以上，共资助家庭经济困难学生超过 2 000 万名。

助学贷款的内部收益率

为了支付大学学费，钱同学在大学开始时申请了 20 000 元的助学贷款。助学贷款合同规定，贷款利率 10%，在大学期间以及毕业后两年内均享有不支付利息的优惠，款项在大学毕业两年后开始偿还，分三年还清，前两年只偿付利息，最后一年偿还本金。那么，用内部收益率衡量这笔的利率是多少？为什么钱同学所支付的真实贷款利率低于 10%？

1. 钱同学收入和支出的现金流分析

在大学开始时，收入 20 000 元。

在大学四年及毕业后两年内，均没有任何收入和支出。

在毕业后第一年偿还利息，$20\ 000 \times 10\% = 2\ 000$ 元。

在毕业后第二年偿还利息，$20\ 000 \times 10\% = 2\ 000$ 元。

在毕业后第三年偿还本金利息，$20\ 000 + 20\ 000 \times 10\% = 22\ 000$ 元。

收入和支出的现金流折现分析如图 2-9 所示。

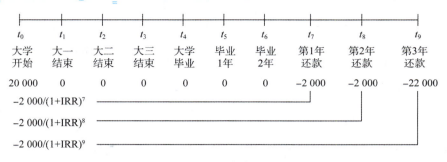

图 2-9　现金流折现

2. IRR 的计算

根据净现值的公式，可知：

$$NPV = 20\ 000 - 2\ 000/\ (1 + IRR)^7 - 2\ 000/\ (1 + IRR)^8 - 22\ 000/\ (1 + IRR)^9 = 0$$
$$IRR = 3\%$$

可见，钱同学实际需要支付的贷款利率仅为 3%。由于货币时间价值的存在，时间越长，现金流贴现的现值越小。

素养提升

美国高等教育的"债务陷阱"

学生贷款在美国已有较长历史，然而在过去的几十年间，初衷本是帮助学生接受高等教育的"助学贷款"却成了许多美国人一生的经济"枷锁"。

美国学生贷款的大规模推广始于第二次世界大战后。为帮助大量退伍军人解决就业问题，美国政府于 1944 年出台了《退伍军人权利法案》，出资资助退伍军人上大学，开启了精英高等教育向大众化的转变。1965 年，美国国会通过《高等教育法》，向符合条件的大学生提供助学贷款，这也是美国历史上第一部以学生经济困难程度决定资助方式和资助金额的法律。

几十年来，学生贷款成为美国家庭中增长最快的负债，当前美国有 1.6 万亿美元待偿的学生债务，约五分之一的美国人持有学生贷款。这是因为，美国的高等教育费用不仅很高，而且不断上涨。据美国"教育数据倡议"组织统计，排除通胀因素，美国大学学费自 1963 年以来上涨了 747.8%，远远超过了同时期 22~27 岁工人 19% 的工资涨幅。哈佛大学一年的本科学费加生活费约为 95 438 美元，按照 2022 美国人均存款 5 011 美元估算，一个美国人需要 75 年的时间才能存够让一个孩子在顶尖大学完成学位的钱。美国有线电视新闻网报道分析，学费上涨的原因包括美国贫富差距不断加大，排名靠前的大学为吸引富裕家庭，不断增加额外支出为富裕学生提供豪华服务。此外，州立法机构对公共教育的补贴也不断减少，这意味着大学必须依靠学生支付的学费来覆盖学校支出。而很多学生恰恰是通过学生贷款借钱支付学费，这就导致了学生贷款与大学学费螺旋式上涨的恶性循环。

除学费上涨以外，因贷款利率高、还款期限紧、劳动力市场对学历的需求增高等因素的叠加影响，大量拥有学生贷款的美国人甚至赚不到足够的钱来支付不断累积的利息，更不用说偿还本金了。在美国，中老年学生贷款人也不在少数，最出名的例子即美国前总统奥巴马，虽然奥巴马的学生贷款金额仅有约 4 万美元，且拥有高薪工作，但直到毕业 21 年后，奥巴马才还清了自己的学生贷款，那时他已经 44 岁了。

——《光明日报》（2023 年 07 月 20 日 14 版）

本章小结

在进行金融理财的过程中，家庭生命周期是家庭不同阶段行为特征和价值取向的影响因素，是进行金融理财的前提和基础，包括家庭形成期、家庭成长期、家庭成熟期、家庭衰老期。在不同的阶段，家庭的成员数量、年龄、居住、收入、支出、净资产等方面存在差异，从而影响家庭的风险偏好和资产配置。

生涯规划是个人前瞻性的活动，包括探索期、建立期、稳定期、维持期、高原期、退休期，涉及学业及工作的选择、结婚及组建家庭、居住情况、退休规划等各个方面，涵盖资产投资、信用选择、保险规划、合理避税等环节。

利率是资金的价格，根据计算方式不同，可以分为单利、复利和连续复利。其中，单利是指仅按本金和时间的长短计算利息，本金所产生的利息不加入本金重复计算利息；复利是指在一定时期（如年、季或月）按本金计算利息，然后再将其加入本金，作为下一期计算利息的基础；连续复利是指当复利次数趋于正无穷大时的复利计算方式。

货币具有时间价值，今年的 1 元人民币的价值与明年的 1 元人民币的价值不相等。净现值是指所有时点上现金流的现值之和，有正负之分；内部收益率是使净现值 NPV 为 0 的贴现率，是最准确的利率衡量指标，可以利用净现值和内部收益率衡量一个投资项目是否具有财务可行性。

核心概念

单利 复利 连续复利 净现值 内部报酬率

复习思考题

1. 家庭生命周期分为哪几个阶段？每个阶段的主要特点是什么？

2. 生涯规划分为哪几个阶段？每个阶段的主要特点是什么？生涯规划与家庭生命周期是何种关系？

3. 同一个项目，分别采用单利、复利、连续复利的计息方式，对于投资人而言，哪种计息方式获得的利息数额最大？请举例说明。

4. 如果某个三年期的投资项目，投入资金成本 5 万元，三年内获得了 6 万元收入，那么，这个项目值得投资吗？请说明理由。

5. 比较中国和美国的助学贷款，为什么说中国的国家助学贷款更具有普惠性？

第 3 章　财务情况分析

 问题导向

1. 家庭资产负债表如何编制？
2. 家庭收入支出表如何编制？
3. 衡量家庭资产负债情况和收入支出情况有哪些指标？

知识目标

1. 掌握家庭资产及负债的种类和范围。
2. 掌握资产负债比率、流动性比率、自用性比率、收入支出比率、自由储蓄率等指标。
3. 理解资产负债表与收入支出表之间的关系。

综合素养

1. 通过资产负债表和收入支出表的关系，使学生掌握资产负债表的动态变化。
2. 培养学生养成良好的记账习惯，避免过度超前消费。

3.1　资产负债状况分析

资产和负债是存量的概念，是指在一定时点的量，通常以月度末、季度末和年度末为分析的基点。一个家庭的资产和负债反映的是家庭在月度末、季度末和年度末总资产和总负债规模和结构的存量情况。明确资产负债情况是进行金融理财的基本前提，是对家庭整体财富状况进行分析的基础。

3.1.1　资产分析

根据资产用途不同，家庭资产主要分为流动性资产、自用性资产和投资性资产。

3.1.1.1　流动性资产

从一个家庭的角度看，流动性资产主要包括现金、活期存款、大额可转让定期存单、货币市场基金等。这一部分资产通常具有安全性好、流动性高的特点，但是收益率较低，更加强调资产的货币性或者变现性。

以凯恩斯货币需求理论为基础，一个家庭持有流动性资产主要包括交易性动机、预防性动机和投机性动机。

第一，交易性动机。这一部分的流动性资产需求主要与日常消费相关，如果日常消费可预测性较强，消费支出稳定，则这部分的流动性资产也较为稳定。此外，随着信用卡、京东白条等信用工具的出现，家庭的消费边界得到了扩展，但也增加了负债存量和下个期间的支出数额。

第二，预防性动机。这一部分的流动性资产主要应对不时之需，通常是 3~6 个月的生活费用。影响这部分资产数额的因素主要包括失业的可能性、寻找新工作的时间、疾病和意外发生的可能性、其他流动性较强的资产数量等。

第三，投机性动机。这一部分的流动性资产主要是为了不错失更好的投资机会而持有的资产。例如，与股票账户相关联的活期存款就属于投机性动机的流动性资产。这一部分的流动性资产数额受其他资产的流动性程度、投资机会和收益、投资时机等因素的影响。

3.1.1.2　自用性资产

自用性资产主要包括个人和家庭使用的且拥有产权的房产、汽车、珠宝首饰等资产。这类资产主要为个人和家庭提供特有的使用价值，不以赚取买卖差价为目的。例如，持有房产的主要目的在于居住，持有汽车的主要目的在于家庭成员驾驶代步，持有珠宝的主要目的在于人们提升幸福感等。但是，上述资产的保值性差异巨大，一般而言，房产的保值性较强，具有抗通货膨胀的作用；汽车的保值性较弱，价值随着使用年限和行驶公里数的增加而显著下降；珠宝首饰的保值性与珠宝的珍贵程度相关，普通的珠宝首饰保值性也较弱。

3.1.1.3　投资性资产

投资性资产主要包括定期存款、长期债券、股票、基金、档口、投资性房产、投资型保单、古玩字画等，这些资产的持有动机在于获得收益。这一部分的资产规模影响个人及家庭可以选择的投资工具的种类和数额。

3.1.2　负债分析

根据负债用途不同，家庭负债主要包括流动性负债、自用性负债和投资性负债。

3.1.2.1　流动性负债

流动性负债主要包括信用卡欠款、小额消费信贷、耐用消费品的分期付款等，主要与上一个月的信用透支额度、期限、是否有循环额度等因素相关，通常期限较短。

3.1.2.2　自用性负债

自用性负债主要是指通过信用方式购买房产、汽车、珠宝等自用性资产的负债余额，主要与未偿还贷款余额规模、偿还期限、贷款利率、每期偿还规模等因素相关。

3.1.2.3　投资性负债

投资性负债主要是指通过信用方式或者杠杆方式借钱进行投资而形成的借款余额。通过杠杆方式进行投资，可以使收益成倍增长，也可以使损失成倍增加。投资性负债的大小与家庭的风险偏好程度、资产数额等因素相关。

案例分析

钱先生家庭 2022 年 12 月月末的财务情况如下：现金 20 000 元，活期存款 20 000 元，定期存款 200 000 元；货币市场基金 50 000 元；在某银行购买了 4 单银行理财产品，每单 50 000 元；持有 A 股票 10 手，每股价格 350 元，另持有 B 股票 20 手，每股 6 元；持有某机构的股票型基金，价值 100 000 元；持有投资型保单，账户价值 50 000 元。同时，拥有自用型房产，房屋价值为 700 000 元，但房贷余额 500 000 元；并购买了第二套房产用于投资，房屋价值 200 000 万元，但房贷余额 100 000 元；拥有汽车，市场价值 300 000 元，但车贷未偿余额 80 000 元，拥有珠宝首饰，市场价值 100 000 元。此外，信用卡未偿还余额 15 000 元；并利用分期付款方式购买了手机，未偿还余额 2 000 元。通过对以上数据的分类与梳理，钱先生家庭资产负债情况如表 3-1 所示。

表 3-1　2022 年 12 月末钱先生家庭资产负债情况　　　　　　　　单位：元

资产	数额	负债及净值	成本价值
流动性资产	90 000	流动性负债	17 000
现金	20 000	信用卡欠款	15 000
活期存款	20 000	分期付款	2 000
货币型基金	50 000		
自用性资产	1 100 000	自用性负债	580 000
房产	700 000	住房按揭贷款	500 000
汽车	300 000	汽车按揭贷款	80 000
珠宝首饰	100 000		
投资性资产	1 112 000	投资性负债	100 000
定期存款	200 000	投资性房地产按揭贷款	100 000
银行理财产品	200 000		
股票	362 000	负债总计	697 000
基金	100 000	净值	1 605 000
投资型保单	50 000		
投资性房产	200 000		
资产总计	2 302 000	负债和净值总计	2 302 000

注：股票 1 手为 100 股。

3.1.3 资产负债指标分析

在对家庭资产负债情况进行归类和梳理的基础上，需要对家庭资产负债进行指标分析，从而更加直观地反映出家庭的资产负债情况，家庭资产负债分析主要包括总体分析、资产分析和负债分析。

3.1.3.1 总体分析

总体分析主要包括资产负债比率、流动性比率、自用性比率和投资性比率。

1. 资产负债比率

资产负债比率是总负债占总资产的比率，该比率越低表示债务负担越小，比率越高表示债务负担越大。资产负债比率是总体分析中一个非常重要的指标，不仅反映了家庭的财富积累情况，也在很大程度上决定了理财规划的不同类型。一般而言，资产负债比率越小，净资产的数额越大，该家庭可用于投资的资产数额也越大，其计算公式如下。

$$资产负债比率 = \frac{总负债}{总资产} \times 100\%$$

在钱先生的案例中

$$资产负债比率 = \frac{697\,000}{2\,302\,000} \times 100\% \approx 30.28\%$$

2. 流动性比率

流动性比率是流动性资产占流动性负债的比率。流动性资产既可以用于支付日常消费，也可以用于偿还流动性负债。因此，流动性比率高一般表明家庭的短期偿债能力较强，但是该比率也不能过高，由于流动性资产的收益往往较低，所以过高的流动性比率会影响家庭资金的收益，其计算公式为：

$$流动性比率 = \frac{流动性资产}{流动性负债} \times 100\%$$

在钱先生的案例中：

$$流动性比率 = \frac{90\,000}{17\,000} \times 100\% \approx 529\%$$

在不考虑钱先生家庭日常支出的条件下，529%（即 5.29）的流动性比率较高，建议钱先生在扣除日常消费支出后，降低流动性资产的数额。

3. 自用性比率

自用性比率是自用性资产占自用性负债的比率，用来反映该家庭在自用性资产方面的债务负担。通常该比率越大，反映家庭的财富实力越强。同时，自用性负债的产生与自用性资产密切相关，因此，只要自用性资产的折损率较低，该比率通常会大于 1。但是，如果利用信用的方式购买了折损率较高的汽车、珠宝等产品，也可能会出现自用性比率小于 1 的情况，这意味着贷款的未偿余额高于资产的当前价值，其计算公式如下。

$$自用性比率 = \frac{自用性资产}{自用性负债} \times 100\%$$

在钱先生的案例中

$$自用性比率 = \frac{1\ 100\ 000}{580\ 000} \times 100\% \approx 190\%$$

钱先生家庭的自用性比率为190%（即1.90），大于1，说明自用性资产的价值远远高于尚未偿还的贷款余额。

4. 投资性比率

投资性比率是投资性资产占投资性负债的比率，反映一个家庭在投资方面的杠杆情况。如果该比率大于1，表示该家庭主要利用自有资产进行投资；如果该比率小于1，表示该家庭投资的杠杆比率较大，通过借款的方式进行投资，风险较高，其计算公式如下。

$$投资性比率 = \frac{投资性资产}{投资性负债} \times 100\%$$

在钱先生的案例中：

$$投资性比率 = \frac{1\ 112\ 000}{100\ 000} \times 100\% \approx 1\ 112\%$$

钱先生家庭的投资性比率为1 112%（即11.12），远远大于1，说明钱先生家庭的投资较为保守，主要依靠自有资产进行投资。

3.1.3.2 资产分析

资产分析主要包括流动性资产比率、自用性资产比率、投资性资产比率。

1. 流动性资产比率

流动性资产比率是流动性资产占总资产的比率。一般情况下，总资产规模越大，该比率越低。较高的流动性资产比率意味着资金的使用效率低下，投资收益较低，其计算公式如下。

$$流动性资产比率 = \frac{流动性资产}{总资产} \times 100\%$$

在钱先生的案例中：

$$流动性资产比率 = \frac{90\ 000}{2\ 302\ 000} \times 100\% \approx 3.90\%$$

钱先生家庭的流动性资产比率为3.90%，占比较小，主要是由于钱先生家庭的资产数额基数较大。

2. 自用性资产比率

自用性资产比率是自用性资产占总资产的比率。一般情况下，该比率越高，表示该家庭的资产主要以自用性的住房、汽车等形态持有，用于生息的资产占比可能较低，其计算公式如下。

$$自用性资产比率 = \frac{自用性资产}{总资产} \times 100\%$$

在钱先生的案例中：

$$自用性资产比率 = \frac{1\ 100\ 000}{2\ 302\ 000} \times 100\% \approx 47.78\%$$

钱先生家庭的自用性资产比率为47.78%，低于50%，这意味着钱先生家庭的资产中，自用性资产并不占资产的绝大部分，可用于进行金融产品投资的资产数额较大。

3. 投资性资产比率

投资性资产比率是投资性资产占总资产的比率。一般情况下，该比率越高，表示该家庭生息资产的比率越大，可以投资的资产份额越多。而且，该资产数额的大小也在很大程度上决定了投资性收入的多少。

$$投资性资产比率 = \frac{投资性资产}{总资产} \times 100\%$$

在钱先生的案例中：

$$投资性资产比率 = \frac{1\ 112\ 000}{2\ 302\ 000} \times 100\% \approx 48.31\%$$

钱先生家庭的投资性资产比率为 48.31%，这意味着钱先生家庭的资产中，投资性资产的占比较大，可用于理财的资产较多。

3.1.3.3　负债分析

负债分析主要包括流动性负债比率、自用性负债比率、投资性负债比率。

1. 流动性负债比率

流动性负债比率是流动性负债占总资产的比率。一般情况下，流动性负债比率越高意味着短期偿债的需求越高，需要保持相应的流动性资产以偿付到期债务，其计算公式如下。

$$流动性负债比率 = \frac{流动性负债}{总负债} \times 100\%$$

在钱先生的案例中：

$$流动性负债比率 = \frac{17\ 000}{697\ 000} \times 100\% \approx 2.44\%$$

钱先生家庭的流动性负债比率为 2.44%，占比较低，这意味着钱先生家庭的短期偿债压力不大，对流动性资产的需求压力较小。

2. 自用性负债比率

自用性负债比率是自用性负债占总资产的比率。一般情况下，自用性负债的比率越高，表示该家庭的自用性资产主要通过抵押贷款的方式获得，家庭债务负担较重。而且，为了偿还自用性负债，家庭会压缩流动性资产和投资性资产的比率，其计算公式如下。

$$自用性负债比率 = \frac{自用性负债}{总负债} \times 100\%$$

在钱先生的案例中：

$$自用性负债比率 = \frac{580\ 000}{697\ 000} \times 100\% \approx 83.21\%$$

钱先生家庭的自用性负债比率为 83.21%，在总负债中占比较高，说明钱先生家庭的自用性负债是其主要的负债来源，而自用性负债通常有自用性资产作为抵押物，还债压力较小。

3. 投资性负债比率

投资性负债比率是投资性负债占总负债的比率。一般情况下，该比率越高，表示该家庭偏好于借款进行投资，风险相对较高；但如果投资获利，则获利能力较强，其计算公式如下。

$$投资性负债比率 = \frac{投资性负债}{总负债} \times 100\%$$

在钱先生的案例中：

$$投资性负债比率 = \frac{100\,000}{697\,000} \times 100\% \approx 14.35\%$$

钱先生家庭的投资性负债比率为14.35%，主要用于投资性房产的投资，抵押物的保值性较好。

3.2 收入支出状况分析

收入和支出是流量概念，指在一段时间的量，通常以一个月、一个季度或一年为分析基点。一个家庭的收入和支出反映家庭在一个月、一个季度或者一个年度收入和支出的流量情况。对家庭财务状况的分析，不仅包括家庭资产负债情况，也包括家庭的收入支出情况，只有将两者结合起来，才能准确地对整个家庭的财务情况进行评估。

3.2.1 收入分析

根据税法规定，不同收入所缴纳的税收存在差异。因此，可以以税收为基础对家庭收入进行分类，从而为避税奠定基础。家庭收入一般可以分为工作类收入、投资类收入和转移类收入。

3.2.1.1 工作类收入

工作类收入主要包括以下两类。

1. 工资薪金和劳动报酬收入

工资、薪金所得，是指个人因任职或者受雇而取得的工资、薪金、奖金、年终加薪、劳动分红、津贴、补贴以及与任职或者受雇有关的其他所得。

劳务报酬所得，是指个人从事设计、装潢、安装、制图、化验、测试、医疗、法律、会计、咨询、讲学、新闻、广播、翻译、审稿、书画、雕刻、影视、录音、录像、演出、表演、广告、展览、技术服务、介绍服务、经纪服务、代办服务以及其他劳务取得的收入。

2. 个体工商户生产和经营所得

个体工商户的生产、经营所得，包括以下四类。

第一，个体工商户从事工业、手工业、建筑业、交通运输业、商业、饮食业、服务业、修理业以及其他行业生产、经营所取得的收入。

第二，个人经政府有关部门批准，取得执照，从事办学、医疗、咨询以及其他有偿服务活动取得的收入。

第三，其他个人从事个体工商业生产、经营所取得的收入。

第四，上述个体工商户和个人取得的与生产、经营有关的各项应纳税所得。

3.2.1.2　投资类收入

投资类收入主要包括以下三类：

①利息、股息、红利所得，这类收入指个人拥有债权、股权而取得的利息、股息、红利收入；

②财产租赁所得，这类收入指个人出租房产、档口以及其他财产取得的收入；

③财产转让所得，这类收入指个人转让有价证券、房产、档口及其他财产取得的收入。从狭义上说，财产转让所得仅指资本利得的部分。

3.2.1.3　转移类收入

转移类收入包括救济、遗产、受赠资产、理赔金、赡养费以及中奖等偶然所得。

3.2.2　支出分析

家庭支出一般可以分为生活类支出、资产及投资类支出和转移类支出。

3.2.2.1　生活类支出

根据衣食住行医育乐来划分，生活类支出主要包括以下几类。

1）食品类支出。食品类支出主要指用于购买柴米油盐、水果、饮料、烟酒糖茶等方面的支出。

2）衣品类支出。衣品类支出主要指用于购买衣服、鞋帽、洗衣、美容美发、化妆品、配饰等方面的支出。

3）居住类支出。居住类支出主要指用于购买家电产品、洗化用品、清洁用品、保洁人员报酬等方面的支出；同时，也包括房租、水电煤气费、物业费等。

4）交通和通信类支出。交通类支出主要指加油费、租车费、停车费、通信费等。

5）医疗保健类支出。医疗保健类支出主要指门诊医疗费、住院医疗费、药品费、保健品费等。

6）教育类支出。教育类支出主要包括家庭成员的补习费、参加各类兴趣班的培训费、图书费、软件费等。

7）娱乐类支出。娱乐类支出主要包括旅游支出、KTV 支出、饭局支出、运动健身类支出等。

8）其他支出。如采用信用卡方式对生活类的商品进行消费，从而形成的信用卡还款及产生的利息；每年需缴纳的车辆保险费、意外伤害、定期寿险等保险支出。

3.2.2.2　资产及投资类支出

资产及投资类支出主要包括以下两类。

1. 自用性资产及其利息支出

自用性资产支出是指购买房产、汽车及珠宝等形成的支出。

自用性资产利息支出是指由于存在尚未还清的房贷、车贷等而产生的利息支出。此外，在多数情况下，住房、汽车等抵押贷款采取固定金额的偿还形式，因此，在每期偿还的款项中，不仅包括利息支出，也包括本金的偿付。

2. 金融资产投资类支出

金融资产投资是指新增存款、银行理财产品、债券、股票、基金、保险等投资。定期投资是金融资产投资类支出的重要组成部分，包括基金定投、教育储蓄定期支出、养老产品定期支出等。

3.2.2.3 转移类支出

转移类支出是指需要支付的赡养费、抚养费、捐赠等方面的支出。

 案例分析

　　钱先生家庭为双薪家庭，一家三口。钱先生为某单位高管，钱夫人在某事业单位上班，儿子大学在读。2023 年，钱先生家庭的收入支出情况如下：夫妻二人每年税后工资收入 500 000 元；利息收入 5 000 元；在余额宝中初始投入 50 000 元，当前净值为 55 000 元，收入 5 000 元；投资了 4 单银行理财产品，每单收入 5 000 元；持有 A 股票 10 手，成本价 350 元，市场价值 485 元，收入 135 000 元，另持有 B 股票 20 手，成本价 6 元，市场价值 7.5 元，收入 3 000 元；持有某机构的股票型基金，成本价 100 000 元，现价 80 000 元，亏损 20 000 元；持有投资型保单，已足交保费 50 000 元，现在账户价值 60 000 元，收入 10 000 元；过年获得红包 20 000 元。同时，生活类支出 200 000 元，其中，儿子每年的学费支出 15 000 元，信用卡偿还额 15 000 元，消费贷款的偿还额 2 000 元，每年需要支付的车辆险保费 5 000 元；住房按揭贷款和汽车按揭贷款尚未还清，住房按揭贷款的偿还额为 30 000 元，汽车贷款的偿还额为 8 000 元，投资性房产贷款偿还 10 000 元。此外，钱先生开始对某基金进行定额定投，每年支出 30 000 元；购买了具有投资性质的人身保险，保费支出 5 000 元，保单的现金价值 3 000 元；每年给父母 20 000 元的零用钱。通过对以上数据的分类与整理，钱先生家庭收入支出情况如表 3-2 所示。

表 3-2　钱先生家庭的收入支出情况　　　　　　　　　　　　　　单位：元

收入	金额	支出	金额	储蓄
工作类收入	500 000	生活类支出	200 000	300 000
		学费支出	15 000	
		信用卡偿还	15 000	
		消费贷款偿还	2 000	
		车辆保险费	5 000	
投资类收入	158 000	资产及投资类支出	83 000	75 000
利息收入	5 000	房产贷款偿还	40 000	
货币市场基金收入	5 000	汽车贷款偿还	8 000	
银行理财产品收入	20 000	基金定额定投	30 000	
股票投资收入	138 000	投资性保险支出	5 000	
基金收入	-20 000			
投资型保单收入	10 000			
转移类收入	20 000	转移类支出	20 000	0
收入总额	678 000	支出总额	303 000	375 000

3.2.3　收入支出指标分析

在对家庭收入支出情况进行归类和梳理的基础上，需要对家庭收入支出进行指标分析，从而更加直观地反映出家庭的资产负债情况，主要包括总体分析、收入类指标分析和支出类指标分析。

3.2.3.1　总体分析

总体分析主要包括收入支出比率、自由储蓄比率、工作类收入与生活类支出比率。

1. 收入支出比率

收入支出比率是总收入占总支出的比率，反映当期总收入对当期总支出的覆盖程度。如果该比率大于 1，则表明当期收入能够满足当期支出的需求；如果该比率小于 1，则表明当期收入不能满足当期支出的需求，需要动用净资产进行支付，其计算公式如下。

$$收入支出比率 = \frac{当期收入}{当期支出} \times 100\%$$

在钱先生的案例中：

$$收入支出比率 = \frac{678\,000}{303\,000} \times 100\% \approx 224\%$$

钱先生家庭的收入支出比率为 224%（即 2.24），数值大于 1，这意味着钱先生家庭当期收入可以完全满足当期支出的需求，并有结余资金。

2. 自由储蓄率

自由储蓄是指储蓄总额扣除既定的还款或者投资后的余额，是可以自由决定如何使用的储蓄绝对额。自由储蓄率是自由储蓄绝对额占总收入的比率，是衡量自由储蓄的相对额。如果该比率较高，表明该家庭的投资自由度更大，可以实现计划外的理财目标越多，其计算公式如下。

$$自由储蓄率 = \frac{自由储蓄额}{总收入} \times 100\%$$

在钱先生的案例中：

$$自由储蓄率 = \frac{375\,000}{678\,000} \times 100\% \approx 55.31\%$$

钱先生家庭的自由储蓄率为 55.31%，当期收入结余较多，这意味着钱先生家庭可用于投资的资产基数增加。

3. 工作类收入与生活类支出比率

工作类收入与生活类支出的比率是工作类收入占生活类支出之比。如果该比率大于 1，表示工作类收入足以满足生活类支出，其计算公式如下。

$$工作类收入与生活类支出比率 = \frac{工作类收入}{生活类支出} \times 100\%$$

在钱先生的案例中

$$工作类收入与生活类支出比率 = \frac{500\,000}{200\,000} \times 100\% \approx 250\%$$

钱先生家庭工作类收入与生活类支出的比率为 250%（即 2.5），该比率较高，这意味着钱先生家庭的生活类支出完全可以通过工作类收入覆盖。

3.2.3.2 收入类指标分析

收入类指标主要包括工作类收入比率、投资类收入比率、转移性收入比率。

1. 工作类收入比率

工作类收入比率是工作类收入占总收入的比率。该比率越高，反映该家庭对工作收入依赖越大。当退休后，该比率会显著减少，甚至为零，其计算公式如下。

$$工作类收入比率 = \frac{工作类收入}{总收入} \times 100\%$$

在钱先生的案例中：

$$工作类收入比率 = \frac{500\,000}{678\,000} \times 100\% \approx 73.75\%$$

钱先生家庭的工作类收入比率为 73.75%，表明工作收入是钱先生家庭收入的主要来源。

2. 投资类收入比率

投资类收入比率是投资类收入占总收入的比率。该比率越高，反映该家庭对投资类收入的依赖越大。当退休后，家庭收入主要依赖于投资类收入，其计算公式如下。

$$投资类收入比率 = \frac{投资类收入}{总收入} \times 100\%$$

在钱先生的案例中：

$$投资类收入比率 = \frac{158\,000}{678\,000} \times 100\% \approx 23.30\%$$

钱先生家庭的投资类收入比率为 23.30%，这意味着投资类收入是钱先生家庭收入的重要来源，伴随着资产的增加，该比率会逐步上升。

3. 转移类收入比率

转移类收入比率是转移类收入占总收入的比率。该比率越高，反映该家庭对转移类收入的依赖越大，这类家庭通常比较脆弱，现金流断裂的风险较高，其计算公式如下。

$$转移类收入比率 = \frac{转移类收入}{总收入} \times 100\%$$

在钱先生的案例中：

$$转移类收入比率 = \frac{20\,000}{678\,000} \times 100\% \approx 2.94\%$$

钱先生家庭的转移类收入比率为 2.94%，转移类收入占比较低。

3.2.3.3 支出类指标分析

支出类指标主要包括生活类支出比率、金融投资类支出比率、转移类支出比率。

1. 生活类支出比率

生活类支出比率是生活类支出占总支出的比率。该比率越高，反映该家庭的支出主要用于衣食住用行等，此时，家庭的收入通常较低，其计算公式如下。

$$生活类支出比率 = \frac{生活类支出}{总支出} \times 100\%$$

在钱先生的案例中：

$$生活类支出比率 = \frac{200\ 000}{303\ 000} \times 100\% \approx 66.00\%$$

钱先生家庭生活类支出比率为 66.00%，这意味着钱先生家庭一半以上的支出用于消费，没有产生投资性收益。

2. 金融资产投资类支出比率

金融资产投资类支出比率是金融资产投资类支出占总支出的比率。该比率越高，反映该家庭的投资偏好越大，未来获得更高收入的可能性越大，家庭的收入通常也较高，其计算公式如下。

$$金融投资类支出比率 = \frac{投资类支出}{总支出} \times 100\%$$

在钱先生的案例中：

$$金融投资类支出比率 = \frac{35\ 000}{303\ 000} \times 100\% \approx 11.55\%$$

钱先生家庭金融投资类支出比率为 11.55%，这意味着钱先生家庭有大约十分之一的支出用于未来的投资。

3. 转移类支出比率

转移类支出比率是转移类支出占总支出的比率。该比率越高，反映该家庭转移类支出的负担越大。这一部分支出通常是没有回报的，该比率越大，反映该家庭可用于自由支配以及理财的收入越少，其计算公式如下。

$$转移类支出比率 = \frac{转移类支出}{总支出} \times 100\%$$

在钱先生的案例中：

$$转移类支出比率 = \frac{20\ 000}{303\ 000} \times 100\% \approx 6.60\%$$

钱先生家庭的转移类支出比率为 6.60%，占比较小，对整个家庭的理财情况影响不大。

3.3　财务情况整体分析

本节以家庭资产负债和收入支出分析为基础，探讨一个家庭资产负债与收入支出的关系，并对家庭资产负债表的动态变化进行介绍。

3.3.1　资产负债分析与收入支出分析的关系

3.3.1.1　收入支出决定资产负债的增量

从整体的家庭财务情况角度看，资产负债分析与收入支出关系密切，T_0 期的资产负债情况和收入支出情况，决定了 T_1 期的资产负债情况。

 案例分析

这里以钱先生家庭的 2022 年 12 月末的资产负债情况和 2023 年的收入支出情况为例（具体案例介绍见上文），编制钱先生家庭 2023 年 12 月末的资产负债表。

1. 收入和支出对资产的影响

（1）流动性资产

● 活期存款

第一，夫妻二人每年税后工资收入 500 000 元，如果以活期存款形式持有，则活期存款增加了 500 000 元。

第二，红包收入 20 000 元，如果以活期存款形式持有，则活期存款增加 20 000 元。

第三，生活类支出 200 000 元，如果支出以活期存款支付，则活期存款减少 200 000 元。

第四，住房按揭贷款及投资性房产偿还额 40 000 元，汽车贷款的偿还额 8 000 元，如果以活期存款支付，那么，活期存款减少 48 000 元。

第五，钱先生开始对某基金进行定额定投，每年支出 30 000 元，如果以活期存款支付，则活期存款减少 30 000 元。

第六，人身保险保费 5 000 元，如果以活期存款支付，则活期存款减少 5 000 元。

第七，给父母 20 000 元的零用钱，如果以活期存款支付，则活期存款减少 20 000 元。

因此，活期存款共计增加了 217 000 元，期初的活期存款为 20 000 元，活期存款增加至 237 000 元。

● 货币型基金

余额宝投资收入 5 000 元，货币型基金价值增加至 55 000 元。

（2）投资性资产

● 定期存款

定期存款的利息收入为 5 000 元，如果该笔利息作为定期存款的本金，则定期存款增加 5 000 元，增加至 205 000 元。

● 银行理财产品

银行理财产品收入共计 20 000 元，如果收入仍用于购买银行理财产品，则银行理财产品增加至 220 000 元。

● 股票

股票投资收入共计 138 000 元，当前市场价值 500 000 元。

● 基金

基金投资亏损 20 000 元，当前市场价值 80 000 元；钱先生开始对某基金进行定额定投，基金价值增加 30 000 元，基金价值总额增加至 110 000 元。

● 投资型保单

投资型保单增值，现在账户价值 60 000 元。

● 其他资产

人身保险保费 5 000 元，其保单价值 3 000 元，资产增加了 3 000 元。

2. 收入和支出对负债的影响

1）流动性负债

第一，偿还信用卡支出 15 000 元，由于所有信用卡欠款均被偿付，所以，在没有新的信用卡欠款产生的条件下，负债的信用卡欠款为 0。

第二，偿还消费贷款支出 2 000 元，由于所有消费贷款均被偿付，所以，在没有新的消费贷款产生的条件下，负债的消费贷款为 0。

2）自用性负债

第一，住房按揭贷款偿还额 30 000 元，负债项下的住房按揭贷款未偿余额减少至 470 000 元。

第二，汽车贷款的偿还额为 8 000 元，汽车贷款未偿余额减少至 72 000 元。

3）投资性负债

投资性房产偿还额 10 000 元，投资性房产未偿余额减少至 90 000 元。

在考虑了收入支出对资产负债的影响后，2023 年 12 月月末钱先生家庭资产负债情况如表 3-3 所示。

表 3-3　2023 年 12 月月末钱先生家庭资产负债情况　　　　　单位：元

资产	数额	负债及净值	成本价值
流动性资产	312 000	流动性负债	0
现金	20 000	其中，信用卡欠款	0
活期存款	237 000	其中，分期付款	0
货币型基金	55 000		
自用性资产	1 100 000	自用性负债	542 000
房产	700 000	住房按揭贷款	470 000
汽车	300 000	汽车按揭贷款	72 000
珠宝首饰	100 000		
投资性资产	1 298 000	投资性负债	90 000
定期存款	205 000	投资性房地产按揭贷款	90 000
银行理财产品	220 000		
股票	500 000		
基金	110 000		
投资型保单	63 000	负债总计	632 000
投资性房产	200 000	净值	2 078 000
资产总计	2 710 000	负债和净值总计	2 710 000

此外，由于自用性资产、投资性房产等资产本身存在升值和贬值的情况，可做如下假设：

第一，自用性房产价值上升，当前市场价值为 800 000 元；

第二，自用型汽车价值下降，当前市场价值 250 000 元；

第三，珠宝首饰价值下降，当前市场价值 80 000 元；

第四，投资性房产价值上升，当前市场价值 220 000 元。

则钱先生家庭的资产负债情况再次发生变化，见表 3-4。

表 3-4 2023 年 12 月末考虑价值变动后钱先生家庭资产负债情况 单位：元

资产	数额	负债及净值	成本价值
流动性资产	312 000	流动性负债	0
现金	20 000	其中，信用卡欠款	0
活期存款	237 000	其中，分期付款	0
货币型基金	55 000		
自用性资产	1 130 000	自用性负债	542 000
房产	800 000	住房按揭贷款	470 000
汽车	250 000	汽车按揭贷款	72 000
珠宝首饰	80 000		
投资性资产	1 318 000	投资性负债	90 000
定期存款	205 000	投资性房地产按揭贷款	90 000
银行理财产品	220 000		
股票	500 000		
基金	110 000		
投资型保单	63 000	负债总计	632 000
投资性房产	220 000	净值	2 128 000
资产总计	2 760 000	负债和净值总计	2 760 000

3.3.1.2 财务指标的综合考虑

第一，在没有收入的条件下，净资产可以用于应对各项支出的需要，因此净资产越大，资产负债比率越低，对支出的保证越强。

第二，如果当期收入能够覆盖当期支出，即收入支出比率大于 1，则家庭当前的现金流情况很好，不需要动用资产。

第三，工作收入和资产收入等非工作收入是一个家庭重要的收入来源，一般而言，随着家庭资产规模的增加，资产收入占比会逐步增加，即投资类收入比率上升。

3.3.2 财务情况的弹性程度分析

在对家庭财务情况进行分析的基础上，了解家庭财务情况的弹性程度也十分重要，主要包括可用于投资的净资产和支出的类型。

3.3.2.1 可用于投资的净资产

资产负债比率可以衡量一个家庭的净资产情况。一般而言，资产负债比率越小，净资产的比率越大。同时，要对资产和负债进行详细分析。

从资产方面看，如果一个家庭的自用性资产占比越大，即自用性比率越高，则可用于投资的资产越少，资产增值的基数越小；如果一个家庭的投资性资产占比越大，即投资性比率越高，则可用于投资的资产越多，资产增值的基数越大。

从负债方面看，如果一个家庭的负债主要由消费、自用等原因形成，不具有保值性和投资性，那么，这种类型的负债越多，该家庭在投资规模方面受到的制约也越多。

3.3.2.2　支出的类型

一个家庭的支出可以分为选择性支出和必要性支出。如果一个家庭的必要性支出越多，包括日常消费支出、每月房贷偿还额等，那么，支出的弹性越低，很难通过对支出的优化来增加可投资资产的数量。

此外，信用卡、保险等金融产品可以在一定程度上优化家庭的收入支出情况。其一，信用卡可以扩大家庭的支出边界，通过延期支付的方式改变家庭的收入支出覆盖方式；其二，保险可以降低家庭预防性资产的比率，增加投资性资产比率，也可以在家庭出现存在较大支出时提供必要的收入支持。

素养提升

奔着目标买，买你需要的①

"月光族"是指那些收入不高但是消费却很高的人群。

月光族的消费行为往往是冲动的。他们看到别人有什么好东西，就会立刻跟风购买。这种消费行为很容易让人陷入消费陷阱，导致财务状况越来越糟糕。

月光族的消费行为缺乏计划性。他们往往没有预算，也没有规划，随心所欲的消费行为很容易导致财务状况不稳定，甚至陷入债务危机。

月光族的消费行为往往是盲目的。他们往往只关注眼前的享受，而忽视了长远的利益。

如何撕掉月光族的标签呢？奔着目标买，买你需要的。清楚地区分必要性支出和选择性支出。

奔着目标买，三个"不要"：一不要轻易听信销售员推荐；二不要习惯闲逛，要知道自己的需求到底是什么，在购物时直奔目标，如果想买一床被子，就直奔床上用品区挑一床高品质的被子，而不是想着顺便逛逛整个商场，看看有没有其他可买的东西；三不要在深夜逛电商 App，因为人在深夜非常容易产生一些感性的决定，不会理性地思考和判断。

买你需要的，四个"不等于"："新款"不等于"需要"；"便宜"不等于"需要"；"品牌"不等于"需要"；"赠送"不等于"需要"。

---

① 吕白. 极简学理财［M］. 北京：中国水利水电出版社，2021.

本章小结

明确资产负债情况和收入支出情况是进行金融理财的基本前提，是对家庭整体财富状况进行分析的基础。

根据资产用途不同，家庭资产主要包括流动性资产、自用性资产和投资性资产；根据负债用途不同，家庭负债主要包括流动性负债、自用性负债和投资性负债。在总体分析中，主要包括资产负债比率、流动性比率、自用性比率等。家庭收入一般包括工作类收入、金融投资类收入和转移类收入。家庭支出一般包括生活类支出、投资类支出和转移类支出，在总体分析中，主要包括收入支出比率、自由储蓄比率、工作类收入与生活类支出比率等。此外，资产负债情况是家庭财务的存量情况，收入支出情况是家庭财务的流量情况，收入支出决定了资产负债的增量。

核心概念

资产负债比率　流动性比率　自用性比率　投资性比率　收入支出比率　自有储蓄率

复习思考题

1. 一个家庭的资产和负债主要包括哪几种类型？
2. 一个家庭的收入和支出包括哪几种类型？
3. 对于不同家庭而言，一个家庭的财务指标为什么会存在差异？请举例说明。
4. 王先生家庭为单薪家庭，一家三口。王先生为公务员，王夫人为全职太太，孩子三岁。从资产负债方面看，王先生家庭持有现金 5 000 元，活期存款 2 000 元，定期存款 100 000 元；余额宝中货币型基金 2 000 元；持有银行理财产品 500 000 元，持有股票 200 000 元，持有股票型基金 50 000 元；同时，拥有一套住房，房屋价值为 500 000 元，但房贷余额 200 000 元；信用卡未偿还余额 6 000 元，消费信贷未偿还余额 32 000 元。从收入支出方面看，王先生每年税后工资收入 120 000 元；利息收入 3 000 元；货币型基金收入 100 元；银行理财产品收入 15 000 元，股票投资损失 15 000 元，股票型基金投资收入 1 000 元；同时，生活类支出 60 000 元，其中，信用卡偿还额 6 000 元，消费信贷偿还额 20 000 元；住房按揭贷款偿还额 20 000 元，王先生开始投资年金保险，每年需要支付保险费 2 000 元；每年给父母 5 000 元的零用钱。根据上述资料，请对王先生家庭的财务情况进行分析。

第4章 风险偏好分析

问题导向

1. 预期收益率等同于实际收益率吗?
2. 年龄对家庭风险承受能力会产生何种影响?
3. 可分散风险和不可分数风险有何区别?

知识目标

1. 掌握风险与收益的含义及类型。
2. 理解影响家庭风险承受能力的因素。
3. 掌握风险承受能力与风险承受态度的测算。

综合素养

1. 培养学生树立正确的理财观,理财产品需要与风险偏好相适应。
2. 树立正确的收益理念,客观看待预期收益率。
3. 培养学生深刻理解金融理财的"因人制宜"原则。

4.1 风险与收益

风险与收益密切相关,高风险往往伴随着高收益,低风险往往伴随着低收益。本节将对风险的相关概念进行阐释,并对风险和收益的度量方式进行介绍。

4.1.1 风险的相关概念

4.1.1.1 风险的含义及类型

在金融学中,风险通常是指能够用概率衡量的某一项投资的不确定性。根据不同的依据,可以分为不同的种类。

1. 根据风险的来源进行分类

根据风险的来源进行分类，风险可以分为信用风险、市场风险、操作风险、流动性风险、政策风险、国家风险等。

（1）信用风险

信用风险，也称违约风险，通常是指借款人或者交易方无法按期进行偿付（违约）而导致的损失的可能性。例如，债券的发行人无法按期偿还本金和利息的可能性；按揭贷款的借款人无法按时偿还贷款利息和本金的可能性；互联网贷款平台无法按期偿付的可能性等，这些都属于信用风险。

（2）市场风险

市场风险，也称价格风险，通常是指市场上利率、汇率、股票价格、商品价格等波动而导致参与者资产价值变化的可能性。例如，利率的上升有可能给借款人增加更多的债务负担；本币币值上升可能会不利于出口商的出口；股票价格的频繁波动使股票投资者资产价值的波动性更大。

（3）操作风险

操作风险，通常是指金融机构或者金融平台由于系统不完善、管理不健全以及人为操作失误而导致交易方产生损失的可能性。巴塞尔银行监管委员会从两个维度对操作风险进行了分类。

第一，事件原因或者风险因素。从事件原因或者风险因素角度对操作风险进行分类，可以分为内部欺诈、外部欺诈、就业政策和工作场所安全性风险、客户和产品操作风险、实体资产损坏、业务中断或者交易失败、交易处理和流程管理风险。

第二，操作风险发生的业务部门和流程环节。从操作风险发生的业务部门和流程环节角度对操作风险进行分类，可以分为公司金融风险、交易和销售风险、零售银行业务风险、商业银行业务风险、支付清算风险、代理风险、资产管理风险、经纪风险。

（4）流动性风险

流动性风险，也称变现性风险，通常是指金融市场的参与者由于资产的流动性降低而产生损失的可能性。特别是当金融市场参与者采取保证金方式进行杠杆交易时，流动性风险更加重要。

（5）政策风险

政策风险，通常是指由于与金融市场有关的政策发生重大变化，或者重要的政策、法规的出台而导致金融资产价格波动，从而给市场参与者带来损失的可能性。货币政策、财政政策、汇率制度的变化等都属于政策风险的内容。

（6）国家风险

国家风险，也称主权风险，是指在国际活动中由于国家的主权行为而导致的市场参与者产生损失的可能性。在金融全球化的背景下，当市场参与者从事外币交易和投资、对外借款和贷款、对外证券投资等业务时会面临国家风险。

2. 根据风险是否分散进行分类

根据风险是否分散，风险可以分为系统性风险和非系统性风险。

（1）系统性风险

系统性风险，也称不可分散风险，通常是指对从事金融交易的整个金融市场产生的风险。例如，一个国家的货币政策、财政政策、利率变动、汇率变动、经济周期调整等都会对该国的金融市场产生影响，不能通过投资的分散化加以降低和消除。

（2）非系统性风险

非系统性风险，也称可分散风险，通常是指由于个别的特有事件给市场参与者带来损失的可能性。例如，某上市公司由于新产品开发失败而导致该公司股票价格下降，这一事件只会影响该公司以及相关企业，不会对整体金融市场产生太大的影响，可以通过分散化投资消除。

系统性风险和非系统性风险的分散化程度如图 4-1 所示。

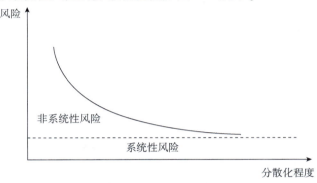

图 4-1　系统性风险和非系统性风险

4.1.1.2　收益的含义及类型

前文已经了解了利率、单利、复利、内部报酬率等概念，这些都是可以衡量收益的指标。收益率是某项投资产生的回报与本金的比率，如果收益率的数值为正，则表明投资有正向的回报；如果收益率数值为负，则表明投资亏损。

收益率有实际收益率和预期收益率之分。实际收益率是事后的概念，是在投资结束后计算出的投资收益率；预期收益率是事前的概念，是在投资计划时预测出的收益率，是项目分析和投资的基础。实际收益率往往和预期收益率存在差异。

4.1.2　风险与收益的度量

4.1.2.1　单一资产的风险与收益的度量

1. 单一资产收益的度量

在金融学中，通常利用数学期望来衡量某种资产的预期收益率。如果一种资产的预期收益率有 $s=1$，2，3，$\cdots$，m 种可能性，每种可能性下对应的收益率为 R_s，那么，该资产的预期收益率为：

$$E(R) = \sum_{s=1}^{m} P_s X_s$$

例如，对某项资产投资，有 1/4 的可能性收益率为 50%，有 3/4 的可能性收益率为 -10%，那么，这种资产的预期收益率为：

$$E(R) = 1/4 \times 50\% + 3/4 \times (-10\%) = 5\%$$

即该项资产投资的预期收益率为 5%。

2. 单一资产风险的度量

在金融学中，通常用方差或者标准差（也称波动率）来衡量资产的风险。如果一种资产的预期收益率有 $s=1$，2，3，$\cdots$，m 种可能性，每种可能性下对应的收益率为 R_s，那么，该资产的方差为：

$$\sigma^2 = \sum_{s}^{n} P_s \times [R_s - E(R)]^2$$

该资产的标准差为：

$$\sigma = \sqrt{\sum_{s=1}^{n} P_s \times [R_s - E(R)]^2}$$

例如，对某项资产投资，有 1/4 的可能性收益率为 50%，有 3/4 的可能性收益率为 -10%，预期收益率为 5%，那么，该项资产投资的方差 σ^2 为：

$$\sigma^2 = 1/4 \times (50\% - 5\%)^2 + 3/4 \times (-10\% - 5\%)^2 = 0.067\ 5$$

该项资产投资的标准差 σ 为：

$$\sigma = \sqrt{0.067\ 5} \approx 0.26$$

📖 **扩展空间**

对于钱先生而言，他面临两种选择：要么投资资产 A，资产 A 有 1/4 的可能性收益率为 50%，有 3/4 的可能性收益率为 -10%；要么投资资产 B，资产 B 有 1/2 的可能性收益率为 20%，有 1/2 的可能性收益率为 -10%。那么，他投资哪种资产更好呢？

在上文中，已经计算了资产 A 的预期收益率和标准差：

$$E(R_A) = 1/4 \times 50\% + 3/4 \times (-10\%) = 5\%$$

$$\sigma_A = \sqrt{0.067\ 5} \approx 0.26$$

同理，可计算资产 B 的预期收益率和标准差：

$$E(R_B) = 1/2 \times 20\% + 1/2 \times (-10\%) = 5\%$$

$$\sigma_B^2 = 1/2 \times (20\% - 5\%)^2 + 1/2 \times (-10\% - 5\%)^2 = 0.022\ 5$$

$$\sigma_B = \sqrt{0.022\ 5} = 0.15$$

通过比较，两项投资的预期收益率相同，均为 5%，但是衡量风险的标准差不同，第一个项目的标准差约为 0.26，第二个项目的标准差为 0.15，表明第二个项目的投资风险更小。根据收益既定下风险最小化的原则，应该选择第二个项目。

4.1.2.2 资产组合的风险与收益的度量

通过分散化，非系统性风险可以被分散，从而降低资产组合的风险。因此，资产组合的建立，可以在降低风险的同时维持原有的收益率水平[1]。

1. 资产组合收益的度量

资产组合的预期收益率是组合中所有资产预期收益率的加权平均值。假设资产组合中包括 $i=1$，2，3，$\cdots$，n 种资产，E_P 为资产组合的预期收益率，$E(R_i)$ 为组合中第 i 种资产

---

① 刘红忠. 投资学 [M]. 北京：高等教育出版社，2003.

的预期收益率，W_i 为第 i 种资产在资产组合中的权重，则资产组合的预期收益率为：

$$E_P = \sum_{i=1}^{n} E(R_i) W_i$$

例如，某资产组合包括 A 和 B 两种股票。股票 A 的预期收益率为 20%，权重为 1/4；股票 B 的预期收益率为 10%，权重为 3/4。那么，该资产组合的预期收益率为：

$$E_P = 1/4 \times 20\% + 3/4 \times 10\% = 12.5\%$$

2. 资产组合风险的度量

资产组合的风险也可以用方差和标准差（也称波动率）来衡量。假设资产组合中包括 $i = 1，2，3，\cdots，n$ 种资产，其中，σ_P^2 表示资产组合的方差，W_i，W_j 表示第 i 种资产和第 j 种资产在资产组合中的权重；CoV_{ij} 表示第 i 种资产和第 j 种资产预期收益率的协方差，ρ_{ij} 表示第 i 种资产和第 j 种资产预期收益率的相关系数，则该资产组合的方差和标准差分别为：

$$\sigma_P^2 = \sum_{i=1}^{n} \sum_{j=1}^{n} CoV_{ij} W_i W_j$$

$$CoV_{ij} = \rho_{ij} \times \sigma_i \times \sigma_j$$

例如，某资产组合包括 A 和 B 两种股票。股票 A 的预期收益率为 20%，标准差为 30%，权重为 1/4；股票 B 的预期收益率为 10%，标准差为 10%，权重为 3/4，相关系数为 0.6，则：

$$CoV_{AB} = \rho_{AB} \times \sigma_A \times \sigma_B = 0.6 \times 30\% \times 10\% = 0.018$$

$$\sigma_P^2 = \sum_{i=1}^{n} \sum_{j=1}^{n} CoV_{ij} W_i W_j = \sum_{i=1}^{2} W_i^2 \sigma_i^2 + 2 \sum CoV_{AB} W_A W_B$$

$$= (1/4)^2 \times (30\%)^2 + (3/4)^2 \times (10\%)^2 + 2 \times (0.018) \times 1/4 \times 3/4 = 0.018$$

$$\sigma_P = \sqrt{0.018} \approx 0.13$$

扩展空间

相关数学知识

1. 概率

概率是表示产生某种结果的可能性。对于某一项投资而言，成功的概率为 1/4，失败的概率是 3/4。概率的形成依赖于不确定性时间本身的性质和人们的主观判断，比较难以表述，因此，常用同类事件发生的频率代替。例如，在过去的 1 000 次类似的投资项目中，有 250 次获得成功，而 750 次失败，那么，用 1/4 表示上述某一项目投资成功的概率是比较客观的。但是，在金融投资中，很多情况下没有过去类似的试验辅助度量概率，那么，在这种情况下，概率的形成往往取决于主观性的判断。主观性概率主要依据一个人或者团体的工作经验、相关信息、未来预测而形成的判断决策，不同的人会产生不同的判断，进行不同的选择。

2. 均值或数学期望

均值或数学期望是对不确定时间的所有可能性结果的一个加权平均，权重为每一种结果的概率，是总体趋势或平均结果的衡量。

一般情况下，如果有 n 种可能性结果，其值分别为 X_1，X_2，…，X_n，其对应的概率为 P_1，P_2，…，P_n，则均值或数学期望为：

$$E(X) = \sum_{t=1}^{n} P_t X_t$$

3. 方差和标准差

设 X 为随机变量，若 $E(X - EX)^2$ 存在，则称 $E(X - EX)^2$ 为随机变量 X 的方差，用 DX 表示，$\sqrt{DX}$ 为随机变量 X 的标准差。方差和标准差反映的是随机变量 X 相对于均值的离散程度。

4. 协方差

设 $(X，Y)$ 为二维随机变量，若：

$$E[(X - EX)(Y - EY)] < \infty$$

则称 $E[(X - EX)(Y - EY)]$ 为 X 与 Y 的协方差，即为 $CoV(X，Y)$，则：

$$CoV(X，Y) = E[(X - EX)(Y - EY)]$$

5. 相关系数

设 $(X，Y)$ 为二维随机变量，若协方差 $CoV(X，Y)$ 存在，且 $DX > 0$，$DY > 0$，则：

$$\rho_{XY} = \frac{CoV(X，Y)}{\sqrt{DX}\sqrt{DY}}$$

称 ρ_{XY} 为 X 与 Y 的相关系数。

4.1.2.3 市场风险的度量

在上文中，我们已经知道风险可以区分为系统性风险和非系统性风险。例如，对于某只股票而言，它的风险可以分为两个部分：由于金融市场共同因素引起的整体股票市场的波动而带来的股票价格的变化；由于个股自身因素引起的该股票价格的变化。前者为系统性风险，后者为非系统性风险。

1963 年，夏普提出了衡量系统性风险的市场模型，该模型假设：

1）某种资产的价格受到某些共同因素的影响，可以用市场组合表示。

2）任何一种资产的收益率与市场组合收益率之间都存在一种线性相关的关系，即：

$$R_i = \alpha_i + \beta_i R_m + \varepsilon_i$$

其中，R_i 表示第 i 种资产的收益率；R_m 表示市场组合的收益率；α_i 为截距项，表示当市场组合收益率为零时，第 i 种资产的收益率；ε_i 是误差项，表示一个数学期望等于零的随机变量；ε_i 是斜率项，也称贝塔系数，用来衡量系统性风险的大小。贝塔系数的计算公式为：

$$\beta_i = \frac{CoV_{im}}{\sigma_m^2}$$

其中，CoV_{im} 是第 i 种资产收益率与市场组合收益率之间的协方差；σ_m^2 为市场组合收益率的方差。

例如，某种股票的贝塔系数为 0.5，并具有如下线性特征：

$$R_i = 2\% + 0.5 R_m$$

如果市场组合的收益率为 5%，那么该股票的收益率为

$$R_i = 2\% + 0.5 \times 5\% = 4.5\%$$

此外，市场组合自身的贝塔系数为 1。如果某一资产的贝塔系数小于 1，那么，该资产的系统性风险小于市场的平均风险，属于防守型资产；如果某一资产的贝塔系数大于 1，那么，该资产的系统性风险大于市场的平均风险，属于进攻型资产。

4.2　家庭的风险特征

家庭的风险特征是对家庭风险偏好的整体概括，风险偏好不同，对风险资产的态度不同，理财方案的设计也不同。本节对影响家庭风险偏好的因素进行介绍，并对家庭风险属性进行量化分析。

4.2.1　影响家庭风险偏好的因素

风险是影响投资理财的重要因素。一个人或者一个家庭的风险偏好与财富、年龄、婚姻、工作、投资期限、理财目标等因素密切相关。

1. 财富

一般而言，当家庭的财富增加，可用于投入风险资产的财富数额也增加，风险偏好也上升。但是，从相对风险偏好方面看，投入风险资产的财富数额占财富总额的比重不一定增加。

2. 年龄

一般而言，在成年之后，个人的风险偏好通常和年龄成负相关关系，即年龄越大，风险偏好越低，年龄越小，风险偏好越高。一方面，对于年龄较小的居民而言，如果出现投资亏损，其未来翻本的可能性更大；另一方面，年龄较小的个人可以承担长期投资的阶段性亏损，有时间经历整个经济周期，因此，风险偏好较高。

3. 婚姻

婚姻对一个家庭的风险偏好的影响是复杂的。一方面，婚姻意味着责任，如果一个人觉得自己的行为将可能对自己的丈夫或者妻子造成负面的影响，就会更加谨慎行事，从而导致已婚者的风险偏好低于未婚者；另一方面，如果丈夫或者妻子收入较为稳定，可以为家庭定期提供稳定且有保证的收入，那么，该家庭有可能将一部分资产投资于高风险高收益的资产，在资产投资方面表现出较高的风险偏好。

4. 工作

工作收入和资产收入构成了一个家庭收入的重要组成部分。如果一个家庭的成员主要从事安全程度更高的职业，失业的可能性较低，那么，这个家庭的工作收入会较为稳定。相反，如果一个家庭的成员主要从事安全程度较低的职业，失业的可能性非常大，那么，这个家庭的支出主要依赖于资产收入，在资产投资方面更加偏向于稳定投资。

5. 投资期限

一般而言，资金的投资期限越长，可以承担的风险越高。如果一笔100万元投资的期限在10年以上，在短期内不需要使用这笔资金，那么，风险偏好较低；相反，如果这笔投资短期内需要变现的可能性较大，那么，只能投资于低收益、低风险、高流动性的产品，因此，风险偏好较低。

6. 理财目标

理财目标是否可调整也影响一个家庭的风险偏好。如果理财目标可以在较大范围内进行调整，例如，某项投资本金2万元，如果投资收入翻倍，那么，考虑国外旅游，如果亏损，只剩本金1.5万，那么，考虑国内旅游，这种情况下，风险承受能力较高。相反，如果理财目标不可以调整，例如，投资收益为了支付子女的学费等，并且理财的期限很短，那么，只可以选择保本的低收益资产。

4.2.2 风险属性的量化分析

4.2.2.1 简易量化分析

简易量化分析将个人分为冒险、积极、稳健、消极、保守五种风险承受情况，只考虑存款和股票两种金融资产。一方面，根据"100－年龄"进行计算，得出稳健型家庭可用于股票投资的比率；另一方面，在此基础上，根据不同的风险承受情况进行调整，冒险型+20%，积极型+10%，稳健型+0，消极型－10%，保守型－20%。例如，一个30岁的积极型投资者，投资股票的比率为80%。风险属性的量化分析可参考表4-1。

表4-1 风险属性建议量化分析

年龄	股票投资比率				
	冒险型	积极型	稳健型	消极型	保守型
20	100%	90%	80%	70%	60%
30	90%	80%	70%	60%	50%
40	80%	70%	60%	50%	40%
50	70%	60%	50%	40%	30%
60	60%	50%	40%	30%	20%

对于一个家庭而言，其风险承受能力可以以家庭支柱的风险承受情况为准，也可以是家庭成员风险承受能力的加权平均。

4.2.2.2 风险矩阵量化分析

1. 风险承受能力指标

风险承受能力指标，英文为 Risk Capacity Index，简称 RCI。根据年龄、家庭情况、工作情况、住房情况、购车情况、投资经验可以计算出风险承受能力。

1）年龄，年龄是影响风险承受能力的重要因素。例如，年龄总分50分，30岁以下者50分，每多一岁少一分。

2）其他因素，包括家庭情况、工作情况、住房情况、购车情况、投资经验，总分50

分，具体分配见表4-2。

表4-2 风险承受能力因素矩阵

分值	10分	8分	6分	4分	2分
家庭情况	未婚	双薪无子女	双薪有子女	单薪有子女	单薪养三代
工作情况	公职人员	固定收入者	佣金收入者	自主创业者	失业者
住房情况	房产投资	自有住房	房贷<50%	房贷>50%	无自用住房
购车情况	>2辆车	1辆车	车贷<50%	车贷>50%	无自用车辆
投资经验	10年以上	5~10年	2~4年	1年以下	无

在计算过程中，风险承受能力总分为100分，最低为10分，分值越低，表示风险承受能力越低。根据分值的区间不同，设定了五个等级的风险承受能力指标（RCI），其中，80分及以上，表示被测评者为高风险承受能力；60~79分，表示被测评者为中高风险承受能力；40~59分，表示被测评者为中等风险承受能力；20~39分，表示被测评者为中低风险承受能力；20分以下，表示被测评者为低风险承受能力。

2. 风险承受态度指标

风险承受态度指标，英文Risk Attitude Index，简称RAI。风险承受态度表示个人愿意承担的风险，主观因素更强，通常对本金损失的容忍度、赔钱后的心理、避免投资等指标进行衡量。

1）对本金损失的容忍度。不能容忍本金任何损失，为0分；每增加1%加2分；对本金损失的容忍度超过30%，为60分。

2）其他因素，包括赔钱心理、当前投资、投资目标、投资历史，总分40分，风险承受态度因素矩阵如表4-3所示。

表4-3 风险承受态度因素矩阵

分值	10分	8分	6分	4分	2分
赔钱心理	"交了学费"	正常生活	影响小	影响大	无法正常生活
当前投资	外汇	股票	债券	银行理财产品	存款
投资目标	短期差价	长期分红	高于通胀	抵御通胀	保本保息
投资历史	只赚不赔	赚多赔少	损益两平	赚少赔多	只赔不赚

在计算过程中，风险承受态度总分为100分，最低8分。得分越低者表示风险承受态度越低。根据分值的区间不同，可以区分为5个等级的风险承受态度指标（RAI），80分以上，表示被测评者为高风险承受态度；60~79分，表示被测评者为中高风险承受态度；40~59分，表示被测评者为中等风险承受态度；20~39分，表示被测评者为中低风险承受态度；20分以下，表示被测评者为低风险承受态度。

 案例分析

钱先生的风险承受能力和风险承受态度

钱先生现年40岁，在一家国有控股银行任职，妻子在私营企业工作，有一个子女。家庭已于2年前购房自住，当前房贷余额为房屋总价的40%，家里拥有一辆别克车自用，

3 年前开始投资股市，赚少赔多。另外，钱先生本金可忍受的最大损失率为 10%，投资首要考虑长期红利所得，但赔钱仍会对工作和生活造成少许影响，当前资产 70% 是股票，30% 是存款。

（1）风险承受能力计算。

1）钱先生 40 岁，年龄在风险承受能力方面的贡献值为 40 分。

2）钱先生的家庭情况为双薪有子女，工作情况为固定收入者，住房情况为房贷余额小于 50%，购车情况为拥有一辆车，投资经验为 3 年。

因此，钱先生的风险承受能力为：RCI = 40 + 6 + 8 + 6 + 8 + 6 = 74（分）。

所以，钱先生的风险承受能力为中高等。

（2）风险承受态度计算。

1）钱先生可以容忍的本金损失为 10%，本金损失容忍度在风险承受态度方面的贡献值为 20 分。

2）钱先生的投资如果赔钱，对生活的影响较小，当前投资中，风险最高的金融产品为股票，投资目标主要考虑长期红利分配，历史投资赚少赔多。

因此，钱先生的风险承受态度为：RAI = 20 + 6 + 8 + 8 + 4 = 46（分）。

所以钱先生的风险承受态度为中等。

钱公子的风险承受能力和风险承受态度

钱公子今年 20 岁，在某大学就读，单身，无自用住宅，无自用汽车，零用钱每月 2 000 元，无投资经验，对投资本金的损失容忍程度为 20%，投资首要考虑短线差价，赔钱会影响生活和学习，但是影响不大，当前主要投资于存款，但有 1 万元的股票投资，股票投资不赔不赚。

（1）风险承受能力计算。

1）钱公子 20 岁，年龄在风险承受能力方面的贡献值为 50 分。

2）钱公子的家庭情况为单身未婚，无工作，但是每个月可以从父母处获得零用钱，为固定收入者，并不拥有自己的住房和车辆，没有投资经验。

因此，钱公子的风险承受能力为：RCI = 50 + 10 + 8 + 2 + 2 + 2 = 74（分）。

所以，钱公子的风险承受能力为中高等。

（2）风险承受态度计算。

1）钱公子可以容忍的本金损失为 20%，本金损失容忍度在风险承受态度方面的贡献值为 40 分。

2）钱公子投资赔钱对生活和学习影响较小，当前投资产品中风险最高的为股票，投资目标为赚短线差价，历史投资损益两平。

因此，钱公子的风险承受态度为：RAI = 40 + 6 + 8 + 10 + 6 = 70（分）。

所以钱公子的风险承受态度为中高等。

如果将钱公子视为独立的个体，则风险承受能力和风险承受态度得分分别为 74 分和 70 分；如果将钱公子视为钱先生家庭的成员，则风险承受能力和风险承受态度以钱先生的家庭为准，通常以家庭支柱钱先生的风险承受能力和风险承受态度为准。

（3）风险矩阵。

风险承受能力和风险承受态度决定了不同个人和家庭愿意并且能够在不同风险特征的金融产品的投资比例，进而形成资产组合，对组合中资产及其比例的选择也影响资产组合的收益和风险。

假设存在三种可投资的金融资产：活期存款 A、银行理财产品 B、股票 C。预期收益率、标准差及相关系数见表 4-4。

表 4-4　三种资产的预期收益率、标准差及相关系数

资产类别	预期收益率	标准差	相关系数
活期存款 A	1%	0	$\rho_{AB} = 0.1$
银行理财产品 B	5%	5%	$\rho_{BC} = 0.3$
股票 C	10%	20%	$\rho_{AC} = -0.2$

另外，假设对于中等风险承受能力和中等风险承受态度的个人而言，其在活期存款、银行理财产品和股票三种资产的投资比例分别为 10%、50%、40%。那么，可以计算出这一资产组合的预期收益率和标准差。

该资产组合的预期收益率为：

$$E(R_P) = 10\% \times 1\% + 50\% \times 5\% + 40\% \times 10\% = 6.6\%$$

活期存款 A、银行理财产品 B、股票 C 三种金融产品之间的协方差分别为：

$$CoV_{AB} = \rho_{AB} \times \sigma_A \times \sigma_B = 0.1 \times 0 \times 5\% = 0$$

$$CoV_{AC} = \rho_{AC} \times \sigma_A \times \sigma_C = -0.2 \times 0 \times 20\% = 0$$

$$CoV_{BC} = \rho_{BC} \times \sigma_B \times \sigma_C = 0.3 \times 5\% \times 20\% = 0.003$$

该资产组合的方差为：

$$\sigma_P^2 = \sum_{i=1}^{n} \sum_{j=1}^{n} CoV_{ij} W_i W_j = \sum_{i=1}^{2} W_i^2 \sigma_i^2 + 2 \sum CoV_{ij} W_i W_j$$

$$= W_A^2 \sigma_A^2 + W_B^2 \sigma_B^2 + W_c^2 \sigma_C^2 + 2 W_A W_B CoV_{AB} + 2 W_A W_C CoV_{AC} + 2 W_B W_C CoV_{BC}$$

$$= (10\%)^2 \times 0^2 + (50\%)^2 \times (5\%)^2 + (40\%)^2 \times (20\%)^2$$

$$+ 2 \times 10\% \times 50\% \times 0 + 2 \times 10\% \times 40\% \times 0 + 2 \times 50\% \times 40\% \times 0.003$$

$$= 0 + 0.000\ 625 + 0.006\ 4 + 0 + 0 + 0.001\ 2$$

$$= 0.008\ 225$$

该资产组合的标准差或波动率为：

$$\sigma_P = \sqrt{0.008\ 225} \approx 0.090\ 7 = 9.07\%$$

根据计算可知，对于中等风险承受能力和中等风险承受态度的个人而言，如果在活期存款、银行理财产品和股票三种资产的投资比例分别为 10%、50% 和 40%，在既定的预期收益率、标准差和相关系数下，其投资组合的预期收益率为 6.6%、标准差为 9.07%。

以此类推，在不同风险承受能力和风险承受态度的基础上，资产组合中活期存款、银行理财产品和股票所占比例不同时，可以计算出投资组合的预期收益率和标准差。

可见，年龄、家庭情况、工作情况、住房情况、购车情况、投资经验等因素决定了投

资者的风险承受能力；本金损失的容忍度、赔钱心理、当前投资、投资目标、投资历史等因素决定了风险承受态度。风险承受能力和风险承受态度决定了资产组合中的资产种类和比例，资产种类和比例以及资产风险收益特征决定了资产组合的收益与风险。风险承受能力与风险承受态度的矩阵关系如表4-5所示。

表4-5　风险矩阵

风险承受能力	资产组合	风险承受态度				
		高态度/%	中高态度/%	中等态度/%	中低态度/%	低态度/%
高能力	活期存款	10.00	10.00	10.00	20.00	20.00
	银行理财产品	20.00	25.00	30.00	40.00	50.00
	股票	70.00	65.00	60.00	40.00	30.00
	预期收益率	14.33	7.85	7.60	6.20	5.70
	标准差	2.05	13.42	12.53	8.81	7.16
中高能力	活期存款	10.00	10.00	10.00	20.00	20.00
	银行理财产品	25.00	30.00	40.00	50.00	60.00
	股票	65.00	60.00	50.00	30.00	20.00
	预期收益率	7.85	7.60	7.10	5.70	5.20
	标准差	13.42	12.53	10.77	7.16	5.67
中等能力	活期存款	10.00	10.00	10.00	20.00	20.00
	银行理财产品	30.00	40.00	50.00	60.00	65.00
	股票	60.00	50.00	40.00	20.00	15.00
	预期收益率	7.60	7.10	6.60	5.20	4.95
	标准差	12.53	10.77	9.07	5.67	5.04
中低能力	活期存款	10.00	10.00	10.00	20.00	20.00
	银行理财产品	40.00	50.00	55.00	65.00	70.00
	股票	50.00	40.00	35.00	15.00	10.00
	预期收益率	7.10	6.60	6.35	4.95	4.70
	标准差	10.77	9.07	8.25	5.04	4.52
低能力	活期存款	10.00	10.00	20.00	20.00	30.00
	银行理财产品	50.00	60.00	60.00	70.00	70.00
	股票	40.00	30.00	20.00	10.00	0
	预期收益率	6.60	6.10	5.20	4.70	3.80
	标准差	9.07	7.47	5.67	4.52	3.50

创业板开户风险测评

在我国，创业板股票市场的投资风险非常高，为了保护金融投资者的权益，证监会要求在开户之前需要对投资者进行风险测评，风险测评的基本内容如下。

1. 您的主要收入来源是（　　　）。

A. 工资、劳务报酬

B. 生产经营所得

C. 利息、股息、转让证券等金融性资产收入

D. 出租、出售房地产等金融性资产收入

E. 无固定收入

2. 最近您家庭预计进行证券投资的资金占家庭现有总资产（不含自住、自用房产及汽车等固定资产）的比例是（　　　）。

A. 70%以上

B. 50%~70%

C. 30%~50%

D. 10%~30%

E. 10%以下

3. 您是否有尚未清偿的数额较大的债务，如有，其性质是（　　　）。

A. 没有

B. 有，住房抵押贷款等长期定额债务

C. 有，信用卡欠款、消费信贷等短期信用债务

D. 有，亲朋之间的借款

4. 你可用于投资的资产数额（包括金融资产和不动产）为（　　　）。

A. 不超过 50 万元人民币

B. 50 万~300 万（不含）人民币

C. 300 万~1 000 万（不含）人民币

D. 1 000 万元人民币以上

5. 以下描述中，哪种符合您的实际情况（　　　）。

A. 现在或此前曾从事金融、经济或财会等金融产品投资相关的工作超过两年

B. 已取得金融、经济或财会等与金融产品投资相关专业学士及以上学位

C. 取得证券从业资格、期货从业资格、注册会计师证书（CPA）或注册金融分析师（CFA）中的一项及以上

D. 我不符合以上任何一项描述

6. 您的投资经验可以被概括为（　　　）。

A. 有限：除银行活期账户和定期存款外，我基本没有其他投资经验

B. 一般：除银行活期账户和定期存款外，我购买过基金、保险等理财产品，但还需要进一步的指导

C. 丰富：我是一位有经验的投资者，参与过股票、基金等产品的交易，并倾向于自己做出投资决策

D. 非常丰富：我是一位非常有经验的投资者，参与过权证、期货或创业板等高风险产品的交易

7. 有一位投资者一个月内做了15笔交易（同一品种买卖各一次算一笔），您认为这样的交易频率（   ）。

A. 太高了

B. 偏高

C. 正常

D. 偏低

8. 过去一年时间内，您购买的不同产品或接受的不同服务（含同一类型的不同产品或服务）的数量是（   ）。

A. 5 个以上

B. 6~10 个

C. 11~15 个

D. 16 个以上

9. 以下金融产品或服务，您投资经验在两年以上的有（   ）（本题可多选，但评分以其中最高分值选项为准）。

A. 银行存款等

B. 债券、货币市场基金、债券型基金或其他固定收益类产品等

C. 股票、混合型基金、偏股型基金、股票型基金等权益类投资品种等

D. 期货、期权、融资融券

E. 复杂金融产品、其他产品或服务

10. 如果您曾经从事过金融市场投资，在交易较为活跃的月份，平均月交易额大概是多少（   ）。

A. 10 万元以内

B. 10 万元~30 万元

C. 30 万元~100 万元

D. 100 万元以上

E. 从未从事过金融市场投资

11. 您用于证券投资的大部分资金不会用作其他用途的时间段为（   ）。

A. 0~1 年

B. 1~5 年

C. 无特别要求

12. 您打算重点投资哪些种类的投资品种（   ）（本题可多选，但评分以其中最高分值选项为准）。

A. 债券、货币市场基金、债券基金等固定收益类投资品种

B. 债券、货币市场基金、债券基金等固定收益类投资品种；股票、混合型基金、偏股型基金、股票型基金等权益类投资品种

C. 债券、货币市场基金、债券基金等固定收益类投资品种；股票、混合型基金、偏股型基金、股票型基金等权益类投资品种；期货、期权、融资融券等

D. 债券、货币市场基金、债券基金等固定收益类投资品种；股票、混合型基金、偏股型基金、股票型基金等权益类投资品种；期货、期权、融资融券等；高风险金融产品或服务

E. 其他产品或服务

13. 假设有两种不同的投资：投资 A 预期获得 5% 的收益，有可能承担非常小的损失；投资 B 预期获得 20% 的收益，但有可能面临 25% 甚至更高的亏损。您将您的投资资产分配为（　　　）。

A. 全部投资于 A

B. 大部分投资于 A

C. 两种投资各一半

D. 大部分投资于 B

E. 全部投资于 B

14. 当您进行投资时，您的期望收益是（　　　）。

A. 尽可能保证本金安全，不在乎收益率高低

B. 产生一定的收益，可以承担一定的投资风险

C. 产生较多的收益，可以承担较大的投资风险

D. 实现资产大幅增长，愿意承担很大的投资风险

15. 您认为自己能承受的最大投资损失是多少（　　　）。

A. 不能承受任何损失

B. 一定的投资损失

C. 较大的投资损失

D. 损失可能超过本金

16. 您打算将自己的投资回报主要用于（　　　）。

A. 改善生活

B. 个体生产经营或证券投资以外的投资行为

C. 履行扶养、抚养或赡养义务

D. 本人养老或医疗

E. 偿付债务

17. 您的年龄是（　　　）。

A. 18~30 岁

B. 31~40 岁

C. 41~50 岁

D. 51~60 岁

E. 超过 60 岁

18. 今后五年时间内，您的父母、配偶以及未成年子女等负法定扶养、抚养和赡养义务的人数为（　　　）。

A. 1~2 人

B. 3~4 人

C. 5 人以上

19. 您的最高学历是（　　）。

A. 高中或以下

B. 大学专科

C. 大学本科

D. 硕士及以下

20. 您家庭的就业状况是（　　）。

A. 您与配偶均有稳定收入的工作

B. 您与配偶其中一人有稳定收入的工作

C. 您与配偶均没有稳定收入的工作或者已退休

D. 未婚，但有稳定收入的工作

E. 未婚，目前暂无稳定收入的工作

21. 您是否符合下列情形（　　）。

A. 不具有完全民事行为能力

B. 没有任何风险容忍度

C. 不愿承受任何投资损失

D. 法律、行政法规规定的其他风险承受能力最低的情形

素养提升

风险评级不匹配却坚持买期货①

2023 年 6 月，上海金融法院披露的投资者纠纷案显示，投资者王某申请在某期货公司开立期货账户，从事商品期货交易。但王某在进行风险承受能力测评后，其风险承受能力等级为 C2，适配 R1、R2 风险等级的产品或服务，而普通商品期货风险等级为 R3。为此，期货公司通过书面说明材料、视频验证等方式，告知王某并非合格投资者，并向其具体说明期货交易的特征和风险。经两次视频验证且被期货公司警示风险后，王某仍坚持投资商品期货，并签署确认风险警示书，表示知悉风险不匹配情况，愿意承担投资风险。最终，期货公司还是为王某办理了期货账户的开户手续。

然而，王某开展贵金属等商品期货交易，产生大额交易亏损，并支出大笔手续费。王某将期货公司告上法庭，要求赔偿损失。上海金融法院一审认为，期货公司在开户过程中，已履行了解客户和了解产品的义务，期货公司对于案涉产品的 R3 定级符合中国期货业协会规定，并无不当。在此基础上，期货公司如实全面告知了期货交易的风险，明确告知了产品与投资者不适配的匹配结论，已尽告知说明义务。由于投资者王某并不属于风险承受能力最低类别的投资者，期货公司基于王某的要求提供期货经纪服务的行为不违反适当性义务。因此，判决驳回投资者王某的诉讼请求。王某不服一审判决，提起上诉，上海市高级人民法院判决驳回上诉，维持原判。

---

① http://www.shjrfy.gov.cn/jrfy/gweb/index.jsp

该案例告诉我们，无论是投资者还是金融机构，在金融投资的过程中，均要遵守金融产品适当性匹配原则。特别是对于投资者，应从风险承受能力和风险承受态度出发选择适合自己的金融投资产品。

本章小结

　　风险通常是指能够用概率衡量的某一项投资的不确定性。根据风险的来源进行分类，风险可以分为信用风险、市场风险、操作风险、流动性风险、政策风险、国家风险等；根据是否可以分散，风险可以分为系统性风险和非系统性风险。

　　利率、单利、复利、内部报酬率等都是可以衡量收益的指标，收益率有实际收益率和预期收益率之分，实际收益率是事后的概念，是在投资结束后计算出的投资收益率；预期收益率是事前的概念，是在投资计划时预测出的收益率，是项目分析和投资的基础。

　　无论是单一资产，还是资产组合，都可以用数学期望和方差（或者标准差）来衡量收益和风险。

　　年龄、家庭情况、工作情况、住房情况、购车情况、投资经验等因素决定了风险承受能力，本金损失的容忍度、赔钱心理、当前投资、投资目标、投资历史等因素决定了风险承受态度，风险承受能力和风险承受态度决定了资产组合中的资产和类和比例，资产种类和比例以及资产风险收益特征决定了资产组合的收益与风险。

核心概念

　　风险　信用风险　市场风险　操作风险　流动性风险　系统性风险　非系统性风险

复习思考题

　　1. 风险包括哪几种类型？

　　2. 影响风险承受能力的因素有哪些？如何对风险承受能力进行度量？

　　3. 影响风险承受态度的因素有哪些？如何对风险承受态度进行度量？

　　4. 如果某项投资 20% 的概率收益率为 10%，30% 的概率收益率为 5%，50% 的概率收益率为 2%，那么，该项目的预期收益率和标准差是多少？

　　5. 如果某资产组合包括三种资产：资产 A 的预期收益率为 10%，标准差为 20%，权重为 50%；资产 B 的预期收益率为 20%，标准差为 30%，权重为 25%；资产 C 的预期收益率为 5%，标准差为 5%，权重为 25%。其中，资产 A 和资产 B 的相关系数是 0.5，资产 A 和资产 C 的相关系数为 -0.3，资产 B 与资产 C 的相关系数为 -0.2。请计算资产组合的预期收益率和标准差。

　　6. 谈一谈如何利用本章所学知识寻找适合自己的金融理财产品。

第5章　银行金融产品与理财

 问题导向

1. 储蓄存款与结构性存款有什么区别？
2. 无论何时刷卡，信用卡的免息期都是相同的吗？
3. 如何选择商业银行的理财产品？

 知识目标

1. 了解储蓄的种类，掌握不同的储蓄策略。
2. 掌握信用卡的使用方式，学习还款额的计算。
3. 理解银行理财产品的特点以及在投资过程中需要注意的问题。

 综合素养

1. 培养学生根据"三性"原则配置储蓄存款的能力。
2. 树立正确的金钱观，合理使用信用卡。
3. 清楚银行理财产品与存款在流动性、安全性和收益性方面的区别。

5.1　利用储蓄进行理财

本节将对储蓄的种类进行介绍，对储蓄存款的利息进行比较，并对储蓄的策略进行探讨，为储户选择适合自己的储蓄方式提供建议。

5.1.1　储蓄的种类

储蓄是最原始、最普通的理财方式。目前，银行提供的储蓄产品多种多样，包括活期储蓄、定期储蓄、定活两便储蓄、储蓄一本通等。

5.1.1.1　活期储蓄

活期储蓄是指开户时不约定期限、可随时存取的一种储蓄方式。它起存金额不限，采取记名方式，可以预留密码，如果遗失可以挂失，包括活期存折储蓄、活期存单储蓄等。

5.1.1.2　定期储蓄

定期储蓄是指在存款时事先约定存期，一次或者分次存入，一次或多次支取本金或利息的一种储蓄方式，包括整存整取定期储蓄、零存整取定期储蓄和存本取息定期储蓄、定活两便储蓄、储蓄一本通/一卡通、大额存单、结构性存款等。

1. 整存整取定期储蓄

主要针对储户闲置不用的待用款设置，本金一次存入，起存金额一般为 50 元，由银行开具存单，存单记名，可留密码，可挂失；也可以在借记卡内开设整存整取定期存款账户；存期分三个月、半年、一年、二年、三年、五年；利率较高，且利率大小与期限长短成正比，而收入又与利率和期限成正比。很多银行具有整存整取存款到期后自动转存功能，储户可以灵活地管理整存整取存款的本息、存期、存款形式等。

2. 零存整取定期储蓄

主要针对储户每月节余款项而设置，是事先约定金额本金逐月分次存入、到期一次提取本息的定期储蓄。每月固定存额，5 元起开户，多存不限；开户时银行开具存折，存折记名，可留密码，可挂失，可凭本人身份证件办理提前支取；也可以在银行卡内开设零存整取定期存款账户；存期分一年、三年、五年；其存款利率分别高于活期和定活两便储蓄。需要注意的是，每月需以固定金额存入；若中途漏存，应在次月补齐。未补齐视同违约，违约后将不再接受客户续存及补存。

3. 存本取息定期储蓄

主要针对持有较大数额现金的储蓄投资者而设置，本金款项在一定时期内不需动用，只需定期支取利息以作生活零用。一次存入本金，起存金额较高，一般为 5 000 元，多存不限；存折记名，可留印鉴或密码，可挂失；也可以在银行卡内开设存本取息定期存款账户；存期也分为一年、三年、五年；利息分期支取，可以一个月或几个月取息一次，由储户与储蓄机构协商确定，但通常不得提前支取利息，如到取息日而未取息，以后可随时取息，但不按照复利计算利息。

4. 定活两便储蓄

如果储户有较大额度的结余，但在不久的将来须随时全额支取使用时，可以选择"定活两便"方式作为储蓄存款形式。定活两便是一种事先不约定存期，一次性存入，一次性支取的储蓄存款。既有活期之便，又有定期之利，利息按实际存期长短计算，存期越长利率越高。起存金额低，人民币 50 元即可起存。支取简单，一次存入，一次支取；存期超过整存整取最低档次且在一年以内的，分别按同档次整存整取利率打六折计息；存期超过一年（含一年）的，一律按一年期整存整取利率打六折计息；存期低于整存整取最低档次的，按活期利率计息。

5. 储蓄一本通/一卡通

储蓄一本通一般包括定期储蓄一本通和活期储蓄一本通。定期储蓄一本通是指集人民币和外币于一体、多种存款于一折的整存整取的储蓄方式；活期储蓄一本通是指集人民币和外币于一体、多种存款于一折的活期储蓄方式。此外，伴随着银行卡的普及，一张借记卡可以提供人民币、外币的活期和定期储蓄业务。

 扩展空间

中国持牌的互联网银行

与具有物理网点的银行不同，持牌的互联网银行也是一种存款性金融机构。互联网银行是指通过一种或多种互联网技术，借助大数据、云计算等方式，为客户提供存款、取款、转账、支付结算、理财等传统银行业务的纯网络金融机构。拥有商业银行牌照的互联网银行，虽有一个具体的办公场所，但没有分支机构和营业柜台，没有零售型物理网点，通过互联网平台开展业务，通过后台处理中心处理业务。

●2014年12月深圳前海微众银行

中国第一家网络银行，通过人脸识别技术和大数据信用评级发放贷款。以"普惠金融"为概念，主要面对个人或企业的小微贷款需求。它在"2019年中国银行业100强榜单"排名第99位。

●2015年5月浙江网商银行

由蚂蚁集团发起，是第一家将核心系统架构在"金融云"上、没有线下网点的科技银行，是以互联网为平台、面向小微企业和网络消费者开展金融服务的民营银行。是全国第一家将云计算运用于核心系统的银行，也是第一家将人工智能全面运用于小微风控、第一家将卫星遥感运用于农村金融、第一家将图计算运用于供应链金融的银行。采用无接触贷款"310"模式（3分钟申请，1秒钟放款，全程0人工干预），截至2022年6月月底，累计超过4 900万小微经营者使用过网商银行的数字信贷服务，助力自己的经营与发展，他们中80%过去从未获得银行经营性贷款。

●2016年12月四川新网银行

全国第七家民营银行，四川省首家民营银行，全国第三家全网展业的互联网银行；2018年12月3日成为全国第二家获得高企认定的银行；2019年1月9日，新网银行入选"2019胡润新金融50强"榜单。截至2021年6月，新网银行累计发放小微贷款207.59亿元，其中2021年上半年累计发放小微贷款79.65亿元。

●2017年8月百信银行

中信银行与百度联合发起成立，国有控股，首家获批的独立法人形式的直销银行，是借助中信银行的金融风控能力、产品研发能力和线下渠道资源，结合百度公司人工智能、大数据和云计算等先进技术，打造"O+O""线上+线下"模式的智能普惠银行。2020年8月15日，推出了国内首张数字银行卡——百度闪付卡，2023年2月，宣布接入百度"文心一言"。

●2017年5月众邦银行

全国第十一家民营银行，也是湖北省首家民营银行，是专注于服务小微大众的互联网交易银行，于2019年获得国家高新技术企业认定，以交易场景为依托，以线上业务为引领，以供应链金融为主体，以大数据风控为支撑。

●2017年6月江苏苏宁银行

科技驱动的O2O（Online To Offline）银行，聚焦供应链金融、消费金融、微商金融和财富管理平台四大核心业务，专注为实体经济尤其是个人客户、中小微企业提供差异化、有特色、优质便捷的金融服务（转账、理财、贷款、权益等）。

- 2017 年 5 月吉林亿联银行

东北首家民营银行，确立了"数字银行，智慧生活"的战略定位和"打造普惠大众，赋能生活的智慧银行"的发展愿景，努力践行"微存、易贷"的普惠金融理念，充分运用互联网技术，努力提高金融服务覆盖率，致力于建立数字化的经营管理体系，用科技赋能金融服务创新，为普通人、小微企业、平台和同业机构提供高效、智能的金融服务和解决方案。

- 2017 年 6 月北京中关村银行

北京首家民营银行，全国首家专注服务科技创新的银行，定位为"创新创业者的银行"，专注服务"三创"（创客、创投、创新型企业），并始终坚持科技创新，积极探索应用新兴科技、前沿技术赋能业务发展。

- 2017 年 1 月福建华通银行

福建首家民营银行，致力于打造"线上服务为主，线下体验为辅"的新型互联网银行。

6. 大额存单

大额存单是由银行业存款类金融机构，面向非金融机构投资者发行的记账式大额存款凭证，数额较大，因此称为大额存单。可转让大额存单与一般存单不同，前者期限不低于 7 天，金额为整数，并且在到期之前可以转让。

大额可转让定期存单也是投资者可以选择的储蓄存款产品。大额可转让存单（CDs）是美国一项重要的金融创新产品，最先由花旗银行推出。在 1961 年之前，美国的存单是不可以转让的，这意味着存单的流动性较差，而且法律规定除非支付一笔可观的罚金，否则不能要求银行进行清偿。20 世纪 60 年代，市场利率不断上升，但由于受到 Q 条例（美国联邦储备委员会按字母顺序排列的一系列金融条例中的第 Q 项规定）对存款利率上限的限制，美国的商业银行无法提高存款利率，致使银行存款缺乏吸引力，客户纷纷将资金投资于安全性较好、收益性高的货币市场工具，如国库券、货币市场共同基金等，从而导致银行存款急剧下降，商业银行出现了"脱媒"现象。为了阻止存款外流，商业银行设计了大额可转让存单来吸引企业的短期资金。与银行定期存款相比，大额可转让定期存单具有以下特点。

第一，不记名。银行的定期存款需要记名；而大额定期存单则不记名。

第二，面额大。定期存款金额不固定，大小均可；而可转让定期存单金额较大。例如，美国向机构投资者发行的 CDs 面额最少为 10 万美元，向个人投资者发行的 CDs 面额最少为 100 美元。

第三，利率高。一般而言，定期存款利率是固定的；而可转让定期存单利率既有固定的，也有浮动的，并且 CDs 的利率通常高于同期定期存款利率。

第四，流动性强。定期存款不可以流通，可以提前支取，但提前支取会损失一部分利息；可转让存单不能提前支取，但可以在二级市场流通转让。

第五，期限短。一般而言，可转让定期存单的期限都在 1 年以内，平均 4 个月左右，最短的只有 14 天。

 扩展空间

大额存单在中国

2013 年 12 月，中国人民银行发布《同业存单管理暂行办法》，允许银行业存款类金融机构在银行间市场发行大额可转让同业存单，以市场化方式确定发行利率和价格，并建立同业存单双边报价做市制度，为发行面向企业及个人的大额存单积累了经验，推进了存款利率的市场化改革。2015 年 6 月，中国人民银行发布《大额存单管理暂行办法》，允许银行业存款类金融机构面向非金融机构投资人发行记账式大额存单，其中个人投资人认购的大额存单起点金额不低于 20 万元，机构投资人不低于 1 000 万元。大额存单发行利率以市场化方式确定，固定利率存单采用票面年化收益率的形式计息，浮动利率存单以 Shibor（上海银行间同业拆放利率）为基准计息。大额存单可以转让、提前支取和赎回。

根据《中国人民银行关于大额可转让定期存单管理办法》的规定，大额可转让定期存单的发行单位限于各类银行，大额可转让定期存单的发行对象为城乡个人和企业、事业单位。经中国人民银行批准，经营证券交易业务的金融机构可以办理大额可转让定期存单的转让业务。关于大额存单产品情况见表 5-1。

表 5-1　大额存单产品说明书示例

名称	招商银行个人大额存单 2023 年第十七期（产品代码：CMBR20230017）
币种	人民币
发行对象	个人投资人
发行利率	2.20%
计息类型	固定利率
付息方式	到期一次还本付息
付息频率	期满
产品期限	1 年
认购起点金额	200 000 元
认购基数	10 000 元
认购上限金额	1 000 000 000 元
提前支取	本产品允许在柜台、手机银行、网上银行提前支取，支持部分提前支取，剩余金额不小于认购起点金额，提前支取部分按照支取日我行人民币活期存款挂牌利率计息
转让/赎回	本产品不允许赎回，允许转让
白名单控制标识	否
销售日期	2023 年 06 月 21 日 15：00 至 2024 年 01 月 01 日 00：00
购买方式	在产品销售期内，请携带本人身份证件和招商银行一卡通到招商银行营业网点或通过招商银行网上个人银行专业版、大众版、手机银行办理购买
税款	产品收益的应纳税款由购买人自行申报及缴纳

续表

其他说明	招商银行有权依据国家有关规定、政策及业务的合理需要对本产品说明书、服务内容、计息规则等内容进行调整，并正式对外公告一定时期后施行并适用于本产品。投资人有权在招商银行公告期间选择是否继续持有本产品，如果投资人不愿接受公告内容，有权在招商银行公告施行前向招商银行申请终止本产品；如果投资人未申请终止本产品，变更后的内容对投资人产生法律约束力

7. 结构性存款

结构性存款这一名称起源于华尔街，英文全称是 Structural Deposits，但在美国较少见到这个名字，这类产品通常被叫作收益增厚产品（Yield Enhancement Product），它其实是一般性存款嵌入某种金融衍生品的产物。

2002 年 9 月，一些外资银行和国内光大银行在中国首推外币结构性存款业务。2005年 9 月，民生银行推出第一款人民币结构性存款产品，正式拉开了人民币结构性存款的序幕。2018 年 4 月 27 日，《关于规范金融机构资产管理业务的指导意见》发布，保本理财渐渐消亡，结构性存款成为保本理财的替代品。

结构性存款是指商业银行吸收的嵌入金融衍生产品的存款，通过与利率、汇率、指数等的波动挂钩或者与某实体的信用情况挂钩，使存款人在承担一定风险的基础上获得相应收益。商业银行将结构性存款纳入表内核算，按照存款管理，纳入存款准备金和存款保险保费的缴纳范围。

 案例分析

钱先生对招商银行点金系列进取型看跌两层区间 92 天结构性存款（产品代码：PN1437）很感兴趣。该结构性存款的基本要素如下。

币种：人民币。

挂钩标的：黄金。

起息日：2023 年 07 月 18 日。

到期日：2023 年 10 月 18 日。

清算日：2023 年 10 月 18 日，遇节假日顺延至下一工作日。

认购起点：30 万元人民币，超过认购起点的金额部分，应为 1 万元人民币的整数倍。

单笔认购上限：10 000 万元人民币。

单个投资者认购上限：10 000 万元人民币。

预期收益率：1.65%或者 2.75%。

观察日：2023 年 10 月 16 日。

期初价格：起息日当日彭博资讯（BLOOMBERG）"XAUCurncyBFIX"页面公布的北京时间 14：00 中间定盘价。

期末价格：观察日当日伦敦金银市场协会发布的以美元计价下午定盘价，该价格在彭博资讯（BLOOMBERG）参照页面"GOLDLNPMIndex"每日公布。

障碍价格："期初价格+314"。

接下来，我们对该结构性存款进行分析。

第一，招商银行向投资者提供产品正常到期时的本金完全保障，但不保证收益。

第二，购买该产品后，观察到本产品的起初价格为 1 800.00 元，障碍价格为 1 800.00+314＝2 114.00 元，钱先生购买金额为 500 000.00 元，产品期限为 92 天。

第三，收益分析如下：

如果 2023 年 10 月 16 日观察到期末价格低于或等于障碍价格（如 1 902.60 元），则本产品到期收益率为 2.75%（年化）。在此情况下，本产品收益如下：

结构性存款收益＝购买金额×到期收益率×产品期限÷365

结构性存款收益＝500 000.00×2.75%×92÷365≈3 465.75

如果 2023 年 10 月 16 日观察到期末价格高于障碍价格（如 2 325.40 元），则本产品到期收益率为 1.65%（年化）。在此情况下，本产品收益如下：

结构性存款收益＝购买金额×到期收益率×产品期限÷365

结构性存款收益＝500 000.00×1.65%×92÷365≈2 079.45

5.1.2 储蓄利息的比较

利用储蓄进行理财的重要环节在于对储蓄利息的比较。在我国利率市场化基本完成的背景下，不同商业银行利率存在显著差异。在对不同商业银行的稳健性经营、风险等方面进行评估之后，投资者可以选择利率较高的商业银行进行存款。

一般而言，全国性股份制商业银行高于五大国有控股商业银行的利率，地方性商业银行高于全国性股份制商业银行的利率。例如，本书选择工商银行、建设银行、光大银行、招商银行、北京银行和南京银行为样本，对各家银行的利率进行比较。在活期存款方面，南京银行的利率为 0.35%，高于其他银行；在一年期整存整取存款方面，光大银行、北京银行和南京银行的利率相对更高；在三年期整存整取存款方面，北京银行和南京银行的利率相对较高；在零存整取、整存零取、存本取息的存款方面，南京银行的利率相对较高。各家银行存款利率对比情况如表 5-2 所示。

表 5-2　各家银行存款利率对比　　　　　单位：%

商业银行名称		工商银行	建设银行	光大银行	招商银行	北京银行	南京银行	
活期存款		0.3	0.3	0.3	0.3	0.3	0.35	
整存整取	三个月	1.35	1.35	1.40	1.35	1.40	1.40	
	半年	1.55	1.55	1.65	1.55	1.65	1.65	
	一年	1.75	1.75	1.95	1.75	1.95	1.90	
	二年	2.55	2.55	2.41	2.25	2.5	2.52	
	三年	2.75	2.75	2.75	2.75	3.15	3.15	
	五年	2.75	2.75	3.0	2.75	3.15	3.30	
零存整取、整存零取、存本取息	一年	1.35	1.35	1.4	1.35	1.32	1.40	
	三年	1.55	1.55	1.65	1.55	1.56	1.65	
	五年	1.55	1.55	1.65	1.55	1.80	1.90	
	定活两便	按一年以内定期整存整取同档次利率打 6 折						

商业银行名称		工商银行	建设银行	光大银行	招商银行	北京银行	南京银行	
协定存款		1	NA	NA	NA	1.10	1.10	
通知存款	一天	0.55	0.55	0.55	0.55	0.55	0.80	
	七天	1.1	1.1	1.1	1.1	1.1	1.10	

注：数据获取时间为 2018 年 6 月月末（当前处于利率下行期，利率差异较低，不利于本书内容的阐述）。本信息仅供参考，具体利率执行情况请咨询本地银行分支机构。

5.1.3　储蓄策略

在进行储蓄时，如果能够科学安排，合理配置，储户便可以获取较高的利息收入。

5.1.3.1　选择适合的储蓄期限

在选择商业银行的基础上，对储蓄期限的选择至关重要。可以发现，利率的高低通常与储蓄期限相关，储蓄期限越长，利率越高，即 3 个月的存款年利率高于活期利率，6 个月的存款年利率高于 3 个月的存款年利率，1 年期的存款年利率高于 6 个月的存款年利率。

案例分析

假设钱先生有人民币 100 000 元，存在南京银行的储蓄卡中，可比较钱先生选择不同储蓄期限获得的利息。为了便于比较，无论活期存款利率、三个月的存款利率、六个月的存款利率都是年化利率，可以利用利息计算公式计算出年化利息，如表 5-3 所示。

表 5-3　南京银行存款利率情况

期限	活期存款	整存整取存款					
		三个月	半年	一年	二年	三年	五年
年化利率/%	0.35	1.40	1.65	1.90	2.52	3.15	3.30
年化利息/元	350	1 400	1 650	1 900	2 520	3 150	3 300

如果钱先生的 100 000 元存款，在五年内没有使用，那么选择不同的存款期限，对其获得的利息会产生何种影响呢？

第一种方案，全部以活期存款的形式存在，获得活期存款利息：

五年期活期存款的利息 = 100 000 × 0.35% × 5 = 1 750（元）

第二种方案，以三个月整存整取存款的形式存在，获得三个月存款在五年内转存的利息。假设钱先生设置了到期自动转存，这意味着在三个月后，存期自动续为三个月，第一次三个月的利息，在第二次三个月时变为本金，需要通过复利方式计算：

$$五年期三个月存款的利息 = 100\,000 \times \left(1 + \frac{1.40\%}{4}\right)^{4 \times 5} - 100\,000 \approx 7\,237.71（元）$$

第三种方案，以六个月整存整取存款的形式存在，获得六个月存款在五年内转存的利息。假设钱先生设置了到期自动转存，这意味着在六个月后，存期自动续为六个月，第一次六个月的利息，在第二次六个月时变为本金，需要通过复利方式计算：

$$五年期六个月存款的利息 = 100\,000 \times \left(1 + \frac{1.65\%}{2}\right)^{2 \times 5} - 100\,000 \approx 8\,563.12（元）$$

第四种方案，以一年期整存整取存款的形式存在，获得一年期存款在五年内转存的利息。假设钱先生设置了到期自动转存，这意味着在一年后，存期自动续为一年，第一次一年存期后的利息，在第二次一年时变为本金，需要通过复利方式计算：

五年期六个月存款的利息 = $100\,000 \times (1 + 1.90\%)^5 - 100\,000 \approx 9\,867.92$（元）

第五种方案，以两年期和三年期整存整取存款的形式存在。假设钱先生选择先存入两年，再存入三年的存款期限。这样，两年后的利息变为三年存期的本金。

此时的利息 = $100\,000 \times (1 + 2 \times 2.52\%) \times (1 + 3 \times 3.15\%) - 100\,000 \approx 14\,966.28$（元）

同样，钱先生也可以选择先存入三年，再存入两年的存款期限。这样，在三年后的利息，变为两年存期的本金。

此时的利息 = $100\,000 \times (1 + 3 \times 3.15\%) \times (1 + 2 \times 2.52\%) - 100\,000 \approx 14\,966.28$（元）

乘法交换律告诉我们，位置改变不会影响结果，因此，这两种方式的利息是相同的。

第六种方案，以五年期整存整取存款的形式存在，获得整存整取的利息：

五年期整存整取的利息 = $100\,000 \times 5 \times 3.30\% = 16\,500$（元）

不同存款方案下的利息比较如表5-4所示。

表5-4 不同存款方案下的利息比较

期限	活期存款	整存整取					
		三个月	半年	一年	二年	三年	五年
年化利率/%	0.35	1.40	1.65	1.90	2.52	3.15	3.30
年化利息/元	350.00	1 400.00	1 650.00	1 900.00	2 520.00	3 150.00	3 300.00
五年利息/元	1 750.00	7 237.71	8 563.12	9 867.92	14 966.28	14 966.28	16 500.00

通过比较可以发现，在五年的时间里，如果钱先生将 100 000 元存为活期存款，利息只有 1 750 元；如果存为五年期整存整取存款，则利息为 16 500 元，是活期存款利息的 9 倍多。而且，即使存期为三个月，由于复利的计算方式，利息约为 7 237.71 元，是活期存款利息的 4 倍多。因此，投资者不要经常把较大金额的资金存放于活期存款账户，应根据对资金需求的预期，选择合适的存期。

5.1.3.2　选择适合的存款策略

不同个人及家庭适合不同的存款策略，常见的存款策略有金字塔储蓄法、滚动储蓄法、强制储蓄法等。

1. 金字塔储蓄法

金字塔储蓄法，又称为四分储蓄法，是针对大额资金的储蓄策略。一般而言，我国商业银行提供提前支取的服务，但是定期存款一旦提前支取，其利息计算就转变为活期利息计算方式，利息会遭受损失。例如，钱先生在某银行存了一笔 100 000 元的三年期定期存款，但在存入的一年后，钱先生需要使用 50 000 元资金用于购置车辆，他想要提前支取的此笔款项，那么，100 000 元的存款全部按照提款日当天的活期存款利息进行计息，从而造成了大量的利息损失。

金字塔法意味着将大额款项进行拆分。例如，钱先生的 100 000 万元款项可以拆分成 10 000 元、20 000 元、30 000 元、40 000 元四笔款项，如图5-1所示，当需要 50 000 元时，可以提前支取 10 000 元和 40 000 元的款项，或者 20 000 元和 30 000 元的款项，这样，没有提前支取的存款仍然按定期存款利率计息。

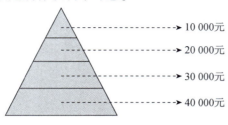

图 5-1　金字塔储蓄法

2. 滚动储蓄法

通过分析和计算可知，存期越长，利息越高。但是，存期越长，不确定性越大，提前支取的可能性越大。滚动储蓄法主要解决在保持流动性的前提下，如何获取高利息的问题。

假如钱先生持有 30 000 元存款，可以开设三笔定期存款业务，即一笔 10 000 元存期一年、一笔 10 000 元存期两年、一笔 10 000 元存期三年。在一年后，存期一年的 10 000 元到期，将其转为三年存期；在两年后，存期两年的 10 000 元到期，将其转为三年存期。通过这种滚动储蓄的方式，30 000 元的存款存期均为三年，可以获得三年期较高的利率水平，而且，每年都有一笔 10 000 元的存款到期，也保证了资金的流动性。这种方式比较适用于中长期投资。

3. 强制储蓄法

很多人没有结余的原因是由于选择性支出较多，花钱大手大脚，没有记账和计算的习惯。在对自身的必要性支出进行计算的基础上，投资者可结合自己的收入水平，设定每个月或每个季度的强制储蓄金额，例如，每个月储蓄收入的 10%，或者每个季度储蓄 1 000 元等，这种先储蓄再消费的方式，保证了资金结余，而且由于减少的消费支出是过去的非必要性支出，也保证了人们的生活水平。

 扩展空间

月光族理财小妙招[①]

1. "强制储蓄"积少成多

每月领取薪水后，将生活费和各项开支以外的钱，采用"阶梯组合式"储蓄法存入银行。强制储蓄，可减少日常生活中许多随意性支出，每个月还有固定数目的钱到期，一旦生活中出现意外用钱的情况，可以从容应对。而且，储蓄一段时间后，会积攒下来一笔不少的钱，把这笔钱作为启动资金，适当尝试风险性投资，让钱生钱，能不断积累更多的财富。

2. "意外储蓄"生财有道

在生活中，常常会有意外的惊喜，如获奖、稿酬、亲友馈赠、老板红包以及其他临

---

① 代瞾. 每天读点理财常识 [M]. 上海：立信会计出版社，2011.

时性意外进账，可将此笔钱及时存入银行，开设专门的账户，按月、双月和季度从此账户中扣款。

3．"分散储蓄"攻守兼备

将定期储蓄分散于不同的存单或分成不同的笔数，如果家庭有需要用钱的地方，只需要动用最近期限的一张存单，而不必动用其他存单，避免了大笔金额因存在一张存款单上，单独取用一部分而损失其他部分利息。

4．"节约储蓄"两全其美

如果不是迫切需要买的东西，可以先将这笔钱暂时存入储蓄卡内，一段时间后再考虑是否真的需要购买，避免冲动消费造成的不必要开支，或者退而求其次，购买同类型档次稍低些的商品，把节省下来的钱存入储蓄卡内，如此坚持一段时间，投资者就会发现既减少了不必要的开支，又无形中储蓄了一笔不少的节约资金。

5．"活期储蓄"存之有道

在办理活期储蓄的时候，可以事先和银行约定好活期账户的最低金额，超出最低金额的部分，选择自动转存为定期存款。这样，一旦储户急需用钱，可以随时取用定期账户上的钱，损失的只是所取出资金的存款利息。

5.2　利用信用卡进行理财

5.2.1　信用卡及其特点

5.2.1.1　信用卡的起源

信用卡起源于 19 世纪 80 年代的英国服装业、旅游业等行业，卡片能够进行短期的商业赊销，但是资金需要随用随付，没有授信额度。20 世纪 50 年代，美国商人弗兰克·麦克纳马拉与其好友在纽约创立了"大来俱乐部 Diners Club"（大来信用卡的前身），为其会员提供一种卡片，这种卡片可以证明会员们的身份，也可以在指定的 27 家餐厅记账消费，不必支付现金，信用卡的雏形初现，但仍属于商业信用卡。

1952 年，美国富兰克林国民银行发行了银行卡，标志着第一张银行信用卡的诞生，以及第一家发行信用卡银行的出现。20 世纪 60 年代，银行信用卡受到了社会的认可和接受，在美国、英国、日本、加拿大、欧洲等国家和地区迅速发展。20 世纪 70 年代，新加坡、中国香港、中国台湾等国家和地区也逐步开始出现信用卡业务。

银行卡分为借记卡和贷记卡两种，借记卡也称储蓄卡，主要作用是储蓄存款，这种卡片的主要特点是先存款再消费，即可以用此卡进行刷卡消费，转账、提现的上限是卡内的可用余额。卡内的存款储蓄可以获得利息，行内提现一般没有手续费。

信用卡可以分为贷记卡和准贷记卡两种。贷记卡是指商业银行发行并给予持卡人一定信用额度，持卡人可在信用额度内先消费后还款的银行卡；准贷记卡是指商业银行发行持卡人按照约定要求交纳一定数量的备用金，当备用金余额不足时，可以在信用额度内先消费后还款的银行卡。一般而言，人们常说的信用卡指贷记卡。

在我国，第一张信用卡于 1985 年正式出现，在"金卡工程"等国家政策的推动下，信用卡产业蓬勃发展。截至 2022 年年末，全国信用卡和信贷合一卡在用发卡数量 7.98 亿张，人均持有信用卡和信贷合一卡 0.57 张。

5.2.1.2　信用卡的种类

1. 按清偿方式分类

根据清偿方式不同，信用卡可以分为贷记卡和准贷记卡。贷记卡在免息还款期内、在信用额度下先消费后付款；准贷记卡是具有一定透支功能的借记卡，需要在卡内先存入一定的款项备用。

2. 按信用等级分类

根据信用等级不同，信用卡可以分为普通卡和金卡。普通卡是商业银行对一般客户发行的信用卡，对客户的财务实力、工作、地位等要求不高；金卡是商业银行对信用较高、具有一定社会地位、资金实力雄厚的客户发行的信用卡，其透支额度较高，同时附加多种服务项目，因而费用较高，申请较为困难。

扩展空间

黑金信用卡

黑金信用卡，又称卡中之王，是美国运通公司 1999 年首次发行的百夫长卡的俗称。黑金信用卡代表的不仅仅是持卡者尊贵的社会地位，而且还能提供周到细致的金融服务。黑卡不可以申请，只能由银行邀请。凭借这张卡，客户可以获得日常客机上的私人舱和享受头等舱升级服务、旅馆套房升级服务、私人旅行顾问服务以及各种免费赠品服务。

黑金信用卡的额度一般比较高，大概有几百万元，并可以继续上调，有的银行还规定：如果黑金信用卡额度超过 500 万元，通常需要董事长签字同意。此外，如果客户想调整黑色信用卡额度，除用于企业流动资金外的其他合理的消费，银行一般都会同意调整额度。黑金信用卡评估邀请条件非常苛刻，首选是考察客户的资产规模、资产流动性、生活品位、消费习性及客户对银行的贡献度等。年消费境内 200 万元或境外 100 万元是一个基本门槛，一般持卡人都是福布斯、胡润等社会公认的财富榜成员，或者知名企业 CEO、总裁或董事长，35 岁至 60 岁，拥有多辆轿车、多处豪宅，享有私家游艇、飞机，还有公认有实力的明星、企业家。

3. 根据发卡对象分类

根据发卡对象不同，信用卡可以分为公司卡和个人卡。公司卡的发卡对象为企业、事业单位、党政机关等。个人卡的发卡对象主要是城乡居民个人。

4. 根据流通范围分类

根据流通范围不同，信用卡可以分为国际卡和地区卡。国际卡是指可以在发行国境外使用的信用卡，万事达卡、维萨卡、运通卡、JCB 卡、大来卡等属于国际卡。地区卡是指只能在发行国国内或者一定地区内使用的信用卡。

5.2.1.3　信用卡的优缺点

1. 信用卡的优点

第一，可以透支消费，扩大人们的消费边界，在免息期内还款不收利息和手续费，且提供分期付款服务，可以降低单期的还款压力，平滑资金紧张的客户的现金流。

第二，可以累积个人信用，是与银行建立长期联系、提高信用等级的有效方式。

第三，在具有银联标识的 ATM 和 POS 机上刷卡消费方便、快捷；并且，免费提供电子对账单，可以通过微信、App、邮箱等多种渠道获取。同时，许多银行设有信用卡电话专线，提供 24 小时服务，可以保证及时挂失。

第四，许多银行的信用卡可以选择一卡双币的形式，在境外消费可以即时转为本币，用人民币还款。同时，信用卡具有多种附加价值，例如，积分礼品赠送、特约商户折扣优惠等。

2. 信用卡的缺点

第一，对于自我约束较低的人而言，容易造成盲目消费和过度消费，多次恶意欠款会影响个人的信用记录。

第二，信用卡提供了一定额度的提现功能，但提现的利息和手续费较高，而且，如持卡人在还款日如果无法还款，需要支付逾期费用和利息。

第三，信用卡提供了分期付款功能，但分期付款需要支付相应的利息和手续费。

第四，存在信用卡盗刷的风险。

5.2.2　信用卡的实务操作

5.2.2.1　信用卡的申请流程

以个人为例，信用卡的申请流程包括申请、审查、发卡、开卡等。

第一步：申请。

具有完全民事行为能力（中国大陆地区为年满 18 周岁的公民）的、有一定直接经济来源的公民，可以向发卡行申请信用卡。在申请信用卡时，需要填写信用卡申请表，一般包括申领人的名称、基本情况、经济状况或收入来源、担保人及其基本情况等；提交一定的证件复印件（通常为身份证）与证明等；仔细阅读信用卡合同、信息提交真实性声明、隐私保护政策等，并在申请人处签字。目前，许多银行提供网上直接办理信用卡服务，不需要到银行网点办理，从而使信用卡的办理更加方便和简单。

第二步：审查。

发卡银行接到申请人交来的申请表及有关材料后，要对申请人的信誉情况进行审查。同时，根据申请人过去的信用记录、申请人已知的资产、职业特性等信息判断是否发卡以及确定信用额度。不同商业银行在信用卡发行条件和额度上存在差异。

第三步：发卡。

在成功申领信用卡后，发卡行将为持卡人在发卡银行开立单独的信用卡账户，以供购物、消费和取现后进行结算，并通过邮寄或者自取的方式将信用卡送达客户手中。

第四步：开卡。

持卡人可以通过电话、网络等方式开卡。开卡后，客户在卡片背后签名，更改信用卡密码后，可以正常使用。信用卡一般仅限个人使用，不可以外借他人使用。

第五步：销卡。

在销卡前，账户余额必须清零。目前，很多银行提供电话销卡业务。

5.2.2.2　信用卡的信息识别

1. 信用卡的正面信息

信用卡的正面信息包括发卡行名称及标识、信用卡别（组织标识）及全息防伪标记、卡号、英文或拼音姓名、启用日期（一般计算到月）、有效日期（一般计算到月），最新发行的卡片正面附有芯片，芯片账户与卡磁条账户为相对独立的两个账户。

2. 信用卡的背面信息

信用卡的背面信息包括卡片磁条、持卡人签名栏（启用后必须签名）、服务热线电话、卡号末四位号码或全部卡号（防止被冒用）、信用卡安全码（在信用卡背面的签名栏上，紧跟在卡号末四位号码的后三位数字，用于信用卡激活、密码管理、电视、电话及网络交易等）。

5.2.2.3　信用卡还款额的计算

在对信用卡还款额进行测度的过程中，消费日、对账单日和还款日至关重要。

1）消费日。消费日，顾名思义，是持卡人用信用卡进行消费的时间。

2）对账单日。对账单日是发卡银行每月对持卡人的信用卡账户当期发生的各项交易进行结算，并计算出还款金额和最小还款额的时间。

3）还款日。还款日是持卡人需要偿还信用卡的最晚时间。

 案例分析

钱先生持有某商业银行的信用卡，额度为 50 000 元人民币，该信用卡的对账单日为每月 4 号，还款日为每月 20 日。钱先生近期的信用卡消费如表 5-5 所示。

表 5-5　钱先生的消费情况

时间	信用卡消费金额
2023 年 7 月 2 日	1 250 元
2023 年 7 月 5 日	5 300 元
2023 年 7 月 10 日	500 元
2023 年 7 月 11 日	370 元
2023 年 7 月 18 日	120 元
2023 年 7 月 20 日	530 元
2023 年 7 月 25 日	6 000 元
2023 年 8 月 2 日	360 元
2023 年 8 月 5 日	900 元

由于该信用卡的对账单日为每月 4 号，还款日为每月 20 日，因此，还款日分析如下：
2023 年 7 月 2 日的消费计入 7 月的对账单，需要在 2023 年 7 月 20 日进行还款；

2023 年 7 月 5 日至 2023 年 8 月 2 日的消费计入 8 月的对账单，共计 13 180 元，需在 2023 年 8 月 20 日进行还款；

2023 年 8 月 5 日的消费计入 9 月的对账单，需要在 2023 年 9 月 20 日进行还款。

5.2.3 信用卡的使用策略

5.2.3.1 选择适合的信用卡

在我国，很多商业银行均推出了信用卡业务，人们应根据自己的特点，选择适合自己的信用卡。

第一，根据自己的自身条件、经济实力、还款能力选择信用卡，金卡的额度高服务好，但是申请难度也较大。

第二，信用卡并非越多越好，信用卡太多，不仅给管理带来不便，也可能"方便"某些个人过上"卡付卡"的生活。因此，持卡人可以根据自身情况选择 2~3 张信用卡。

5.2.3.2 选择适合的还款方式

目前，网点还款、ATM 还款、银行 App 还款、约定还款、支付宝还款、微信还款等，多种方式可供客户选择。人们可以选择自己熟悉的、方便的还款方式。

5.2.3.3 用好免息期

在上文中，我们已经掌握了消费日、对账单日、还款日之间的区别，这三者影响信用卡的免息期。免息期，即商业银行为客户提供不需要支付利息的透支时间。以上文中钱先生的信用卡为例，信用卡的对账单日为每月 4 号，还款日为每月 20 日。这就意味着，如果钱先生在 7 月 4 号消费，其对账单日为 8 月 4 号，还款日 8 月 20 日，免息期为 48 天；如果钱先生在 7 月 3 日消费，其对账单日为 7 月 4 日，还款日为 7 月 20 日，免息期为 17 天。此外，客户在最后还款日之前全额还款，不会产生利息。但是，如果客户未全额还款，则按日收取利息，按照实际还款时间计算计息天数。

案例分析

钱先生持有的信用卡的对账单日为每月 4 日，最后还款日为每月 20 日，利息为日息万分之五。钱先生在 7 月 1 日刷卡消费 5 000 元，7 月 2 日该笔消费入账。假设不存在其他消费，在 7 月 4 日的账单上显示，"本期应还金额"5 000 元，"最低还款额"为 500 元。如果钱先生选择在最后还款日（7 月 20 日）只偿还 500 元，则 8 月 4 日的账单上会显示截至当日需要支付的利息，即 5 000 元循环信用本金 18 天（7 月 2 日~7 月 19 日）的利息和还款后剩余额 4 500 元本金 16 天的（7 月 20 日~8 月 4 日）的利息。

利息合计 = 5 000 元×0.05%×18 天+4 500×0.05%×16 天=81（元）

5.2.3.4 注意手续费和违约金

在利用信用卡进行分期付款的过程中，每次付款都需要收取一定的手续费，分期次数越多，手续费相应越多。另外，如果持卡人违约逾期未还款，发卡机构根据协议规定收取违约金；如果没有选择分期付款，或者分期付款没有按时偿还每期款项时，发卡行会收取违约金。

案例分析

钱先生的信用卡提供个性化分期服务，提供 2 期、3 期、6 期、10 期、12 期、18 期和 24 期多种分期期数选择，每期基准手续费率都为 1.0%。

$$每期应还本金=分期本金总额÷分期期数$$

每期应还本金（精确到分）逐月计入持卡人信用卡人民币账户，余数计入最后一期。

$$分期每期手续费=分期本金总额×对应期数的每期手续费率$$

此外，一些商业银行推出了自己的网上商城业务，如招商银行的网上商城、工商银行的融易购等，在银行的网上商城选择分期付款的方式购物，会免息免费，或者降低手续费和利息。

5.2.3.5　信用卡提现的手续费和利息

信用卡提现又称"预借现金"，是发卡行为持卡人提供的小额现金借款功能。持卡人可以通过多种方式提取现金，包括 ATM、银行柜台、网银或电话预借现金等。信用卡提现与刷卡消费有区别，提现需要收取手续费和利息。例如，招商银行规定境内人民币预借现金手续费为每笔取现金额的 1%，最低收费每笔 10 元人民币；境外预借现金手续费为每笔取现金额的 3%，最低收费每笔 3 美元或 30 元人民币；并且，预借现金不享受免息还款，从取现当天起至清偿日止，按日利率万分之五计收利息，按月计收复利。

5.3　利用银行理财产品进行理财

5.3.1　银行理财产品的含义及分类

5.3.1.1　银行理财产品的含义

银行理财产品是指商业银行销售的理财计划，将投资者的资金聚集起来进行投资，并按照约定将投资收益和损失在商业银行和投资者之间进行分配的投资工具。2004 年 2 月 2 日，光大银行上海分行发行了内地第一支外币理财产品"阳光理财 A 计划"。2004 年 7 月，又发行了第一支人民币理财产品"阳光理财 B 计划"。从此，中国大陆商业银行理财业务正式拉开序幕。

5.3.1.2　银行理财产品的分类

根据币种分类，银行理财产品可以分为人民币理财产品、外币理财产品和双币理财产品。人民币理财产品是用人民币计价，并用人民币购买的银行理财产品；外币理财产品是用外币计价，并用外币购买的银行理财产品，例如美元理财产品、欧元理财产品、澳元理财产品等；双币理财产品是用人民币计价，用人民币和外币均能购买的银行理财产品。

根据流动性不同，银行理财产品可以分为现金类理财产品、定开式理财产品、最低持有期理财产品、封闭式理财产品。

根据销售方式不同，银行理财产品可以分为自营理财产品和代销理财产品。自营理财产品是指商业银行销售的是本行发行的理财产品；代销理财产品是指商业银行代销他行的理财产品，收取代销费。

根据投资标的不同，银行理财产品可以分为货币市场工具理财产品、债券型理财产品、股票型理财产品、信托型理财产品等。

根据设计结构不同，银行理财产品可以分为单一性理财产品和结构性理财产品。单一性理财产品是指投资的标的为债券、股票、信托等基础性资产的理财产品；结构性理财产品是指交易结构中嵌入了期权合约等金融衍生产品的理财产品，结构性理财产品的风险相对更高。

5.3.2 银行理财产品与储蓄的区别

5.3.2.1 流动性方面

储蓄存款的流动性相对较强，特别是活期存款，储户可以随时提取，流动性最高，对于定期存款，如果需要，客户也可以办理提前支取，但是利息将按照取款日的活期存款计息，储户会承担一部分的利息损失。银行理财产品则不同，其期限有不同选择，对于现金流的理财产品，是活期存款的替代品，对于封闭式的理财产品，流动性相对较差，在未到期时通常无法提取。

5.3.2.2 收益性方面

储蓄存款的收益为根据利率计算的利息。商业银行以中央银行的基准利率为基础自行设定的利率，以其自身的信用向客户作出保本保息的承诺；银行理财产品的收益来源于所投资项目和资产的收益，根据监管当局规定，银行理财产品与"业绩比较基准"相关，"业绩比较基准"的计算取决于风险、资产种类、权重、经济金融环境等多种因素，并且"业绩比较基准"并不一定等于"实际收益率"。

5.3.2.3 安全性方面

在众多的投资工具中，储蓄存款的安全性较高、风险较小，收益率也较低。如果一国存在存款保险制度，那么，持有储蓄存款的风险主要在于通货膨胀的风险，即一般物价水平的持续上升导致货币贬值的风险；理财产品则不同，其风险取决于投资标的、投资方式、投资环境、交易对手等多个方面，并不能保证本金和收益的收入，风险相对较高。

5.3.2.4 办理流程方面

储蓄存款的办理需要本人持有身份证、现金，填写开户申请书到银行柜台办理开户手续，开立存单、存折或者银行卡；随着互联网信息技术的发展及智能手机的普及，一些银行可以通过人脸识别系统进行开户，不必到银行柜台办理。但是，在购买理财产品特别是首次购买时，需要投资者进行风险测评并签署理财协议等。

5.3.3 银行理财产品案例分析

5.3.3.1 案例介绍

钱先生在某银行为优质客户，持有该行借记卡，其中活期存款 125 602 元，定期存款 30 万元，并且定期存款将在一周内到期。钱先生想优化其资产的分布情况，银行客户经理向其介绍了该行的理财产品，钱先生很感兴趣，想要进行投资。

5.3.3.2　客户风险评估

该行的理财经理根据银监会的规定，对钱先生进行了风险测评，并对风险测评的过程进行了同步的录音和录像。

××银行理财产品个人投资者风险承受能力评估问卷

以下 10 个问题将根据您的财务状况、投资经验、投资风险、投资目的、风险偏好和风险承受能力等对您进行风险评估，我们将根据评估结果为您更好地配置资产。请您认真作答，感谢您的配合！（每个问题请选择唯一选项，不可多选，选项后的数值代表分值）

一、财务情况

问题 1：您的年龄是（　　　）。

A. 18~30 岁（−2）

B. 31~50 岁（0）

C. 50~60 岁（−4）

D. 60 岁以上（−10）

问题 2：您的家庭收入为（折合人民币）（　　　）。

A. 5 万元以下（0）

B. 5~20 万元（2）

C. 20~50 万元（6）

D. 50~100 万元（8）

E. 100 万元以上（10）

问题 3：在您每年的家庭收入中，可用于金融投资（储蓄存款除外）的比例为（　　　）。

A. 小于 10%（2）

B. 10% 至 25%（4）

C. 25% 至 50%（8）

D. 大于 50%（10）

二、投资经验（任一项选 A 客户均视为无投资经验的客户）

问题 4：以下哪项最能说明您的投资经验（　　　）。

A. 除存款、国债外，我几乎不投资其他金融产品（0）

B. 大部分投资于存款、国债等，较少投资于股票、基金等风险产品（2）

C. 资产均衡地分布于存款、国债、银行理财产品、信托产品、股票、基金等（6）

D. 大部分投资于股票、基金、外汇等高风险产品，较少投资于存款、国债（10）

问题 5：您有多少年投资股票、基金、外汇、金融衍生产品等风险投资品的经验（　　　）。

A. 没有经验（0）

B. 少于 2 年（2）

C. 2 至 5 年（6）

D. 5 至 8 年（8）

E. 8 年以上（10）

三、投资风格

问题 6：以下哪项描述最符合您的投资态度（　　　）。

A. 厌恶风险，不希望本金损失，希望获得稳定回报（0）

B. 保守投资，不希望本金损失，愿意承担一定幅度的收益波动（4）

C. 寻求资金的较高收益和成长性，愿意为此承担有限本金损失（8）

D. 希望赚取高回报，愿意为此承担较大本金损失（10）

问题 7：以下情况，您会选择哪一种（　　）。

A. 有 100% 的机会赢取 1 000 元现金（0）

B. 有 50% 的机会赢取 5 万元现金（4）

C. 有 25% 的机会赢取 50 万元现金（6）

D. 有 10% 的机会赢取 100 万元现金（10）

四、投资目的

问题 8：您计划的投资期限是多久（　　）。

A. 1 年以下（4）

B. 1~3 年（6）

C. 3~5 年（8）

D. 5 年以上（10）

问题 9：您的投资目的是（　　）。

A. 资产保值（2）

B. 资产稳定增长（6）

C. 资产迅速增长（10）

问题 10：您投资产品的价值出现何种程度的波动时，您会呈现明显的焦虑（　　）。

A. 本金无损失，但收益未达到预期（-5）

B. 出现轻微本金损失（5）

C. 本金 10% 以内的损失（10）

D. 本金 20%~50% 的损失（15）

E. 本金 50% 以上的损失（20）

该银行根据风险测评得分区分投资者的风险类型，具体情况见表 5-6。

表 5-6　××银行投资者风险类型区分标准

	分值区间	投资者风险类型
风险测评得分	0~20	保守型
	21~45	稳健型
	46~70	平衡型
	71~85	成长型
	86~100	进取型

经评估，钱先生得分 75 分，属于成长型投资者，可以在该行购买保守型、稳健型、平衡型和成长型的银行理财产品，不可以购买进取型的理财产品。钱先生在客户确认栏确认信息准确，并签字。

另外，钱先生认为在银行柜台购买理财产品比较麻烦，便开通了手机银行，下载了该行的 App，准备在 App 上进行购买。

5.3.3.3　理财产品风险揭示书

在该行的 App 上，钱先生根据自己的财富情况和风险偏好，选择了×××非保本浮动收益型理财计划，期限为 60 天。理财产品的风险揭示书阐明该理财产品为稳健型理财产品，而钱先生为成长型投资者，因此，钱先生可以购买。

××银行××××理财计划（代码：××××××）（节选）

风险揭示书

理财非存款、产品有风险、投资需谨慎。

尊敬的投资者：

由于理财资金管理运作过程中，可能会面临多种风险因素，因此，根据中国银行业监督管理委员会相关监管规定的要求，在您选择购买本理财计划前，请仔细阅读以下重要内容。

1. 本金及理财收益风险：本理财计划不保障本金及理财收益。您的本金可能会因市场变动而蒙受重大损失，您应充分认识投资风险，谨慎投资。（略）

2. 管理人风险：因管理人（包括本理财计划的投资管理人、所投资的信托计划/资管计划的受托人（如有）、相关投资顾问（如有）等，下同）受经验、技能等因素的限制，可能导致本理财计划项下的理财资金遭受损失。（略）

3. 政策风险：（略）

4. 延期风险：如因理财计划项下资产组合变现等原因造成理财计划不能按时还本付息，理财期限将相应延长。

5. 流动性风险：在本理财计划存续期内，投资者不得赎回。

6. 再投资风险：（略）

7. 信息传递风险：（略）

8. 理财计划不成立风险：（略）

9. 不可抗力风险：（略）

本理财计划产品类型为非保本浮动收益类，理财计划期限为 60 天，风险评级为稳健型，适合风险承受能力为稳健型及以上的客户。

在您签署本理财计划的理财产品销售协议书前，应当仔细阅读本风险揭示书、本理财计划产品说明书和客户权益须知的全部内容，同时向我行了解本理财计划的其他相关信息，并自己独立作出是否认购本理财计划的决定。您签署本揭示书、理财产品销售协议书并将资金委托给我行运作是您真实的意思表示，您已知悉并理解理财计划的全部风险，并自愿承担由此带来的一切后果。本风险揭示书及相应理财产品销售协议书、理财计划产品说明书、客户权益须知将共同构成您我双方理财合同的有效组成部分。

风险揭示方：××银行股份有限公司。

客户确认栏：

本人确认购买该理财计划为本人真实的意思表示，并认为该理财计划完全适合本人的投资目标、投资预期以及风险承受能力，本人自愿承担由此带来的一切后果。本人确认××银行相关业务人员对于理财产品说明书中限制本人权利、增加本人义务以及有关免除、限制××银行责任或××银行单方面拥有某些权利的条款已向本人予以说明，本人已完全理解并自愿接受。

本人确认如下：

本人风险承受能力评级为：□保守型 □稳健型 □平衡型 □成长型 □进取型

（客户需全文抄录以下文字以完成确认：本人已经阅读风险揭示，愿意承担投资风险。）

确认人（签字）：

日期： 年 月 日

通过理财产品风险揭示书，可知：

第一，理财产品的类型、投资期限和风险评级情况，为投资者判断该产品是否适合自己的风险偏好和现金流情况提供资料。

第二，强调在理财资金管理运作过程的多种风险因素，包括本金及理财收益风险、管理人风险、政策风险、延期风险、流动性风险等。

第三，强调投资者的知情权，减少投资者由于对理财产品不了解而导致的投资失误。

第四，强调理财产品的风险性，"本人已经阅读风险揭示，愿意承担投资风险"需要投资者全文抄录。

5.3.3.4 理财产品说明书

理财产品说明书是对理财产品整体情况的系统论述。钱先生对该理财计划的产品说明书进行了仔细阅读。

1. 投资方向和范围

本理财计划投资于银行间和交易所市场信用级别较高、流动性较好的金融资产和金融工具，包括但不限于债券、资产支持证券、资金拆借、逆回购、银行存款、券商收益凭证等，并可投资信托计划、资产管理计划等其他金融资产。各投资品种及比例见表5-7。

表5-7 投资比例区间

投资品种	配置比例/%
银行存款	0~50
债券逆回购、资金拆借	0~90
债券资产、资产管理计划和信托计划等	10~100

2. 理财计划要素

理财币种：人民币。

理财期限：60天。

业绩比较基准：预期收益率4.70%。

认购起点：1元人民币为1份，认购起点份额为5万份，超过认购起点份额部分，应为1万份的整数倍。

申购/赎回：本理财计划成立后不开放申购与赎回。

认购期：本理财计划认购期自2023年9月30日上午10：00到2023年10月13日下午17：00。

登记日：2023年10月13日为认购登记日，认购资金在认购登记日前按活期利率计算利息，该部分利息不计入认购本金份额。

成立日：2023年10月16日，理财计划自成立日起计算收益（如有，下同。如遇节假日将顺延至下一工作日）。

到期日：理财计划到期日为 2023 年 12 月 15 日，实际产品到期日受制于银行提前终止条款。（如遇节假日将顺延至下一工作日）

发行规模：规模上限为 1 亿元人民币，本理财计划无规模下限。

本金及理财收益支付：到期一次性支付。

管理人：××银行股份有限公司。

托管人：××银行股份有限公司。

托管费率：0.02%/年。

固定管理费率：0.02%/年。

收益计算单位：每 10 000 份为 1 个收益计算单位，每单位收益精确到小数点后两位。

清算期：认购登记日到成立日期间为认购清算期，到期日（或理财计划实际终止日）到理财资金返还到账日为还本清算期，认购清算期和还本清算期内不计付利息。

单笔认购上限：投资者单笔认购上限为 500 万元与本理财计划规模上限（如有）的较小值。

5.3.3.5　案例分析

1. 风险警示

经过××银行的风险测评，钱先生为成长型客户，其选择的银行理财产品为稳健型，钱先生有资格购买。在认真阅读了风险揭示书和理财计划产品说明书后，钱先生在该银行的手机 App 中，对风险揭示书和理财计划产品说明书进行确认，并购买了 120 000 元的理财产品。

2. 相关主体的权利和义务

第一，投资者。在本案例中，钱先生为投资者。投资者为银行理财产品的购买者，根据银行理财协议规定，投资者在产品到期时获得收益或者承担相应的损失。

第二，管理人。在本案例中，管理人为该银行，此产品为该银行自己发行的银行理财产品，即自营型理财产品，该银行需要对投资组合、期限等进行规划，并收取固定管理费率 0.02%/年。

第三，托管人。在本案例中，托管人为该银行，管理人和托管人是同一机构，但是从发展的角度看，未来管理人和托管人将分离。此产品的托管费率为 0.02%/年。

3. 本金和理财收益

第一，钱先生投资的这一款理财产品为非保本浮动收益型理财产品。

第二，该理财产品收益测算方法为：

理财计划到期年化收益率＝理财计划资产组合收益率－托管费率－固定管理费率；

每收益计算单位理财收益＝10 000×理财计划到期年化收益率×实际理财天数÷365；

其中，每收益计算单位理财收益及投资者获得的人民币理财收益金额精确到小数点后 2 位。

如果未提前终止本理财计划，则实际理财天数为自本理财计划成立日（含）至到期日（不含）期间的天数。如果提前终止本理财计划，则实际理财天数为自本理财计划成立日（含）至实际终止日（不含）期间的天数。

在本案例中，钱先生理财本金为 120 000 元，假设在扣除了托管费率和固定管理费率后的理财计划到期年化收益率为 4.70%，理财期限 60 天，则：

每收益计算单位理财收益 = 10 000×4.70%×60÷365 ≈ 77.26（元）

钱先生理财收益 = 120 000÷10 000×77.26 ≈ 927.12（元）

4. 相关日期

第一，认购期。该理财产品的认购期为 2023 年 9 月 30 日上午 10：00 到 2023 年 10 月 13 日下午 17：00。认购是指投资者在理财产品发行期购买理财产品的行为。在认购期内允许认购撤单。

第二，申购和赎回。该理财计划成立后不开放申购和赎回。申购是指在理财计划成立后投资者购买理财产品的行为；赎回是在理财计划未到期前向管理人申请理财产品变现的行为。

第三，到期日和提前终止。该理财计划到期日为 2023 年 12 月 15 日，在收到足额的资产组合处置收益后 3 个工作日内将投资者本金和理财收益划转至投资者指定账户。但实际产品到期日受制于银行提前终止条款。

第四，相关日期对收益的影响。

假设钱先生在 2023 年 9 月 30 日购买了该理财产品，理财计划正常运营，在 2023 年 12 月 18 日银行将本金和收益打入钱先生的账户，则：

2023 年 9 月 30 日至 2023 年 10 月 12 日，共计 13 天，按活期存款利率计息，假设 0.3%；

2023 年 10 月 13 日至 2023 年 10 月 15 日，共计 3 天，认购登记日到成立日期间的认购清算期，不计付利息；

2023 年 10 月 16 日至 2023 年 12 月 14 日，共计 60 天，成立日到理财产品到期日，根据理财计划实际到期年化收益率计算；

2023 年 12 月 15 日至 2023 年 12 月 17 日，共计 3 天，到期日到理财资金返还到账日的还本清算期，不计付利息。

钱先生持有该理财产品的时间节点如图 5-2 所示。

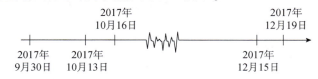

图 5-2　钱先生持有该理财产品的时间节点

假设理财计划实际到期年化收益率为 4.70%。

2023 年 9 月 30 日至 2023 年 12 月 17 日，钱先生获得的收益为 R：

$$R = 120\ 000 \times 13 \times 0.3\% \div 365 + 927.12 \approx 393.94（元）$$

钱先生投资该银行理财产品的实际年化收益率为 r：

$$r = (939.94 \div 120\ 000) \times (365 \div 79) \times 100\% \approx 3.62\%^{①}$$

---

① 根据存款利息的计算方式，存款当天计算利息，取款当天不计算利息，那么，钱先生投资该银行理财产品的实际年化收益率 =（939.94÷120 000）×（365÷78）×100% = 3.67%

5.4　银行贷款

5.4.1　贷款在家庭理财中的作用

有一种观念，认为理财是对既有财富的保值、增值，与贷款无关。其实，贷款在理财中占有重要作用。

5.4.1.1　改变家庭的收入和支出情况

贷款可以改变家庭即时现金流短缺的情况，花未来的钱进行消费，不仅可以平滑整个家庭生命周期的现金流，提高家庭的整体福利水平；也改变了家庭的资产负债表和收入支出表，影响家庭整体理财的分析基础。

5.4.1.2　降低资产投资的流动性需求

当一个家庭需要贷款时，往往有两种原因。第一种原因在于家庭资金的流动性不足；第二种原因在于当前的财富价值不够。针对第一种原因，根据家庭自身的偏好选择的贷款改变了其当期消费和未来消费的比例；针对第二种原因，贷款的存在可以使家庭的财富投资于流动性较低的资产和工具，降低流动性高资产的比例。由于低流动性与高收益性相匹配、高流动性与低收益性相匹配，因此，投资于流动性较低的资产意味着收益性较高。如果家庭投资于流动性低、收益性高的资产，在存在流动性需求时，可以通过贷款解决。

5.4.1.3　改变消费支出方式

目前，商业银行推出的贷款品类繁多，涵盖了消费信贷、汽车信贷、留学信贷、住房信贷等多个领域，降低了贷款的门槛，方便了人们的选择。

5.4.2　相关贷款的种类

与个人及家庭相关的贷款，主要包括小额消费信贷、汽车信贷、住房抵押贷款等。

5.4.2.1　小额消费信贷

小额消费信贷是信用卡业务的延伸，主要针对个人消费领域的短期、小额资金需求。根据是否需要抵押物，可分为无担保消费信贷和有抵押消费信贷。

1. 无担保消费信贷

这种消费信贷是指消费信贷的发放无需抵押品和担保品，一般额度较小、需要客户的资金等级较高。

 案例分析

中国工商银行的融 e 借

融 e 借是由中国工商银行向符合特定条件的借款人发放的，用于个人合法合规消费用途的无担保无抵押的人民币贷款。贷款可用于购车、家装、旅游、购物消费等用途，但不得进入证券市场、期货市场及用于股本权益性投资、房地产市场，不得用于民间借贷，不得用于国家法律法规明确规定不得经营的事项。其产品特点如下。

利率更低：按日计息，随借随还，成本更低。

额度更高：600元起借，最高额度80万元，额度可循环使用。

期限更长：贷款期限一般2年，最长5年。

还款灵活：支持等额本息、等额本金、按期付息一次还本、一次性还本付息四种还款方式，支持提前还款。

体验更优：无抵押、无担保、纯信用，通过网上银行、手机银行"一键即贷"，营业网点也可办理，贷款最快实时到账。

从工商银行的融e借无担保消费信贷可以看出：

第一，借款用途具有限制性，不可以用于金融投资等用途，主要用于缓解消费资金的短缺；

第二，额度较小，在融e借消费信贷中，最高额度为80万元，较低的信贷额度也有利于借款人将所借的资金在限定的用途下使用；

第三，灵活方便，在利率计算、结款方式、还款方式等方面都体现出了灵活方便的特点，产品的设计更加人性化。

2. 有抵押消费信贷

为了控制信用风险，一些商业银行的贷款选择有抵押的方式，这种消费信贷一般利率相对较低，贷款期限更长，申请较为容易。

 案例分析

招商银行的个人消费贷款

招商银行提供以房产抵押办理个人消费贷款的贷款项目，其产品特点如下。

金额多：超高贷款金额，充分满足各种消费需求，贷款金额最高可达2 000万元。

期限长：贷款的期限最长可以达到30年。

成数高：抵押物成数最高可以达到7成。

用途多：购车、装修、旅游、留学、消费等均可。

方便多：可以循环使用，随借随还，想用就用。

省钱多：利率超低，同时使用消费易，还可尽享最长50天的免息期。

从招商银行以房产为抵押物的个人消费信贷可以看出：

第一，借款用途比无担保消费信贷更广泛，包括了留学等资金需求时间较长的内容；

第二，额度比无担保消费信贷更高，抵押物的存在增加了银行的风险控制能力，因此，愿意提供更高额度的信贷，在本案例中，贷款金额最高可以达到2 000万元；

第三，涉及抵押物评估的问题，由于是抵押贷款，需要对抵押物的价值进行评估，而且，也涉及成数问题，成数越高，借款人可以获得的贷款越多；

第四，借款期限更长，无担保消费信贷主要针对短期的贷款需求，而有抵押的消费信贷也覆盖了长期的贷款需求，在本案例中，贷款的期限最长达到30年；

第五，灵活方便，在利率计算、结款方式、还款方式等方面都体现出了灵活方便的特点，产品的设计更加人性化。

5.4.2.2　汽车信贷

汽车贷款通常是指商业银行向申请购买汽车的借款人发放的贷款，也叫汽车按揭。贷款规模通常为 50 万以下，期限 5 年以下，银行签约担保合作单位。通过借款人提交申请→银行审批→放款提车三步完成汽车贷款方式的买车流程。此外，对于公务员、教师、医生等政府机关或事业单位员工以及私人银行客户、优质企业员工等客户群体，一些银行提供免担保汽车贷款。

5.4.2.3　住房抵押贷款

住房抵押贷款可以分为一手住房贷款和二手住房贷款。一手个人住房贷款是指商业银行向借款人发放的，用于购买房地产开发企业依法建造、销（预）售住房的贷款。二手住房贷款是指商业银行向在房屋二级市场购买各类住房的客户发放的贷款，俗称"二手房贷款"。一般而言，具有完全民事行为能力，年龄在 18（含）岁至 65 周岁（含）之间，有良好的信用记录和还款意愿，可以申请住房抵押贷款。贷款期限最长 30 年，贷款额度最高为所购住房市场价值的 70% 上下，借款人年龄与贷款期限之和一般不超过 70 年。

 案例分析

不同还款方式下的住房抵押贷款

王先生选择住房抵押贷款的方式为家庭购买住房。贷款总额 300 000 元，固定年利率 8%，期限 3 年还清。在不考虑其他费用的条件下，钱先生对比等额本息还款、等额递增还款、等额递减还款下每个月的还款金额。

1. 等额本息还款

等额本息还款是常见的还款方式之一。在这种还款方式下，每个月的还款金额是固定的，还款金额不仅包括利息的部分也包括本金的部分。

假设 PV 为现值，FP 为每期支付的还款金额，i 为利率水平，N 为偿还期数。根据现值的计算公式可知

$$PV = \sum_{t=1}^{N} \frac{FP}{(1+i)^t}$$

$$300\,000 = \sum_{t=1}^{36} \frac{FP}{\left(1+\dfrac{8\%}{12}\right)^t}$$

可以求得每月的还款额 $FP \approx 9\,400.91$（元），等额本息还款情况如表 5-8 所示。

表 5-8　等额本息还款情况　　　　　　　　　　　　　　　　　元

期数	月还款额	本金部分	利息部分	本金余额
1	9 400.91	7 400.91	2 000.00	292 599.09
2	9 400.91	7 450.25	1 950.66	285 148.84
3	9 400.91	7 499.92	1 900.99	277 648.92
4	9 400.91	7 549.92	1 850.99	270 099.01
5	9 400.91	7 600.25	1 800.66	262 498.76

续表

期数	月还款额	本金部分	利息部分	本金余额
6	9 400.91	7 650.92	1 749.99	254 847.84
7	9 400.91	7 701.93	1 698.99	247 145.92
8	9 400.91	7 753.28	1 647.64	239 392.65
9	9 400.91	7 804.96	1 595.95	231 587.69
10	9 400.91	7 857.00	1 543.92	223 730.70
11	9 400.91	7 909.38	1 491.54	215 821.32
12	9 400.91	7 962.11	1 438.81	207 859.22
13	9 400.91	8 015.19	1 385.73	199 844.04
14	9 400.91	8 068.62	1 332.29	191 775.42
15	9 400.91	8 122.41	1 278.50	183 653.02
16	9 400.91	8 176.56	1 224.35	175 476.46
17	9 400.91	8 231.07	1 169.84	167 245.40
18	9 400.91	8 285.95	1 114.97	158 959.46
19	9 400.91	8 341.18	1 059.73	150 618.28
20	9 400.91	8 396.79	1 004.12	142 221.49
21	9 400.91	8 452.77	948.14	133 768.72
22	9 400.91	8 509.12	891.79	125 259.60
23	9 400.91	8 565.85	835.06	116 693.76
24	9 400.91	8 622.96	777.96	108 070.81
25	9 400.91	8 680.44	720.47	99 390.37
26	9 400.91	8 738.31	662.60	90 652.06
27	9 400.91	8 796.57	604.35	81 855.50
28	9 400.91	8 855.21	545.70	73 000.29
29	9 400.91	8 914.25	486.67	64 086.05
30	9 400.91	8 973.67	427.24	55 112.38
31	9 400.91	9 033.50	367.42	46 078.89
32	9 400.91	9 093.72	307.19	36 985.17
33	9 400.91	9 154.35	246.57	27 830.83
34	9 400.91	9 215.38	185.54	18 615.46
35	9 400.91	9 276.81	124.10	9 338.65
36	9 400.91	9 338.66	62.26	0
总计	338 432.75	300 000.00	38 432.75	—

2. 等额递增还款

等额递增还款方式是指借款人在申请住房商业贷款业务时，与银行商定还款递增的间隔期和额度；在初始时期，按固定额度还款；此后每月根据间隔期和相应递增额度进行还款的操作办法。其中，间隔期最少为 1 个月。这种还款方式把还款年限进行了细化分割，每个分割单位中，还款方式等同于等额本息。区别在于，每个时间分割单位的还款数额是等额增加。等额递增方式适合目前还款能力较弱，但是已经预期到未来收入会逐步增加的人群。

如果王先生选择还款递增的间隔区间为 1 年（即 12 个月），递增额度为 500 元，则根据现值的计算公式可知：

$$300\,000 = \sum_{t=1}^{12} \frac{FP}{\left(1+\frac{8\%}{12}\right)^t} + \sum_{t=13}^{24} \frac{FP+500}{\left(1+\frac{8\%}{12}\right)^t} + \sum_{t=25}^{36} \frac{FP+2\times500}{\left(1+\frac{8\%}{12}\right)^t}$$

可以求得：

第 1~12 个月的每月还款额为 8 927.46 元；

第 13~24 个月的每月还款额为 9 427.46 元；

第 25~36 个月的每月还款额为 9 927.46 元。

等额递增还款情况如表 5-9 所示。

表 5-9　等额递增还款情况　　　　　　　　　　　　　　　　　　　　元

期数	月还款额	本金部分	利息部分	本金余额
1	8 927.46	6 927.46	2 000.00	293 072.54
2	8 927.46	6 973.64	1 953.82	286 098.90
3	8 927.46	7 020.13	1 907.33	279 078.76
4	8 927.46	7 066.93	1 860.53	272 011.83
5	8 927.46	7 114.05	1 813.41	264 897.78
6	8 927.46	7 161.47	1 765.99	257 736.31
7	8 927.46	7 209.22	1 718.24	250 527.09
8	8 927.46	7 257.28	1 670.18	243 269.81
9	8 927.46	7 305.66	1 621.80	235 964.15
10	8 927.46	7 354.37	1 573.09	228 609.78
11	8 927.46	7 403.39	1 524.07	221 206.39
12	8 927.46	7 452.75	1 474.71	213 753.64
13	9 427.46	8 002.44	1 425.02	205 751.20
14	9 427.46	8 055.79	1 371.67	197 695.41
15	9 427.46	8 109.49	1 317.97	189 585.92
16	9 427.46	8 163.55	1 263.91	181 422.37
17	9 427.46	8 217.98	1 209.48	173 204.39

续表

期数	月还款额	本金部分	利息部分	本金余额
18	9 427.46	8 272.76	1 154.70	164 931.63
19	9 427.46	8 327.92	1 099.54	156 603.71
20	9 427.46	8 383.44	1 044.02	148 220.28
21	9 427.46	8 439.32	988.14	139 780.95
22	9 427.46	8 495.59	931.87	131 285.37
23	9 427.46	8 552.22	875.24	122 733.14
24	9 427.46	8 609.24	818.22	114 123.90
25	9 927.46	9 166.63	760.83	104 957.27
26	9 927.46	9 227.74	699.72	95 729.52
27	9 927.46	9 289.26	638.20	86 440.26
28	9 927.46	9 351.19	576.27	77 089.07
29	9 927.46	9 413.53	513.93	67 675.54
30	9 927.46	9 476.29	451.17	58 199.25
31	9 927.46	9 539.47	387.99	48 659.78
32	9 927.46	9 603.06	324.40	39 056.72
33	9 927.46	9 667.08	260.38	29 389.64
34	9 927.46	9 731.53	195.93	19 658.11
35	9 927.46	9 796.41	131.05	9 861.70
36	9 927.45	9 861.70	65.74	0
总计	339 388.57	300 000.00	39 388.57	—

3. 等额递减还款

等额递减还款方式，指借款人在申请住房商业贷款业务时，与银行商定还款递减的间隔期和额度；在初始时期，按固定额度还款；此后每月根据间隔期和相应递减额度进行还款的操作办法。每个时间分割单位的还款数额等额递减。如果预计到收入将减少，或者目前经济很宽裕，可以选择等额递减。

如果王先生选择还款递减的间隔区间为 1 年，递减额度为 500 元，则根据现值的计算公式可知：

$$300\ 000 = \sum_{t=1}^{12} \frac{FP}{\left(1+\frac{8\%}{12}\right)^t} + \sum_{t=13}^{24} \frac{FP-500}{\left(1+\frac{8\%}{12}\right)^t} + \sum_{t=25}^{36} \frac{FP-2\times500}{\left(1+\frac{8\%}{12}\right)^t}$$

可以求得：

第 1~12 个月的每月还款额为 9 874.36 元；

第 13~24 个月的每月还款额为 9 374.36 元；

第 25~36 个月的每月还款额为 8 874.36 元。

等额递减还款情况如表 5-10 所示。

表 5-10　等额递减还款情况　　　　　　　　　　　　　　　　　元

期数	月还款额	本金部分	利息部分	本金余额
1	9 874.36	7 874.36	2 000.00	292 125.64
2	9 874.36	7 926.86	1 947.50	284 198.78
3	9 874.36	7 979.70	1 894.66	276 219.08
4	9 874.36	8 032.90	1 841.46	268 186.18
5	9 874.36	8 086.45	1 787.91	260 099.73
6	9 874.36	8 140.36	1 734.00	251 959.37
7	9 874.36	8 194.63	1 679.73	243 764.74
8	9 874.36	8 249.26	1 625.10	235 515.48
9	9 874.36	8 304.26	1 570.10	227 211.22
10	9 874.36	8 359.62	1 514.74	218 851.60
11	9 874.36	8 415.35	1 459.01	210 436.25
12	9 874.36	8 471.45	1 402.91	201 964.80
13	9 374.36	8 027.93	1 346.43	193 936.87
14	9 374.36	8 081.45	1 292.91	185 855.43
15	9 374.36	8 135.32	1 239.04	177 720.10
16	9 374.36	8 189.56	1 184.80	169 530.54
17	9 374.36	8 244.16	1 130.20	161 286.39
18	9 374.36	8 299.12	1 075.24	152 987.27
19	9 374.36	8 354.44	1 019.92	144 632.82
20	9 374.36	8 410.14	964.22	136 222.68
21	9 374.36	8 466.21	908.15	127 756.47
22	9 374.36	8 522.65	851.71	119 233.82
23	9 374.36	8 579.47	794.89	110 654.36
24	9 374.36	8 636.66	737.70	102 017.69
25	8 874.36	8 194.24	680.12	93 823.45
26	8 874.36	8 248.87	625.49	85 574.58
27	8 874.36	8 303.86	570.50	77 270.72
28	8 874.36	8 359.22	515.14	68 911.49
29	8 874.36	8 414.95	459.41	60 496.54
30	8 874.36	8 471.05	403.31	52 025.49
31	8 874.36	8 527.52	346.84	43 497.97

续表

期数	月还款额	本金部分	利息部分	本金余额
32	8 874.36	8 584.37	289.99	34 913.60
33	8 874.36	8 641.60	232.76	26 271.99
34	8 874.36	8 699.21	175.15	17 572.78
35	8 874.36	8 757.21	117.15	8 815.57
36	8 874.34	8 815.57	58.77	0
总计	337 476.96	300 000.00	37 476.96	——

素养提升

信用卡不是摇钱树，刷卡消费要适度

张某 2021 年 9 月办理某银行信用卡，2022 年 2 月刷卡消费 3 万元用于购买奢侈品，因账单金额较高，张某办理 12 期分期还款，2022 年 3 月至 6 月正常还款，同时仍有其他消费，加分期还款每月需还金额约 8500 元。2022 年 7 月，张某无力按期归还信用卡欠款，在网上看到传言说"疫情期间信用卡欠款不用偿还"，于是在没有同银行机构协商达成一致意见的情况下，自行开始每月少额还款，且故意躲避催收。银行按照规定将其逾期记录上传征信。之后，张某在其他银行办理贷款时，被发现信用卡存在连续逾期的情况，贷款申请被拒绝。

信用卡的主要作用是满足金融消费者日常、高频、小额的消费需求，勿过度依赖信用卡透支大额消费，持卡人要根据自身还款能力，量力而行，合理消费。案例中张某超出自身还款能力使用信用卡消费透支，后无力偿还从而产生逾期。而且，信用卡逾期后，张某没有积极采取应对措施，没有同银行协商处理后续还款事宜，而是采取鸵鸟政策，通过各种手段逃避银行催收，导致事态恶化。

信用卡逾期信息会被上报到人民银行征信中心，银行办理信贷类业务都会调取个人征信信息作为审查依据，如果存在严重逾期行为，后续申请信用卡、办理房贷、车贷等均会被拒绝。在使用信用卡的过程中，使用者要珍惜自身金融信用。

同时，信用卡分期还款和最低还款方式可以暂时缓解压力，但会延长债务承担时间，也会产生相应的费用和利息，对消费者的长期财务稳健性提出较高要求。消费者应合理选择信用卡分期还款或最低还款方式，避免信用卡逾期。

此外，在使用信用卡消费时，消费者应合理规划资金，做好个人或家庭资金安排和管理。考虑自身实际需求、收支状况理性消费，坚持"量入为出"的科学消费观念，做好个人或家庭财务统筹，防止因为过度消费而影响日常生活。

本章小结

储蓄是最原始、最普通的理财方式。目前，银行提供的储蓄产品多种多样，包括活期

储蓄、定期储蓄、定活两便储蓄、大额存单、结构性存款等。在进行储蓄时，如果投资者能够科学安排储蓄期限，合理配置储蓄结构，投资者便可以获取较高的利息收入。

信用卡可以分为贷记卡和准贷记卡。贷记卡是指商业银行发行的、并给予持卡人一定信用额度，持卡人可在信用额度内先消费后还款的银行卡；准贷记卡是指商业银行发行的，持卡人按照约定要求交纳一定数量的备用金，当备用金余额不足时，可以在信用额度内先消费后还款的银行卡。一般而言，所说的信用卡指贷记卡。在使用信用卡的过程中，消费日、对账单日和还款日至关重要。

银行理财产品是指商业银行销售的理财计划，将投资者的资金聚集起来进行投资，并按照约定将投资收益和损失在商业银行和投资者之间进行分配的投资工具。与银行的储蓄存款不同，银行理财产品更加偏向于投资，在流动性、收益性、安全性、办理流程等方面都有很大的不同。

贷款可以改变家庭即时现金流短缺的情况，花未来的钱进行消费，可以平滑整个家庭生命周期的现金流，提高家庭的整体福利水平。

核心概念

整存整取　储蓄　可转让定期存单　结构性存款　信用卡　银行理财产品

复习思考题

1. 储蓄存款有哪些类型？结构性存款与储蓄存款有何区别？

2. 查询自己的储蓄账户余额，谈一谈哪种储蓄策略适合你，为什么？

3. 抖音月付是一种信用卡吗？请进行分析。

4. 银行理财产品中有余额宝的替代品吗？这类产品有何特点？

5. 结合自己家庭的情况，寻找一款银行理财产品，并对其风险揭示书和理财说明书进行分析。

第6章　债券与理财

6.1　债券的基本知识

本节将对债券的基本知识进行讲解，主要包括债券的基本要素、债券的种类、债券价格、债券收益率、债券市场等内容。

6.1.1　债券的基本要素

债券是资金需求者为筹集资金发行的、承诺按期偿付本金和利息的债权凭证。债券的基本要素包括债券面值、发行主体、偿还期限、债券利率等。

6.1.1.1　债券面值

债券的面值由债券的票面金额和币种两部分组成。债券的票面金额即单位债券的价值；币种即票面金额的计量单位。债券面值对债券的发行成本、持有者的分布、发行数量等产生影响。一般而言，债券面值越大，不利于小额投资者购买，但发行数量越少，发行成本越低。

6.1.1.2　发行主体

债券的发行主体即债券的发行者，即资金需求者，主要包括政府、金融机构和企业三类。债券的发行者要承担履约责任，向债权人按期偿还本金和利息。

6.1.1.3　债券期限

一般情况下，具有到期日是债券的显著特点之一。期限是指从债券发行日到还清本息日的时间。根据期限不同，期限在 1 年（含 1 年）以下的债券为短期债券；期限在 1 年以上、10 年以下的债券为中期债券；期限在 10 年以上的债券为长期债券。

6.1.1.4　票面利率

票面利率是债券利息与票面金额之间的比率，以年化利率表示。票面利率是在债券发行前确定好的利率，可以是固定利率，也可以是浮动利率。

6.1.2　债券的种类

根据期限不同，债券可以分为短期债券、中期债券和长期债券。根据不同的分类依据，债券还可以分为不同的种类。

6.1.2.1　根据债券形态进行分类

根据形态不同，债券可以分为实物债券、凭证式债券和记账式债券。

（1）实物债券

实物债券是一种不记名、看得见、摸得着的债券，这种债券的券面具有标准的格式，债券的发行与流通由实体债券承担。

（2）凭证式债券

凭证式债券是银行作为承销商向投资者开出收款凭证的债券。这种债券通常由商业银行承销，具有可记名、可挂失的特点，但不能上市流通。如果债券投资者需要变现，可以到所购买债券的银行网点办理赎回。

（3）记账式债券

记账式债券是在证券账户中进行登记的债券，投资者可以取得收据或者对账单，具有可记名、可挂失、可上市流通的特点。如果债券投资者需要变现，在债券市场上直接交易即可。

6.1.2.2　根据募集方式进行分类

根据募集方式不同，债券可以分为公募债券和私募债券。

（1）公募债券

公募债券是指在金融市场上公开发行的债券。公募债券的发行需要主管部门批准，手续较为严格和烦琐，对发行主体的信用等级要求较高。

（2）私募债券

私募债券是指在金融市场上以特定的少数投资者为对象发行的债券。私募债券发行手续简单，不能公开上市交易，但是，利率相对较高，吸引能够承担相应风险的机构和个人投资者。

6.1.2.3 根据利率形式进行分类

根据债券利率形式不同，债券可以分为固定利率债券和浮动利率债券。

（1）固定利率债券

固定利率债券是指在债券发行时规定利率在整个债券期限内不发生变动的债券。固定利率锁定了债权人的利息收益和债务人的利息成本，但是，在市场利率上升时，不利于债权人；在市场利率下降时，不利于债务人。

（2）浮动利率债券

浮动利率债券是指在债券发行时规定利率随市场利率定期浮动的债券。浮动利率的计算方式为以市场基准利率为基础并加上一定幅度的利差。对于中长期债券而言，浮动利率债券可以有效地保护债务人和债权人的利益。

6.1.2.4 根据计息方式进行分类

根据计息方式不同，债券可以分为贴现债券和附息债券。

（1）贴现债券

贴现债券，也称折价债券、零息债券，是指不规定票面利率，以低于债券面值的价格发行，到期按债券面值偿还的债券。债权人投资贴现债券的收益是债券面值与债券发行价格之间的差额。

（2）附息债券

附息债券是指债务人根据约定按照票面利率定期支付利息的债券。利息支付方式一般为每年支付一次或者每六个月支付一次。付息债券是中长期债券的常见形式。

6.1.2.5 根据发行主体进行分类

根据发行主体不同，债券可以分为政府债券、公司债券和金融债券。

（1）政府债券

政府债券是指一国中央政府和地方政府为筹集财政资金而发行的债券，通常采取公募发行的方式。政府作为发行主体，信誉较高，因此，政府债券通常具有风险小、流通性强、收益稳定、利息免税等特点。

（2）公司债券

公司债券是指公司作为发行主体，依照法定程序发行，并承诺在一定期限内还本付息的债券。一般情况下，在公司债券的发行过程中，需要进行债券评级，并通过外部担保的介入进行外部增级。

（3）金融债券

金融债券是指由银行和非银行金融机构作为发行主体，依照法定程序发行的债券。目前，我国金融债券的发行主体主要包括国家开发银行、进出口银行等政策性银行。

6.1.2.6 根据有无担保进行分类

根据有无抵押担保，债券可以分为信用债券和担保债券。

（1）信用债券

信用债券又称无担保债券，是指仅凭债务人的信用发行的没有抵押品或者第三方作担保的债券。信用债券对发行主体的信用要求较高，政府债券是信用债券的重要形式之一。

（2）担保债券

担保债券是以土地、房屋等不动产作为抵押品，或者以有价证券等作为质押品，或者以第三方进行担保发行的债券。其中，以土地、房屋等不动产作为担保品的债券称为抵押债券；以有价证券作为担保品的债券称为质押债券；以第三者进行担保的债券称为承保债券。

6.1.2.7　根据是否可以转换进行分类

根据是否可以转换为股票，债券可以分为不可转换债券和可转换债券。

（1）不可转换债券

不可转换债券是债券的一般形态，它不可以在特定条件下转换为公司的股票。

（2）可转换债券

可转换债券是指债券的持有人可以根据规定和个人意愿在约定时期内将债券转换为该家公司股票的债券。可转换债券具有债权和股权的双重属性，债券持有人既可以选择持有债券到期，获取本金和利息；也可以选择在约定的时间内，按转股比例和转股价格转换为公司股票，享受股利分配或资本增值。

6.1.3　债券的价格

6.1.3.1　债券的理论价格

债券的理论价格取决于债券未来的现金流、市场利率等因素。可以利用货币时间价值的公式，对债券理论价格进行计算。由于债券的类型不同，其未来的现金流也存在差异。因此，我们对不同类型债券的理论价格进行分析。

（1）贴现债券的理论价格

贴现债券的特点在于不支付利息，到期偿还面值的债券。在到期日，面值的偿还是投资者未来唯一的现金流。因此，贴现债券的理论价格为：

$$D_1 = \frac{B_1}{1+i}$$

其中，D_1 为贴现债券的理论价格，B_1 为债券面值，i 是市场利率水平。

案例分析

假设某 90 天期的债券，不支付任何利息，在到期日偿还面值 100 元，市场年化利率水平为 5%。那么，在不考虑其他因素的条件下，当前该债券的理论价格是多少？

该债券 90 天期限，为短期债券，且不支付任何利息，唯一的现金流是到期日偿还的面值，是一种贴现债券。

由于市场年化利率水平为 5%，所以 90 天期的利率水平为 $\dfrac{5\%}{\dfrac{365}{90}}$

该债券的理论价格 D_1 为：

$$D_1 = \frac{B_1}{1+i} = \frac{100}{1 + \dfrac{5\%}{\dfrac{365}{90}}} \approx 98.78 \text{（元）}$$

（2）附息债券的理论价格

附息债券的特点在于按期支付利息，在债券到期日偿还本金，现金流包括每期的利息支付和到期的面值支付。因此，附息债券的理论价格为：

$$D_2 = \sum_{t=1}^{n} \frac{B_2 \times r}{(1+i)^t} + \frac{B_2}{(1+i)^n}$$

其中，D_2 为贴现债券的理论价格，B_2 为债券面值，r 为票面利率，i 为市场利率，n 为债券到期时间。

📖 案例分析

假设某债券的面值为 100 元人民币，票面利率为 5%，期限为 5 年，当前市场利率水平为 6%。那么，该债券的理论价格是多少？如果当前市场利率为 3%、4%、5%、7% 呢？

根据付息债券理论价格的计算公式，如果当前市场利率水平为 6%，则：

$$D_2 = \sum_{t=1}^{n} \frac{B_2 \times r}{(1+i)^t} + \frac{B_2}{(1+i)^n} = \sum_{t=1}^{5} \frac{100 \times 5\%}{(1+6\%)^t} + \frac{100}{(1+6\%)^5} \approx 95.79 \text{（元）}$$

同理，如果当前市场利率为 3%、4%、5%、7% 时，债券的理论价格分别为 109.16 元、104.45 元、100.00 元、95.79 元、91.80 元（表 6-1）。

表 6-1　市场利率与债券理论价格之间的关系

市场利率/%	债券价格/元
3	109.16
4	104.45
5	100.00
6	95.79
7	91.80

附息债券是中长期债券的重要形式。在中长期债券投资的过程中涉及债券转让价格的问题，我们也可以利用货币时间价值的公式计算长期债券的转让的理论价格：

$$D_{\text{转让}} = \sum_{t=1}^{m} \frac{B \times r}{(1+i)^t} + \frac{B}{(1+i)^m}$$

其中，$D_{\text{转让}}$ 为债券转让的理论价格，B 为债券的面值，m 为债券从转让交易日至到期日的剩余时间（以年为单位），r 为债券的票面利率，i 为市场利率。

📖 案例分析

某 10 年期的附息债券面值为 100 元，票面利率为 5%，每年年末支付利息，到期一次性偿还本金。在第 7 年开始，投资者想要将债券转让，如果市场利率为 7%，那么，债券转让的理论价格是多少？债券转让价格确定的过程如图 6-1 所示。

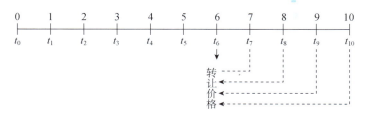

图 6-1　债券转让价格确定的过程

如果投资者选择在第 7 年之初转让债券，那么，该债券的理论价格取决于第 7 年年末的现金流、第 8 年年末的现金流、第 9 年年末的现金流、第 10 年年末的现金流和市场利率水平，则：

$$D_{转让} = \sum_{t=1}^{m} \frac{B \times r}{(1+i)^t} + \frac{B}{(1+i)^m} = \sum_{t=1}^{10-6} \frac{100 \times 5\%}{(1+7\%)^t} + \frac{100}{(1+7\%)^{10-6}} \approx 93.22\,(元)$$

在第 7 年年初，该债券转让的理论价格约为 93.22 元。

（3）统一公债的价值

统一公债，也称永续债券，是债券的特例，是指一种没有到期日的特殊的定息债券。在 18 世纪拿破仑战争后，英国政府发行了一种没有到期日、向投资者永久支付固定利息的债券，这就是最早的统一公债。这种债券的特点是没有债券面值的偿付，只有每期利息的支付。因此，统一公债理论价格的计算公式为：

$$D_3 = \sum_{t=1}^{+\infty} \frac{B_3 \times r}{(1+i)^t} = \frac{B_3 \times r}{i}$$

其中，D_3 为贴现债券的理论价格，B_3 为债券面值，r 为票面利率，i 为市场利率。

 案例分析

假设某债券的面值为 100 元，票面利率为 5%，永久性地每年支付一次利息，不偿付本金，如果市场利率为 6%，那么，该债券当前的价值是多少？

由于该债券不支付本金，永久性地每年支付利息，属于永续债券，则：

$$D_3 = \frac{B_3 \times r}{i} = \frac{100 \times 5\%}{6\%} \approx 83.33\,(元)$$

该债券当前的理论价格约为 83.33 元。

6.1.3.2　债券的实际价格

债券的实际价格是以理论价格为基础的，但要受到多种因素的影响，往往导致债券的实际价格与理论价格不完全一致。

第一，市场利率的变动。在对债券的理论价格进行计算的过程中，债券面值、票面利率、期限等要素是已知的，但市场利率水平取决于估计和预测，并往往假设不变。因此，市场利率水平的估计偏差与利率水平的变动会导致债券的实际价格与理论价格不一致。

第二，市场供求关系的变动。当债券市场供过于求时，债券价格下降；反之，债券发行价格上升。例如，当财政资金紧张时，政府会通过发行政府债券弥补财政赤字，导致金融市场债券供给量上升，从而导致债券价格下降。

第三，社会经济发展状况。在经济高涨期，债券投资者预测经济发展态势较好，增加对债券的需求，从而导致债券价格上升；反之，在经济低迷期，债券投资者减少对债券的需求，导致债券价格下降。

6.1.4　债券的收益率

6.1.4.1　到期收益率

在学习货币时间价值的时候，我们知道 i 是内含报酬率或者内部报酬率；在学习债券理论价格时，假设 i 是市场利率水平。在分析债券收益率时，可将 i 定义为债券的到期收益率。

到期收益率是对利率最为精确的度量，在金融理论分析的过程中，如果使用利率一词，则通常指的就是到期收益率。到期收益率是使债券所有未来现金流的现值与其今天的价值相等的利率。在分析债券的理论价格时，只有投资的收益率覆盖了市场利率，该投资产品才能在市场上顺利发行，因此，可以将市场利率看成一种机会成本。

债券的到期收益率是对投资者持有债券到期收益的一种衡量。它不一定等于债券的票面利率。当到期收益率高于票面利率时，债券的价格低于债券面值；当到期收益率等于票面利率时，债券的价格等于债券面值；当到期收益率低于票面利率时，债券的价格高于债券面值。

 案例分析

假设某债券的面值为 100 元，票面利率为 5%，期限为 5 年，发行价格为 95 元人民币。如果投资者想购买，那么，债券的收益率是多少呢？如果发行价格是 90 元、100 元、105 元、110 元人民币，债券的收益率是多少呢？

根据附息债券的计算公式，可以得出：

$$95 = \sum_{t=1}^{5} \frac{100 \times 5\%}{(1+i)^t} + \frac{100}{(1+i)^5}$$

则计算出的到期收益率 i 为 6.19%。

根据付息债券的计算公式，我们可以计算出发行价格是 90 元、100 元、105 元、110 元人民币时债券的到期收益率，见表 6-2。

表 6-2　债券价格与到期收益率之间的关系

债券价格/元	债券面值/元	票面利率/%	到期收益率/%
90	100	5	7.47
95	100	5	6.19
100	100	5	5.00
105	100	5	3.88
110	100	5	2.83

6.1.4.2　回报率

（1）债券回报率的计算公式

回报率是债券持有人的利息收入与债券价值变动的总和占购买价格的比率。假设某债券的面值为 100 元人民币，票面利率为 5%，购买价格为 100 元人民币，持有 1 年后以 105 元人民币的价格出售，那么持有该债券 1 年的回报率 R 为：

$$R = \frac{100 \times 5\% + (105 - 100)}{100} = 10\%$$

债券的回报率不一定等于债券的到期收益率。债券回报率的计算公式可以表示为：

$$R = \frac{B \times r + P_{t+1} - P_t}{P_t} = \frac{B \times r}{P_t} + \frac{P_{t+1} - P_t}{P_t} \qquad （式 6.1）$$

其中，R 为债券的回报率，B 为债券的面值，r 为票面利率，P_t 为时间 t 时的债券价格，P_{t+1} 为时间 $t + 1$ 的债券价格，$B \times r$ 为利息支付。

式 6.1 中，债券的当期收益率 i_{cy}，是利息支付与购买价格的比率，即：

$$i_{cy} = \frac{B \times r}{P_t}$$

式 6.1 中，资本利得率 g，是买卖差价与购买价格的比率，即：

$$g = \frac{P_{t+1} - P_t}{P_t}$$

因此，债券的回报率也可以表示为：

$$R = i_{cy} + g$$

 案例分析

某投资者于 2015 年 1 月 1 日以 110 元的价格购买了票面利率为 10%、每年 12 月 31 日付息一次的 2010 年 1 月 1 日发行的 10 年期国债，并持有到 2018 年 1 月 1 日以 120 元的价格卖出，则该投资者的年化回报率为多少？

根据债券回报率计算公式可知：

$$R = \frac{100 \times 10\% \times 3 + (120 - 110)}{110} / 3 \approx 12.12\%$$

（2）利率与债券回报率

假设某种债券面值 100 元，票面利率 5%，投资者按照面值购买，债券的总期限包括 1 年、2 年、5 年、10 年、20 年、30 年。那么，当利率由 5% 上升至 10% 时，投资者持有债券 1 年的回报率是多少？

1）总期限为 1 年

对于总期限为 1 年的债券，面值为 100 元，票面利率为 5%，投资者按照面值 100 元购买，可以得出到期收益率为 5%，与初始市场利率水平一致。由于投资者持有该债券到期，在 1 年后不涉及债券的转让，所以没有任何资本利得收益和损失。在这种情况下：

$$100 = \frac{100 \times 5\%}{(1 + i)} + \frac{100}{(1 + i)}$$

$$i = 5\%$$

即：票面利率 = 当期收益率 = 到期收益率 = 回报率 = 5%。

2）总期限为 2 年

对于总期限为 2 年的债券，投资者没有持有债券到期，可以按照债券的转让价格进行

计算。由于市场利率水平由 5% 上升至 10%, 所以:

$$D = \sum_{t=1}^{m} \frac{B \times r}{(1+i)^t} + \frac{B}{(1+i)^m} = \sum_{t=1}^{2-1} \frac{100 \times 5\%}{(1+10\%)^t} + \frac{100}{(1+10\%)^{2-1}} \approx 95.45 \text{ (元)}$$

$$\text{资本利得率 } g = \frac{P_{t+1} - P_t}{P_t} = \frac{95.45 - 100}{100} = -4.55\%$$

回报率 $R = i_{cy} + g = 5\% + (-4.55\%) = 0.45\%$。

同样, 可以计算出总期限 5 年、10 年、20 年、30 年的债券, 当投资者持有 1 年时的回报率分别为 -10.85%、-25.72%、-37.57%、-42.13%。可以发现, 伴随着市场利率的上升, 对于中长期债券的持有者而言, 其债券的价格下降, 回报率也因而降低, 甚至为负, 见表 6-3。

表 6-3 债券持有期与收益

购买时债券的总期限/元	初始的当期收益率/%	初始价格/元	下一年的价格/元	资本利得率/%	回报率/%
1	5	100.00	100.00	0.00	5.00
2	5	100.00	95.45	-4.55	0.45
5	5	100.00	84.15	-15.85	-10.85
10	5	100.00	69.28	-30.72	-25.72
20	5	100.00	57.43	-42.57	-37.57
30	5	100.00	52.87	-47.13	-42.13

通过以上分析, 可以得出以下结论:

第一, 只有持有期与债券总期限一致的债券, 回报率与初始的到期收益率才相等;

第二, 如果债券总期限长于持有期, 市场利率上升导致债券价格下降, 导致投资者资本损失;

第三, 如果债券转换日距离债券到期日的时间越长, 市场利率变动导致债券价格变动的幅度越大;

第四, 如果债券转换日距离债券到期日的时间越长, 市场利率上升导致债券的回报率越低;

第五, 即使某一债券的初始利率很高, 当市场利率上升时, 其回报率也可能变成负数。

6.1.5 债券市场

6.1.5.1 债券市场的类型

1. 发行市场与流通市场

1) 债券发行市场

债券发行市场, 又称一级市场, 是债券从发行主体首次流入投资者的市场。通过债券发行市场, 政府、金融机构以及工商企业等资金需求者向投资者发售债券、筹集资金。

2）债券流通市场

债券流通市场，又称二级市场，是指已发行的债券买卖转让的市场。通过债券流通市场，投资者可以将债券进行转让，获取即时可用资金。

根据交易品种，债券流通市场可以划分为国债流通市场、企业债流通市场、可转换债券流通市场等。在我国，国债在债券流通市场占据绝对优势，而金融债、企业债则规模相对较少。

2. 柜台市场、银行间市场和交易所市场

1）柜台债券市场

商业银行与债券发行人签订承销协议后通过银行柜台，以公开挂牌报价方式向投资者发售债券。柜台交易为债券的零售市场，是一个以个人投资者和企事业单位为主要投资者的市场。

2）银行间债券市场

它是债券的批发市场，成员均为商业银行、证券公司、保险公司、基金等机构投资者，个人投资者不能进入，交易方式为询价方式（买卖双方自行报价），交易金额较大。

3）交易所债券市场

除银行以外的投资者可以通过交易所买卖记账式国债、上市企业债券和可转换债券。在交易所债券市场，债券成交方式同股票类似，实行竞价原则。

6.1.5.2　债券的发行价格与方式

（1）债券发行价格类型

由于债券的面值、期限、票面利率等因素在债券发行之前已经确定，如果市场利率发生变动，那么会引起票面利率与市场利率不一致，从而影响债券的收益率。为了适应市场利率的变化，债券的发行价格可能与票面金额不一致，分为平价发行、溢价发行和折价发行。

第一，平价发行是指债券的发行价格和债券面值相等。当债券票面利率与市场利率相同时，债券的发行价格与未来时期本息支付的现值相同。

第二，溢价发行是指债券的发行价格高于债券面值。当票面利率高于市场利率水平时采用这种方式。

第三，折价发行是指债券的发行价格低于债券面值。当票面利率低于市场利率水平时采用这种方式。

（2）债券的发行方式

1）直接发行

直接发行是指发行主体直接向社会发行中长期债券，可以分为招标发行和私募发行。招标发行是指发行者通过招标方式来决定长期债券的投资者和债券的发行条件；私募发行是指仅向特定的少数投资者发行中长期债券。

2）间接发行

间接发行是指发行主体通过中间商间接发行中长期债券，可以分为集团认购和债券承销。集团认购是指由若干家银行、证券公司或养老保险基金等组成承销团、包销全部长期债券；债券承销是指债券发行人与债券承销商或投资银行直接协商发行条件，以满足发行人的需要和市场状况。

6.1.5.3　中长期债券的偿还

（1）定期偿还

定期偿还是指债券发行一段时间后，每过半年或一年偿还一定金额的本金，到期时还清余额。这种偿还方式一般适用于发行数量巨大、偿还期限长的债券。一般采取两种方式：一种是以抽签方式确定并按票面价格偿还；另一种是从二级市场上以市场价格购回债券。

（2）任意偿还

任意偿还是指债券发行一段时间后，发行人可以任意偿还一部分债券或全部债券。一般采取两种方式，一种是根据提早赎回条款或以旧偿新条款进行操作；另一种是在二级市场上以市场价格进行回购。

📃 案例分析

我们可以在证监会的网站上查到许多债券的信息，下面以广汇能源股份有限公司公开发行的公司债券为例进行说明。

广汇能源股份有限公司 2017 年公开发行公司债券（第二期）
在上海证券交易所上市的公告

根据上海证券交易所债券上市的有关规定，广汇能源股份有限公司发行的广汇能源股份有限公司 2017 年公开发行公司债券（第二期）符合上海证券交易所债券上市条件，将于 2017 年 10 月 11 日起在上海证券交易所交易市场集中竞价系统和固定收益证券综合电子平台上市，并面向合格投资者中的机构投资者交易。债券相关要素见表 6-4。

表 6-4　广汇能源股份有限公司 2017 年公开发行公司债券（第二期）

债券名称	广汇能源股份有限公司 2017 年公开发行公司债券（第二期）
债券简称	17 广汇 02
债券代码	143290
信用评级	AA+
评级机构	中诚信证券评估有限公司
发行总额（亿元）	4
债券期限	5 年
票面年利率（%）	7.5
利息种类	固定利率
付息频率	每年付息一次
发行日	2017 年 9 月 7 日
起息日	2017 年 9 月 7 日
上市日	2017 年 10 月 11 日
到期日	2022 年 9 月 7 日
发行价格（面值）	100 元

从表 6-4 可以看出：

第一，该债券的基本要素：面值为 100 元，发行主体为广汇能源股份有限公司，债券期限为 5 年的中期债券，票面利率是固定利率，年利率 7.5%，每年付息一次。

第二，该债券在 2017 年 9 月 7 日发行，在 2017 年 10 月 11 日在上海证券交易所交易市场集中竞价系统和固定收益证券综合电子平台上市，便于债券的流通。

第三，该债券为公司债，由中诚信证券评估有限公司进行评级，级别为 AA+。

第四，该债券的交易对象受到限制，只面向合格投资者中的机构投资者交易。

6.2　国债交易

对于投资者而言，国债是常见的投资工具。本节将对国债交易进行介绍，分析国债净价交易和全价交易的区别，并针对投资者如何投资国债逆回购问题进行探讨。

6.2.1　国债（交易）市场

国债市场一般由一级发行市场、二级交易市场和相应的风险管理市场组成。

在一级发行市场上，债券可以通过以下三种方式发行：公开拍标发行、簿记建档发行、商业银行柜台发行。其中，记账式国债、政策性金融债主要通过招标发行；信用债主要通过簿记建档方式发行；储蓄式国债则通过商业银行柜台发行。以记账式国债为例，其发行方式是面向国债承销团成员公开招标，承销团成员包括从事国债承销业务的商业银行、证券公司、保险公司和信托投资公司等金融机构。

国债二级交易市场根据交易场所不同又可分为场外市场和场内市场。当前，我国国债场内市场包括上海证券交易所和深圳证券交易所，场外市场主要是指银行间债券市场，风险管理市场主要是指利率衍生品市场。从交易主体看，国债场内市场的参与者主要为证券公司、证券投资基金和保险公司等非银行金融机构、已在证券交易所上市的商业银行、企业与个人投资者等。场外市场的参与者主要包括商业银行、保险公司、证券公司、证券投资基金等金融机构及其他非金融机构投资者。

从交易方式看，交易所债券市场和银行间债券市场采用不同的交易机制。交易所债券市场采用"竞价交易、撮合成交"方式进行交易，也可通过交易所的固定收益平台进行交易。银行间债券市场采用了报价驱动的交易方式，是指交易者以自主报价、一对一谈判的方式进行交易；报价驱动机制又可以分为询价交易制度和做市商制度，机构投资者之间的大宗交易多采用询价交易，而中小机构投资者多采用做市商制度进行交易。

6.2.2　国债净价交易与全价交易

在国债交易时，存在国债净价交易和全价交易的区分。在我国，国债的成交价格与国债的应计利息是分开的，即实行国债净价交易。

6.2.2.1　基本概念

净价交易是指在国债进行现券买卖时将成交价格与国债的应计利息分开的交易方式，国债的价格只反映债券本身价值的变化。

全价交易是指债券价格中把应计利息包含在债券报价中的债券交易，其中应计利息是指从上次付息日到购买日债券发生的利息。

6.2.2.2 计算方式

国债净价的计算方式如下：

$$净价 = 全价 - 应计利息$$
$$应计利息 = 面值 \times 票面利率 \div 365 \times 已计息天数$$

在应计利息的计算方面，零息国债是指发行起息日至成交日所含利息金额；附息国债是指本付息期起息日至成交日所含利息金额。

在票面利率方面，固定利率国债是指发行票面利率；浮动利率国债是指本付息期的计息利率。

针对已计息天数，是指起息日至成交当日实际日历天数，1 年按 365 天计算，闰年 2 月 29 日不计算利息。

6.2.2.3 国债净价交易的意义

第一，在净价交易制度下，由于交易价格不含应计利息，能够更加准确地体现国债的内在价值。而且，对于以国债为基础的金融衍生产品而言，净价交易下的国债价格围绕面值波动，反映了市场利率变动对国债价格的影响，便于金融衍生品市场的定价和交易。

第二，我国对国债利息收入给予免税优惠，但全价交易方式在计税时往往难以区分差价收入和利息收入，而竞价交易将净价和应计利息分开计算，方便计税。

第三，净价交易符合国际惯例，特别是对于附息国债而言，实行净价交易是国际上的通行做法，便于将我国国债纳入国际资产组合，便于将我国国债与其他国家的国债进行比较。

6.2.2.4 交易规则

第一，实行"净价申报"和"净价撮合"成交，以成交价格和应计利息额之和作为结算价格；换句话说，在债券现券买卖中，买卖双方以净价进行报价，而实际买卖价格和结算交割价格为全价。

第二，国债净价交易以每百元国债价格进行报价，应计利息额也按每百元国债所含利息额列示。

第三，报价系统和行情发布系统同时显示国债净价价格和应计利息额。

6.2.2.5 案例分析

钱先生在对其资产进行配置的过程中，将国债纳入其考虑范围，将其作为流动性强、安全性高的资产纳入其资产组合。为了方便交易，钱先生对记账式国债更感兴趣。

（1）开户及交易规则

1）开户。由于记账式国债的交易类似于股票，需要开立账户，如开立"证券账户""基金账户"或"国债专户"，并指定某证券商办理买卖手续。钱先生选择光大证券办理开户手续，并委托光大证券办理买卖。

2）交易规则。记账式国债实行无纸化交易方式，投资者买卖成交后债权的增减均相应记录在其相应的账户内。

国债交易在开盘时实行"集合竞价"，开盘后实行"连续竞价"交易。

国债交易单位为 1 手等于 1 000 元面额；最小 1 手，最大 10 000 手。

价格变动单位：0.01 元。

申报价格限制：买入不得高于即时揭示价 10%；卖出不得低于揭示价 10%。

国债现货交易实行"T+0"回转交易制度、"T+1"资金交收方式，投资者与所指定的证券商在成交后的第二个营业日办理交割手续。

3）托管、兑付及付息。中央国债登记结算有限责任公司为全国国债市场法定国债托管人，并建立了相应的国债集中托管制度。

国债现货到期兑付及付息时，登记公司届时通过清算系统自动向证券商划付兑付款及利息并自动转入投资者资金账户。投资者可根据国债到期兑付及付息公告，到其指定的证券商处直接办理。

4）交易费用。交易费用主要涉及以下三种。

投资者支付证券公司的佣金：不超过总成交金额的 0.1%，佣金不足 5 元的按 5 元起点收取。

证券公司支付交易所的经手费：成交金额的 0.01%。

印花税：根据国家规定免征。

（2）国债实例分析

钱先生于 2016 年购买的记账式附息（十九期）国债，国债基本信息见表 6-5。

表 6-5　2016 年记账式附息（十九期）国债基本信息

债券代码	019547	债券简称	16 国债 19
发行人	中华人民共和国财政部		
发行方式	利率招标、价格招标		
国债性质	实名制记账式	发行量	374.10 亿元
发行日期	2016 年 8 月 19 日	上市日期	2016 年 8 月 24 日
起息日期	2016 年 8 月 22 日	到期日期	2046 年 8 月 22 日
交易市场	上海证券交易所	发行价格	100.00 元
每张面值	100.00 元	交易单位	手
付息方式	半年付息一次	期限	30 年
计息方式	固定利率	票面利率	3.27%
兑付方式	一次还本	付息日期	每年 2 月 22 日和 8 月 22 日

1）现金流分析。该债券共支付利息 60 次，每次每张国债派息 1.64 元，在 2046 年偿付本金 100 元。

2）购买债券和利息支付。钱先生在该债券发行时购买，购买价格每张 100 元人民币，购买了 100 手，共 1 000 张，则：

$$100 \text{ 手} \times 1\ 000 \text{ 元} \div 100 \text{ 元每张} = 1\ 000 \text{ 张}$$

在 2017 年 2 月 22 日，钱先生获得利息 = 1.64 × 1 000 = 1 640(元)；

在 2017 年 8 月 22 日，钱先生获得利息 = 1.64 × 1 000 = 1 640(元)。

3）出售国债。钱先生认为国债投资收益较低，由于市场利率上升，该国债的价格处于下降阶段，准备将持有的所有国债抛售。

2017 年 9 月 29 日，钱先生将持有的国债全部抛售，在其开设的证券账户中全部出售，净价为 84.55 元，应计利息 0.35 元，结算价全价为 84.90 元。

钱先生出售债券所获收入总额 = 84.90 × 1 000 = 84 900(元)。

钱先生投资该国债的回报率 = $\dfrac{1.64 \times 2 + (84.90 - 100)}{100} \div \dfrac{417}{365} \approx -10.62\%$。

另外，佣金为 0.1%，经手费 0.01%，钱先生的回报率将低于−10.62%。

可见，由于市场利率上升，国债价格大幅下降，从而使钱先生遭受了损失。

4）交割。国债交易采取交割"T+1"资金交割方式，2017 年 9 月 30 日为星期六，休市；2017 年 10 月 1 日至 2017 年 10 月 8 日为国庆节和中秋节放假，休市。因此，在 2017 年 10 月 9 日办理交割手续。在此案例中，节假日对交割方式的影响再次降低了钱先生的收益率。

6.2.3 国债回购与逆回购

6.2.3.1 回购的基础知识

1. 证券回购的含义

证券回购是指证券的出售方和购买方签订合约，规定卖方在出售证券的同时承诺在一定期限后按照合约价格购回所出售的证券。通过回购的形式，证券出售者获得了短期可用资金，证券购买者获得了一定数量的收益。换句话说，证券回购是一种以证券为质押品的贷款，证券购买是证券购买者将资金贷给证券出售者的过程，重新购回所出售的证券是证券出售者归还借款的过程。证券回购一般是一种短期行为，回购协议的期限从一日至数月不等。

2. 证券回购的分类

根据证券流向和资金流向不同，证券回购可以分为正回购和逆回购，见图 6-2。

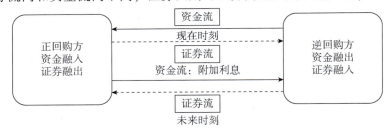

图 6-2　证券回购

（1）正回购

正回购是指出售方卖出证券、从证券购买方那里获得资金，同时，约定在未来一定时期后出售方再以约定的价格从购买方手中购回这些证券。在当期出售证券、未来购回证券的一方，称为正回购方。

（2）逆回购

逆回购是回购协议的逆运行，是指购买方买入证券、向证券出售方支付资金，同时，约定在未来一定时期后购买方再以约定的价格将该证券出售给初始的证券出售方。在当期购买证券提供资金、未来出售证券获得资金的一方，称为逆回购方。

3. 回购市场的运行

回购市场的参与者主要是商业银行、非银行金融机构、企业、回购协议交易商以及政府部门。其中，商业银行和交易商是主要的证券出售者。对于商业银行而言，利用回购协议融通资金具有两方面优势：一方面，银行持有大量的政府证券和政府机构证券，这些证券是回购协议下的合格抵押品；另一方面，银行利用回购协议所取得的资金不属于存款负债，不需要缴纳存款准备金。此外，对于中央银行来说，证券回购是进行公开市场操作的重要方式。

回购市场没有集中的有形市场，交易通常以电讯方式进行。大多数交易由资金供给方和资金需求方直接进行，但是，也有少数交易通过市场专营商间接进行，市场专营商一方面与资金需求方签订回购协议，另一方面与资金供给方签订逆回购协议，充当证券回购的中间人。

回购协议中的证券交付一般不采用实物交付的方式，特别是对于期限较短的回购协议。但是，为了防范资金需求者在回购协议期间将证券卖出或与第三方进行回购而带来风险，一般要求其将抵押证券存在贷款人清算银行的保管账户中，或存在借款人专用的证券保管账户中以备随时查询。

6.2.3.2 国债回购的规则

国债回购交易是指国债持有者在卖出一笔国债的同时（或以国债抵押），与购买方签订协议，约定于到期日再以事先约定的价格将该笔国债购回的交易方式。一次完整的国债回购交易包括一来一去两次买卖，只不过第二次买卖的时间、价格在第一次时就已经约定好了。

1. 品种表示

在我国，上海证券交易所和深圳证券交易所均提供国债回购的交易。其中，上海证券交易所的国债回购有 9 个品种，用"GC"表示回购标识，"×××"代表回购天数，回购天数有 1 天、2 天、3 天、4 天、7 天、14 天、28 天、91 天、182 天，品种详情见表 6-6；深圳证券交易所的国债回购也有 9 个品种，用"R"表示回购业务标识，"×××"代表回购天数，回购天数也有 1 天、2 天、3 天、4 天、7 天、14 天、28 天、91 天、182 天，品种详情见表 6-7。

表 6-6 上海证券交易所的国债回购品种（10 万元起）

代码	名称	说明
204001	GC001	1 天国债回购
204002	GC002	2 天国债回购
204003	GC003	3 天国债回购
204004	GC004	4 天国债回购
204007	GC007	7 天国债回购
204014	GC014	14 天国债回购
204028	GC028	28 天国债回购
204091	GC091	91 天国债回购
204182	GC182	182 天国债回购

表 6-7 深圳证券交易所国债回购品种 （1 000 元起）

代码	名称	说明
131810	R-001	1 天国债回购
131811	R-002	2 天国债回购
131800	R-003	3 天国债回购
131809	R-004	4 天国债回购
131801	R-007	7 天国债回购
131802	R-014	14 天国债回购
131803	R-028	28 天国债回购
131805	R-091	91 天国债回购
131806	R-182	182 天国债回购

2. 交易方向

交易方向以到期时国债的交付方向为准。例如，资金需求者开始时刻卖出国债得到资金，到期时偿还本息购回国债，那么交易方向是买进。因此，从投资者的角度看，在开始时刻买入国债贷出资金，在到期时出售国债获得本息，交易方向是卖出，投资者进行的国债回购操作也称为国债逆回购。

3. 申报数量和报价方式

在上海证券交易所，国债回购申报数量同国债现券一样为"手"，1 手为 1 000 元面值的国债，以 100 手标准券国债即 10 万元为最小单位；报价方式采取每百元资金的年收益率，精确到小数点后三位，报价时省略百分号，最小报价变动单位是 0.005 个百分点。

在深圳证券交易所，国债回购的申报数量是 1 手的整数倍，以 1 000 元即 1 手为最小单位；报价方式也采取每百元资金的年收益率，最小报价变动单位为 0.001 个百分点。

4. 佣金水平

在上海证券交易所和深圳证券交易所，国债回购的佣金是一致的，都与回购期限相关，见表 6-8。而且，国债回购的交易佣金是单向收取的，在交易发生时一次付清，到期回购时不再付任何费用。

表 6-8 国债回购的佣金水平

交易品种	佣金费用
1 天国债回购	成交金额的 0.001%
2 天国债回购	成交金额的 0.002%
3 天国债回购	成交金额的 0.003%
4 天国债回购	成交金额的 0.004%
7 天国债回购	成交金额的 0.005%
14 天国债回购	成交金额的 0.01%
28 天国债回购	成交金额的 0.02%

续表

交易品种	佣金费用
91 天国债回购	成交金额的 0.03%
182 天国债回购	成交金额的 0.03%

6.2.3.3 国债回购的收益

在国债回购交易中，交易双方实行"一次交易，两次清算"，在成交日，对双方进行融资、融券的成本清算；在到期购回时二次清算。这两次清算可分别称为首次结算和到期结算，首次结算包括首次清算日和首次交收日；到期结算包括到期结算日和到期交收日。各日期之间的关系为：

第一，首次清算日与成交日为同一日；

第二，首次交收日为首次清算日的下一交易日；

第三，到期清算日为首次清算日加上回购品种的名义天数，如遇到清算日为非交易日，则顺延至下一交易日清算；

第四，到期交收日为到期清算日的下一交易日。

在二次清算时，由证券交易所根据成交时的收益率计算出购回价。购回价的计算公式为[①]：

$$购回价 = 100 × (1 + 年化收益率 × 实际占款天数 /365 天)$$

其中，实际占款天数是指当次回购交易的首次交收日（含）到到期交收日（不含）的实际日历天数，可能与回购时间相同，也可能不同。

 案例分析

钱先生在 2017 年 10 月 10 日进行了 14 天的国债回购业务，他以 6.0% 的价格（年化收益率）卖出 100 手的 GC014，投入本金 100 000 元。

在 2017 年 10 月 10 日，钱先生投入的资金为本金 100 000 元和佣金 50 元，共计100 050 元。那么，在 14 天后，即 2017 年 10 月 24 日：

$$购回价格 = 100 × (1 + 6.0\% × 14/365) ≈ 100.23（元）$$

钱先生获得 100 230 元。

钱先生在 14 天内的实际投资回报率为：

$$\frac{100\ 230 - 100\ 050}{100\ 050} × 365 ÷ 14 ≈ 4.69\%$$

6.2.3.4 假期对国债回购操作的影响

由于节假日的影响，国债回购的回购天数很可能与资金实际占用天数不同，也会对投资者的收益产生影响。在 2017 年，国庆节与中秋节巧遇，从 9 月 30 日（星期六）至 10月 8 日（星期日）为休市日期，10 月 9 日重新开市，不同期限的国债回购的实际资金占用天数存在很大差异。

1. 国债回购时间的选择

假设在 2017 年 9 月 29 日（周五）进行逆回购操作，那么，投资者的资金可用天数与

---

① 上海证券交易所在 2017 年 5 月 22 日对购回价的计算公式进行了调整，本书以调整后的公式为准。

回购天数存在很大差别。

例如，在 2017 年 9 月 29 日操作 1 天期的国债回购，其资金首次交收日在 10 月 9 日，到期交收日在 10 月 10 日，其资金的实际占用天数为 1 天。假设年收益率为 6%，那么

$$购回价格 = 100 \times (1 + 6.0\% \times 1/360) = 100.02 （元）$$

在 2017 年 9 月 29 日，假设投资者投资了本金 100 000 元，1 天期国债回购的佣金为 0.001%×100 000＝1 （元）。

但是，从投资者的角度看，从 9 月 29 日到 10 月 10 日，投资时间为 10 天，则

$$投资者的实际年回报率 = \frac{100\ 020 - 100\ 001}{100\ 001} \times 365 \div 10 \approx 0.52\%$$

同样，假设投资者在 2017 年 9 月 29 日（星期五）再进行 2 天期、3 天期、4 天期、7 天、14 天期的国债回购，其首次清算日均为 9 月 29 日，首次交收日均为 10 月 9 日，到期清算日均为 10 月 9 日，到期交收日均为 10 月 10 日，其资金的实际占用天数均为 1 天，见表 6-9。假设年收益率为 6%，那么购回价格均为 100.02 元。

表 6-9　节假日国债回购实际占用天数 （1）

品种	首次成交日	首次交收日	到期清算日	到期交收日	实际占用天数
1 天国债回购	9 月 29 日	10 月 9 日	10 月 9 日	10 月 10 日	1
2 天国债回购	9 月 29 日	10 月 9 日	10 月 9 日	10 月 10 日	1
3 天国债回购	9 月 29 日	10 月 9 日	10 月 9 日	10 月 10 日	1
4 天国债回购	9 月 29 日	10 月 9 日	10 月 9 日	10 月 10 日	1
7 天国债回购	9 月 29 日	10 月 9 日	10 月 9 日	10 月 10 日	1
14 天国债回购	9 月 29 日	10 月 9 日	10 月 13 日	10 月 16 日	7

另一种情况，假设投资者在 2017 年 9 月 28 日（周四）进行 1 天期的国债回购。在这种情况下，首次交收日在 9 月 29 日，到期清算日在 9 月 29 日，到期交收日为 10 月 9 日，其资金的实际占用天数为 10 天，见表 6-10。同样假设年收益率为 6%，那么：

$$购回价格 = 100 \times (1 + 6.0\% \times 10/365) \approx 100.16 （元）$$

在 2017 年 9 月 28 日，假设投资者投资了本金 100 000 元，1 天期国债回购的佣金为 0.001%×100 000＝1 （元）。

但是，从投资者的角度看，资金的占用期限为 10 天，则：

$$投资者的实际年回报率 = \frac{100\ 160 - 100\ 001}{100\ 001} \times 365 \div 10 \approx 5.80\%$$

可见，同样是 1 天期的国债回购操作，由于资金的占用期限不同，年化后的回报率存在很大差异，见表 6-10。

表 6-10　节假日国债回购实际占用天数 （2）

品种	首次成交日	首次交收日	到期清算日	到期交收日	实际占用天数
1 天国债回购	9 月 28 日	9 月 29 日	9 月 29 日	10 月 9 日	10
2 天国债回购	9 月 28 日	9 月 29 日	10 月 9 日	10 月 10 日	11
3 天国债回购	9 月 28 日	9 月 29 日	10 月 9 日	10 月 10 日	11

续表

品种	首次成交日	首次交收日	到期清算日	到期交收日	实际占用天数
4 天国债回购	9 月 28 日	9 月 29 日	10 月 9 日	10 月 10 日	11
7 天国债回购	9 月 28 日	9 月 29 日	10 月 9 日	10 月 10 日	11
14 天国债回购	9 月 28 日	9 月 29 日	10 月 12 日	10 月 13 日	14

2. 国债回购利率的变动

通过上面的分析可知，当投资者的投资期限包含了整个节假日，投资者往往获得较低的回报。值得注意的是，之前我们分析假设利率不发生变动，都是 6%，但实际上，由于投资期间包括了节假日，所以用于计算购回价格的实际占款天数较少，这会推高国债回购的利率。从表 6-11 可以看出，2017 年 9 月 29 日沪市国债逆回购 1 天期至 7 天期的价格均较高。

表 6-11　2017 年 9 月 29 日沪市（10 万起）国债逆回购的情况

代码	名称	品种	收盘价	最高盘价	最低盘价
204001	GC001	1 天国债回购	16.630	23.045	6.355
204002	GC002	2 天国债回购	14.485	22.000	5.000
204003	GC003	3 天国债回购	14.380	20.400	3.010
204004	GC004	4 天国债回购	12.220	21.000	5.500
204007	GC007	7 天国债回购	14.650	21.000	5.230
204014	GC014	14 天国债回购	6.520	7.770	3.600

6.3　债券投资策略

本节将对债券投资策略进行分析，对柜台记账式国债、可转换债券的投资策略进行探讨，并对投资债券需要注意的问题进行阐述。

6.3.1　柜台记账式国债投资策略

柜台记账式国债交易是指通过中央国债登记结算有限公司（简称"中央结算公司"）的一级托管中心、总行二级托管中心，处理各分行系统和营业网点之间交易信息的传递，按照公开报价，通过营业网点与投资人进行债券买卖，并办理托管与结算的行为。

第一，选择适合的期限。柜台记账式国债属于中长期债券，由商业银行进行销售。在购买过程中，可以与商业银行销售的凭证式国债相比较，选择期限更为合适、收益更高的国债。

第二，选择适合的银行。同一种记账式国债会在不同的银行销售，不同代销银行的买入报价、卖出报价不尽相同。卖出报价越低，投资者的投资成本越低；买入报价越高，投资者变现的成本越低，因此，对于投资者而言，应该选择买入报价高、卖出报价低的银行。

第三，选择适合的票面利率。虽然票面利率与实际利率存在差异，但是，从实践上看，票面利率较高的国债交易更加活跃，流动性更好，收益性更高，因此，投资者应该选择票面利率更高的国债进行投资。

6.3.2 可转换债券投资策略

可转换债券（简称"可转债"）是根据合约规定，在一定时间以一定比例，债券持有人可以将债券转换成公司股票的债券。因此，可转换债券兼具了股票和债券的双重属性，并经常溢价发行和出售。对于不同价位的可转换债券，应该采取不同的投资策略。

第一，对于溢价在30%以上的高价位可转换债券，可转换债券的股票属性较强。因此，对于此种可转债的投资，转换成股票的可能性非常大，对基础股票的分析十分重要。如果基础股票的成长性非常好，在转换为股票后，收入可以完全弥补溢价带来的投资成本增加，那么，此类可转债值得投资。

第二，对于溢价在15%~30%的中价位可转换债券，可转换债券的股票性质和债券性质适中。一方面，溢价水平并不高，降低了投资成本；另一方面，如果基础股票波动性较高，在转股时期股价处于高位，那么，投资可以获得丰厚回报。

第三，对于溢价在15%以下的低价位可转换债券，可转换债券的债券性质较强。一方面，从可转债本身的价格来看，由于溢价水平很低，所以价格下跌幅度较低，一般不会有太大的损失；另一方面，较低的溢价为投资者带来了在基础股票价格上升时的获利机会，因此，溢价可以看成一种期权费。

6.3.3 债券投资应该注意的问题

在进行债券投资的过程中，投资者应该注意把握宏观经济政策变化，注意相关金融市场变化，尊重债券投资规则。

6.3.3.1 把握宏观经济政策

注意关心宏观经济发展趋势，尤其是国家货币政策和财政政策的变化。

1. 货币政策的影响

货币政策是指中央银行或货币当局为实现一定的经济目标而采取的各种控制和调节货币供应量和使用量的方针和措施的总和。准备金政策、再贴现政策、公开市场操作是中央银行最基本的货币政策工具。中央银行的货币政策会改变社会的货币供给量和利率水平，进而对债券的价格产生影响。当中央银行实行扩张的货币政策时，包括降低准备金率、降低再贴现率、公开市场购买等，货币供给量增加，利率下降，根据债券的定价公式，利率下降导致债券价格上升；反之，当中央银行实行紧缩的货币政策时，包括提高准备金率、提高再贴现率、公开市场出售等，货币供给量减少，利率上升，根据债券的定价公式，利率上升导致债券价格下降。

2. 财政政策的影响

财政政策也会对债券市场产生影响。财政政策是指国家根据一定时期政治、经济、社会发展的任务而规定的财政工作的指导原则，通过财政支出与税收政策的变动来影响和调节总需求进而影响就业和国民收入的政策，包括税率调整、政府支出政策等。一方面，扩张的财政政策，如降低税率、增加政府支付等，会导致总需求的增加，从而导致对资金需求的增加，利率上升，债券价格下降；另一方面，如果政府欲实行扩张的财政政策，发行债券是其重要的筹资渠道，债券发行的增加，也会导致债券供给的增加，债券价格下降。

6.3.3.2　注意金融市场的变化

债券是金融投资的品种之一，因此，债券市场的变动与股票市场、基金市场、黄金市场等具有一定替代性的市场的情况密切相关。当其他市场的价格走高时，例如，当股票市场上涨时，股票投资对投资者的吸引力更大，更多的资金流入股票市场，从而导致对债券市场需求的下降，债券价格下降。

6.3.3.3　尊重债券投资的规则

第一，注意了解投资规则，根据自己的具体情况选择债券的种类、投资数额和持有期限，对债券的投资分散化。

第二，债券适合中长期投资，不适合频繁交易，但需要在市场出现变化时，根据自己的投资目标、风险偏好、债券特点进行调整。

债券市场解码：探究利差与投资机遇

债券利差是分析债券风险以及未来价格波动的重要工具。不同的债券风险不同，收益率不同。一般而言，国债被认为是无信用风险债券，但是，公司债是有信用风险的。那么，以国债为基准，公司债和国债收益率之间的差额即为利差，表明市场对投资者承担了额外的信用风险而给予回报。如果利差相比历史水平处于高位，那么，这表明公司债处于投资价值较为明显的阶段，利差很可能下降，从而导致债券价格上升；反之，如果利差相比历史水平处于低位，那么，这表明公司债处于投资价值较低的阶段，利差很可能上升，从而导致债券价格下降。利差的变动用基点（Basis Point，BP）表示，一个基点指万分之一。

国家开发银行以 2017 年 9 月 11 日至 2017 年 9 月 24 日证券研究报告[①]的行业利差跟踪进行说明。

该研究报告以国家开发银行债收益率曲线作为基准，用个券的中债估值收益率减去基准收益率曲线上对应的收益率作为该个券的信用利差，选择样本券数量大于 7 的行业构造信用利差平均数，得出以下结论。

从总体上看，化工、轻工制造、纺织服装等产能过剩行业利差仍居前列；本期行业利差收窄的行业数目较多，房屋建设、有色金属、建筑材料等行业利差大幅收窄。

从 AAA 级债券看，房地产、煤炭开采、钢铁等强周期行业利差仍最大；所有行业利差均收窄，钢铁行业利差走势幅度最大，煤炭开采、商业贸易等行业利差收窄较多。钢铁行业利差收窄主要是因为河钢集团 13 只债券利差大幅收窄，利差变动约 −20.3BP；煤炭开采行业利差收窄主要是因为阳煤集团 5 只债券利差收窄幅度较大，利差变动约 −32.16BP。

---

①　中信建投证券：《债券研究》。

从 AA+级债券看，煤炭开采、有色金属、电力行业利差最大；所有行业利差均收窄，其中有色金属、农林牧渔行业利差收窄幅度最大。有色金属行业收窄主要是因为山东宏桥集团 7 只债券利差收窄较多，利差下降 43.73BP。农林牧渔行业利差收窄，主要是因为 15 只林业 MTN002 利差收窄，变化约−18.79BP。

从 AA 级债券看，化工、商业贸易、食品饮料利差最大；所有行业利差均收窄，高速公路行业收窄幅度最大，主要是因为样本券中对应行业债券利差普遍收窄，15 只债券的利差下降幅度为−16.33~14.41BP。

该分析报告是对行业利差的分析，它以国家开发银行债收益率曲线作为基准，利差为行业收益率的平均数与国家开发银行的金融债收益率之间的差额。化工、轻工制造、纺织服装等产能过剩行业利差仍居前列，这些行业的债券可以关注，债券价格上升的可能性较大。在 AAA 级债券中，房地产、煤炭开采、钢铁等行业的债券更加值得关注；在 AA+级债券中，煤炭开采、有色金属、电力等行业的债券更加值得关注；在 AA 级债券中，化工、商业贸易、食品饮料等行业的债券更加值得关注。此外，对于利差收窄的行业，其债券的价格已经上升，是否有进一步上升的可能，需要关注利差进一步下降的空间。

素养提升

中国特色债券市场进入新发展阶段（节选）①

我国债券市场经过几十年时间的发展，历经"从无到有，从有到强"的建设历程，债券品种不断丰富、产品种类不断创新，市场深度和广度都有较大提升。在此期间，我国债券市场在政府主导的发展模式下，充分借鉴国际经验的基础上，实现了高起点、高标准的快速发展，市场规模在 2019 年超过日本，成为仅次于美国的世界第二大债券市场，并逐渐形成了颇具"中国特色"的债券市场体系。

我国债券市场的发展是根据不同历史发展阶段政治经济制度的不断调整逐渐演变形成的，从中华人民共和国成立初期的"折实公债"支持国家基本经济建设到 1988 年债券二级市场的建立满足居民部门的融资需求，再到分税制改革后的"城投债"快速崛起，资本配置方式总是根据不同经济发展阶段做出适时调整。

我国债券市场区别于欧美债券市场的一个显著特征是政府信用债券在一二级市场中均占有较大比重。2022 年各债券市场合计发行各类债券 61.53 万亿元，其中，国债 9.72 万亿元，占比 15.80%；地方政府债 7.35 万亿元，占比 11.95%；政策性银行债 5.84 万亿元，占比 9.49%，三者合计占比达 37.24%。如果把银行发行的 20.49 万亿的同业存单（占比 33.30%）剔除在债券总发行规模之外，国债、地方债和政策性银行债合计占到整个债券市场发行量的 50%以上，见表 6-12。

---

① 刘锋，聂天奇. 中国特色债券市场进入新发展阶段［J］. 中国金融，2023（11）.

表6-12　2022年我国新发行债券情况

序号	类别	发行只数	只数比重/%	发行额/亿元	面额比重/%
1	国债	183	0.39	97 222.70	15.80
2	地方政府债	2 145	4.52	73 555.79	11.95
3	央行票据	12	0.03	600.00	0.10
4	同业存单	25 761	54.26	204 913.80	33.30
5	金融债	1 798	3.79	94 490.06	15.36
6	政策银行债	896	1.89	58 404.80	9.49
7	商业银行债	159	0.33	12 062.17	1.96
8	商业银行次级债券	139	0.29	11 941.55	1.94
9	保险公司债	11	0.02	224.50	0.04
10	证券公司债	347	0.73	7 109.74	1.16
11	证券公司短期融资券	223	0.47	3 988.30	0.65
12	其他金融机构债	23	0.05	759.00	0.12
13	企业债	484	1.02	3 681.30	0.60
14	一般企业债	484	1.02	3 681.30	0.60
15	集合企业债	0	0.00	0.00	0.00
16	公司债	3 640	7.67	30 904.84	5.02
17	私募债	2 247	4.73	16 163.75	2.63
18	一般公司债	1 393	2.93	14 741.09	2.40
19	中期票据	2 654	5.59	27 994.30	4.55
20	一般中期票据	2 654	5.59	27 994.30	4.55
21	集合票据	0	0.00	0.00	0.00
22	短期融资券	4 985	10.50	49 560.38	8.05
23	一般短期融资券	557	1.17	5 123.30	0.83
24	超短期融资债券	4 428	9.33	44 437.08	7.22
25	定向工具	1 099	2.31	6 766.46	1.10
26	国际机构债	5	0.01	165.00	0.03
27	政府支持机构债	25	0.05	2 760.00	0.45
28	资产支持证券	4 500	9.48	20 080.35	3.26
29	交易商协会ABN	832	1.75	4 632.21	0.75
30	银保监会主管ABS	381	0.80	3 567.34	0.58
31	证监会主管ABS	3 287	6.92	11 880.79	1.93
32	可转债	149	0.31	2 200.93	0.36

续表

序号	类别	发行只数	只数比重/%	发行额/亿元	面额比重/%
33	可分离转债存债	0	0.00	0.00	0.00
34	可交换债	36	0.08	422.94	0.07
35	合计	47 476	100.00	615 318.85	100.00

我国债券市场作为连接宏观经济调控、国家财政、企业融资以及金融市场的重要纽带，具有多种功能。仅从企业融资的角度出发，由于当前债券市场的政府信用和银行资金占据了资金供给两端的重要位置，在客观上造成了信用债券市场的流动性较低、市场多头监管、信用债中的"城投信仰"，同时部分债券品种的立法缺失以及中介机构的权责不匹配也是影响债券市场化程度以及民营企业融资环境不够便利和友好的主要问题。

本章小结

债券是资金需求者为筹集资金发行、承诺按期偿付本金和利息的债权凭证。债券的基本要素包括债券面值、发行主体、偿还期限、债券利率等。

债券的理论价格取决于债券未来的现金流、市场利率等因素。我们可以利用货币时间价值的公式，对债券理论价格进行计算。到期收益率是对利率最为精确的度量，是使债券所有未来现金流的现值与其今天的价值相等的利率。回报率是债券持有人的利息收入与债券价值变动的总和占购买价格的比率。只有持有期与债券总期限一致的债券，回报率与初始的到期收益率才相等。债券的发行价格可能与票面金额不一致，分为平价发行、溢价发行和折价发行。净价交易是指在国债进行现券买卖时将成交价格与国债的应计利息分开的交易方式，国债的价格只反映债券本身价值的变化。国债回购交易是指国债持有者在卖出一笔国债时（或以国债抵押），与购买方签订协议，约定于到期日再以事先约定的价格将该笔国债购回的交易方式。

在进行债券投资的过程中，需要注意关心宏观经济发展趋势，尤其是国家货币政策和财政政策的变化，注意金融市场的变化，尊重债券投资的特点和规则。

核心概念

债券　到期收益率　回报率　平价发行　溢价发行　折价发行　净价交易　可转换债券

复习思考题

1. 债券的类型有哪些?

2. 在计算债券理论价格的过程中，贴现债券与附息债券存在哪些区别？为什么？

3. 债券持有期限与到期收益率、回报率之间存在怎样的关系？请举例说明。

4. 请从投资者的角度阐述国债回购的基本流程。

5. 谈一谈你对中国债券市场发展历程的看法。

第 7 章　股票与理财

 问题导向

1. 炒股等于投机吗?
2. 股票交易的规则有哪些?
3. 如何理解市盈率?

 知识目标

1. 掌握股票的种类,理解股票与债券的区别。
2. 理解股票价格的影响因素。
3. 掌握 K 线图的基本含义。

 综合素养

1. 培养学生投资股票的能力。
2. 培养学生理解股票投资的收益与风险。
3. 帮助学生理解中国证券市场改革——全面注册制。

7.1　股票的基本知识

本节将对股票的基本知识进行介绍,主要包括股票的种类、股票与债券的区别、股票价格的确定、股票市场等内容。

7.1.1　股票的种类

股票是股份公司为筹集资金而发给投资者的所有权凭证。股票的投资者是股份公司的股东,股东持有股票以证明其对公司的所有权。依据不同的标准,股票可进行不同的分类。

7.1.1.1　记名股票和不记名股票

根据是否记名，股票可以分为记名股票和不记名股票。

记名股票是指在股票上和公司股东名册上都记有股东姓名的股票，这种股票在转让时需要到公司办理过户手续。一般而言，上市公司的发起人、大股东、机构投资者持有的股票为记名股票，其转让受到一定限制。

不记名股票是指在股票上不记载股东姓名的股票，持有股票的人享有股东权利。一般而言，在市场上自由流通的股票为不记名股票。

7.1.1.2　有面值股票和无面值股票

根据股票上是否载明面值，股票可以分为有面值股票和无面值股票。

有面值股票是指在股票票面上载明股数和金额，显示票面价值的股票。

无面值股票，又称比例股，是指票面上不载明股票的面值，但载明所占公司资产比例的股票。因此，股票的价值随着公司资产的增加而增加、减少而减少。20世纪早期，美国纽约最先通过法律，允许发行无面值股票，之后美国其他州和一些国家也相继效仿。但目前世界上很多国家（包括中国）的公司法规定不允许发行这种股票。

7.1.1.3　优先股票和普通股票

根据分配顺序的不同，股票可以分为优先股票和普通股票。

普通股票，简称普通股，是指一般意义上的股票，是股票中最普遍和最主要的形式。普通股的股东拥有如下权利：

第一，普通股的股东具有选举权、被选举权、发言权和表决权，对公司的重要决策进行投票，间接参与经营管理；

第二，普通股的股东具有剩余财产的分配权，在公司支付完工人的工资、所欠债务及利息、公积金和优先股股息后，普通股股东基于公司利润获得股息和红利收入；

第三，普通股的股东具有优先认购股票的权利，在公司增发股票时，为了维持普通股股东的持股比例，普通股股东可以优先购买公司新发行的股票。

优先股票，简称优先股，又称为特别股票，是指在剩余财产分配时顺序在普通股之前的股票。优先股的优先权主要表现在以下两个方面。

第一，优先股股东优先取得优先股利息；

第二，在公司破产时，优先股股东优先获得财产清偿。但是，优先股股东的权利也受到限制，具体表现在：①优先股股东对公司重大决策等事项没有投票表决权；②一般情况下，不参加股东大会，只有在讨论的问题直接关系到优先股股东利益时，才会参加股东大会，并行使表决权。

7.1.1.4　国有股、法人股和社会公众股

根据投资主体的不同，股票又可以分为国有股、法人股和社会公众股。

国有股是指代表国家进行投资的有关部门或机构，以国有资产向公司投资所形成的股份。

法人股是指企业法人或者具有法人资格的事业单位和社会团体，以本单位依法经营的资产向公司的非上市流通股权部分投资形成的股份。

社会公众股是指我国境内的个人和机构，以自己的合法财产对上市公司的流通股权进

行投资形成的股份。

7.1.1.5 A股、B股、H股、N股、S股

根据股票上市的地点和投资主体的地域不同，股票还可以分为A股、B股、H股、N股、S股等。

A股，即人民币普通股，是指该公司在中国大陆注册、在上海、深圳或北京证券交易所上市的、供境内机构和个人以人民币进行交易的普通股。

H股，指该公司在中国大陆注册，在中国香港上市的外资股。

B股，即人民币特种股票，是指在中国大陆注册、在上海、深圳或北京证券交易所上市的、以人民币载明面值、以外币进行交易的外资股。

N股，指在中国大陆注册、在美国纽约证券交易所上市的外资股。

S股，指在中国大陆注册并进行主要的生产经营活动，但在新加坡证券交易所上市的股票。

7.1.2 债券与股票的区别

债券与股票是公司直接融资的主要手段，但两者存在以下区别。

1. 权利性质不同

股票是所有权凭证或者股权凭证，表明股票持有人对公司财产的所有权；债券是债权凭证，表明债券持有人和债券发行人之间的债权债务关系。

2. 偿还期限不同

股票没有偿还期限，投资人投资股票不能要求股票发行人偿还本金，但可以在股票二级市场进行转让；债券一般有偿还期限，在到期时债务人需要按照约定偿还本金和利息（永续债券除外）。

3. 持有人权益不同

股票持有人基于公司的经营情况获得股息和红利，收益不固定，而且普通股股东通过参加股东大会对公司的发展和经营战略具有投票表决权；债券持有人则拥有按照约定获得本金和利息的权利，但对公司的经营管理没有投票表决权，且对固定利率债券而言，其利息支付水平和时间是固定的。

4. 剩余财产分配顺序不同

在公司破产清算时，剩余财产的分配顺序是先偿还债权人，之后为优先股股东，最后为普通股股东。

5. 发行主体不同

股票的发行主体只能是股份有限公司；债券的发行主体更加多样，包括公司（企业）、政府、金融机构等。

6. 会计入账不同

当公司通过发行股票筹集资金时，所有者权益增加，公司资本上升；当公司通过发行债券筹集资金时，债务增加，杠杆比率上升。

7. 税收处理不同

股票的股息和红利需要在缴纳企业所得税后支付；债券的利息具有税盾（可以产生避免或减少企业税负作用的工具或方法）的作用，可以列入利息成本支出，在缴纳企业所得税前支付。

8. 风险程度不同

一般而言，股票价格波动较大，风险也相对较大；债券的到期收益率固定，价格变动较小，风险相对较小。

扩展空间

股息（Dividend）就是股票的利息，指股份公司从提取了公积金、公益金的税后利润中按照股息率派发给股东的收益。红利虽然也是公司分配给股东的回报，但它与股息的区别在于，股息的利率是固定的（特别是对优先股而言）；而红利数额通常是不确定的，它随着公司每年可分配盈余的多少而上下浮动。因此，有人把普通股的收益称为红利，而股息则专指优先股的收益。红利则是在上市公司分派股息之后按持股比例向股东分配的剩余利润。获取股息和红利，是股民投资于上市公司的基本目的，也是股民的基本经济权利。股息与红利合称股利。

7.1.3　股票价格影响因素

7.1.3.1　股票的理论价值

本书主要介绍利用股息贴现模型和市盈率模型分析普通股的理论价值。

1. 股息贴现模型

股息贴现模型是最基本的股票价值决定模型之一，它有非常严格的假设，即假设股息是投资股票的唯一现金流收入。依据货币价值的计算公式，普通股的理论价格公式为：

$$D = \frac{G_1}{(1+r)} + \frac{G_2}{(1+r)^2} + \frac{G_3}{(1+r)^3} + \cdots = \sum_{t=1}^{\infty} \frac{G_t}{(1+r)^t}$$

其中，D 为普通股的理论价值，G_t 为普通股第 t 期支付的股息和红利之和，r 是贴现率，通常为市场利率水平。

但是，在现实中，大多数投资者并非在投资之后永久性地持有所投资的股票，而是在买进一段时间后抛出该股票。因此，根据货币时间价值的计算公式，卖出股票的现金流收入也应该纳入股票理论价格。

假设投资者在第四期期末卖出所有股票，出售股票的价格为 V_4，那么，该股票的理论价格为：

$$D = \frac{G_1}{(1+r)} + \frac{G_2}{(1+r)^2} + \frac{G_3}{(1+r)^3} + \frac{G_4}{(1+r)^4} + \frac{V_4}{(1+r)^4} \qquad （式 7-1）$$

其中，

$$V_4 = \frac{G_5}{(1+r)} + \frac{G_6}{(1+r)^2} + \frac{G_7}{(1+r)^3} + \cdots = \sum_{t=1}^{\infty} \frac{G_{t+4}}{(1+r)^t} \qquad （式 7-2）$$

将式 7-2 代入式 7-1，则：

$$D = \frac{G_1}{(1+r)} + \frac{G_2}{(1+r)^2} + \frac{G_3}{(1+r)^3} + \frac{G_4}{(1+r)^4} + \frac{\frac{G_5}{(1+r)} + \frac{G_6}{(1+r)^2} + \frac{G_7}{(1+r)^3} + \cdots}{(1+r)^4}$$

$$D = \frac{G_1}{(1+r)} + \frac{G_2}{(1+r)^2} + \frac{G_3}{(1+r)^3} + \frac{G_4}{(1+r)^4} + \frac{G_5}{(1+r)^5} + \frac{G_6}{(1+r)^6} + \frac{G_7}{(1+r)^7} + \cdots$$

$$= \sum_{t=1}^{\infty} \frac{G_t}{(1+r)^t}$$

通过上面的推导可以发现，在股息贴现模型中，将股息作为股票唯一现金流的假设并没有忽略卖出股票时投资者的收入。因此，如果能够比较准确地预测出股票的股息，可以通过该模型计算出股票的理论价格。

此外，如果股利按照不变的比率增长，那么，我们可以将股息贴现模型进行简化。假设 G_0 为最近一次所支付的股利，g 为不变的股利增长率，则：

$$D = \frac{G_0 \times (1+g)}{(1+r)} + \frac{G_0 \times (1+g)^2}{(1+r)^2} + \frac{G_0 \times (1+g)^3}{(1+r)^3} + \cdots = \frac{G_0 \times (1+g)}{r-g} = \frac{G_1}{r-g}$$

这就是著名的戈登增长模型。该模型假设股利按照不变的比率增长，并且股利增长率低于投资者要求的回报率。对于第一个假设，只要股利在较长的时间按照不变的比率增长，该模型就是合理的，因为时间越长，现金流贴现的价值越小，差异越小；对于第二个假设，戈登认为，如果股利增长率高于投资者要求的回报率（即市场利率），那么，在长期内该公司会变得庞大，这是不可能的。

2. 市盈率模型

与股息贴现模型相比，市盈率模型的历史更为悠久。市盈率是股票价格与每股收益的比率，表明在当前盈利水平下，投资者收回投资成本需要的年数。

根据戈登增长模型，可知：

$$D = \frac{G_0 \times (1+g)}{(1+r)} + \frac{G_0 \times (1+g)^2}{(1+r)^2} + \frac{G_0 \times (1+g)^3}{(1+r)^3} + \cdots = \frac{G_0 \times (1+g)}{r-g} = \frac{G_1}{r-g}$$

其中，G_1 代表第 1 期支付的股息，r 为贴现率，g 为股息增长率，D 为股票的理论价格。

同时，股票的市场价格 P 可能高于或低于其理论价格 D，但是，当市场均衡时，股票价格应该等于其理论价值。因此，可以将上式改写为：

$$P = D = \frac{G_1}{r-g}$$

另外，每期的股息 = 当期的每股收益（E）×派息比率（b），即：

$$G = E \times b$$

则：

$$P = \frac{E_1 \times b_1}{r-g}$$

对相关变量的下标省略，从而推导出不变股息增长率下的市盈率模型：

$$\frac{P}{E} = \frac{b}{r-g}$$

即市盈率等于派息比率除以贴现率与股息增长率的差额。

市盈率把股票价格和每股收益联系起来，反映了企业的近期表现。如果股价上升，但利润没有变化，甚至下降，则市盈率将会上升。市盈率模型具有以下几个方面的优点。

第一，由于市盈率是股票价格与每股收益的比率，即单位收益的价格，所以市盈率模型可以直接应用于不同收益水平的股票价格之间的比较。

第二，对于那些在一段时间内没有支付过股息的股票，市盈率模型同样适用。

第三，虽然市盈率模型同样需要对有关变量进行预测，但所涉及的变量预测比股息贴现模型更加简单。

相应地，市盈率模型也存在一些缺点：第一，市盈率模型的理论基础比较薄弱，而股息贴现模型的逻辑性更为严密；第二，在进行股票之间的比较时，市盈率模型只能决定不同股票市盈率的相对大小，但是不能决定股票绝对的市盈率水平。

此外，投资者应该以动态的眼光看待市盈率。市盈率是每股价格与每股收益的比率，其中，价格为存量，是每一个时点上股票的价格；收益为流量，是一段时间的收益。市盈率指标忽略了对公司未来盈利能力的预测，以上一期的盈利水平为基础，因此，对于收益变动较大的公司容易产生判断偏差，对业绩稳定的公司判断较好。

7.1.3.2　股票价格的影响因素

在股票理论价格的基础上，股票的价格受发行主体、市场环境、政策因素等的影响。

（1）发行主体

发行主体是股票的发行者，是资金的原始需求方，是影响股票价格特别是发行价格的重要因素。影响因素主要包括发行主体的市场地位、发展战略、品牌实力、主营业务的盈利能力、产品的市场前景、管理团队及管理效率、投资项目的盈利预期等。

（2）市场环境

股票市场的环境是影响股票价格的重要因素。当股票市场是牛市时，股票价格上涨，新发行股票的价格也较高；当股票市场是熊市时，股票价格下降，新发行股票的价格也较低。

（3）政策因素

一方面，产业政策、税收政策会影响发行主体，受到产业政策支持、享有税收优惠的企业，其盈利能力更强，更能受到投资者的关注，其价格也相对较高；另一方面，货币政策会直接影响市场利率水平，根据股票价值的贴现模型可以知道，市场利率水平的上升，会导致投资者所要求的回报率上升，进而导致股票价格下降，反之，市场利率水平下降，会导致投资者所要求的回报率下降，进而导致股票价格上升。

7.1.4　股票市场

股票市场包括股票的发行市场和流通市场。

7.1.4.1　股票发行市场

股票发行市场也称一级市场、初级市场，是资金需求者通过发行股票这种所有权凭证筹集资金的市场。通过发行股票，投资者对股票进行认购，促进了资本的流通和闲置资金向企业资本的转换，提高了全社会的投资水平。

1. 股票发行市场的参与主体

股票发行市场的参与主体主要包括股票发行主体、股票承销主体和股票投资主体。股票发行主体，即股票发行者，是资金的原始需求者和股票的供给者，是发行股票筹集资金的股份有限公司。股票承销主体，即股票承销商，是为了确保股票顺利发行，连接发行者和投资者的中介力量。股票投资主体，即股票投资者，是股票的需求者和资金的供给者，是投资股票的机构和个人。此外，股票发行还涉及审计、会计、担保、广告等机构。

2. 股票发行方式

基于不同的标准，股票发行方式可以划分为多种类型。

（1）公开发行与不公开发行

根据发行对象不同，股票发行方式可以划分为公开发行与不公开发行。其中，公开发行又称公募，是向广大投资者公开销售股票的方式，没有特定对象的限制，由于投资者的范围较广、人数众多，所以公开发行方式受到的监管更加严格。不公开发行又称私募，是向特定对象的投资者销售股票的方式，在股东配股、私募股权时采用。

（2）直接发行和间接发行

根据销售方式不同，股票发行方式可以划分为直接发行与间接发行。

直接发行是指发行主体直接向投资者出售股票，不委托中介机构。在这种方式下，发行主体自己处理股票发行的相关事务，自己承担股票发行中的相关风险，因此要求发行主体熟悉股票发行的流程、手续和注意事项，比较适合发行手续简单、发行对象明确的股票。此外，由于没有中介机构的参与，发行费用和成本较低。

间接发行是指发行主体委托中介机构向投资者出售股票。这些中介机构帮助发行主体办理股票的发行事务，收取相应的费用。间接发行主要包括以下三种形式。

第一，代销。代销是指股票代销商作为中介机构，按照发行主体的要求销售股票，不承担股票发行风险，如果在销售期满仍有未售股票，则退还给发行主体。在代销的形式下，发行主体承担股票发行的风险和责任，代销商只负责股票的销售，代销手续费相对较低。

第二，承销。承销又称承购或余额包销，是指股票承销商与发行主体签订销售合同，按照约定销售股票，但是，如果在销售期满仍有未售股票，则由承销商购买。在承销的形式下，承销商承担股票发行的风险，发行主体的股票发行压力较小，承销手续费高于代销的手续费。

第三，包销。包销是指股票包销商作为中介机构对公开发行的股票全部认购，然后根据市场行情进行出售，从中赚取资本利得收益。在包销的形式下，发行主体可以快速获得资金，包销商承担发行风险和股票价格波动风险，包销手续费高于承销的手续费。

（3）首次公开发行和增发新股

根据发行次数不同，股票发行可以划分为首次公开发行和增发新股。

首次公开发行（Initial Public Offering，IPO），是指发行主体第一次向投资者发行股票的过程。

增发新股是指上市公司为了进一步满足融资需求再次向投资者发行股票的行为。

7.1.4.2 股票流通市场

股票流通市场又称二级市场，是已发行的股票按市场行情进行转让、买卖和流通的市场。通过股票的流通市场，股票的流动性和吸引力增强，并有助于价格发现功能的实现。

目前股票的流通市场可分为有组织的证券交易所、场外市场、第三市场以及第四市场。

（1）证券交易所

证券交易所是由证券管理部门批准的、为证券的集中交易提供固定场所和有关设施、并制定各项规则以形成公正合理的价格和规范秩序的正式组织。证券交易所作为进行证券交易的场所，本身并不持有证券，也不进行证券买卖，主要作用是为交易双方成交创造或提供条件，并对双方的交易行为进行监督。在中国大陆有上海证券交易所、深圳证券交易所和北京证券交易所。

 扩展空间

1. 上海证券交易所

上海证券交易所（Shanghai Stock Exchange），简称上交所，是中国大陆三所证券交易所之一，位于上海浦东新区。上海证券交易所创立于 1990 年 11 月 26 日，同年 12 月 19 日开始正式营业。上海证券交易所是不以营利为目的的机构，归属中国证监会直接管理。其主要职能包括：提供证券交易的场所和设施；制定证券交易所的业务规则；接受上市申请，安排证券上市；组织、监督证券交易；对会员、上市公司进行监管；管理和公布市场信息。截至 2023 年 8 月月末，上交所有股票 2 282 只，流通市值 432 967.75 亿元；债券 29 439 只，流通市值 166 349.82 亿元；基金 649 只，流通市值 15 774.45 亿元。

2. 深圳证券交易所

深圳证券交易所（Shenzhen Stock Exchange），简称深交所，是中国大陆两所证券交易所之一，位于广东省深圳市福田区。深圳证券交易所于 1989 年 11 月 15 日筹建，1990 年 12 月 1 日开始集中交易（试营业）。深交所是为证券集中交易提供场所和设施、组织和监督证券交易，履行国家有关法律、法规、规章、政策规定的职责，实行自律管理的法人，由中国证券监督管理委员会监督管理。其主要指数为深证指数。深圳证券交易所是国际证监会组织、亚洲暨大洋洲交易所联合会、世界交易所联合会的成员。截至 2023 年 8 月月末，深交所有股票 2 854 只，流通市值 267 912.11 亿元；债券 12 816 只，流通市值 26 393.19 亿元；基金 627 只，流通市值 5 385.88 亿元。

3. 北京证券交易所

北京证券交易所（简称北交所）于 2021 年 9 月 3 日注册成立，是经国务院批准设立的我国第一家公司制证券交易所，受中国证监会监督管理。经营范围包括依法为证券集中交易提供场所和设施、组织和监督证券交易以及证券市场管理服务等业务。北京证券交易所坚持服务创新型中小企业的市场定位，尊重创新型中小企业发展规律和成长阶段，提升制度包容性和精准性。北京证券交易所与沪深交易所、区域性股权市场坚持错位发展与互联互通，发挥好转板上市功能；北京证券交易所与新三板现有创新层、基础层坚持统筹协调与制度联动，维护市场结构平衡。截至 2023 年 7 月月末，北交所有股票 270 只，流通市值 2 720.60 亿元。

（2）场外市场

广义的场外市场是指证券交易所之外的所有市场，狭义的场外市场指柜台交易（Over the Counter，OTC），其最早是在证券商的柜台上进行的。场外市场没有固定的交易场所，价格是通过买卖双方协议达成的，具有管制少、灵活方便等特点。

（3）第三市场

第三市场是指在证券交易所上市的证券在场外交易所形成的市场，其产生与固定佣金制密切相关。在美国，证券交易所曾长期实行固定佣金制，对于大宗交易也没有折扣佣金，从而导致大宗交易的机构投资者和个人投资者在场外市场交易，以降低其费用，第三市场随之出现。但在 1975 年以后，美国证券交易委员会取消了固定佣金制，第三市场也逐渐萎缩。

（4）第四市场

第四市场是指机构投资者不经过经纪人或自营商，直接利用网络进行大宗证券交易所形成的市场，这种交易方式以互联网为基础，最大限度地降低了交易费用，主要在信用较好的机构投资者之间进行。

7.1.4.3　股票上市、退市和 ST 制度

（1）股票上市

股票上市是指已经发行的股票经证券交易所批准后，在交易所公开挂牌的法律行为，股票上市是连接股票发行和股票交易的"桥梁"。在我国，股票公开发行后即获得上市资格，股票上市流通具有以下好处。

第一，可以获得广告效应，增加企业的知名度。

第二，可以增强股票的流动性，从而增加股票的吸引力。

第三，可以使公司获得股东以及社会的监督，从而促使企业改善经营管理。

第四，可以通过配股和增发股票等方式再次筹集资金。

（2）暂停上市和终止上市

当公司无法满足上市条件，将暂停上市。我国规定：公司股本总额、股权分布等发生变化从而不再具备上市条件；公司不按规定公开其财务状况，或者对财务会计报告作虚假记载；公司有重大违法行为；公司最近三年连续亏损，都会暂停其股票上市。

终止上市也称"退市"或"摘牌"。当上市公司股本总额、股权分布等发生变化，在限期内未能消除；或公司不按规定公开其财务状况，或者对财务会计报告作虚假记载；或公司有重大违法行为，经查实后果严重的，交易所根据中国证监会的规定终止其股票上市。另外，当上市公司出现未能在法定期限内披露其暂停上市后第一个半年度报告等行为时，由交易所终止其上市。

（3）ST 制度

ST 是英文"Special Treatment"的缩写，意思是"特别处理"。自 1998 年 4 月 22 日起，当上市公司出现财务状况或者其他异常状况时，其股票前冠以"ST"。ST 制度规定，在股票前加不同的字母和符号，代表不同的意思：

①ST 是指公司连续两年亏损，特别处理；

② * ST 是指公司经营连续三年亏损，退市预警；

③S 是指还没有完成股改；

④SST 是指公司经营连续两年亏损，特别处理，还没有完成股改；

⑤S * ST 是指公司经营连续三年亏损，退市预警，还没有完成股改。

平安银行股票基本信息

以平安银行股票为例，带大家认识股票相关信息。

公司名称：平安银行股份有限公司

证券简称：平安银行

证券代码：000001

证券类型：深圳证券交易所 A 股

上市日期：1991-04-03

当前行业：货币金融服务

地域：深圳

董事长：谢永林

法人代表：谢永林

行长：胡跃飞

注册资本（万元）：1 717 041.136 6

上市初总股本（万元）：4 850.017 1

最新流通股本（万元）：1 691 798.965 1

上市初流通股本（万元）：2 650

最新流通 A 股（万元）：1 691 798.965 1

主营业务：产权管理、资本运作及投融资业务

公司控股股东：中国平安保险（集团）股份有限公司，所占比例 50.20%

发行方式：自由认购

发行总额（万元）：67.5

发行价格（元）：40

发行总值（万元）：1 400

面值（元）：20

募集资金净额（万元）：1 400

7.2 　股票分析

股票分析是选择股票的重要依据，股票分析主要包括基本分析法和技术分析法。

7.2.1 　基本分析法

基本分析法主要是对股票的长期发展趋势进行分析，侧重于经济环境、行业动态、公司盈利能力等方面，可以分为宏观经济分析、行业分析和公司层面分析三个层次。

7.2.1.1 　宏观经济分析

宏观经济分析是基本分析中重要的分析层面，通常结合经济周期、物价指数、消费者信心指数、经济政策等指标分析宏观经济的发展情况。

（1）经济周期

股票市场是经济发展的晴雨表。一般情况下，经济周期的繁荣阶段，股票价格高涨；经济周期的萧条阶段，股票价格低迷，并且，股票市场价格的波动往往先行于经济周期的波动。但是，不同行业对经济周期的反应不尽相同。对于公共事业等对经济变动敏感性较低的行业，经济周期对其影响较小；对于钢铁、能源、房地产等对经济变动敏感性较高的行业，经济周期对其影响较大。此外，通常利用国内生产总值对经济周期进行衡量，既包括国内生产总值的绝对值，也包括国内生产总值的增长率。

（2）价格指数

价格指数主要包括消费者价格指数、生产者价格指数、国内生产总值折算数、采购经理人指数等。价格指数对股票价格走势的影响比较复杂。一方面，在半通货膨胀的状态下，扩张总需求的政策会导致产出的增加，经济的增长，从而推动股票市场的活跃；另一方面，在恶性通货膨胀下，价格秩序混乱、经济预期不明会导致投资下降，资金需求降低，投资者也会退出股票市场。

📖 扩展空间

消费者价格指数（Consumer Price Index，CPI），是反映居民家庭所购买的消费商品和服务价格水平变动情况的宏观经济指标。消费者价格指数主要选择与居民生活密切相关的商品和服务的最终价格。在我国，消费者价格指数涵盖全国城乡居民生活消费的食品、烟酒及用品、衣着、家庭设备用品及维修服务、医疗保健和个人用品、交通和通信、娱乐教育文化用品及服务、居住等8大类、262个基本分类的商品与服务价格。

生产者价格指数（Producer Price Index，PPI），是反映工业企业产品出厂价格变动趋势和变动程度的指数。与CPI不同，生产者价格指数的主要目的是衡量企业购买的一篮子物品和劳务的总费用。由于企业的生产在销售给消费者之前，所以，生产者价格指数往往具有前瞻性。

国内生产总值折算数（Gross Domestic Product Deflator），是名义国内生产总值与基期生产总值之比。由于国内生产总值反映的是一个国家或地区在一定时期内生产的最终产品和服务的市场价值总和，指数所包含的产品和服务的范围最广，但是有较强的滞后性。

采购经理人指数（Purchase Managers' Index，PMI），是衡量一个国家制造业的"体检表"，是衡量制造业在生产、新订单、商品价格、存货、雇员、订单交货、新出口订单和进口等8个方面状况的指数。该指数简单、及时，可以有效地反映制造业、就业、物价、出口以及汇率的变动。

（3）经济政策

货币政策、财政政策、产业政策等都会对股票市场产生影响。扩张的货币政策增加了货币供给量，为市场提供了充足的资金，一方面，通过社会总需求的增加提高了企业的收入；另一方面，通过增加投资者的流动性而直接增加了对股票的需求。同时，扩张的财政政策也可以通过增加总需求而推动股票价格的上升。产业政策对不同行业股票的影响更为直接，与利好产业政策相关的行业特别是龙头企业更有可能获益。

（4）消费者信心指数

心理预期对股票价格的影响非常重要。从消费者信心指数方面看，在宏观经济趋好、物价稳定时，消费者信心指数会上升，人们购买股票的积极性也会增强，而股票市场的上扬也会强化消费者对经济周期的良好预期；反之，当宏观经济条件恶化时，消费者信心指数会下降，进而抛出股票，导致股票市场价格下跌。

7.2.1.2 行业分析

在对经济总体情况进行分析的基础上，行业的情况也会影响股票价格的波动。行业分析可以帮助投资者了解该行业的特点、所选股票在行业中的地位等，主要包括行业生命周期分析、行业敏感性分析和行业竞争结构分析。

（1）行业生命周期分析

说某个行业是夕阳行业或朝阳行业，指的就是该行业处于行业生命周期的哪个阶段。行业生命周期是指行业从产生、发展、成熟到消失的全过程，包括初始阶段、成长阶段、成熟阶段和衰退阶段。其中，初始阶段即为朝阳行业，衰退阶段即为夕阳行业。在生命周期的不同阶段，风险呈现出不同的特征。在初始阶段，产品刚刚研发出来，人们对产品的认知度不高，风险较高，但是股票价格井喷式上升的可能性也较大；在成长阶段，产品逐渐被客户认识，企业的生产运营逐步规范，收入和利润逐步增长，风险大幅度降低；在成熟阶段，企业收入和利润的增长率放缓，市场竞争更为激烈，股票大幅上升的可能性降低；在衰退阶段，生产规模萎缩，企业收入和利润减少，股票价格下降，但要关注这类企业股票的转型和被收购的问题。

（2）行业敏感性分析

不同行业对经济周期的敏感性不尽相同。对建筑业、房地产业、百货业、旅游业等对经济周期较为敏感的行业而言，在经济衰退时，这类行业的股票受到的冲击较强，在经济复苏时，这类行业的股票往往更早上涨；对于公共事业、通信业等对经济周期较不敏感的行业而言，经济波动对这类行业股票波动的影响较弱。

（3）行业竞争结构分析

行业的竞争结构是影响一个企业定价能力和利润构成的重要因素。如果一个行业处于垄断地位，那么该企业的议价能力较强，可以获得垄断利润；如果一个行业竞争较为充分，那么该企业的议价能力较弱，利润被摊薄。

 案例分析

以平安银行为例，我们可以进行简化的行业分析。

平安银行于 1987 年在深圳成立，并于 1991 年在深圳证券交易所上市（股票代码：000001）。平安银行是一家全国性的股份制银行，我国的银行业在经历了经济飞速发展和金融业飞速发展的背景下，已经处于行业生命周期的成熟阶段。但随着互联网对金融业的冲击，银行业竞争更加激烈和充分，金融网络化不断增强，银行传统的利差收入被大幅度压缩，其利润增长空间取决于平安银行未来的网络化转型。此外，银行业属于周期行业，在经济下行时，银行的不良贷款增加，经济不确定性增强，利润降低。

7.2.1.3 公司层面分析

公司层面分析主要包括财务比率分析和现金流分析，强调公司的盈利能力和成长能力。

（1）财务比率分析

财务比率分析将财务数据与企业经营情况联系起来，从而反映公司的盈利能力和整体情况，主要包括偿债能力比率、盈利能力比率和经营效率比率。其中，偿债能力比率包括短期偿债能力比率和长期偿债能力比率，短期偿债能力比率用流动比率、速动比率、应收账款周转率等指标表示；长期偿债能力比率用负债比率、负债对所有者权益比率等指标表示。盈利能力比率主要包括资产收益率、资本收益率、利润率等指标。经营效率比率主要包括资产周转率、存货比率、应付账款周转率等。

（2）现金流分析

流动性问题是制约公司发展的重要问题，现实中有很多公司由于资金流动性不足而陷入困境甚至破产。通过对现金流进行分析，可以对企业获取现金的能力、对企业偿债能力、收入和利润的质量、投融资的效率进行评价。根据产生现金流的活动不同，可以分为经营活动的现金流、投资活动的现金流和筹资活动的现金流。

经营活动的现金流是指企业生产产品、销售而产生的收入和支出的现金流。例如，购买原料、货物运输而产生的现金支出，销售产品产生的现金流入等。

投资活动的现金流是指厂房建设等实物资产投资和债券、贷款等金融资产投资而产生的现金流。

筹资活动的现金流是指投资者入股、银行贷款、企业债的发行与还款等活动产生的现金流。

 案例分析

这里仍以平安银行为例，对其财务指标进行简化分析，见表7-1。银行是一种特殊的企业，其主要的经营活动为筹融资，其经营对象为资金。

表7-1　平安银行财务情况　　　　　　　　　　　　　　　单位：%

财务比率分析		2020-12-31	2021-12-31	2022-12-31
盈利能力	净利润率	19.03	21.66	25.55
	总资产收益率	0.69	0.77	0.89
	净资产收益率	8.54	9.57	10.97
	营业利润率	24.28	27.41	32.26
	销售净利率	19.03	21.66	25.55
偿债能力	产权比率	11.27	11.45	11.24
	资产负债率	91.85	91.96	91.83
成长能力	营业收入增长率	11.30	10.32	6.21
	营业利润增长率	1.71	24.59	24.99
	总资产增长率	13.44	10.13	8.13
	净利润增长率	2.60	25.61	25.26
经营能力	总资产周转率	0.04	0.04	0.04
资本构成	股东权益比率	8.15	8.04	8.17
	固定资产比率	0.24	0.24	0.21

（1）相关指标解释

1）在盈利能力方面

净利润率＝（净利润/营业收入）×100%

总资产收益率（ROTA）＝（净利润/平均资产总额）×100%

其中，平均资产总额＝（期初资产总额+期末资产总额)/2

净资产收益率（ROE）[①]＝税后利润/所有者权益×100%

营业利润率＝营业利润/全部业务收入×100%

销售净利率＝（净利润/销售收入）×100%

2）在偿债能力方面

产权比率＝负债总额/股东权益

资产负债率＝总负债/总资产。

3）在成长能力方面

收入增长率＝（营业收入增长额/上年营业收入总额）×100%

营业利润增长率＝本年营业利润增长额/上年营业利润总额×100%

总资产增长率＝本年总资产增长额/年初资产总额×100%

净利润增长率＝（当期净利润–上期净利润)/上期净利润×100%

其中，净利润＝利润总额–所得税

4）在经营能力方面

总资产周转率（次）＝营业收入净额/平均资产总额

总资产周转天数＝360÷总资产周转率（次）

5）在资本构成方面

股东权益比率＝股东权益总额/资产总额

股东权益比率与资产负债率之和等于 1

固定资产比率＝固定资产/总资产×100%

（2）财务分析

在盈利能力方面，2020—2022 年，平安银行的净利润率、总资产收益率、净资产收益率、营业利润率、销售净利率均呈现出稳步增长，说明平安银行的盈利能力较强。

在偿债能力方面，平安银行的较低的产权比率和较高的资产负债率体现了其银行的特殊性。根据巴塞尔协议的要求以及我国的相关规定，商业银行核心一级资本充足率不得低于 5%，一级资本充足率不得低于 6%，资本充足率不得低于 8%。根据表 7-2 可知，平安银行资本充足率在 13%以上，一级资本充足率在 10%以上，核心一级资本充足率在 8.6%以上，资本质量较好。

表 7-2　商业银行特有指标分析

商业银行指标	2020-12-31	2021-12-31	2022-12-31
资本充足率/%	13.29	13.34	13.01
一级资本充足率/%	10.91	10.56	10.40
核心一级资本充足率/%	8.60	8.69	8.64

---

① 净资产收益率又称股东权益报酬率、净值报酬率、权益报酬率、权益利润率、净资产利润率。

在成长能力方面，2020—2022年平安银行营业收入、总资产虽然增长速度下滑，但仍保持了较高的增长率，且2021年平安银行完成了零售业务的转型升级，成本得到有效控制，营业利润和净利润的增长速度较快。

在经营能力方面，平安银行较低的总资产周转率再次体现了银行的特殊性。对于平安银行而言，贷款是其主要的资产业务，短期贷款的期限为一年，还有中长期贷款，因此，其总资产周转率较低。

在资本构成方面，平安银行的股东权益比率较为稳定，较低的固定资产比率一方面反映了银行的特点，另一方面反映了平安银行轻物理网点、重网络电话营销的特点。

 扩展空间

宁德时代研报："神行"电池发布，锂电龙头技术优势持续领先[1]

事件：2023年8月16日，宁德时代首次召开线下新品发布会。公司推出全球首款磷酸铁锂4C超充电池——"神行"超充电池。

（1）材料全面升级打造性能怪兽。电池充电的本质是锂离子从正极脱嵌，经电解液/隔膜传输，最终嵌入负极。公司超充技术得益于：正极纳米化LPF材料，超电子网技术提升充电时锂离子脱嵌速度；负极石墨表面改性升级，快离子环技术增加锂离子嵌入通道，提升充电时的嵌入速度；电解液升级超高导配方，降低浓度的同时减少溶剂对锂离子的束缚，提升电导率，同时优化了电解液与负极间的SEI膜，降低锂离子穿透阻力；高孔隙率隔膜进一步提升锂离子传输效率。最终完成全球首款LPF4C超充电池，充电10分钟实现400km续航，在-10℃低温下也能实现2C左右快充且性能无衰减，结合CTP3.0技术可轻松实现单车续航700km。对比目前主流LPF电池0.5C~1C倍率，公司产品领先优势凸显。

（2）极致安全、制造领先加速产品落地。公司在材料上使用改良电解液+涂层隔膜为电池安全上了双保险，在电池管理上通过智能算法对全局温场进行管控检测，克服快速补能带来的诸多安全挑战，实现PPB级别的极致安全。同时，公司凭借自身极限制造能力，将借助全球唯二的两个锂电灯塔工厂为"神行"电池落地保驾护航。公司神行电池已开始生产，年底大规模量产，2024年一季度正式上市。

（3）快充/超充浪潮掀起新一轮行业红利。据中汽协调研，补能焦虑是提升电动车渗透率的重要路径之一。2022年起行业正式进入低压/低倍率（80kW：400V×200A）向高压/高倍率（480kW：800V×600A）过渡期，保时捷率先推出800V平台产品，国内比亚迪、广汽、长城迅速跟进，目前小鹏、埃安已推出3C+超充车型。此外，基建升级趋势明显，国网数据显示2021年年前80kW比例超60%，2023年160kW直流快充桩占比迅速从2022年的57%提升至58%。宁德此次高调发布LPF超充电池，再次验证快充/超充技术已是大势所趋，相关的高压电池材料、充电设备、整车企业或率先获利。

（4）半年报超预期。据SNE Research，23H1公司全球装车量市占率36.8%，同增1.4pcts，龙头地位稳固。受益于市场份额持续提升，叠加碳酸锂降价下电池环节盈利持续修复，公司23H1营收1 892亿元，同增68%，归母净利207亿元，同增154%；Q2营

收 1 002 亿元，同环比+56%/+13%，归母净利 109 亿元，同环比+63%/+11%；毛利率/净利率为 22%/11%，环比均微增，业绩略超预期。

　　投资建议：作为全球锂电池的绝对龙头，公司无论在技术引领、客户资源、产业链布局、成本控制等方面都有明显优势。预计 2023/2024 年营收 4 813.90/6 392.86 亿元，归母净利 472.42/646.40 亿元，EPS 为 10.75/14.70 元，对应 PE 为 21.3/15.6 倍，维持"推荐"评级。

　　风险提示：新能源汽车销量不及预期；产业政策变化带来的风险；产能投产不及预期的风险；技术推广不及预期的风险。

7.2.2　技术分析法

技术分析是通过图表或技术指标的记录，研究市场过去以及现在的行为反应，以推测股票在短期内价格的变动趋势。

7.2.2.1　技术分析的基本要素

技术分析是在市场行为涵盖一切信息、股票价格沿着趋势变动、历史会重演的前提下进行的。价格与交易量是市场行为最基本的表现，是技术分析的两大基本要素。某一时间的价格和交易量反映的是供求双方对股票表现和未来预期的判断。市场交易双方对当前股票价格的认同程度通过股票交易量的大小表现出来。

（1）股价与交易量的基本关系

第一，股票价格的上涨伴随着交易量的增加，量增价涨推动股票价格进一步上升。

第二，在上涨行情下，如果股票价格突破了上一轮的高位，但交易量却低于上一轮高位的交易量水平，股票价格有可能会反转。

第三，当股票价格在谷底回升，但是交易量并没有随之增加，那么，股票价格缺乏支撑力量进而下跌。

第四，在下跌行情下，如果股票价格向下突破移动平均线或者形态趋势线，并且交易量增加，股票价格会进一步下跌。

第五，股票价格上涨，交易量增加，推动股票价格进一步上升；但随着交易量的增长放缓，股票价格上涨吃力，在高位大幅震荡后，下跌修整。

第六，股票交易量是交易价格的先行指标，当交易量上升时，股价会随之上升，当股价上涨而交易量没有增加，股价不能长期处于高位。

 扩展空间

股票常用术语

　　开盘价：指某种证券在证券交易所每个营业日的第一笔成交价格。按上海证券交易所规定，如某证券开市后半小时内无成交，则以前一天的收盘价为当日开盘价。

　　收盘价：指某种证券在证券交易所一天交易活动结束前最后一笔交易的成交价格。如当日没有成交，则采用最近一次的成交价格作为收盘价。因为收盘价是当日行情的标准，又是下一个交易日开盘价的依据，可据此预测未来证券市场行情；所以投资者对行情分析时，一般采用收盘价作为计算依据。

最高（盘）价：最高价也称高值，指某种证券当日交易中最高成交价格。

最低（盘）价：最低价也称低值，指某种证券当日交易中的最低成交价格。

高开：今日开盘价在昨日收盘价之上。

平开：今日开盘价与昨日收盘价持平。

低开：今日开盘价在昨日收盘价之下。

套牢：指进行股票交易时所遭遇的交易风险。例如，投资者预计股价将上涨，但在买进后股价却一直呈下跌趋势，这种现象称为多头套牢。相反，投资者预计股价将下跌，将所借股票放空卖出，但股价却一直上涨，这种现象称为空头套牢。

盘整：股价在有限幅度内波动。

压力点（线）：股价在涨升过程中，碰到某一高点（线）后停止涨升或回落，此点（线）称为压力点（线）。

支撑点（线）：股市受利空信息的影响，股价跌至某一价位时，做空头的认为有利可图，大量买进股票，使股价不再下跌，甚至出现回升趋势。股价下跌时的关卡被称为支撑线。

关卡：股市受利多信息的影响，股价上涨至某一价格时，做多头的认为有利可图，便大量卖出，使股价至此停止上升，甚至出现回跌。股市上一般将这种遇到阻力时的价位称为关卡，股价上升时的关卡称为阻力线。

突破：股价冲过关卡或上升趋势线。

跌破：股价跌到压力关卡或上升趋势线以下。

反转：股价朝原来趋势的相反方向移动，分为向上反转和向下反转。

回挡：在股市上，股价呈不断上涨趋势，终因股价上涨速度过快而反转回跌到某一价位，这一调整现象称为回档。

探底：寻找股价最低点过程，探底成功后股价由最低点开始翻升。

牛市：股票市场上买入者多于卖出者，股市行情看涨。

熊市：股票市场上卖出者多于买入者，股市行情看跌。

抢帽子：抢帽子是股市上的一种投机性行为。在股市上，投机者当天先低价购进预计股价要上涨的股票，然后待股价上涨到某一价位时，当天再卖出所买进的股票，以获取差额利润。或者在当天先卖出手中持有的预计要下跌的股票，然后待股价下跌至某一价位时，再以低价买进所卖出的股票，从而获取差额利润。

坐轿子：坐轿子是股市上一种哄抬操纵股价的投机交易行为。投机者预计将有利多或利空的信息公布，股价会随之大涨大落，于是投机者立即买进或卖出股票。等到信息公布，人们大量抢买或抢卖，使股价呈大涨大落的局面，这时投机者再卖出或买进股票，以获取厚利。先买后卖为坐多头轿子，先卖后买称为坐空头轿子。

抬轿子：抬轿子是指利多或利空信息公布后，预计股价将会大起大落，立刻抢买或抢卖股票的行为。

洗盘：投机者先把股价大幅度杀低，使大批小额股票投资者（散户）产生恐慌而抛售股票，然后再股价抬高，以便乘机渔利。

（2）股票交易术语

在股票交易中，还涉及委比、量比、外盘和内盘等交易术语。

1）委比。委比是指股票委托买卖过程中委买委卖手数之差与其之和的比值。委比旁边的数值为委卖手数与委卖手数之差。如果委比为正值，那么，委买手数大于委卖手数，表示股票多头的力量较强，股票价格上涨的可能性较大；如果委比为负值，那么，委买手数小于委卖手数，表示股票空头的力量较强，股票价格下跌的可能性较大。从实践上看，委买手数通常是"买一"至"买五"这五档手数之和，委卖手数通常是"卖一"至"卖五"这五档手数之和。

$$委比 = （委买手数 - 委卖手数）/ （委买手数 + 委卖手数）\times 100\%$$

2）量比。量比是当日总成交手数与近期平均成交手数的比值。如果量比大于 1，那么，表示当天的成交量与最近 5 个交易日相比已经放大，交易更活跃；如果量比小于 1，那么，表示当天的成交量与最近 5 个交易日相比已经缩小，交易较不活跃。

$$量比 = 当天成交手数 / （最近 5 日平均每分钟成交手数 \times 当天即时为止的交易分钟）$$

3）外盘与内盘。外盘是指当天成交价以卖出价成交的手数总和。内盘是指当天成交价以买入价成交的手数总和。如果外盘大于内盘，那么，这意味着股票的多头实力较强，争相买进股票，愿意以卖方出价成交；如果外盘小于内盘，那么，这意味着股票的空头实力较强，争相抛售股票，愿意以买方出价成交；如果外盘和内盘手数相当，那么，表明多头方和空头方力量相当。

7.2.2.2　技术分析的主要方法

根据分析的侧重点不同，技术分析方法主要可以分为 K 线分析法、切线分析法、形态分析法、波浪分析法以及指标分析法等。技术分析法的前提较为苛刻，不同的分析方法在实际应用过程中存在盲区，甚至会发出错误的信号，因此，需要结合股票的具体情况，结合多种分析方法，综合加以考虑，不能简单地依赖某种分析方法做出买卖的决定。

1. K 线分析法

（1）K 线的基本要素

K 线分析法主要是借助 K 线图，推测股票市场多空双方力量的对比，进而判断股票市场多空双方谁占优势。

K 线是一条柱状的线条，由实体和影线两部分组成，中间的方块叫做实体，在实体上方的影线称为上影线，在实体下方的影线称为下影线。实体分阳线和阴线，阳线为红色，阴线为绿色，见图 7-1，白色实体为阳线，黑色实体为阴线。

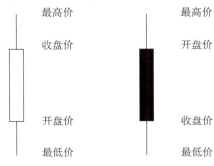

图 7-1　K 线图的形状及要素

如果实体为阳线，那么，表明当日股价上涨，开盘价在下，收盘价在上，收盘价高于开盘价的部分决定了股价的上涨幅度。最高盘价决定上影线的位置，最低盘价决定了下影线的位置。

如果实体为阴线，表明当日股价下跌，开盘价在上，收盘价在下，开盘价高于收盘价的部分决定了股价的下跌幅度。最高盘价决定了上影线的位置，最低盘价决定了下影线的位置。

（2）单独一根 K 线的含义

实体较长的 K 线，表明当天股价出现了大幅上涨或者大幅下跌。如果是阳线，长实体是长阳线；如果是阴线，长实体是长阴线。

实体较短的 K 线表明当天股价变动的区域较小，多空双方斗争不激烈。

光头光脚的 K 线是指只有实体部分、没有影线部分的 K 线。如果是阳线，表示上涨支撑力量极强，通常是牛市的继续或者熊市的反转；如果是阴线，表示下跌力量较强，通常是熊市的继续或者牛市的反转。

没有下影线的 K 线也称光脚 K 线。如果是阳线，没有下影线意味着开盘价与最低盘价相同，意味着价格走势较强。如果是阴线，没有下影线意味着收盘价与最低盘价相同，意味着价格走势较弱。

没有上影线的 K 线也称光头 K 线。如果是阳线，没有上影线意味着收盘价与最高盘价相同，意味着价格走势较强。如果是阴线，没有上影线意味着开盘价与最高盘价相同，意味着价格走势较弱。

纺轴型的 K 线是指主体、上影线和下影线均有的 K 线，并且影线比实体长，意味着多空双方势力博弈，力量对比并不明确。

十字型的 K 线是指没有实体，只有上影线和下影线的 K 线，此时开盘价与收盘价相同，意味着多空双方势力对比的不确定性和不稳定性。

T 字形的 K 线是指没有实体，只有下影线的 K 线，意味着开盘价、收盘价与最高盘价相同，通常出现在市场的转折点。倒 T 字型的 K 线是指没有实体、只有上影线的 K 线，意味着开盘价、收盘价和最低盘价相同，通常表明股价反弹失败。

一字形的 K 线表明开盘价、收盘价、最低盘价和最高盘价均相同，通常出现在股价涨停和跌停的时候。

（3）K 线的组合形态——反转形态

反转形态主要表现为锤子线和上吊线，见图 7-2。在股价下跌趋势下，出现下影线较长，实体较小，并且实体接近顶端位置，这是下跌趋势即将结束的信号，这种 K 线形态称为锤子线。在股票上涨趋势下，出现下影线较长，实体较小，并且实体接近顶端位置，这是上涨趋势即将结束的信号，这种 K 线形态称为上吊线。在反转形态下，需要注意：

第一，实体是阴线还是阳线并不重要，但是实体部分要处于价格区间的顶端；

第二，下影线的长度至少达到实体长度的 2 倍；

第三，在反转形态下，通常没有上影线，如果有上影线，其长度也非常短。

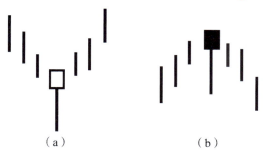

图 7-2　锤子线与上吊线

（a）锤子线；（b）上吊线

（4）K 线的组合形态——鲸吞形态

鲸吞形态分为看涨鲸吞形态和看跌鲸吞形态，见图 7-3。对于看涨鲸吞形态而言，市场处于熊市，但后来出现了一根坚挺的阳线实体，将其前面的阴线实体吞没，从而构成了触底反弹的信号。对于看跌鲸吞形态而言，市场处于牛市，但后来出现了一根坚挺的阴线实体，将其前面的阳线实体吞没，从而构成了顶部反转的信号。

判别 K 线组合是否为鲸吞形态需要注意：

第一，在鲸吞形态之前，股价处在明确的上升趋势或下降趋势中；

第二，如果股价处于下降趋势下，出现阳包阴现象，即第二根阳线的实体完全覆盖第一根阴线的 K 实体；

第三，如果股价处于上涨趋势下，出现阴包阳现象，即第二根阴线的实体完全覆盖第一根阳线的实体。

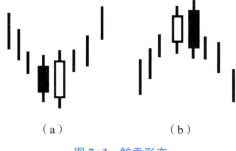

图 7-3　鲸吞形态

（a）看涨鲸吞；（b）看跌鲸吞

（5）K 线的组合形态——刺透形态和乌云盖顶形态

在刺透形态下，股价处于下跌趋势中，出现较长的阳线实体，开盘价低于上一交易日的最低价，但是市场力量将股价急剧推高，收盘价超过上一交易日实体的中点，这构成了底部反转的信号。在乌云盖顶形态下，股价处于上涨趋势中，出现较长的阴线实体，开盘价高于上一交易日的最高价，但是市场力量促使股价大幅下跌，收盘价低于上一交易日实体的中点，这构成了顶部反转的信号，见图 7-4。

图 7-4　刺透形态和乌云盖顶

（a）刺透形态；（b）乌云盖顶

（6）K 线的组合形态——启明之星和黄昏之星

在启明之星形态下，主要由三根关键 K 线构成。股价处于下跌趋势中，出现了第一根较长的阴线实体，之后，第二根 K 线的实体在前一根阴线实体之下，即开盘价和收盘价均低于上一交易日的收盘价，第三根 K 线出现了明显的阳线实体，并且此阳线实体在第一根阴线实体的内部。这是底部反转的信号。

在黄昏之星形态下，也主要由三根关键 K 线构成。股价处于上涨趋势中，出现了第一根较长的阳线实体，之后，第二根 K 线的实体在第一根阳线实体之上，即开盘价和收盘价均高于上一交易日的收盘价，第三根 K 线出现了明显的阴线实体，并且此阴线实体在第一根阳线实体的内部。这是顶部反转的信号，见图 7-5。

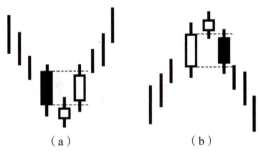

图 7-5　启明之星和黄昏之星

（a）启明之星；（b）黄昏之星

（7）K 线的组合形态——十字启明之星和十字黄昏之星

在股价下降趋势下，在阴线实体之后，出现了"十"字型 K 线，并且，此"十"字型 K 线与上一交易日的阴线实体形成了价格向下跳空，接下来出现了较长的阳线实体，那么，这种形态称为十字启明之星形态。

在股价上涨趋势下，在阳线实体之后，出现了"十"字型 K 线，并且，此"十"字型 K 线与上一交易日的阳线实体形成了价格向上跳空，接下来出现了较长的阴线实体，那么，这种形态称为十字黄昏之星形态，见图 7-6。

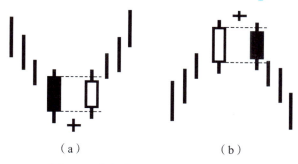

（a）　　　　　　　　　　　　　（b）

图 7-6　十字启明之星和十字黄昏之星

（a）十字启明之星；（b）十字黄昏之星

2. 切线分析法

股票价格变动的趋势主要有三种：上升趋势、下降趋势和水平趋势。切线分析法是利用切线的绘制进而判断股票价格未来趋势的方法。

（1）支撑线和压力线

支撑线是指对股票价格下降有阻止作用或者对股票价格上升有支撑作用的线。例如，当股票价格下降到某一位置，多头方的买入阻止了股价的下跌，甚至造成回升，这就形成了股价下跌趋势下的支撑线。

压力线是指对股票价格上升有阻止作用或者对股票价格下降有推动作用的线。例如，当股票价格上升到某一位置，空头方的卖出阻止了股价的上升，甚至出现回落，这就形成了股价上升趋势下的压力线。

每一条支撑线和压力线的确认都具有人为主观性，主要从以下三个方面考虑支撑线或者压力线对股票价格的影响：

第一，股票价格在这个区域停留的时间长短，股价停留的时间越长，对当前股票价格的影响越大，反之，对当前股票价格的影响越小；

第二，股票价格在这个区域相应成交量的大小，相应的成交量越大，对当前股票价格的影响越大，反之，对当前股票价格的影响越小；

第三，支撑区域或者压力区域的时间距离当前时间的远近，距离当前时间越近，对当前股票价格的影响越大，反之，对当前股票价格的影响越小。

（2）趋势线和轨道线

趋势线表示股票价格波动趋势的直线，在股价上升趋势下，连接两个上升低点的直线为上升趋势线，对股价起支撑作用；在股价下降趋势下，连接两个下降高点的直线为下降趋势线，对股价起压力作用。趋势线的突破导致原有的支撑线和压力线出现反转，支撑线变为压力线，压力线变为支撑线。需要注意的是，需要从频率和时间上来验证一条趋势线的有效性。从频率上看，趋势线至少被触及三次或者三次以上，才能说明这条趋势线是有效的；从时间上看，延伸的时间越长，这条趋势线越有效；从斜率上看，趋势线越平缓，越难以被突破，越有效。

轨道线，又称为通道线，是在趋势线的基础上画出的。在画出了上升趋势线之后，连接第一个峰的高点作出这条趋势线的平行线，这两条线组成了上升通道；在画出了下降趋势线之后，连接第一个谷的低点作出这条趋势线的平行线，这两条线组成了下降通道。

（3）黄金分割线

黄金分割线主要针对"水平方向"的股价波动。

第一，需要记住特殊的黄金数字：0.236、0.382、0.500、0.618、0.809、1.618、2.000、2.618、4.236、6.854，其中，0.382、0.500、0.618、1.618、2.000、2.618更加重要。

第二，在对股票价格波动趋势进行判断的基础上，找到上涨行情下的最高点或下降行情的最低点。

第三，计算出黄金分割线的位置。在股价下降的趋势下，最高点价位乘以上述比1小的特殊黄金数字，这些价格对股票价格的下降提供了支撑；在股价上涨的趋势下，最低点价位乘以上述比1大的特殊黄金数字，这些价格对股票价格的上涨造成了压力。

（4）百分比线

百分比线也是一种针对"水平方向"的股价波动的分析方法。百分比线是将上一次股价行情中重要的最高点和最低点之间的涨跌幅度分成8份，进而生成百分比线，从而使涨跌过程更为直观的显现，包括1/8、2/8、1/3、3/8、4/8、5/8、2/3、6/8、7/8、8/8八条百分比线，其中，1/3、3/8、4/8、5/8、2/3这5条线与黄金分割线的位置更为接近、更加重要。百分比线针对的是趋势中出现回调的情况，而不是趋势的反转。

3. 形态分析法

K线的形态分析只适合较短时间的投资操作，不适合中长期的分析，为了弥补上述分析的不足，可以将K线数目扩大，进而形成形态分析法。

（1）双重顶和双重底

当股价上升至某一价位，伴随着较大的成交量，随后股价下跌，成交量下降，之后股价再次上升至上一个高价位，成交量却没有相应股价高位的成交量大，随之股价出现了二次下跌，这便形成了双重顶，像字母M一样，是股价反转的信号。需要注意的是，在第一个顶点之后的股价下跌，必须突破颈线，双重顶形态才算顺利完成；而且，形成双重顶的主要原因在于主力资金被套，需要将股价再次拉高以撤回资金。

当股价下跌至某一价位，现有投资者出现惜售行为，新进投资者由于较低的股价而进入，股价随之回升，上升至某一价位时，短线投机者出售持有股票获利，股价再次下跌。但是，之前的股价波动引起投资者的兴趣，此次股价下跌吸引投资者买入，成交量增加，随之股票价格上升，这便形成了双重底，像字母W一样，是股价反转的信号。需要注意的是，第二个底的形成往往是由于多头资金实力有限并且时间较短，且空头方的压力较大。

（2）头肩顶和头肩底

在头肩顶形态下，股价的涨跌出现三个局部的高价位，其中，中间的高价位高于两端的高价位，则中间的高价位称为头，左右两端的高价位称为肩。头肩顶通常在牛市的尽头出现，是股价下跌的信号，投资者需要进行关注，适时减仓。如果股价的周K线图、月K线图头肩顶的形态已经明显，说明股价会经历长时期的下跌过程。

在头肩底形态下，股价的涨跌出现三个局部的低价位，其中，中间的低价位低于两端的低价位，则中间的低价位称为头，左右两端的低价位称为肩。头肩底通常在熊市的尽头出现，是股价上涨的信号，头肩底形成的时间越长，股价反转的可能性越大。对于投资者而言，基本面较好、右肩高于左肩并伴随较大成交量的股票更值得购买。

（3）圆弧形态

圆弧形态，又称碟形、圆形、弧形、碗形等，包括圆弧顶和圆弧底。

圆弧顶是呈现为圆弧形的顶部形态。在圆弧顶的形成过程中，成交量较大而且波动性较强，通常在股价上升时成交量增加，但在股价上升至顶部时成交量减少；而且，在股价下跌时，成交量再次增加。需要注意的是，在圆弧顶形成后，很多情况下股价并不会立刻下跌，而是横向盘整，此时称为碗柄，在碗柄被突破之后，股价才会进一步下跌。

圆弧底是呈现为圆弧形的底部形态，这种形态较为少见，主要出现在优质股票上。在圆弧底的形成过程中，股价下跌趋势从急至缓至平，经过一段时间后开始缓慢上涨，进而加速，上涨至下跌的位置。在成交量方面，成交量在股价下降时逐步减少，在股价上升时逐步增加，也同样呈现出圆弧形。

4. 波浪分析法

波浪分析法认为，股票市场的价格波动遵循一种五波上升、三波下降的趋势。其中，五个上升趋势可以分为三个推动波，即第一波、第三波和第五波，以及两个修正波，即第二波和第四波。这八个波动构成了股票价格波动的完整周期，从而形成了各种大小波浪，其中每一个大波都包含了小波，每一个小波都被更大的波所包括，因此也被称为"八浪循环"。波浪分析法需要注意：

第一，一个完整的价格波动循环包括八个波浪，五上三落；

第二，波浪可合并为较高一级的大浪，也可以分割为较低一级的小浪；

第三，第一、三、五波的三个波浪中，第三浪不可以是最短的一个波浪；

第四，第四浪的底不可以低于第一浪的顶。

5. 指标分析法

指标分析法是指按固定的方法对原始数据进行处理，计算相应的指标值，以对股票市场进行分析。目前，有多达两千多种指标用于分析股市，本书对 MA 指标、MACD 指标、RSI 指标进行介绍。

（1）MA 指标

MA 指标是移动平均线指标，它是 K 线的移动平均线，能够较为平稳地呈现价格的趋势。一方面，MA 存在滞后效应，存在股价下跌但 MA 依旧上扬的情况，因此，可以考察不同时间的 MA，从而考察股价波动的整体趋势；另一方面，MA 具有涨时助涨、跌时助跌的特点。MA 指标分析需要注意：

第一，当 MA 从下降逐渐转为平缓时，股价从下方突破 MA，则为买入信号；

第二，当股价跌破 MA，但是又回升至 MA 之上，且 MA 仍保持上扬态势，则为买入信号；

第三，MA 从上扬转为盘整或者下跌，且股价向下突破 MA，则为卖出信号；

第四，当股价在 MA 之下，股价上升但未突破 MA，且迅速下跌，则为卖出信号。

（2）MACD 指标

MACD 指标是指数平滑移动平均线指标。它利用股价收盘价的短期指数平均线 EMA12（通常为 12 日的指数平均线）与长期指数平均线 EMA26（通常为 26 日的指数平均线）之间的关系，对股价进行判断，进而选择股票的买入和卖出时机。MACD 指标通过以下方式计算出来。

第一，计算离差值 DIF，离差值 DIF 是短期指数平均值与长期指数平均值之差。在股价上涨趋势下，短期指数平均值在长期指数平均值之上，正离差值也越来越大；在股价下跌趋势下，离差值很可能为负数。

第二，设定 DIF 的参数，以 9 日为例，可以根据离差值计算出 9 日的离差平均值，称为 DEA 或 DEM。

第三，计算（DIF－DEA）×2，得到 MACD 的柱状图。

MACD 指标分析需要注意：

第一，当 DIF 和 MACD 均为正，并且向上移动时，表示股票处于上涨趋势中，是买入信号；

第二，当 DIF 和 MACD 均为负，并且向下移动时，表示股票处于下跌趋势中，是卖出信号；

第三，当 DIF 和 MACD 均为正，但向下移动时，表示股票处于下跌趋势中，是卖出信号；

第四，当 DIF 和 MACD 均为负，但向上移动时，表示股票处于上涨趋势中，是买入信号。

（3）RSI 指标

RSI 指标是相对强弱指标，该指标认为，股票市场的涨跌在 0～100 之间变动。其中，30～70 之间为正常状态；超过 70 被认为市场处于超买状态，价格会回落；低于 30 被认为市场处于超卖状态，价格会回升。RSI 指标分析需要注意：

第一，如果 RSI 曲线在高位（50 以上）形成了头肩顶形态，是股价下跌的标识，传递了卖出的信号；

第二，如果 RSI 曲线在低位（50 以下）形成头肩底形态，意味着股价下跌的力量逐步衰减，底部逐渐构筑，传递了买入的信号；

第三，RSI 曲线顶部反转形态对股票价格走势的判断更加准确；

第四，当出现 RSI 顶背离时，即当 RSI 指标的曲线逐步走低、但 K 线图中的股价不断走高时，传递了股价即将下跌的信息，是卖出的信号；

第五，当出现 RSI 底背离时，即在低位区 RSI 指标的曲线逐步走高，但 K 线图中的股价不断走低时，传递了股价即将上涨的信息，是买入的信号。

> **扩展空间**
>
> 股票交易有很多种方法，一些交易者完全依赖技术分析。每天晚上，他们筛选数百个价格图形，寻找技术指标和价格走势结合最优的股票。他们运行事先设计好的技术筛选软件，分离出那些回撤的、突破的、止跌反弹的和盘整的股票。他们查看列表中观测股的 K 线形态、移动平均线交叉和价格背离指标。他们滚动屏幕，上到周线下到小时线，以确保宏观图形和微观图形都不会妨碍他们的技术评估。另外一些交易者完全依赖基本面分析。他们花费大量时间详细研究大量的公司具体财务数据，比较价格乘数与增长率指标，查看公司相对于行业和竞争对手标准的财务排名状况，研究处于动态增长的公司。他们阅读金融分析师和研究服务机构的报告。他们收听电话会议，与投资者关系人员交流。他们从新闻界获取宏观经济变化信息——商品价格变化、汇率变化、新的税收法律变化等——那些变化可能会影响所跟踪公司的利润率，因而影响其净收益。
>
> 技术分析和基本面分长期以来被认为是两个独立的纪律准则，而我们发现，将它们整合到同一交易系统中时，它们的有效性相互得到补充。[1]

---

① 托马斯·卡尔. 市场中性交易 [M]. 郑三江, 许宁, 赵学雷, 译. 太原：山西人民出版社, 2017.

7.3　我国股票交易的规则和程序

本节将对我国股票市场的交易规则和程序进行介绍，从而为投资者参与股票市场奠定基础。

7.3.1　股票交易程序

股票交易包括开立股票交易账户、委托买卖、股票成交、清算与交割、股票过户等事项。

1. 开立股票交易账户

开立股票账户是进行交易的前提，股票账户相当于一个"银行户头"，投资者只有开立了股票账户才可进行证券买卖。另外，投资者需要在托管银行开设一个资金账户，用于买入股票的资金支付以及卖出股票的资金流入。

2. 委托买卖

委托形式包括当面委托、电话委托、电传委托、传真委托、信函委托等，当面委托一般要委托人加以确认，受托证券商才予办理委托手续。

委托人可以随市委托，即在委托证券商代理买卖股票的价格条件中，明确其买卖可随行就市；也可以限价委托，即在委托证券商代理股票买卖过程中，确定买入股票的最高价和卖出股票的最低价，并由证券商在买入股票的限定价格以下买进，在卖出股票的限定价格以上卖出。

3. 股票成交

证券经营机构受理投资者的买卖委托后，立即将信息按时间先后顺序传送到交易所主机上，公开申报竞价。股票申报竞价时，可依有关规定采用集合竞价或连续竞价方式进行，交易所的撮合机将按"价格优先，时间优先"的原则自动撮合成交。

4. 清算与交割

清算是将买卖股票的数量和金额分别予以抵消，然后通过证券交易所交割净差额股票或价款的一种程序。清算工作由证券交易所组织，各证券商统一将证券交易所视为中介人来进行清算，而不是各证券商和证券商相互间进行轧抵清算。交易所作为清算的中介人，在价款清算时，向股票卖出者付款，向股票买入者收款；在股票清算交割时，向股票卖出者收进股票，向股票买入者付出股票。股票清算后，即办理交割手续。所谓交割就是卖方向买方交付股票而买方向卖方支付价款，包括当日交割、次日交割、第二日交割等多种交割方式。T+1 为次日交割。

5. 股票过户

随着交易的完成，当股票从卖方转（卖）给买方时，就表示原有股东拥有权利的转让，新的股票持有者则成为公司的新股东，老股东（原有的股东，即卖方）丧失了他们卖出的那部分股票所代表的权利，新股东则获得了他所买进那部分股票所代表的权利。然而，由于原有股东的姓名及持股情况均记录于股东名簿上，因而必须变更股东名簿上相应的内容，这就是通常所说的过户手续。

7.3.2 股票交易规则

股票交易主要遵循以下规则。

1. 价格优先

第一，市价申报优先于限价申报。

第二，对于买进申报，价格较高的优先于较低的。

第三，对于卖出申报，价格较低的优先于较高的。

第四，在相同价位上的申报，先申报者优先满足。

2. 时间优先

第一，在口头唱报竞价时，按中介经纪人听到的顺序排列。

第二，在专柜书面申报竞价时，按照中介经纪人接到书面申报竞价单证的顺序排列。

第三，在计算机终端输入申报竞价时，按计算机主机接受的时间顺序排列。

第四，在无法区分先后时，由中介经纪人组织抽签决定。

第五，如果证券商更改买卖申报内容，其原申报的时间顺序自然撤消，依照更改后报出的时间顺序排列。

3. 交易品种

A股、B股的委托购买的单位为"股"，但为了提高交易系统的效率，必须以 100 股（沪市 B 股为 1 000 股）或基整数倍进行委托买卖。如有低于 100 股（或 B 股 1 000 股）的零股需要交易，必须一次性委托卖出。同时，投资者也不能委托买进零股。

4. 报价单位

A股、B股以股为报价单位，价格变化单位：深市 A 股为 0.01 元，深市 B 股为 0.01 港元；沪市 A 股为 0.01 元，沪市 B 股为 0.002 美元。

5. 交易价格波动

证券首日上市，一般以其上市前公开发行价作为前收盘价和计算涨跌幅度的基准，但是不受价格涨跌幅限制。

上交所对上市交易的证券成交价格，通常实行随行就市，自由竞价。在认为必要时，可对全部证券或某类证券采取价格涨跌幅度限制。目前，上交所对所有的 A 股和 B 股实行幅度 10%的涨跌幅限制。对特别处理股票实行幅度 5%的涨跌幅限制。

6. 交易时间

交易申报时间：每周一至周五，法定公众假期除外。

（1）上海证券交易所

9：15—9：25：开盘集合竞价时间。

9：20—9：25：不可撤单时间。

9：30—11：30：前市，连续竞价时间。

13：00—15：00：后市，连续竞价时间。

（2）深圳证券交易所和北京证券交易所

9：15—9：25：集合竞价时间。

9：20—9：25：不可撤单时间。

9：30—11：30：前市，连续竞价时间。

13：00—14：57：后市，连续竞价时间。

14：57—15：00：收盘集合竞价时间，不可撤单。

（3）集合竞价与连续竞价

集合竞价是指由投资者按照自己所能接受的心理价格自由地进行买卖申报，电脑交易主机系统对全部有效委托进行一次集中撮合处理过程。在集合竞价时间内的有效委托报单未成交，则自动有效进入 9：30 开始的连续竞价。

连续竞价，指对申报的每一笔买卖委托，由电脑交易系统按照以下两种情况产生成交价：最高买进申报与最低卖出申报相同，该价格即为成交价格；买入申报高于卖出申报时，或卖出申报低于买入申报时，申报在先的价格即为成交价格。

7. 股票托管

股票的托管是证券无纸化交易的必要条件，它是指证券交易所、各地证券登记机构和证券商为方便证券上市交易，简化交割手续，而对股票进行的代保管。投资者只要拥有证券账户卡即可进行股票的买卖而不必接受股票实物。

 扩展空间

● 创业板

创业板，又称二板市场（Second Board Market），即第二股票交易市场，是与主板市场（Main Board Market）不同的一类证券市场，专为暂时无法在主板上市的创业型企业、中小企业和高科技产业企业等需要进行融资和发展的企业提供融资途径和成长空间的证券交易市场，是对主板市场的重要补充，在资本市场有着重要的位置。在中国的创业板市场代码以 300 开头。创业板市场最大的特点就是低门槛进入，严要求运作，有助于有潜力的中小企业获得融资机会。

● 中小板

中小板块即中小企业板，是指流通盘大约 1 亿以下的创业板块，是相对于主板市场而言的，有些企业的条件达不到主板市场的要求，所以只能在中小板市场上市。中小板市场是创业板的一种过渡，中小板的市场代码以 002 开头。2004 年 5 月，经国务院批准，中国证监会批复同意深圳证券交易所在主板市场内设立中小企业板块。

● 沪港通

沪港通是指上海证券交易所和香港联合交易所允许两地投资者通过当地证券公司（或经纪商）买卖规定范围内的对方交易所上市的股票，是沪港股票市场交易互联互通机制。沪港通包括沪股通和港股通两部分：沪股通是指投资者委托香港经纪商，经由香港联合交易所设立的证券交易服务公司，向上海证券交易所进行申报（买卖盘传递），买卖规定范围内的上海证券交易所上市的股票；港股通是指投资者委托内地证券公司，经由上海证券交易所设立的证券交易服务公司，向香港联合交易所进行申报（买卖盘传递），买卖规定范围内的香港联合交易所上市的股票。2014 年 4 月 10 日，中国证监会与香港证监会联合公告，正式开展互联互通机制试点，沪港通总额度为 5 500 亿元人民币，参与港股通的个人投资者资金账户余额应不低于人民币 50 万元。证监会及港交所联合公告对沪港两市每日沪港通交易分别设定了 130 亿元及 105 亿元的上限。该"上限"并非指每日流入总额上限，而是每日买卖之差不能超过的上限，这意味着每个交易日能够进入沪港市场的资金额度远远高于市场预期。

●深港通

深港通，是深港股票市场交易互联互通机制的简称，指深圳证券交易所和香港联合交易所有限公司建立技术连接，使内地和香港投资者可以通过当地证券公司或经纪商买卖规定范围内的对方交易所上市的股票。深港通在 2016 年 8 月 16 日获批后，2016 年 12 月 5 日正式开通。根据中国证监会与香港证监会共同签署的深港通《联合公告》，深港通下的港股通的股票范围是恒生综合大型股指数的成份股、恒生综合中型股指数的成分股、市值 50 亿元港币及以上的恒生综合小型股指数的成分股，以及香港联合交易所上市的 A+H 股公司股票。深股通的股票范围是市值 60 亿元人民币及以上的深证成分指数和深证中小创新指数的成分股，以及深圳证券交易所上市的 A+H 股公司股票。

素养提升

全面注册制：资本市场发展重大里程碑[1]

2023 年 2 月 17 日，中国证监会发布全面实行股票发行注册制相关制度规则，自发布之日起施行。全面注册制的实施标志着注册制由仅在科创板、创业板和北京证券交易所（以下简称"北交所"）试点推广到全市场和各类公开发行的股票市场，在中国资本市场改革发展进程中具有里程碑意义。

注册制是一种股票发行机制，在该机制下证券发行申请人将各类资料向证券监管机构申报，证券监管机构对申报文件的真实性、准确性、完整性和及时性进行形式审查，但不对发行人资质进行实质性审核和价值判断。党的十八大以来，伴随现代资本市场建设的推进，我国开启了对股票发行注册制的探索。在政策方面，2013 年 11 月，党的十八届三中全会通过了《中共中央关于全面深化改革若干重大问题的决定》，针对证券市场改革明确提出"推进股票发行注册制改革"，并提出遵循"先试点、后推广"的部署原则逐步展开，由此拉开了我国全面注册制改革的序幕。2019 年 1 月，中央全面深化改革委员会第六次会议审议通过了《在上海证券交易所设立科创板并试点注册制总体实施方案》，标志着注册制在决策层面获得批准。在执行层面，2019 年 1 月，中国证监会发布了《关于在上海证券交易所设立科创板并试点注册制的实施意见》，随后首批 25 家企业在科创板上市，标志着注册制正式落地。2020 年 8 月和 2021 年 11 月，创业板与北交

---

① 节选自杨钧童，何华艳，孙超 . 全面注册制：资本市场发展重大里程碑［J］. 新理财，2023（4）：40-43.

所也先后步入注册制时代。在科创板、创业板和北交所相继试点后，全面实行股票发行注册制，并于 2023 年 2 月 17 日正式实施，成为我国资本市场改革的重大里程碑。

全面注册制将使我国资本市场进一步向成熟市场靠拢，监管重心由事前监管调整为事前、事中、事后全过程监管，符合宏观政策导向的优质企业的融资将更加通畅，市场容量进一步扩大。与此同时，退市机制和市场定价机制的优化会促进市场优胜劣汰，资本市场透明度和有效性将进一步提升。对市场参与者而言，机遇总是伴随着挑战。对融资者而言，层次分明的资本市场和透明可预期的流程让企业直接融资难度变低、效率变高。对投资人而言，一方面，市场扩容会丰富可投资标的；另一方面，信息不对称仍将长期存在，对投资者的选股能力和择时能力都提出了更高的要求。对金融中介机构而言，业务机会将随资本市场的进一步繁荣而增多，同时也将在企业发行上市过程中承担更多的职能，面临更加严格的监管。

本章小结

股票是股份公司为筹集资金而发给投资者的所有权凭证。股票的投资者是股份公司的股东，股东持有股票以证明其对公司的所有权。

债券与股票是公司直接融资的主要手段，但是两者在权利性质、偿还期限、持有人权益、剩余财产分配顺序、发行主体、会计入账、税收处理、风险程度等方面存在区别。

假设股息是投资股票的唯一现金流收入，那么，可以利用贴现模型计算股票的理论价格。市盈率是股票价格与每股收益的比率，表明在当前盈利水平下，投资者收回投资成本需要的时间。

股票市场包括股票的发行市场和流通市场，股票发行市场也称为一级市场、初级市场，是资金需求者通过发行股票这种所有权凭证筹集资金的市场。股票流通市场又称为二级市场，是已发行的股票按市场行情进行转让、买卖和流通的市场。

基本分析法主要是对股票的长期发展趋势进行分析，侧重于经济环境、行业动态、公司的盈利能力等方面，可以分为宏观经济分析、行业分析和公司层面分析。技术分析法是透过图表或技术指标的记录，研究市场过去以及现在的行为反应，以推测股票在短期内价格的变动趋势。价格与交易量是市场行为最基本的表现，是技术分析的两大基本要素。

在我国，股票交易包括开立股票交易账户、委托买卖、股票成交、清算与交割、股票过户等事项，按照价格优先、时间优先等原则交易。

核心概念

股票　优先股　市盈率　首次公开发行

复习思考题

1. 股票与债券存在哪些区别?
2. 戈登增长模型的主要内容是什么? 其前提假设是什么?
3. 股票基本分析法的主要内容是什么?
4. 如何利用技术分析法判断股票买入和卖出的时机? 请举例说明。
5. 谈一谈你对中国股票市场全面注册制改革的看法?

第 8 章　基金与理财

问题导向

1. 为什么 LOF 基金更受欢迎？
2. 货币市场基金有风险吗？
3. 如何选择适合自己的基金？

知识目标

1. 掌握基金的基本类型。
2. 了解基金交易的基本规则和相关费用。
3. 理解基金选择的一般方法。

综合素养

1. 培养学生投资基金的能力。
2. 培养学生理解基金投资的收益与风险。
3. 培养学生树立正确的基金投资观念，避免陷入基金投资误区。

8.1　基金的基本知识

8.1.1　基金的类型

证券投资基金起源于英国，由英国政府于 1868 年建立的投资公司——海外和殖民地政府信托组织被认为是世界上最早的基金机构。通过基金单位发行，由基金托管人托管，基金管理人将集中的资金进行组合投资。证券投资基金具有集合投资、风险分散、专家理财、流动性强等特点。

8.1.1.1 基本类型

根据不同的分类方式，证券投资基金可以分为多种类型，不同类型的基金具有不同的特点。

1. 开放式基金和封闭式基金

根据基金单位是否可以随时申购和赎回，基金可以分为开放式基金和封闭式基金。

开放式基金是指可以随时申购和赎回的资金，即投资者可以根据基金净值随时向基金管理人申购；基金持有人可以根据基金净值随时向基金管理人赎回。封闭式基金是指在整个基金存续期限内不可以申购和赎回的基金，即投资者不可以向基金管理人申购，只能在规定的场所通过二级市场买入；基金持有人不可以向基金管理人赎回，只能在规定的场所通过二级市场卖出。

开放式基金和封闭式基金主要存在以下区别。

第一，存续期限不同。开放式基金没有固定的存续期限，在基金成立后，投资者可以随时向基金管理人申购和赎回基金；封闭式基金有固定的存续期限，如 5 年、10 年、15 年等，一般在基金的招募说明书中说明。

第二，规模约束不同。开放式基金没有规模限制，投资者申购的数额越多，基金的规模越大，投资者赎回的数额越多，基金的规模越小；封闭式基金有规模限制，会在基金的招募说明书中列明基金规模，在基金成立后一般不可以增加规模，除非经过法定程序认可。

第三，投资策略不同。由于开放式基金可以随时被赎回，所以需要保留一部分流动性强的资产以保证基金可以赎回，所筹集的基金不能全部用于长期投资；封闭式基金的规模是稳定不变的，基金的交易只能影响基金持有人的组成，不能影响基金的整体规模，因此，基金管理人可以将全部的资金用于长期投资。

第四，交易方式不同。在募集期结束后，开放式基金的管理人随时接受投资者的申购和赎回，交易方式灵活，一般不上市交易；封闭式基金在成立后，新的投资者只能在已购投资者处买入基金，已购投资者只能寻求新的投资者进行基金变现，一般在证券交易所进行。

第五，交易价格确定标准不同。开放式基金与封闭式基金在首次发行时都按照面值加销售费用确定交易价格。在首次发行结束后，开放式基金的价格以基金净值为基础，申购价格是基金净值加上申购费，赎回价格是基金净值减去赎回费。封闭式基金的价格受市场供求关系的影响较大，交易价格常常会偏离基金的净值，当需求大于供给时，出现溢价现象；当供给大于需求时，出现折价现象。

第六，交易费用缴纳方式不同。开放式基金一般不上市交易，相关费用一般包含在基金价格中；封闭式基金在证券交易所进行交易，需要交纳交易税和手续费，费用相对较高。

 扩展空间

博时沪港深价值优选灵活配置混合型证券投资基金

基金类型：开放式混合型基金。

基金管理人：博时基金管理有限公司。

基金托管人：中信银行股份有限公司。

基金直销机构：博时基金管理有限公司总公司。

基金存续期限：不定期。

募集对象：符合法律法规规定的可投资于证券投资基金的个人投资者、机构投资者、合格境外机构投资者以及法律法规或中国证监会允许购买证券投资基金的其他投资者。

募集期：自基金份额发售之日起不超过 3 个月。

份额分类：本基金分为 A 类基金份额和 C 类基金份额。在投资者认购、申购时收取认购、申购费用，不从本类别基金资产中计提销售服务费的基金份额，称为 A 类基金份额；在投资者认购、申购时不收取认购、申购费用，但从本类别基金资产中计提销售服务费的基金份额，称为 C 类基金份额。

初始面值：人民币 1.00 元。

投资目标：本基金采用价值投资策略对沪港深市场进行投资，把握港股通开放政策带来的投资机会，在控制组合净值波动率的前提下，获取基金资产的长期稳健增值。

投资范围：本基金的投资范围为具有良好流动性的金融工具，包括国内依法发行上市的股票（含主板、中小板、创业板及其他经中国证监会核准上市的股票等）、内地与香港股票市场交易互联互通机制下允许投资的香港联合交易所上市的股票（以下简称"港股通标的股票"）、权证、股指期货、债券（含国债、央行票据、金融债券、企业债券、公司债券、中期票据、短期融资券、超短期融资券、次级债券、政府支持机构债、政府支持债券、地方政府债、可转换债券、可交换债券、中小企业私募债券等）、货币市场工具、资产支持证券、债券回购、银行存款（包括协议存款、定期存款及其他银行存款）、现金以及法律法规或中国证监会允许基金投资的其他金融工具（但须符合中国证监会相关规定）。

基金投资组合：股票投资比例为基金资产的 0~95%，其中投资于国内依法发行上市的股票的比例占基金资产的 0~95%，港股通标的股票的投资比例为基金资产的 0~95%；基金持有全部权证的市值不得超过基金资产净值的 3%，本基金每个交易日日终在扣除股指期货合约需缴纳的交易保证金后，保持现金或者到期日在一年以内的政府债券不低于基金资产净值的 5%。本基金预期风险和预期收益高于货币市场基金、债券型基金，低于股票型基金，属于证券投资基金中的中高风险/收益品种。

业绩比较基准：中债综合财富（总值）指数收益率×40%＋沪深 300 指数收益率×20%＋恒生国企指数收益率×40%。

博时沪港深价值优选灵活配置混合型证券投资基金为开放式混合型基金，包含了 A 类基金份额和 C 类基金份额，我们主要对 A 类基金份额进行分析。

第一，从存续期限上看，基金的存续期限为不定期。

第二，从规模约束上看，起投金额为 10 元，整个基金没有规模限制，是开放式基金。

第三，从投资策略上看，为了应对基金持有人的赎回，需要持有一部分流动性强的资产，例如，本基金每个交易日日终在扣除股指期货合约需缴纳的交易保证金后，保持现金或者到期日在一年以内的政府债券不低于基金资产净值的 5%。

第四，从交易方式上看，在募集期 3 个月结束后，基金管理人随时接受投资者的申购与赎回。博时沪港深价值优选 A 类的价格走势情况如图 8-1 所示。

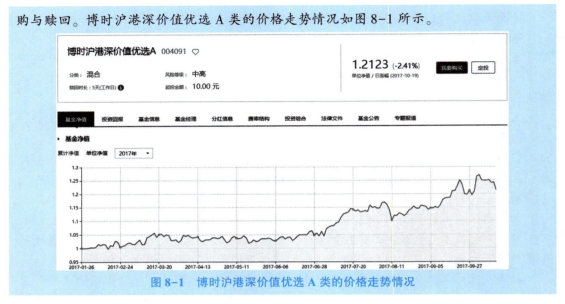

图 8-1 博时沪港深价值优选 A 类的价格走势情况

2. 契约型基金和公司型基金

根据组织形式不同，基金可以分为契约型基金和公司型基金。

契约型基金，也称信托型基金，是指通过签订契约的形式设立的基金，投资者将资金委托给基金管理人进行管理，基金管理人根据法律法规、基金契约进行基金管理，投资者享有基金投资收益、承担基金损失，目前我国的证券投资基金均为契约型基金。公司型基金是指以股份制的投资公司为组织形式的基金，具有法人资格，基金公司通过发行股票筹集资金，投资者通过购买股票成为基金公司的股东，享有基金投资收益、承担基金损失。

契约型基金和公司型基金主要存在以下区别。

第一，所筹集资金的性质不同。契约型基金中所筹集的资金是信托资产，是投资者委托基金管理人进行管理的资金，投资者与基金管理人之间形成委托代理关系，是受人之托、代人理财；公司型基金中所筹集的资金是基金公司的资本，投资者出资购买股票，成为基金公司的股东，公司型基金在美国最为常见。

第二，投资者的权责不同。契约型基金的投资者根据基金契约享有基金投资的收益，是基金的受益人，对基金的投资相关事宜没有发言权；公司型基金的投资者是基金公司的股东，享有选举董事会、进行公司重大决策的投票等权利。

第三，运营依据和法律约束不同。契约型基金依据基金契约进行投资和运营，法律依据为《中华人民共和国信托法》和《中华人民共和国证券投资基金法》；公司型基金依据基金公司章程运营资金。

8.1.1.2 其他类型

（1）收入型基金、成长型基金和平衡型基金

根据投资目标不同，证券投资基金可以划分为收入型基金、成长型基金和平衡型基金。收入型基金是以获取最大的当期收入为目标的投资基金，主要投资于可带来现金收入的有价证券；成长型基金是以追求资本的长期增值为目标；平衡型基金具有双重投资目

标，谋求收入和成长的平衡，以保证资金的安全性和营利性。

（2）国内基金、区域基金和国际基金

根据地域不同，证券投资基金可以划分为国内基金、区域基金和国际基金。国内基金是指投资区域为本国金融市场、投资者为本国居民的基金；区域基金是指投资范围为某一地区金融市场的基金；国际基金是指将全球的主要金融市场均纳入投资范围的基金。

（3）股票基金、债券基金、货币市场基金等

根据投资对象不同，证券投资基金可以划分为股票基金、债券基金、货币市场基金、期权基金、指数基金和认股权证基金等。股票基金是指以股票为投资对象的基金；债券基金是指以债券为投资对象的基金；货币市场基金是指以国库券、大额可转让存单、商业票据等货币市场工具为投资对象的基金；指数基金是指以某种证券市场的价格指数为投资对象的基金；认股权证基金是指以认股权证为投资对象的基金。从实际上看，证券投资基金很少投资于某一种固定的类型，投资于股票、债券、货币市场金融工具的混合型基金较为常见。

（4）伞型基金和基金中基金。

伞形基金是指在母基金下设立多个子基金，子基金独立进行投资，具有不同的投资对象、投资范围和投资策略，为投资者提供多样化的选择。

基金中基金是指以其他证券投资基金为投资对象的基金，再一次的分散化，但是层级较多，信息不对称问题突出，也增加了投资者的成本。

 扩展空间

嘉实领航资产配置混合型基金中基金（FOF）

基金管理人：嘉实基金管理有限公司。

基金托管人：中国建设银行股份有限公司。

运作方式：契约型开放式。

投资目标：本基金以风险为核心进行分散化资产配置，通过风险模型定量调整各类资产比例，审慎甄选基金，综合利用市场结构、投资者行为、资产风险收益特征等研究成果优化基金组合，力争创造优秀稳定的投资回报。

投资范围：本基金投资于经中国证监会依法核准或注册的公开募集基金（以下简称"公募基金"）、依法发行上市的股票、债券等金融工具及法律法规或中国证监会允许投资的其他金融工具，具体包括：公募基金（如股票型基金、混合型基金、债券型基金、货币市场基金、保本基金、QDII基金、ETF基金、LOF基金、商品期货基金及其他经中国证监会核准或注册的公开募集证券投资基金），股票（包含中小板、创业板及其他经中国证监会核准上市的股票），权证，债券（如国债、金融债、企业债、公司债、次级债、可转换债券、可交换公司债券、央行票据、短期融资券、超短期融资券、中期票据、中小企业私募债等），资产支持证券，债券回购，银行存款，同业存单等资产及现金，以及法律法规或中国证监会允许基金投资的其他金融工具（须符合中国证监会的相关规定）。如后期还有法律法规或监管机构以后允许投资的其他品种，基金管理人在履行适当程序后，可以将其纳入投资范围。

投资组合比例：投资于经中国证监会依法核准或注册的公开募集基金份额的比例不少于基金资产的80%，投资于股票型基金的比例不高于基金资产净值的30%，基金保留的现金或者到期日在一年以内的政府债券不低于基金资产净值的5%。如经法律法规或中国证监会允许，基金管理人在履行适当程序后，可以调整上述投资品种的投资比例。

业绩比较基准：中证800股票指数收益率×20%+中债综合财富指数收益率×70%+万得商品综合指数收益率×10%。

8.1.1.3 基金的变形

（1）交易型开放式指数基金（ETF）

交易型开放式指数基金又被称为"交易所交易基金"（Exchange Traded Fund，ETF），是一种在证券交易所上市的开放式基金。

ETF具有特殊性：一方面，它是一种开放式基金，具有开放式基金的特征，可以按照基金净值随时向基金管理人申购和赎回；另一方面，它在证券交易所上市，可以在二级市场买卖ETF份额，类似于封闭式基金的操作。但是，在申购和赎回时，申购是指以一揽子股票交换ETF份额的过程，赎回是指用ETF基金份额交换一揽子股票的过程。由于存在两个市场，投资者可以在两个市场进行套利，有效地避免了封闭式基金价格偏离净值的问题。此外，它是一种指数型基金，以某种证券市场指数为投资对象，不是以具体的金融工具为投资对象，资产组合的比例按照指数进行配置。

（2）上市型开放式基金（LOF）

上市型开放式基金（Listed Open Ended Fund，LOF），是一种开放式基金，在基金募集期结束后，投资者可以在指定机构随时向基金管理人申购与赎回基金，基金总额不固定。同时，它是一种上市型基金，投资者可以在证券交易所对LOF基金进行买卖。LOF结合了代销机构与证券交易所交易网络的优势，使基金更便于投资者进行交易。但是，在指定机构申购的基金，如果投资者想要在证券交易所对该基金进行出售，那么需要办理转托管手续。同样，如果在证券交易所买入的基金，投资者想要在指定机构赎回，也需要办理转托管手续。

LOF与ETF存在以下区别。

第一，基金类型不同。LOF的投资对象更加多样，可以是主动型基金，也可以是被动型基金；ETF的投资对象是证券市场的某种价格指数，是一种被动型基金。

第二，申购和赎回的标的不同。LOF申购与赎回时是现金与基金份额的交易，即在申购时，投资者支付现金，获得基金份额；在赎回时，投资者支付基金份额，获得现金。ETF申购与赎回是一揽子股票与基金份额的交易，即在申购时，投资者支付一揽子股票，获得基金份额；在赎回时，投资者支付基金份额，获得一揽子股票。

第三，参与主体不同。LOF中现金与基金份额的交易方式使个人投资者较为容易的参与进去，LOF的参与主体更加多样；ETF的投资者一般是机构投资者和规模较大的个人投资者。

第四，报价时间间隔不同。LOF的报价时间间隔是1天，交易需要两个交易日，是T+1交易，时间成本较高；ETF的报价时间间隔为15秒，可以实现T+0交易，时间成本较低。

第五，套利方式不同。LOF的套利只涉及相同基金的不同市场；ETF的套利涉及基金的不同市场和股票市场。

（3）分级基金

分级基金又叫"结构型基金"，是指在同一个投资组合的基础上，通过对基金净资产及收益的分解，形成风险和收益存在差异的不同级别的基金。分级基金各个子基金的净值与份额占比的乘积之和等于母基金的净值。

拆分成两类份额的母基金净值＝A 类子基金净值×A 份额占比+B 类子基金净值 × B 份额占比。

 扩展空间

长城久兆中小板 300 指数分级证券投资基金

基金管理人：长城基金管理有限公司。

基金托管人：中国建设银行股份有限公司。

基金合同于 2012 年 1 月 30 日生效。

基金份额结构：本基金的基金份额包括长城久兆中小板 300 指数分级证券投资基金之基础份额（简称"久兆 300 份额"）、"中小 300A 份额"与"中小 300B 份额"。其中，中小 300A 份额和中小 300B 份额的基金份额比例始终保持在 4：6 不变[①]。本基金四份中小 300A 份额与六份中小 300B 份额的参考净值之和将等于十份久兆 300 份额的净值。

基金发售：通过场外、场内两种方式公开发售。基金发售结束后，场外认购的全部份额确认为久兆 300 份额；场内认购的全部份额按照 4：6 的比例确认为中小 300A 份额与中小 300B 份额。

申购和赎回：久兆 300 份额接受场外与场内申购和赎回；中小 300A 份额、中小 300B 份额只上市交易，不接受申购和赎回。

中小 300A 份额的份额参考净值计算：中小 300A 份额的约定年收益率为 5.8%。中小 300A 份额的约定年收益率除以 365 得到中小 300A 份额的约定日简单收益率。中小 300A 份额的基金份额参考净值以基金合同生效日或前一份额折算日经折算后的份额净值为基准，采用中小 300A 份额的约定日简单收益率单利进行计算。中小 300A 份额在估值日应计收益的天数为自基金合同生效日或前一份额折算日（定期份额折算日或不定期份额折算日）次日起至估值日的实际天数。

中小 300B 份额的份额参考净值计算：计算出中小 300A 份额的份额参考净值后，根据久兆 300 份额、中小 300A 份额、中小 300B 份额净值的关系，可以计算出中小 300B 份额的份额参考净值。

8.1.2　证券投资基金的参与主体

在证券投资基金的运作中，涉及多个当事人，具体包括基金投资者、基金管理人、基金托管人以及基金销售机构、过户代理商、会计师、律师等中介服务机构。

---

①　自 2015 年 6 月 8 日起，长城久兆中小板 300 指数分级证券投资基金之稳健份额的场内简称由"久兆稳健"变更为"中小 300A"，长城久兆中小板 300 指数分级证券投资基金之积极份额的场内简称由"久兆积极"变更为"中小 300B"。

1. 基金投资人

基金投资人是购买并持有基金份额的个人投资者和机构投资者。一般而言，基金投资人分享基金收益、承担基金损失，也享有赎回或者转让基金份额的权利。

2. 基金管理人

基金管理人是负责基金的具体投资操作和日常管理的机构。基金管理人根据基金管理公司或者法律、行政法规规定，可以从事基金管理业务并取得基金管理资格的其他机构担任。基金管理人依法募集资金，办理或者委托经中国证监会认定的其他机构代为办理基金份额的发售、申购、赎回和登记事宜；办理基金备案手续；自基金合同生效之日起，以诚实信用、谨慎勤勉的原则管理和运用基金财产；配备足够的具有专业资格的人员进行基金投资分析、决策，以专业化的经营方式管理和运作基金财产；建立健全内部风险控制、监察与稽核、财务管理及人事管理等制度，保证所管理的基金财产和基金管理人的财产相互独立，对所管理的不同基金分别管理，分别记账。

3. 基金托管人

基金托管人是依据基金运行中"管理与保管分开"的原则对基金管理人进行监督和保管基金资产的机构，是基金投资者权益的代表，通常由有实力的商业银行或信托投资公司担任。基金托管人与基金管理人签订托管协议，在托管协议规定的范围内履行自己的职责并收取一定的报酬。基金托管人根据《证券投资基金法》《证券投资基金托管业务管理办法》《公开募集证券投资基金信息披露管理办法》（或《私募投资基金信息披露管理办法》）、基金合同、托管协议和有关法律法规及规章的规定，对基金的投资运作、基金资产净值计算、基金份额净值计算、应收资金到账、基金费用开支及收入确定、基金收益分配、相关信息披露、基金宣传推介材料中登载的基金业绩表现数据等进行监督和核查。

4. 其他当事人

除了上述三个主要当事人之外，基金在设立、运作过程中还涉及基金销售机构、过户代理商、会计师、律师等其他服务机构。

8.1.3 证券投资基金的运作

基金的运作包括基金的设立、发行与交易、基金投资管理等内容。

8.1.3.1 基金的设立

设立投资基金首先需要发起人，发起人可以是一个机构，也可以是几个机构共同组成。一般来说，基金发起人由基金管理人担任。基金发起人首先准备各种法律文件，包括申请报告、基金合同或基金章程、招募说明书等；然后上报监管机构，监管机构对文件进行审核，如果符合标准，则批准基金发起人发行基金；得到批准后，基金发起人公布招募说明书，公告具体的发行方案。

8.1.3.2 基金的发行与交易

基金的发行是指基金发起人向投资者推销基金、募集资金的行为。发行方式可分为公募和私募两种，类似于股票的发行。

依据国际惯例，基金在发行结束后一段时间，可以进行交易。对于封闭型基金而言，可以在基金二级市场自由转让；对于开放式基金而言，投资人可以向基金管理公司要求赎回。

8.1.3.3　基金投资管理

在基金的招募说明书中，要对其投资目标进行阐述，然后，基金管理人根据这一目标进行投资管理，决定所投资资产的类别和组合。

第一，确定投资组合中资产的范围，如是否包括股票、债券、权证、股指期货、货币市场工具、资产支持证券、现金及银行存款等。

第二，确定不同资产的投资比例，例如，股票投资比例为基金资产的 0~95%，基金持有全部权证的市值不得超过基金资产净值的 3%，保持现金或者到期日在一年内的政府债券不低于基金资产净值的 5% 等。

第三，确定大类资产配置，例如，根据宏观经济周期等指标确定权益类资产和固定收益类资产的投资比例。

第四，确定每种资产的选择和投资策略，对资产进行行业分析、竞争格局分析、公司治理分析、财务分析、估值分析等。

第五，确定资产投资组合的限制和禁止行为。

第六，设定业绩比较基准。

第七，根据具体情况对资产组合进行调整。

 扩展空间

博时沪港深价值优选灵活配置混合型证券投资基金投资限制（节选）

本基金的投资组合应遵循以下限制。

1）本基金股票投资比例为基金资产的 0~95%，其中投资于国内依法发行上市的股票的比例占基金资产的 0~95%，港股通标的股票的投资比例为基金资产的 0~95%。

2）每个交易日日终在扣除股指期货合约需缴纳的交易保证金后，保持不低于基金资产净值 5% 的现金或者到期日在一年以内的政府债券。

3）本基金持有一家公司发行的证券，其市值（若同时持有一家公司发行的 A 股和 H 股，则为 A 股与 H 股合计市值）不超过基金资产净值的 10%。

4）本基金管理人管理的全部基金持有一家公司发行的证券，不超过该证券（A 股与 H 股合计）的 10%。

5）基金资产总值不得超过基金资产净值的 140%。

6）本基金持有的全部权证，其市值不得超过基金资产净值的 3%。

7）本基金管理人管理的全部基金持有的同一权证，不得超过该权证的 10%。

8）本基金在任何交易日买入权证的总金额，不得超过上一交易日基金资产净值的 0.5%。

9）本基金投资于同一原始权益人的各类资产支持证券的比例，不得超过基金资产净值的 10%。

10）本基金持有的全部资产支持证券，其市值不得超过基金资产净值的 20%。

11）本基金持有的同一（指同一信用级别）资产支持证券的比例，不得超过该资产支持证券规模的 10%。

12）本基金管理人管理的全部基金投资于同一原始权益人的各类资产支持证券，不得超过其各类资产支持证券合计规模的 10%。

13）本基金应投资于信用级别评级为BBB以上（含BBB）的资产支持证券。基金持有资产支持证券期间，如果其信用等级下降，不再符合投资标准，应在评级报告发布之日起3个月内予以全部卖出。

14）基金财产参与股票发行申购，本基金所申报的金额不超过本基金的总资产，本基金所申报的股票数量不超过拟发行股票公司本次发行股票的总量。

15）本基金投资流通受限证券，基金管理人应制订严格的投资决策流程和风险控制制度，防范流动性风险、法律风险和操作风险等各种风险。

16）本基金参与股指期货交易后，需遵守下列规定：

①本基金在任何交易日日终，持有的买入股指期货合约价值，不得超过基金资产净值的10%；

②本基金在任何交易日日终，持有的买入期货合约价值与有价证券市值之和，不得超过基金资产净值的95%。其中，有价证券指股票、债券（不含到期日在一年以内的政府债券）、权证、资产支持证券、买入返售金融资产（不含质押式回购）等；

③本基金在任何交易日日终，持有的卖出期货合约价值不得超过基金持有的股票总市值的20%；

④本基金在任何交易日内交易（不包括平仓）的股指期货合约的成交金额不得超过上一交易日基金资产净值的20%；

⑤本基金所持有的股票市值和买入、卖出股指期货合约价值，合计（轧差计算）应当符合基金合同关于股票投资比例的有关规定。

17）本基金进入全国银行间同业市场进行债券回购的资金余额不得超过基金资产净值的40%；债券回购最长期限为1年，债券回购到期后不得展期。

18）本基金持有的单只中小企业私募债券，其市值不得超过基金资产净值的10%。

8.2　基金的交易规则和程序

证券投资基金具有集合投资、分散风险和专家理财的特点，当投资者不想对债券和股票等金融工具进行直接投资时，可以选择基金进行间接投资。

8.2.1　购买基金和赎回基金的基本程序

在购买基金之前，投资者必须阅读一些基金的法律文件，包括基金契约、招募说明书、公开说明书、资金资产净值公告等，这样可以对计划购买的基金的投资方向、投资策略、投资目标以及基金管理人的业绩、开户条件、具体交易规划等重要信息有深入的了解。

购买基金和赎回基金的基本程序如下。

第一，开立基金账户。投资人购买开放式基金首先要开立基金账户。按照规定，有关销售文件中对基金账户的开立条件、具体程序予以明确。上述文件将放置于基金销售网点供投资人开立基金账户时查阅。基金账户是基金注册登记人为基金投资者开立的，用于记录其持有的基金份额余额和变动情况的账户。投资者进行开放式基金的认购必须拥有基金注册登记人为投资者开立的基金账户。

第二，购买基金。投资人在开放式基金募集期间，基金尚未成立时购买基金的过程称为认购。投资人认购基金应在基金销售点填写认购申请书，交付认购款项。注册登记机构为投资人办理有关手续并确认认购。在基金成立之后，投资人通过销售机构申请向基金管理公司购买基金的过程称为申购。投资人申购基金时通常应填写申购申请书，交付申购款项。款额一经交付，申购申请即为有效。申购基金的数量以申购日的基金单位资产净值为基础计算。此外，在基金募集期内，投资者认购时，通常需要按销售机构规定的方式全额缴款。

第三，卖出基金（基金赎回）。开放式基金的赎回是指基金份额持有人要求基金管理人购回其所持有的开放式基金份额的行为，其赎回金额以当日的单位基金资产净值为基础计算。

此外，投资者在申购和赎回基金的过程中需要注意以下几点。

第一，投资人必须根据销售机构规定的程序，在开放日的具体业务办理时间内提出申购或赎回的申请。

第二，投资人申购基金份额时，通常必须全额交付申购款项，投资人全额交付申购款项后申购申请成立；登记机构确认基金份额时，申购生效。基金份额持有人递交赎回申请，赎回成立；登记机构确认赎回后，赎回生效。

第三，基金销售机构对申购、赎回申请的受理并不代表申请一定成功，仅代表销售机构确实接收到申请。申购、赎回申请的确认以登记机构的确认结果为准。对于申请的确认情况，投资者应及时查询。

第四，申购与赎回基金通常具有数额限制。例如，基金申购的最低金额为 10 元，追加购买最低金额为 10 元；每个交易账户最低持有基金份额余额为 10 份，单笔赎回申请不得低于 10 份等。

8.2.2　基金的费用

基金的费用按照收取对象的不同分为两种：一种是基金管理人向投资人收取的费用；另一种是基金管理人和托管人向基金资产收取的费用。

8.2.2.1　向投资人收取的费用

基金管理人向投资人收取的费用包括前端费用和后端费用。前端费用是指投资者在认购（申购）基金时缴纳的费用；后端费用是指投资者在卖出或者想要赎回基金时缴纳的费用。后端收费根据投资人持有基金时间的长短，设置不同的收费标准，通常投资人持有时间越长，费率越低。

1. 认购费用

认购是指在基金募集期内，投资人根据基金合同和招募说明书的规定申请购买基金份额的行为。认购费用是基金管理人向投资人收取的费用。

 案例分析

博时沪港深价值优选灵活配置混合型证券投资基金认购费用与认购份额

1. 认购费用

本基金中的 A 类基金份额在认购时收取基金认购费用；C 类基金份额不收取认购费

用。本基金对通过直销中心认购本基金的养老金客户与除此之外的其他投资者实施差别的认购费率。

1）对于通过基金管理人的直销中心认购本基金的养老金客户，基金份额的认购费率如表8-1所示。

表8-1　本基金的养老金客户认购费率结构

申购金额（M）	A类基金份额申购费率	C类基金份额申购费率
M<100万	0.12%	无
100万≤M<300万	0.08%	
300万≤M<500万	0.05%	
M≥500万	每笔100元	

2）除上述养老金客户外，本基金的其他投资者，基金份额的认购费率如表8-2所示。

表8-2　本基金的非养老金客户认购费率结构

申购金额（M）	A类基金份额申购费率	C类基金份额申购费率
M<100万	1.20%	无
100万≤M<300万	0.80%	
300万≤M<500万	0.50%	
M≥500万	每笔1 000元	

2. 认购份额

（1）A类基金份额认购份额

①认购费用适用比例费率时：

$$净认购金额=认购金额/（1+认购费率）$$

$$认购费用=认购金额-净认购金额$$

$$认购份额=（净认购金额+认购期间利息）/基金份额初始面值$$

②认购费用适用固定金额时

$$认购费用=固定金额$$

$$净认购金额=认购金额-认购费用$$

$$认购份额=（净认购金额+认购期间利息）/基金份额初始面值$$

认购份额计算结果保留到小数点后两位，小数点后两位以后的部分四舍五入，由此产生的误差计入基金财产。

例如，钱先生（非养老金客户）投资30万元认购本基金A类基金份额，假设其认购资金的利息为30元，其对应的认购费率为1.20%，则其可得到的认购份额为：

净认购金额=300 000/（1+1.20%）= 296 442.69（元）；

认购费用=300 000-296 442.69=3 557.31（元）；

认购份额=（296 442.69+30）/1.00=296 472.69（份）。

即钱先生（非养老金客户）投资30万元认购本基金A类基金份额，假设其认购资金的利息为30元，则其可得到296 472.69份A类基金份额（含利息折份额部分）。

（2）C 类基金份额认购份额

认购份额＝（认购金额+认购期间利息)/基金份额初始面值

认购份额计算结果保留到小数点后两位，小数点后两位以后的部分四舍五入，由此产生的误差计入基金财产。

例如，钱先生投资 10 万元认购本基金 C 类基金份额，认购期利息为 100 元，则钱先生认购可得到的 C 类基金份额为：

认购份额＝（100 000+100)/1.00＝100 100.00（份)。

即钱先生投资 10 万元认购本基金的 C 类基金份额，可得到 C 类基金份额 100 100.00份（含利息折份额部分)。

2. 申购费用

申购是指基金合同生效后，投资人根据基金合同和招募说明书的规定申请购买基金份额的行为。申购费用是基金管理人向投资人收取的费用。

 案例分析

博时沪港深价值优选灵活配置混合型证券投资基金申购费用与申购份额

申购费用

本基金中的 A 类基金份额在申购时收取基金申购费用；C 类基金份额不收取申购费用。本基金申购费用用于本基金的市场推广、销售、登记等募集期间发生的各项费用，不列入基金财产。本基金在申购时收取申购费用，并对通过直销中心申购本基金的养老金客户与除此之外的其他投资者实施差别的申购费率。

1）对于通过基金管理人的直销中心申购本基金的养老金客户，基金份额的申购费率如表 8-3 所示。

表 8-3 本基金份额的养老金客户申购费率

申购金额（M）	A 类基金份额申购费率	C 类基金份额申购费率
M<100 万	0.15%	
100 万≤M<300 万	0.10%	无
300 万≤M<500 万	0.06%	
M≥500 万	每笔 100 元	

2）除上述养老金客户外，本基金的其他投资者，基金份额的申购费率如表 8-4 所示。

表 8-4 本基金份额的非养老金客户申购费率

申购金额（M）	A 类基金份额申购费率	C 类基金份额申购费率
M<100 万	1.50%	
100 万≤M<300 万	1.00%	无
300 万≤M<500 万	0.60%	
M≥500 万	每笔 1 000 元	

申购份额

（1）A类基金份额

申购费用适用比例费率时：

$$净申购金额 = 申购金额 / (1 + 申购费率)$$

$$申购费用 = 申购金额 - 净申购金额$$

$$申购份额 = 净申购金额 / 申购当日 A 类基金份额净值$$

申购费用适用固定金额时：

$$申购费用 = 固定金额$$

$$净申购金额 = 申购金额 - 申购费用$$

$$申购份额 = 净申购金额 / 申购当日 A 类基金份额净值$$

申购份额的计算结果均按照四舍五入方法，保留到小数点后两位，由此误差产生的损失由基金财产承担，产生的收益归基金财产所有。

（2）C类基金份额

$$申购份额 = 申购金额 / 申购当日 C 类基金份额净值$$

申购份额的计算结果均按照四舍五入方法，保留到小数点后两位，由此误差产生的损失由基金财产承担，产生的收益归基金财产所有。

例如，假设T日本基金A类基金份额净值为1.056 0元，钱先生（非养老金客户）申购本基金A类基金份额40万元，对应的本次申购费率为1.50%，则钱先生可得到的A类基金份额为：

净申购金额 = 400 000 / (1 + 1.50%) = 394 088.67（元）；

申购费用 = 400 000 - 394 088.67 = 5 911.33（元）；

申购份额 = 394 088.67 / 1.056 0 = 373 190.03（份）。

即钱先生投资40万元申购本基金A类基金份额，假设申购当日A类基金份额净值为1.056 0元，可得到373 190.03份A类基金份额。

再如，假设T日本基金C类基金份额净值为1.056 0元，钱先生投资600万元申购C类基金份额，则其可得到的申购份额为：

申购份额 = 6 000 000 / 1.056 0 = 5 681 818.18（份）。

即钱先生投资600万元申购本基金C类基金份额，假设申购当日C类基金份额净值为1.056 0元，可得到5 681 818.18份C类基金份额。

3. 赎回费用

赎回费用是投资人卖出基金时向基金管理人缴纳的费用。赎回费用根据投资人持有基金时间的长短不同，收费标准也不一样，通常持有时间越长，赎回费率越低。赎回价格 = 基金单位净值 × （1 - 赎回费率）。

通常，货币市场基金免收认购（申购）费用和赎回费用，债券型基金的费用稍高，而股票型基金的费用最高。投资人在投资基金的过程中，不适宜频繁短线操作，其中的一个重要原因就是交易成本较高。

案例分析

博时沪港深价值优选灵活配置混合型证券投资基金赎回费用与赎回金额

本基金的赎回费用由基金份额持有人承担。C 类基金份额，对持续持有期少于 30 日的投资人收取的赎回费全额计入基金财产；A 类基金份额，对持续持有期少于 30 日的投资人收取的赎回费全额计入基金财产；对持续持有期少于 3 个月的投资人收取的赎回费，将不低于赎回费总额的 75% 计入基金财产；对持续持有期长于 3 个月但少于 6 个月的投资人收取的赎回费，将不低于赎回费总额的 50% 计入基金财产，未归入基金财产的部分用于支付登记费和其他必要的手续费，如表 8-5 所示。

表 8-5　本基金的赎回费率

持有基金份额期限（Y）	A 类基金份额赎回费率（%）	C 类基金份额赎回费率（%）
Y<7 日	1.50%	0.50%
7 日≤Y<30 日	0.75%	0.50%
30 日≤Y<6 个月	0.50%	0
Y≥6 个月	0	0

注：1 个月按 30 日计算

赎回金额相关公式如下：

$$赎回总金额 = 赎回份额 \times T 日基金份额净值$$
$$赎回费用 = 赎回总金额 \times 赎回费率$$
$$净赎回金额 = 赎回总金额 - 赎回费用$$

上述计算结果均按四舍五入方法，保留到小数点后 2 位，由此产生的收益或损失由基金财产承担。

例如，钱先生赎回本基金 A 类基金份额 1 万份，持有时间为 1 年，对应的赎回费率为 0%，假设赎回当日 A 类基金份额净值是 1.2500 元，则其可得到的赎回金额为：

赎回总金额 = 10 000×1.250 0 = 12 500.00（元）；

赎回费用 = 12 500×0% = 0.00（元）；

净赎回金额 = 12 500-0 = 12 500.00（元）。

即钱先生赎回本基金 A 类基金份额 1 万份，持有时间为 1 年，假设赎回当日 A 类基金份额净值是 1.250 0 元，则其可得到的赎回金额为 12 500.00 元。

8.2.2.2　向基金资产收取的费用

（1）管理费

管理费是基金管理人为管理和操作基金而收取的费用。管理费通常是从基金资产中直接扣除，不另外向投资人收取。管理费是按照前一日基金资产净值的 1.5% 的年费率计提。

（2）托管费

托管费是托管人为保管和处理基金资产而收取的费用。托管费是按照前一日基金资产净值的 0.2% 的年费率计提。

（3）服务费

服务费包括支付会计师费、律师费、召开年会的费用、宣传品的印刷费用等。

（4）清算费用

清算费用是基金终止时，清算基金资产所要支出的费用。

 案例分析

博时沪港深价值优选灵活配置混合型证券投资基金向基金资产收取的费用

主要包括 11 项费用：①基金管理人的管理费；②基金托管人的托管费；③C 类基金份额的销售服务费；④《基金合同》生效后与基金相关的信息披露费用；⑤《基金合同》生效后与基金相关的会计师费、律师费、仲裁费和诉讼费；⑥基金份额持有人大会费用；⑦基金的证券、期货交易费用；⑧基金的银行汇划费用；⑨基金的账户开户费用、账户维护费用；⑩因投资港股通标的股票而产生的各项合理费用；⑪按照国家有关规定和《基金合同》约定，可以在基金财产中列支的其他费用。上述④~⑪项费用根据有关法规及相应协议规定，按费用实际支出金额列入当期费用，由基金托管人从基金财产中支付。

（1）基金管理人的管理费

本基金的管理费按前一日基金资产净值的 1.50% 年费率计提。

管理费的计算方法如下：

$$H=E\times1.5\%\div当年天数$$

其中，H 为每日应计提的基金管理费，E 为前一日的基金资产净值。

基金管理费每日计算，逐日累计至每月月末，按月支付，经基金管理人与基金托管人双方核对无误后，基金托管人按照与基金管理人协商一致的方式，自动于次月月初 3 个工作日内从基金财产中一次性支付给基金管理人。若遇法定节假日、公休日等，支付日期顺延。

（2）基金托管人的托管费

本基金的托管费按前一日基金资产净值的 0.25% 的年费率计提。

托管费的计算方法如下：

$$H=E\times0.25\%\div当年天数$$

其中，H 为每日应计提的基金托管费，E 为前一日的基金资产净值。

基金托管费每日计算，逐日累计至每月月末，按月支付，经基金管理人与基金托管人双方核对无误后，基金托管人按照与基金管理人协商一致的方式，自动于次月月初 3 个工作日内从基金财产中一次性支取。若遇法定节假日、公休日等，支付日期顺延。

（3）销售服务费

本基金中的 A 类基金份额不收取销售服务费，C 类基金份额的销售服务费年费率为 0.50%。

本基金销售服务费按前一日 C 类基金份额的基金资产净值的 0.50% 年费率计提。计算方法如下：

$$H=E\times0.50\%\div当年天数$$

其中，H 为 C 类基金份额每日应计提的销售服务费，E 为 C 类基金份额前一日基金资产净值。

基金销售服务费每日计算，逐日累计至每月月末，按月支付，经基金管理人与基金托管人双方核对无误后，基金托管人按照与基金管理人协商一致的方式，自动于次月月初三个工作日内从基金财产中一次性支付至登记机构，由登记机构代付给销售机构。若遇法定节假日、公休日等，支付日期顺延。

（4）证券、期货账户开户费用

证券、期货账户开户费经基金管理人与基金托管人核对无误后，自产品成立一个月内由基金托管人从基金财产中划付，如基金财产余额不足以支付该开户费用，由基金管理人于产品成立一个月后的5个工作日内进行垫付，基金托管人不承担垫付开户费用义务。

下列费用不列入基金费用：

第一，基金管理人和基金托管人因未履行或未完全履行义务导致的费用支出或基金财产的损失；

第二，基金管理人和基金托管人处理与基金运作无关的事项发生的费用；

第三，《基金合同》生效前的相关费用；

第四，其他根据相关法律法规及中国证监会的有关规定不得列入基金费用的项目。

8.2.3　基金分红

基金分红是指将基金收益的一部分派发给基金投资人的行为。

8.2.3.1　基金分红的方式

不同类型的基金，其分红方式大不相同。

（1）封闭式基金

封闭式基金的规模不能发生变动，因此只能采用现金分红的方式进行收益分配。

（2）开放式基金

开放式基金可以采用两种方式来分配收益。

第一，现金分红，即管理人向投资者根据所持有的基金单位支付现金。

第二，再投资方式。再投资方式是将投资人所得分红额度折算成相应数额的基金单位，不向投资者支付现金。再投资方式保证了基金规模的稳定性，不需要基金管理人将资金进行变现以应对向投资者的现金分红，更加有利于基金的中长期投资。

不同类型的基金具有不同的分红方式，对于开放式基金而言，投资者可以通过赎回基金份额的方式实现现金分红的效果，因而现金分红对投资者收益的影响不大，投资者更加关心基金净值的增长。对于封闭式基金而言，基金单位价格受到供求关系的影响常常偏离基金的净值，投资者无法通过赎回以及二级市场转让方式实现收益，因而现金分红对投资者收益的影响更加重要。此外，分红并不是越多越好，尤其是现金分红，因为分红的现金来源于基金管理人对基金资产的变现，如果变现时机不适宜，也不利于基金的长期投资。

8.2.3.2　基金分红的原则

（1）封闭式基金的收益分配原则

第一，采用现金分配的方式。

第二，当年收益首先用于弥补上一年度的亏损，然后进行当年收益分配。

第三，若基金投资当年亏损，则不进行分配。

第四，每一个基金单位享有同等的分配权。

（2）开放式基金的收益分配原则

第一，收益采用现金形式分配，但投资人可以选择现金收益，也可以将现金收益折算成相应数额的基金单位进行再投资。

第二，当年收益首先用于弥补上一年度的亏损，然后进行当年收益分配。

第三，若基金投资当年亏损，则不进行分配。

第四，每一个基金单位享有同等的分配权。

 案例分析

博时沪港深价值优选灵活配置混合型证券投资基金分红

由于本基金 A 类基金份额不收取销售服务费，而 C 类基金份额收取销售服务费，各基金份额类别对应的可供分配利润将有所不同，本基金同一类别的每一基金份额享有同等分配权。

本基金收益分配方式分两种：现金分红与红利再投资。投资者可选择现金红利或将现金红利自动转为相应类别的基金份额进行再投资，且基金份额持有人可对 A 类、C 类基金份额分别选择不同的分红方式；若投资者不选择，本基金默认的收益分配方式是现金分红。

基金收益分配后各类基金份额净值不能低于面值，即基金收益分配基准日的各类基金份额净值减去每单位该类基金份额收益分配金额后不能低于面值。

博时沪港深价值优选灵活配置混合型证券投资基金属于开放式基金，存在现金分红与红利再投资两种分配方式，并且投资者对两种分配方式可以任意选择，并且，也规定基金收益分配后各类基金份额净值不能低于面值。

 案例分析

海富通上证可质押城投债 ETF（511220）

成立日期：2014/11/13

基金总份额（亿份）：0.612（2017/6/30）

上市流通份额（亿份）：0.612（2017/6/30）

基金规模（亿元）：58.83（2017/6/30）

基金管理人：海富通基金管理有限公司

基金托管人：中国银行股份有限公司

基金类型：开放式、债券型

投资目标：本基金将紧密跟踪标的指数，追求跟踪偏离度和跟踪误差的最小化，力争本基金的净值增长率与业绩比较基准之间的日均跟踪偏离度的绝对值不超过 0.25%，年化跟踪误差不超过 3%。

投资范围：本基金主要投资于标的指数成分债券和备选成分债券。为更好地实现基金的投资目标，本基金还可以投资于国内依法发行上市的其他债券资产（国债、金融债、企业债、公司债、次级债、央行票据、中期票据、短期融资券等）、资产支持证券、债券回购、银行存款、货币市场工具以及法律法规或中国证监会允许基金投资的其他金融工具。

风险收益特征：本基金属于债券型基金，其预期收益及预期风险水平低于股票型基金、混合型基金，高于货币市场基金。本基金属于指数基金，采用分层抽样复制策略，跟踪上证可质押城投债指数，其风险收益特征与标的指数所表征的债券市场组合的风险收益特征相似。

收益分配原则：本基金收益分配应遵循下列原则。

第一，基金收益分配采用现金方式。

第二，本基金的每份基金份额享有同等分配权。

第三，基金收益评价日核定的基金净值增长率超过标的指数同期增长率达到 0.25% 以上，方可进行收益分配。

第四，本基金收益每年最多分配 4 次。每次基金收益分配比例根据以下原则确定：使收益分配后基金净值增长率尽可能贴近标的指数同期增长率。基于本基金的性质和特点，本基金收益分配不须以弥补浮动亏损为前提，收益分配后可能使除息后的基金份额净值低于面值。

第五，若基金合同生效不满 3 个月则可不进行收益分配。

第六，法律法规或监管机构另有规定的从其规定。

海富通上证可质押城投债 ETF 分红详情见表 8-6。

表 8-6　海富通上证可质押城投债 ETF 分红详情

年份	权益登记日	除息日	每份分红
2015 年	2015-03-23	2015-03-24	每份派现金 1.500 元
2015 年	2015-06-18	2015-06-18	每份派现金 1.500 元
2015 年	2015-09-21	2015-09-21	每份派现金 1.500 元
2015 年	2015-12-14	2015-12-15	每份派现金 1.500 元
2016 年	2016-03-15	2015-03-16	每份派现金 1.500 元
2016 年	2016-06-22	2016-06-23	每份派现金 1.500 元
2016 年	2016-09-20	2016-09-21	每份派现金 1.500 元
2016 年	2016-12-19	2016-12-20	每份派现金 1.500 元
2017 年	2017-03-17	2017-03-20	每份派现金 1.500 元
2017 年	2017-06-16	2017-06-19	每份派现金 1.500 元
2017 年	2017-09-15	2017-09-18	每份派现金 1.500 元

注释：数据来源截至 2017 年 10 月 20 日。

对于海富通上证可质押城投债 ETF 这只基金而言，其基金份额全部为上市流通份额，基金管理人为海富通基金管理有限公司，基金托管人为中国银行股份有限公司，是主要以各类债券为投资对象的开放式指数型基金。一方面，它是一种债券型基金，因此，预期收益和风险比股票型、混合型基金高；另一方面，它是指数型基金，因此是一只被动型的基金。

同样为开放式基金，海富通上证可质押城投债 ETF 选择了与博时沪港深价值优选灵活配置混合型证券投资基金不同的利润分配模式：

第一，只采用现金分红方式，没有收益再投资方式；

第二，即使基金有收益，也不一定进行分配，需要基金收益评价日核定的基金净值增长率超过标的指数同期增长率达到 0.25% 以上；

第三，一般而言，基金分配过程中均约定，基金收益分配后各类基金份额净值不能低于面值，但此基金约定，收益分配不须以弥补浮动亏损为前提，收益分配后可能使除息后的基金份额净值低于面值。

8.3　基金投资策略

8.3.1　基金投资前的准备

在投资者进行基金投资之前，需要考虑以下几个方面。

第一，在对自己的风险承受能力和风险承受态度进行评估后，选择适合自己的基金品种。如果风险偏好能力和风险偏好态度较低，可以选择债券型或平衡型的基金；如果风险偏好能力和风险偏好态度较高，可以选择债券型或进取型的基金。

第二，投资的时间范围为中长期。除了货币市场基金之外，基金主要适合中长期投资，不适合短期投资。因此，如果投资者存在长期的空闲资金，可以选择投资基金。

第三，认真阅读基金招募说明书。在基金发行之前，都会发布基金招募说明书，投资者需要仔细阅读招募说明书，对该基金在管理人、托管人、基金类型、投资目标、投资范围、费用、分红等方面有充分的了解。例如，该基金管理公司的资质如何，基金管理团队的实力如何，基金经理以往的投资业绩、专业背景和从业经验如何，基金的申/认购费、赎回费、管理费和托管费等费用如何等。

第四，选择合适的投资方式。投资者需要考虑是在一级市场认购，还是在二级市场申购；购入基金之后，是选择长期持有，还是阶段性持有获取资本利得收益；这与基金的类型和价格波动密切相关，开放式基金的净值会每日波动，封闭式基金的价格经常偏离其净值。对于中小投资者而言，基金价格的波动难以把握，可以选择基金定投方式，即每隔一段时间，由银行按照约定从投资者账户中扣除固定数额的资金购入选定的基金，当基金的价格较高时，购入数额较少；当基金的价格较低时，购入数额较大。

 扩展空间

基金常用术语

建仓：对于基金而言，建仓是指该基金在认购结束后第一次购买资产的行为；对于投资者而言，建仓是指投资者第一次购买基金的行为。

持仓：对于基金而言，持仓是指该基金持有不同资产的规模和结构；对于投资者而言，持仓是指投资者持有的基金份额。

加仓：对于基金而言，加仓是指该基金继续购买了某种资产，该种资产的比率和规模在其资产组合中进一步增加；对于投资者而言，加仓是指进一步购买所持有的基金，使所持有的基金份额增加。

补仓：对于投资者而言，如果所持有基金的净值下跌，出现亏损，这时，投资者在价格低位买进该基金可降低成本。

满仓：对于投资者而言，满仓是指其将资金全部购买了基金，就像仓库满了一样。

半仓：对于投资者而言，账户上的资产一半以基金形式持有，一半以现金形式持有。以此类推，如果账户上的 80% 资产以基金形式持有，20% 以现金形式持有，就称为 8 成仓。

重仓：对于基金而言，如果某种资产占其总资产的比例最大，那么，这种资产就是重仓资产。例如，如果某基金大量持有某只股票，那么，该股票即为这只基金的重仓股。对于投资者而言，如果某只基金资产占其总资产的比例较大，例如，60% 的资金都投资于该基金，那么，这只基金为该投资者的重仓基金。

空仓：对于投资者而言，将某只基金全部赎回，获得现金，即为空仓。

做多：也称多头，是指预期基金价格上升，当前以较低价格购入基金，等待基金价格上涨后获得资本利得收益。

做空：也称空头，是指预期基金价格下跌，当前先赎回基金，等待基金价格下跌后再买入。

平仓：是针对做多和做空而言的概念，如果投资者做多，那么先买入基金，再卖出基金为平仓；如果投资者做空，那么先卖出基金，再买入基金为平仓，换句话说，回到初始的持仓状态。

踏空：是指基金价格不断上升，价格在投资者的心里价位之上，从而导致投资者无法按照预期的价格申购，持续空仓。

逼空：对于做空的投资者而言，预期基金价格下降，因此，先卖出基金再买入基金。但是，现实中，基金价格一路上涨，做空的投资者的亏损不断增加，不得不在高价位买入基金平仓，这一过程称为逼空。

8.3.2　选择适合自己的基金

8.3.2.1　了解不同基金的不同特点

（1）货币市场基金

货币市场基金是指以国库券、短期票据等货币市场工具为投资对象的基金，具有流动性好、费用低、交易方便等特点，可以作为现金、活期存款的替代工具，余额宝是货币市场基金的典型代表。

扩展空间

中国货币市场基金及其监管现状[①]

2013 年 6 月，余额宝服务在支付宝 App 上线，货币市场基金也开始走进老百姓的视野。其实，在余额宝诞生之前，货币市场基金在国内已经存在多年，但因为申购门槛高、普及率低，普通人很难接触到。而余额宝首创的货币市场基金"1 元起购、随时可赎回"模式，极大降低了老百姓理财门槛。

在当时股市持续震荡、市场资金紧缺等多重因素影响下，投资于短期货币工具的货币市场基金收益率飙升，余额宝的 7 日年化收益率一度高达 6.76%，甚至超过同期多数

---

① 资料来源于"中国资金网"。

银行理财产品的收益率，货币市场基金瞬间成为当时市场上的"香饽饽"，市场规模加速扩大。看到市场机会后的几年各大互联网平台与商业银行纷纷上线了"宝宝类"货币市场基金产品，进一步推动了我国货币市场基金行业的蓬勃发展。据中基协数据统计，截至2023年5月月末，国内货币市场基金规模从2013年6月月末的3 000多亿元增长至11.9万亿元，是环比规模增幅最大的公募基金产品类型，存续货币市场基金数量达到372只。

货币市场基金的底层资产多为安全性较高的产品，如国债、央行票据、银行存款以及高信用企业债券，虽然出现亏损的概率极低，但也曾经发生过"黑天鹅事件"。2008年全球金融危机时期，资产规模超过600亿美元的货币市场基金——Reserve Primary Fund，由于持有7.85亿美元雷曼兄弟的商业票据价值归零，基金单位净值跌破了1美元而被迫清盘。最终，经过7次分配，Reserve Primary Fund向投资者返还了99.04%的基金财产。

基于货币市场基金的赎回风险以及基金规模的快速增长，我国监管部门不断强化对货币市场基金的监管要求。

2017年8月，证监会发布《公开募集开放式证券投资基金流动性风险管理规定》，对货币市场基金流动性管理及规模做出了具体的规定。其中要求，基金管理人应当对所管理的采用摊余成本法进行核算的货币市场基金实施规模控制；同一基金管理人所管理的采用摊余成本法进行核算的货币市场基金，月末资产净值合计不得超过该基金管理人风险准备金月末余额的200倍。

2018年6月，中国人民银行和证监会联合发布的《关于进一步规范货币市场基金互联网销售、赎回相关服务的指导意见》开始实施，其中明确单个投资者在单个销售渠道持有的单只货币市场基金单个自然日的"T+0赎回提现业务"提现金额不高于1万元。

2023年2月，为进一步提升重要货币市场基金产品的安全性和流动性、有效防范风险，证监会和中国人民银行联合发布《重要货币市场基金监管暂行规定》（简称《暂行规定》），明确了对重要货币市场基金的范围和具体的监管要求，对人员配置、风险管理、投资比例等方面也提出了更严格的要求。

随着《暂行规定》的发布实施，货币市场基金正式步入"严监管"时代。证监会在此次立法说明中指出，个别货币市场基金产品规模较大或涉及投资者数量较多，如发生风险易对金融市场产生负面影响，需提出更为严格审慎的监管要求。

（2）债券基金

债券基金是指以国债、金融债和公司债等为投资对象的基金，安全性较好，基金的投资标的可以获得较为稳定的利息收入，风险低于股票基金，但并不是保本基金；同时，流动性也较好，变现成本较低，认购（申购）和赎回费用也相对较低。因此，适合风险承受能力和风险承受态度较低的投资者。

（3）股票基金

股票基金是指以股票为投资对象的基金，或者投资组合中股票占较大比重的混合型基金。它具有波动性大、预期风险高、收益高、流动性较好的特点，是长期投资的选择。股票基金比较适合风险承受能力和风险承受态度相对较高的投资者，因此，对这类投资者而言，资产组合中股票基金的比重可以较大。此外，对风险承受能力和风险承受态度较低的投资者而言，如果对股票投资缺乏经验，或者资金规模较少无法进行分散化操作，也可以选择一定比重的股票基金进行投资。

（4）指数基金

指数基金是指以某种指数为基础，以跟踪目标指数变化为原则，将资产组合中资产的种类和比重与指数相匹配的被动型基金。指数型基金的业绩透明度高，与所跟踪的指数变化一致；分散化较强，流动性好；适合长期持有，交易费用较低，管理费用较低；被动型基金，投资者不需要对基金经理过度关注。

8.3.2.2　新基金与老基金

1. 新基金的特点

新基金是指在基金发行时从一级市场进行购买的基金。

（1）新基金的优势

第一，费率方面的优势。一般情况下，基金的认购费用往往低于申购费用，甚至还会有折扣优惠，从而降低投资者的费用成本。

第二，建仓自由。在股市下跌的背景下，新基金没有建仓，或者仓位较低，因此，投资者没有损失或者损失较少，有机会建仓获取收益。

第三，以发行价格购买。投资者购买新基金，可以按照 1 元的价格购买，对很多投资者形成了按成本价购买的暗示。

（2）新基金的劣势

第一，新基金没有过往业绩。由于新基金没有招募完成，投资者只能根据基金管理人、基金经理的背景情况进行预判。

第二，建仓成本。新基金没有建仓，在建仓过程中，也会产生建仓成本。

2. 老基金的特点

（1）老基金的优势

第一，对基金进行客观评价。老基金有过往的业绩，投资者可以对基金管理团队的整体实力进行客观判断。

第二，持仓优势。在股市上涨的背景下，老基金对强势股票已经持仓，可以较容易地分享股市上涨的收益。

（2）老基金的劣势

第一，仓位调整成本。如果股市下跌，基金持有较高的股票仓位，则需要承担较高的仓位调整成本。

第二，高净值误解。有的老基金运作较好，基金净值增长较快，新进投资者由于对"高净值等于高成本进而等于低收益"的误解而放弃购买。

8.3.2.3　净值与规模

1. 高净值与低净值

高净值的基金通常是运作了一段时间后的基金，净值的持续增长证明了基金管理团队的管理能力、选股能力、持仓结构能力等较强；低净值的基金通常是运作时间较短的基金，其基金管理团队的运营能力需要时间证明。同时，基金的净值虽然决定了投资者的单位投资成本，但是，投资基金的收益取决于基金净值的增量，或者基金净值的增长率。而且，即使一只基金单位净值较低，但是其管理团队的能力较弱，基金净值的增长率不高，甚至出现亏损，投资者的回报也较低。因此，高净值的基金未必"高估"，低净值的基金也未必"低估"。

2. 规模大与规模小

基金规模可以用总份额和净资产规模来表示。总份额是指某一时点发行在外的基金单位总数，封闭式基金在基金存续期内总份额不发生变化，规模不变；开放式基金受投资者申购和赎回的影响，总份额发生变化，规模变动。基金规模并不是投资者购买基金时首要考虑的因素，但是，在投资策略、运营业绩等方面相似，总份额存在差异时，基金规模从以下方面对投资者的收益产生影响。

第一，基金规模较大可能会影响投资组合的流动性。如果基金的持股主要集中于盘子大、成交活跃的资产，那么，基金仓位调整和流动性变现会较为顺畅；但是，如果基金持股主要集中在少数资产上，基金本身规模较大，在调整资产组合时，大规模出售资产会对该资产价格产生猛烈的冲击，从而造成"出售资产—价格下降—进一步出售资产变现"的恶性循环。

第二，基金规模较大可能会降低费用。规模经济告诉我们，随着数量的增加，平均固定成本降低。因此，基金规模越大，管理基金的平均固定成本降低，具有降低基金费率的可能性。例如，对于5亿规模的基金和50亿规模的基金而言，如果管理费率都为1%，那么，前者的管理费收入比后者小得多。此外，对于债券型基金而言，基金之间的业绩相差不大，但是，费率较低的基金可能会明显提高投资者的收益。

8.3.2.4 基金投资组合的选择

"不要把鸡蛋放在同一个篮子里，也不要把篮子挑在同一个肩膀上"，投资基金就是分散风险的过程。为了更好地分散风险，投资者可以建立基金投资组合。

（1）选择不同投资风格的基金进行组合

基金的投资风格有很多种类，不同投资风格的基金在不同市场情况下的表现可能会有很大的差异性，因此可以选择不同投资风格的基金进行投资组合。但是，不建议选择同一家基金公司的基金进行组合。

（2）选择不同投资方向的基金进行组合

目前市场上基金的投资方向多种多样，可以选择具有负向相关性的基础资产的基金，构建自己的基金组合。

8.3.3 基金出售

8.3.3.1 出售基金的情况

第一，收益达到一定程度。基金作为中长期投资工具，并不意味着基金需要一直持有。如果一只基金的年收益率达到了20%，这是较高的收益率，投资者可以考虑将基金出售，避免承担基金价格下降的风险。

第二，投资者有变现需求。当投资者有变现需求时，可以考虑出售所持有的基金。货币市场基金流动性最高，变现成本最低；股票型基金变现的成本主要来自基金净值或者价格的变化，如果在投资者有变现需求时，正巧为股市下跌时期，那么，投资者的损失较大。

第三，市场前景看跌。在股票市场长期熊市的背景下，如果投资者手中持有大量的股票型基金，那么，该基金很可能处于长期亏损的状况，投资者可以将股票型基金转为其他相对保守的资产。

第四，基金缺乏前景。在投资一段时间后，如果投资者所持有的基金在同类基金中排名靠后，并且持续没有起色，一直处于亏损状态，那么，该基金很难回到原来的价位，投资者可以考虑出售该基金，选择新的资产。

第五，基金基本条件变动。如果基金经理、基金投资策略等基金的基本条件发生变动，那么投资者需要考虑该基金是否还适合自己，基金经理是否值得信任。如果答案是否定的，那么，投资者可以考虑出售该基金。

8.3.3.2　出售基金的时机

基金作为一种中长期投资工具，不适合频繁的短线操作，但在出售基金时，需要对出售基金的时机加以选择。

第一，在预期基金价格下跌的时候出售。根据债券和股票的定价公式可知，利率上升会导致债券和股票价格下跌，进而影响债券型和股票型基金。因此，在预期利率上升的情况下，投资者可以减少对债券型、股票型基金的投资。

第二，股票型基金在股市上涨时出售。股票型基金的走势通常与股票市场价格走势一致，如果在股市下跌的时候出售基金，投资者需要承担相应的损失。

素养提升

基金定投的五大误区[①]

基金定投是定期定额投资基金的简称，是指在固定的时间以固定的金额投资到指定的开放式基金中，基金定投有"懒人理财"之称，价值缘于华尔街流传的一句话："要在市场中准确地踩点入市，比在空中接住一把飞刀更难。"如果采取分批买入法，就克服了只选择一个时点进行买进和沽出的缺陷，可以均衡成本，使自己在投资中立于不败之地，即定投法。基金定投存在以下五大误区。

误区 1：基金定投一定赚钱

定投的基本原理是靠长期持续的投入来平滑持有成本、降低短期的波动风险，随着时间的推移，基金的份额在不断积攒，等到市场开始上涨时，投资者便开始获得投资收益。但在定投的过程中，基金价格有可能持续震荡调整，很有可能出现暂时的浮亏，如果这时投资者忍受不住账户的波动而选择卖出，则会造成永久性损失。所以，如果想基金定投赚钱，投资者就要选择合适的方法，并保持良好的心态，在困难的时候需要信心和耐心，才有可能在市场转好时收获微笑曲线。

误区 2：所有基金都适合定投

基金定投往往更适合选择长期上涨、波动相对较大的基金，这样才能达到平滑成本的目的，如股票型基金、偏股型基金和宽基指数基金等。而货币型基金或者债券型基金，虽然长期也是上涨的，但它们的波动相对较小，定投的效果相对没有权益类基金那

---

① 资料来源：天天基金网，https://fund.eastmoney.com/a/202209282520656871.html

么显著。如果投资者想选择主动权益类基金进行定投，尽量选择管理经验相对丰富、历史业绩比较好的基金经理。

误区 3：等市场明朗的时候再开始定投

很多投资者都想在市场结束调整或者市场开始上涨后再开始投资。但实际上，没有人能准确预测市场的涨跌。我们站在现在看过去的 K 线，总感觉市场走势很清晰，但当我们站在现在看未来的时候，却充满了各种不确定性。种一棵树最好的时间是十年前，其次是现在。其实基金定投也是一样，拉长时间来看，定投越早开始，长期的效果越好。

误区 4：基金下跌就停止定投

巴菲特曾说过："如果你不愿意持有一只股票 10 年，那么你连 10 分钟都不要持有。"

基金定投也是同样的道理，当市场出现大跌或持续调整的时候，很多投资者可能会因为恐惧而停止定投甚至清仓，从而陷入不赚钱甚至亏钱的窘境。而相对理性的做法是，在市场下跌或持续调整的时候，更应该坚定信心，保持好定投的节奏，因为在市场相对低位的时候可以收集更多便宜的筹码，这样平滑成本的效果反而会更好。

误区 5：定投基金的数量越多越好

随着公募基金市场的不断发展，基金数量也随之增长。面对数量高达几千只的公募基金，有的投资者可能认为在定投的时候多选择几只基金同时定投的效果更好。但其实不然，每个人的时间和精力都是有限的，定投数量过多可能会让人无暇顾及每只基金的策略和运行状况。在一般情况下，选择 2~3 只基金进行定投或许是不错的选择。

基金定投像是一场长跑，需要耐心和坚持。市场的涨跌难以预测，但是底部区域大致可以判断，目前我们能做的或许就是制订好投资计划并管理好自己的仓位，在一个相对低位进行布局或开启定投，拉长时间看，未来大概率可以获得满意的回报。

本章小结

证券投资基金是指通过基金发行单位，由基金托管人托管，基金管理人将集中的资金进行组合投资，具有集合投资、风险分散、专家理财、流动性强等特点。

根据基金单位是否可以随时申购和赎回，基金可以分为开放式基金和封闭式基金；根据组织形式不同，基金可以分为契约型基金和公司型基金。

在证券投资基金的运作中，涉及多个当事人，具体包括基金投资者、基金管理人、基金托管人以及基金销售机构、过户代理商、会计师、律师等中介服务机构。基金的运作包括基金的设立、发行与交易、基金投资管理等内容。

基金的费用按照收取对象的不同分为两种：一种是基金管理人向投资人收取的费用；另一种是基金管理人和托管人向基金资产者收取的费用。

基金分红是指将基金收益的一部分派发给基金投资人的行为。封闭式基金的规模不能发生变动，因此，只能采用现金分红的方式进行收益分配；开放式基金可以采用现金分红和再投资两种方式来分配收益。

在投资基金之前，投资者应该对自己的风险偏好、投资期限等进行估计，并认真阅读基金招募说明书，进而选择所要投资的资金；在购买基金之时，要明确不同类型基金的特点，选择适合自己的投资方式；在出售基金之时，要把握出售基金的情况和时机。

核心概念

基金　伞形基金　基金中基金　ETF　LOF

复习思考题

1. 开放式基金和封闭式基金存在哪些区别？
2. 契约型基金和公司型基金存在哪些区别？
3. 基金的费用包括哪些？
4. 谈一谈在购买和出售基金的过程中，投资者应该注意哪些方面？
5. 基金定投一定会赚钱吗？

第9章 保险与理财

 问题导向

1. 什么是保险的最大诚信原则？
2. 什么是保险的补偿原则？
3. 如何选择适合自己的保险？

知识目标

1. 了解保险的基本原则和分类。
2. 掌握人寿保险、年金保险和健康保险的基本种类。
3. 理解财产保险的特征。

综合素养

1. 改变对保险妖魔化的认识，树立正确的保险理财观念。
2. 培养学生运用保险进行理财的能力，优化资产配置结构。

9.1　保险概述

国学大师胡适先生谈起保险时曾说过，"保险的意义只是今天作明天的准备；生时作死时的准备；父母作儿女的准备；儿女幼时作儿女长大时的准备，如此而已。今天预备明天，这是真稳健；生时预备死时，这是真豁达；父母预备儿女，这是真慈爱。能做到这三步的人，才能算作现代人。"现代保险是市场经济条件下风险管理的基本手段，是经济社会的重要组成部分。投资理财的目的之一就是应对意外风险的需要，保险可以通过风险转嫁平滑自己的收入和支出。

9.1.1　保险的基本原则

保险是一种以经济保障为基础的金融制度安排。它通过对不确定性时间发生的数理预测和收取保险费的方法，建立保险基金；以合同形式，由大多数人来分担少数人的损失，实现保险购买者风险转移和理财计划的目标。保险的基本原则包括：最大诚信原则、可保利益原则、补偿原则和近因原则。

1. 最大诚信原则

最大诚信原则是指保险合同当事人订立合同时以及在合同有效期内应依法向对方提供影响对方作出订约或履行合同的全部实质性重要事实，同时，绝对信守合同的订立与承诺。当事人在签订和履行保险合同时，必须保持最大限度的诚信，互不欺骗和隐瞒，否则保险合同无效。

2. 可保利益原则

可保利益原则也称保险利益原则，是指投保人对投保标的所具有的利益必须能够构成保险利益，具体而言，需要符合三个条件：①保险利益必须是合法的利益；②保险利益必须是确定的利益；③保险利益必须是经济利益。

3. 补偿原则

补偿原则包括两层含义：一是只有保险事故发生造成保险标的毁损致使被保险人遭受经济损失时，保险人才承担损失补偿的责任；二是被保险人可获得的补偿量，仅以其保险标的遭受的实际损失为限。

4. 近因原则

近因原则是指只有在风险事故的发生与造成损失结果之间具有必然的因果关系时，保险人才承担赔付责任。

9.1.2　保险合同

保险合同是指双方当事人为了明确双方权利与义务关系，设立、变更和终止权利与义务关系的协议。

9.1.2.1　保险合同的特征

保险合同具有以下特征。

第一，保险合同是要式合同。要式合同是指采用特定形式订立的合同。《中华人民共和国保险法》规定，保险合同应当以书面形式订立。

第二，保险合同是双务有偿合同。双务合同指当事人双方都承担义务并享有权利，一方的权利便是另一方的义务，一方的义务便是另一方的权利。保险合同具有双务性，这意味着为了获得风险保障，投保人需要支付相应的代价，即保险费；保险人要收取保险费，必须承诺承担风险保障责任。

第三，保险合同是附和合同。附和合同是指合同条款事先由当事人一方拟定，另一方只有接受或不接受的选择，不能对合同条款进行修改或变更。保险合同由保险人事先拟定，当事人双方的权利和义务已经规定在合同条款中，投保人只能作出同意或不同意的意思表示。

第四，保险合同是保障性合同。保险合同具有保障性，具体表现在：保险合同双方当事人一经达成协议，保险合同从约定生效时起到终止时的整个期间，保险标的的风险都受到保险人的保障；保险标的一旦发生保险事故，保险人承担经济赔偿的义务。

9.1.2.2　保险合同的主体

保险合同的主体包括保险合同的当事人和关系人。

1. 保险合同的当事人

（1）投保人

投保人是指与保险人订立保险合同，并且按照保险合同的要求承担支付保险费责任的人。投保人需要具备三个条件：①投保人具有完全的权利能力和行为能力；②投保人对保险标的具有保险利益；③投保人负有缴纳保险费的义务。

（2）保险人

保险人通常是指保险公司，是与投保人订立保险合同，提供风险保障并承担赔偿或者给付保险金责任的人。

2. 保险合同的关系人

（1）被保险人

被保险人是指其财产或人身受到保险合同的保障、享有保险金请求权的人。被保险人必须在保险合同中作出明确规定。确定的方式包括以下几种：

第一，在保险合同中明确列出被保险人的名字；

第二，以变更保险合同条款的方式确认被保险人；

第三，采取扩展被保险人的方式确认被保险人。

（2）保单所有人

保单所有人既可以是个人，也可以是一个组织机构；既可以与受益人是同一人，也可以是其他任何人。其主要适用于人寿保险合同。保单所有人所拥有的权利通常包括以下内容。

第一，变更受益人；

第二，领取退保金；

第三，领取保单红利；

第四，以保单为抵押品进行借款；

第五，在保单现金价值的限额内申请贷款；

第六，放弃或出售保单的一项或者多项权利；

第七，指定新的所有人。

（3）受益人

受益人是指人身保险合同中由被保险人或者投保人指定的享有保险金请求权的人，投保人和被保险人也可以成为受益人。

受益人包括两种形式：一种是不可撤销的受益人，保险所有人只有在受益人同意时才可以更换受益人；另一种是可撤销的受益人，保单所有人可以中途变更受益人，或者撤销受益人的收益权。受益人的撤销或者变更不必征得保险人的同意，但是必须通知保险人。

受益人的构成要件包括：①受益人是享有赔偿请求权的人；②受益人是由保单所有人指定的人。

9.1.2.3　保险合同的主要条款

根据保险合同内容的不同，保险条款可以分为基本条款和附加条款。基本条款是关于保险合同当事人和关系人权利与义务的规定，以及按照其他法律一定要记载的事项；附加条款是指保险人按照投保人的要求增加承保风险的条款。保险合同的基本条款主要包括以下几项：

第一，当事人的姓名和住所；

第二，保险标的；

第三，保险金额；

第四，保险费；

第五，保险期限。

9.1.2.4　保险合同的形式

保险合同依据其订立的程序，大致可以分为三种书面形式。

（1）投保单

投保单是投保人向保险人申请订立保险合同的书面要约。投保单由保险人准备，通常具有统一的格式。在保险实践中，保险人为简化手续、方便投保，对有些险种也可不要求投保人填具投保单。

（2）暂保单

暂保单又称临时保单，它是在财产保险中使用的、在正式保单发出前的一个临时合同。暂保单的法律效力与正式保单相同，但有效期较短，大多由保险人具体规定。

（3）保费收据

保费收据是在人寿保险中使用的、在保险公司发出正式保单之前出具的一个文件。与暂保单的差异在于：暂保单具有法律效力，在其有效期内，如果发生了保单涵盖的风险事件，保险公司需根据暂保单上的条款进行赔偿；保费收据本身并不提供保险保障，它仅仅证明了一笔交易的发生。

9.1.3　保险的分类

按照标的不同，保险可以划分为人身保险、财产保险、责任保险和信用保证保险。

（1）人身保险

人身保险是以人的身体和寿命为保险标的的一种保险，可以分为人寿保险、健康保险和意外伤害保险。

（2）财产保险

财产保险是以财产及其相关利益为保险标的一种保险，保险人对由于保险事故发生导致的财产损失给予被保险人一定的经济补偿，包括火灾保险、货物运输保险、工程保险等。

（3）责任保险

责任保险是以被保险人依法应承担的民事损害赔偿责任，或者经过合同约定的责任作为保险标的的一种保险，可以分为公众责任险、产品责任险、雇主责任险、职业责任险、第三者责任险。

（4）信用保证保险

信用保证保险是以合同的权利人和义务人约定的经济信用为保险标的的保险，可以分为信用保险和保证保险。信用保险是指被保险人根据权利人的要求担保被保证人信用的保险；保证保险是指被保证人根据权利人的要求由保险人担保自己信用的保险。

9.2　人身保险与理财

9.2.1　人身保险的类型

人身保险主要包括人寿保险、年金保险、健康保险等。

人寿保险是保险公司承诺当被保险人死亡时即进行保险金支付的保险，主要包括定期寿险和终身寿险。

年金保险是指保险金的给付采取年金这种形式的生存保险，而年金是一系列固定金额、固定期限的货币收支。

健康保险是为补偿被保险人在保险有效期内因疾病、分娩或意外伤害而接受治疗时所发生的医疗费用，或补偿被保险人因疾病、意外伤害导致伤残或因分娩而无法工作时的收入损失的一类保险。

9.2.2　人寿保险

人寿保险是以被保险人的寿命作为保险标的、以被保险人的生存或死亡为保险事故的一种保险业务。

9.2.2.1　普通型人寿保险

1. 定期寿险

定期寿险是指以死亡为给付保险金条件且保险期限为固定年限的人寿保险。具体地讲，定期保险在合同中规定一定时期为保险有效期，若保险人在约定期限内死亡，保险人即给付受益人约定的保险金；若被保险人在保险期限届满时仍然生存，契约即行终止，保险人无给付义务，也不退还已收的保险费。定期寿险保险期限短，少则几个月，多则几年；保险费率低。

定期寿险对以下两类人较为合适：一类是在短期内担任一项有可能危及其生命的临时工作或急需保障的人；另一类是那些家庭经济收入较低、子女尚未成年的人，他们的生命对这个家庭非常重要，但支付能力较低。

（1）定额定期寿险

定额定期寿险的死亡保险金在整个保险期间保持不变。

 案例分析

泰康蒲公英定期寿险条款（节选）[1]

1. 您与我们订立的合同

1.1 合同构成

本合同是您与我们约定保险权利义务关系的协议，包括本保险条款、电子保险单或者

---

[1]　资料来源：泰康保险公司网站，www.tk.cn。

其他保险凭证、电子投保单、与本合同有关的投保文件、合法有效的声明、批注、批单及其他您与我们共同认可的书面或者电子协议。

1.2 合同成立及生效

您提出保险申请且我们同意承保，本合同成立。

本合同的成立日、生效日以电子保险单记载的日期为准。保险费约定交纳日依据本合同的生效日为基础进行计算。

1.3 投保年龄

投保年龄指您投保时被保险人的年龄，以周岁计算。可保年龄为 18~39 周岁。

2. 我们提供的保障

2.1 保险金额

本合同的保险金额由您在投保时与我们约定，并在电子保险单上载明。可以选择的保险金额为 10 万元、20 万元、30 万元。

2.2 未成年人身故保险金限制

2.3 保险期间

本合同的保险期间为 1 年，自本合同生效日零时开始，至电子保险单上载明的保险期间期满日的 24 时止。

2.4 等待期

您为被保险人首次投保本保险或者非连续投保本保险时，自本合同生效日起 90 日为等待期；本合同若曾复效，则自本合同最后复效之日起 90 日为等待期；您为被保险人不间断连续投保本保险的续保合同无等待期。

在等待期内，被保险人非因意外伤害事故导致身故，我们不承担给付保险金的责任，但向您无息退还您已交纳的本合同的保险费，本合同终止。

2.5 保险责任

在本合同保险期间内，我们承担下列保险责任：

被保险人在等待期后身故或者在等待期内因意外伤害事故导致身故，我们按本合同的保险金额向身故保险金受益人给付身故保险金，本合同终止。

2.6 责任免除

因下列情形之一导致被保险人身故的，我们不承担给付保险金的责任：

（1）投保人对被保险人的故意杀害、故意伤害；

（2）被保险人故意犯罪或者抗拒依法采取的刑事强制措施；

（3）被保险人主动吸食或者注射毒品；

（4）被保险人在本合同成立（若曾复效，则自本合同最后复效）之日起 2 年内自杀，但被保险人自杀时为无民事行为能力人的除外；

（5）被保险人酒后驾驶、无合法有效驾驶证驾驶，或者驾驶无合法有效行驶证的机动车；

（6）战争、军事冲突、暴乱或者武装叛乱；

（7）核爆炸、核辐射或者核污染。

因上述第（1）项情形导致被保险人身故的，本合同终止，我们向身故保险金受益人给付现金价值。

因上述其他情形导致被保险人身故的，本合同终止，我们向您退还现金价值。

3. 保险金的申请

3.1 受益人

您或者被保险人可以指定一人或者多人为身故保险金受益人。身故保险金受益人为多人时，可以确定受益人顺序和受益份额；如果没有确定份额，各身故保险金受益人按照相等份额享有受益权。

被保险人为无民事行为能力人或者限制民事行为能力人的，可以依法由其监护人指定身故保险金受益人。

您或者被保险人在被保险人身故前可以变更身故保险金受益人、受益顺序或者受益份额，并书面通知我们。

您在指定和变更身故保险金受益人、受益顺序或者受益份额时，必须经过被保险人同意。

3.2 保险事故通知

您或者受益人知道保险事故发生后应当在 10 日内通知我们。故意或者因重大过失未及时通知，致使保险事故的性质、原因、损失程度等难以确定的，我们对无法确定的部分不承担给付保险金的责任，但我们通过其他途径已经及时知道或者应当及时知道保险事故发生或者虽未及时通知但不影响我们确定保险事故的性质、原因、损失程度的除外。

3.3 保险金申请（略）

3.4 保险金给付

我们在收到领取保险金申请书及本合同约定的证明和资料后，将在 5 日内做出核定；情形复杂的，在 30 日内做出核定。对属于保险责任的，我们在与受益人达成给付保险金的协议后 10 日内，履行给付保险金义务。

3.5 诉讼时效

权利人向我们申请给付保险金的诉讼时效期限为 5 年，自其知道或者应当知道保险事故发生之日起计算。

4. 保险费的交纳

4.1 保险费的交纳

本合同的交费方式由您在投保时与我们约定，并在电子保险单上载明。

分期支付保险费的，在交纳首次保险费后，您应当在每个保险费约定交纳日交纳其余各期的保险费。

4.2 宽限期

分期支付保险费的，如果您到期未交纳该期应交纳的保险费，则自保险费约定交纳日的次日零时起的 10 日为交纳保险费的宽限期。如果您在宽限期内未交纳保险费，则本合同自宽限期满日的 24 时起效力中止，但本合同另有约定的除外。

4.3 续保

如果我们同意您按本合同约定的承保条件继续投保本合同，且在本合同期满日前未收到您停止继续投保本合同的书面申请，我们将为您自动办理相关续保手续，新续保的合同自本合同期满日次日零时起生效，有效期为 1 年，每次续保，均按前述规则类推。

如果我们做出不同意您继续投保本合同的决定，我们将向您发出通知，本合同自期满日的 24 时起效力终止。

我们接受继续投保本合同的被保险人的年龄最高不超过 64 周岁。

通过对泰康蒲公英定期寿险条款的分析发现：

第一，定期寿险合同（主险合同）包含多个部分，包括多类书面文件，并非只有一个文件。

第二，对可保年龄有限制，为 18~39 周岁，但续保年龄放宽到 64 周岁。

第三，保险金额为投保人和保险公司双方约定，但要在保险单中载明，本产品的保险金额可以在 10 万元、20 万元、30 万元中进行选择。

第四，保险期限较短，为一年。

第五，该产品首次投保时的等待期为自合同生效日起 90 日，在这一期间，如果被保险人因意外伤害事故导致身故，保险人承担给付保险金的责任；如果被保险人因疾病等其他原因导致身故，保险人不承担给付保险金的责任，但向投保人无息退还已交纳的保险费。设置等待期的目的是规避逆向选择问题，即为了防止投保人明知道将要发生保险事故，而马上投保以获得保险费的行为。

第六，虽然保险期限只有 1 年，但该产品可以采取分期缴费和一次性缴费两种方式。部分定期寿险产品，由于保险期限较短，只可以采取一次性缴费方式，而且，根据保险期限的不同，保险费率也不同。

第七，该保险主要承保由于意外伤害事故导致的身故以及疾病导致的身故，被保险人身故是获得保险金的必要条件。同时，条款中列明了免除责任的范围：因为第（1）种情形导致被保险人身故的，合同终止，向身故保险金受益人给付现金价值；因为第（2）~（7）种情形导致被保险人身故的，合同终止，向投保人退还现金价值。

第八，保险金受益人可以为一人，也可以为多人，并且，由于该保险以被保险人身故为保险金给付条件，因此要求投保人在指定和变更身故保险金受益人时，必须经被保险人书面同意。

第九，对于分期支付保险费的，宽限期为 10 日。宽限期是指保险公司对投保人未按时交纳续期保费所给予的宽限时间，在宽限期内，即使没有交纳续期保费，保险合同依然有效，如果在此期间发生保险事故，保险公司仍要承担保险责任，不过要从给付金额中扣除欠交的保险费。

（2）递减定期寿险

死亡保险金在整个保险期间不断减少，续期保费在整个保险期间通常不变。递减定期寿险通常包括以下三种。

第一，抵押贷款偿还保险。它是一种死亡保险金与递减的抵押贷款未偿付额相对应的递减定期保险计划。如果贷款人购买了抵押贷款偿还保险，则保单的死亡保险金在任何给定的时间基本都等于对该抵押贷款的欠付额。抵押贷款偿还保险的期限由抵押贷款的期限决定，通常为 15 年到 30 年。在整个保险期间，续期保费一般不会改变。通常来说，寿险保单与抵押贷款是相互独立的，提供贷款的机构并不是保险合同的当事人，合同也并不要求受益人一定用保险金来偿还抵押贷款。

第二，信用人寿保险。如果被保险人在贷款偿清前死亡，该项保险的保险金将用于支付这笔贷款的未偿余额。信用人寿保险的保险金额通常等于未清偿债务的余额。信用人寿保险可以以个人名义购买，但后者的情况更为普遍：即保险公司将信用保险作为团体险出售给贷款机构，并以贷款机构的所有债务人作为被保险人。信用人寿保险可用于购置汽车贷款、购置家具及其他个人贷款等情形。

第三，家庭收入保险。如果被保险人在保险期间死亡，保险公司将对其在世的配偶提供约定的月收入保险金，直到保单规定的时期为止。家庭收入保险通常作为终身寿险的一个附加条款来签发。

（3）递增定期寿险

递增定期寿险是指规定一个初始的死亡保险金，然后在整个保险期间按照约定的时间间隔递增。例如，某递增定期寿险初定的死亡保险金为 100 000 元，然后在整个保险期间于每个保单周年日递增 5%。递增定期寿险的保费一般随着保额的增加而增加，保单所有人通常有权在任何时候固定递增定期寿险所规定的保险金额。一般按照某一主保单的附加条款的形式来提供。

2. 终身寿险

终身寿险又叫终身死亡保险，终身寿险是指以死亡为给付保险金条件，且保险期限为终身的人寿保险。终身寿险是一种不定期的死亡保险，即保险合同中并不规定期限，自合同有效之日起，至被保险人死亡为止。终身保险的最大优点是可以得到永久性保障，并且有退费的权利，若投保人中途退保，可以得到一定数额的现金价值，也可以在保单的现金价值的限额内贷款。

（1）基本类型

终身寿险主要包括普通终身寿险、限期缴费的终身寿险和趸交保费的终身寿险。

第一，普通终身寿险要求投保人在被保险人的生存期间，每年都要缴纳保费。

第二，限期缴费的终身寿险要求投保人在规定的期限内每年都缴付保险费，期满后不再付费，保单有效期至被保险人死亡。

第三，趸交保费的终身寿险要求投保人在投保时一次缴清全部保费。这种缴费方式的终身寿险的重要特征是它的储蓄性。

（2）保险单的现金价值

保险单的现金价值又称"解约退还金"或"退保价值"，是指带有储蓄性质的人身保险单所具有的价值。人身保险的保险单之所以具有价值，是因为人寿保险具有储蓄的性质，当被保险人年轻时，其死亡概率小，投保人缴纳的保险费比实际需要的多，多交纳的保险费由保险人逐年积累；当被保险人年老时，其死亡概率大，投保人交纳的保险费比实际需要的少，不足的部分将由保险人年轻时多交纳的保险费予以弥补。投保人在被保险人年轻时多缴纳的保险费连同其产生的利息，每年累计起来，就是保险单的现金价值。

保险单现金价值可由下面的公式得出：

保险单的现金价值=投保人已缴纳的保险费–保险人的管理费用分摊–保险人向销售人员支付的佣金–保险人因承担保险责任所需要的纯风险保险费+剩余保险费产生的利息

对于投保人和被保险人来说，保险单的现金价值具有以下三种功能。

第一，退保。当投保人要求退保时，退保金按照保险单的现金价值领取。

第二，保单贷款。一般而言，对于具有贷款功能的保险单而言，贷款的额度以保险单的现金价值为基础。

第三，分红。在分红保险合同中，投保人享有的分红数量以保险单的现金价值为基础计算得出。

3. 两全保险

两全保险是指在保险期内以死亡或生存为给付保险金条件的人寿保险。两全保险也称生死保险，是指将定期死亡保险和生存保险（即以被保险人在保险期满时仍生存为给付保险金条件的人寿保险）结合起来的保险。两全保险的保险费由危险保险费和储蓄保险费组成，危险保险费于死亡当年给付，储蓄保险费逐年积累形成责任准备金，既可用于中途退保时支付退保金，也可用于生存给付。

两全保险又分为以下几种。

第一，普通两全保险。该种保险是指无论被保险人在保险期间内死亡还是生存至保险期满，保险人都给付同样数额保险金的保险。

第二，期满双赔两全保险。该种保险是指被保险人如果期满生存，保险人给付两倍于约定保险金额的保险金，如果被保险人在保险期内死亡，保险人只给付约定数量保险金的保险。

第三，死亡双赔两全保险。该种保险是指被保险人如果期满生存，保险人给付按照约定的保险金额，被保险人如果期内死亡，保险人按照约定金额的一定倍数给付。

第四，联合两全保险。联合两全保险是由几个人共同投保的两全保险。在保险期内，联合被保险人中的任何一人死亡时，保险人给付全部保险金，保单因履行而终止；如果在保险期内，联合被保险人无一人死亡，保险期满时保险金由全体被保险人共同领取。

 案例分析

幸福人寿保险股份有限公司

幸福理财宝两全保险（万能型，C 款）条款

1.1 合同构成

幸福理财宝两全保险（万能型，C 款）合同（以下简称"本主险合同"）由以下几个部分构成：本保险条款、保险单或其他保险凭证、投保单（其复印件或电子影像印刷件与正本具有同等效力）、批注、附贴批单，以及经您与我们认可的其他书面文件。

1.2 合同成立与生效

您提出保险申请、我们同意承保，本主险合同成立。

本主险合同自我们同意承保、收取首期保险费并签发保险单开始生效，具体生效日以保险单所载的日期为准。

1.3 犹豫期

自您签收本主险合同次日起可享有 15 天的犹豫期，在此期间请您认真审视本主险合同，如果您认为本主险合同与您的需求不相符，您可以在此期间提出解除合同。解除合同时，您需要填写书面申请，并提供您的保险合同及有效身份证件，我们无息退还您已交的保险费。

若您在犹豫期内提出解除合同，则自我们收到解除合同申请书时起，本主险合同自始不发生效力，我们对合同解除前发生的保险事故不承担给付保险金的责任。

1.4 保险期间

我们对本主险合同应承担的保险责任自生效日零时起至被保险人年满 75 周岁后的首个保险单周年日零时止。

2. 保险责任

在本主险合同有效期内，我们承担以下保险责任。

（1）身故保险金

如果被保险人身故，我们给付身故保险金，除另有约定外，本主险合同效力终止，身故保险金为下列两者中金额较大者：

其一，被保险人身故时个人账户价值的 105%；

其二，已交保险费扣除累计申请部分领取个人账户价值之后的余额。

（2）水陆公共交通意外伤害身故额外保险金

在本主险合同有效期内，被保险人以乘客身份乘坐行驶在固定路线的水上或陆地公共交通工具遭受意外伤害事故，并自该意外伤害事故发生之日起 180 日（含 180 日）内以该意外伤害事故为直接且单独的原因导致被保险人身故，我们除了按本条第一款给付身故保险金外，还按被保险人身故时个人账户价值的 95% 给付水陆公共交通意外伤害身故额外保险金，同时本主险合同效力终止。对于同一被保险人，无论您与我们订立一份或多份"幸福理财宝两全保险（万能型，C 款）"合同，我们给付的水陆公共交通意外伤害身故额外保险金合计以人民币 50 万元为限。

（3）航空公共交通意外伤害身故额外保险金

在本主险合同有效期内，被保险人以乘客身份乘坐行驶在固定路线的航空公共交通工具遭受意外伤害事故，并自该意外伤害事故发生之日起 180 日（含 180 日）内以该意外伤害事故为直接且单独的原因导致被保险人身故，我们除了按本条第一款给付身故保险金外，还按被保险人身故时的个人账户价值的 195% 给付航空公共交通意外伤害身故额外保险金，同时本主险合同效力终止。对于同一被保险人，无论您与我们订立一份或多份"幸福理财宝两全保险（万能型，C 款）"合同，我们给付的航空公共交通意外伤害身故额外保险金合计以人民币 100 万元为限。

（4）持续奖金

如果被保险人在以下约定的保险单周年日零时仍生存，我们将在该保险单周年日向个人账户内分配持续奖金，保证不低于零 [计算公式：持续奖金 =（已交保险费 − 累计申请部分领取的个人账户价值）×0.5%]，我们在第 6～15 个保险单周年日分配本年度的持续奖金，分配的持续奖金仅用于增加个人账户价值。

（5）满期保险金

被保险人生存至本主险合同期满日 24 时，我们给付满期保险金，本主险合同效力终止。满期保险金额为本主险合同期满日本主险合同的个人账户价值。

3. 如何申请领取保险

3.1 受益人

满期保险金的受益人为被保险人本人，您或者被保险人可以指定一人或多人为身故保险金受益人，身故保险金受益人为多人时，可以确定受益顺序和受益份额；如果没有确定份额，各受益人按照相等份额享有受益权。

3.2 保险事故的通知

请您或受益人在知道保险事故发生后 10 日内通知我们，如果您或受益人故意或者因重大过失未及时通知，致使保险事故的性质、原因、损失程度等难以确定的，我们对无法确定的部分，不承担给付保险金的责任，但我们通过其他途径已经及时知道或者应当及时知道保险事故发生或者虽未及时通知但不影响我们确定保险事故的性质、原因、损失程度的除外。

3.3 保险金申请

（1）身故保险金（包括水陆、航空公共交通意外身故）的申请

在申请身故保险金时，申请人须填写保险金给付申请书，并提供下列证明和资料：

①保险合同或其他保险凭证；

②申请人的有效身份证件；

③国家卫生行政部门认定的医疗机构、公安部门或其他相关机构出具的被保险人的死亡证明；

④所能提供的与确认保险事故的性质、原因等有关的其他证明和资料。

若被保险人为水陆、航空公共交通意外身故，需由承运人出具意外事故证明。

（2）满期保险金的申请

在申请满期保险金时，申请人须填写保险金给付申请书，并提供下列证明和资料：

①保险合同或其他保险凭证；

②申请人的有效身份证件。

3.4 保险金的给付

我们在收到保险金给付申请书及有关证明和资料后，将在 5 日内做出核定；情形复杂的，在 30 日内做出核定。对属于保险责任的，我们在与受益人达成给付保险金的协议后10 日内，履行给付保险金义务。

4. 如何交纳保险费

本主险合同保险费交纳方式为一次性交纳，您交纳的保险费金额不得低于我们规定的保险费最低限额。

5. 如何解除保险合同

若您在犹豫期后申请解除本主险合同，请填写解除合同申请书，并提供以下证明和资料：

①保险合同；

②您的有效身份证件。

自我们收到解除合同申请书时起，本主险合同效力终止。我们在收到上述证明和资料之日起 30 天内，向您退还本主险合同的个人账户价值。您若在犹豫期后解除合同会遭受一定损失。

6. 相关费用

6.1 初始费用

我们按照您所交保险费的一定比例收取初始费用。

我们将首先从您在投保时一次性交纳的保险费中收取初始费用，然后将余额计入个人账户。本主险合同一次性交纳的保险费的初始费用收取比例为 5%。

6.2 保单管理费

为维持本主险合同有效，我们向您收取一定的保单管理费。保单管理费收取日为每月的结算日。我们在结算日先结算个人账户价值利息，然后从结息后的个人账户价值中收取保单管理费。我们每月收取的保单管理费为 12 元。

我们保留调整此项收费标准的权利，但其调整幅度的百分比将不超过国家统计局公布

的全国居民消费价格指数自上次保单管理费调整之日起的累计涨幅的百分比。

7. 我们的账户是如何运作的

7.1 账户运作

为履行万能保险产品的保险责任，我们根据国务院保险监督管理机构的有关规定，为万能保险产品设立万能账户，该账户资产的投资组合及运作方式由我们决定。

7.2 保单个人账户价值

本主险合同有效期内，保单个人账户价值按如下方法计算。

①初始的个人账户价值等于您支付的保险费扣除初始费用后的余额。

②我们结算个人账户价值的利息后，个人账户价值按结算的个人账户价值利息金额在结算日等额增加。

③在结算日，我们先结算个人账户价值的利息，然后扣除保单管理费。我们每月收取保单管理费后，个人账户价值按我们收取的保单管理费金额在收取日等额减少。若个人账户价值不足以支付到期应交的保单管理费，我们将向您退还该结算日的个人账户价值，本主险合同效力终止。

④给付持续奖金后，个人账户价值按给付的持续奖金金额增加。

⑤您部分领取个人账户价值后，个人账户价值按申请部分领取的账户价值金额减少。

本主险合同有效期内，我们每年向您提供一份保单状态报告。

7.3 最低保证利率

本主险合同前三个保单年度内最低保证利率为年利率 2.5%；本公司自第四个保单年度起有权每年度调整最低保证利率，调整后的最低保证利率将不低于调整时中国人民银行公布的一年定期存款税后利率，并且须符合国务院保险监督管理机构的有关规定。

7.4 结算利率

结算利率用于在结算期间末计算本主险合同个人账户价值在结算期间累积的利息。每月 1 日为结算日。在结算日我们将根据国务院保险监督管理机构的有关规定，结合万能账户的实际投资收益率，确定距该结算日最近的上个结算期间的结算利率，并在结算日起 6 个工作日内在我们的网站上公布。每月公布的结算利率为日结算利率，对应年利率不低于最低保证利率，最低保证利率之上的部分是不保证的。

7.5 保单利息

个人账户价值的利息在每月结算日零时或本主险合同效力终止时根据计息天数按单利结算。个人账户价值的利息在结算日零时结算的，按公布的结算利率计算个人账户价值利息；个人账户价值利息在本主险合同效力终止时结算的，按本主险合同规定的最低保证利率按日单利方式计算个人账户价值利息。

7.6 个人账户价值的部分领取

（1）在本主险合同有效期内，您可于犹豫期后随时申请部分领取个人账户价值。部分领取时被保险人须未发生保险事故。我们在收到并同意您的申请后将申请部分领取的个人账户价值支付给您。

（2）您每次申请部分领取的个人账户价值最低为 1 000 元，部分领取后的个人账户价值不应低于 5 000 元。

（3）若您要求部分领取本主险合同个人账户价值，请填写个人账户价值部分领取申请书，并提供以下证明和资料：

①保险合同或其他保险凭证。

②您的有效身份证件。

8. 我们行使合同解除权的限制

前条规定的合同解除权，自我们知道有解除事由之日起，超过 30 日不行使而消灭。自本保险合同成立之日起超过 2 年的，我们不得解除合同；发生保险事故的，我们承担给付保险金的责任。

8.1 年龄和性别确定与错误处理

（1）被保险人的投保年龄以有效身份证件登记的周岁年龄计算。

（2）您在申请投保时，应将与有效身份证件相符的被保险人的出生日期和性别在投保单上填明。

8.2 扣除款项

我们按合同约定解除本主险合同、自始不承担保险责任并退还保险费的，需扣除您已实际领取到的金额。

通过对幸福理财宝两全保险（万能型，C 款）条款的分析发现：

第一，投保人提出保险申请、保险公司同意承保，合同便成立，但生效日期以保险单所载日期为准，保险公司自生效日零时起开始承担合同约定的保险责任；

第二，该保险有犹豫期，如果投保人在签收合同的 15 天内，认为该保险不适合自己，可以提出解除保险合同，保险公司无息退还保险费；

第三，保险期间为自合同生效日零时起至被保险人满 75 周岁后的首个保险单周年日零时止，之后，不再承担保险责任；

第四，保险责任中不仅包括身故保险金，也包括持续奖金和满期保险金，体现出两全保险的特点，此外还包括水陆公共交通意外伤害额外保险金、航空公共交通意外伤害身故额外保险金，附加了意外伤害保险；

第五，受益人可以为一人，也可以为多人；

第六，为了准确确定保险事故的性质、原因等，投保人或者受益人需要在知道保险事故的 10 日内通知保险公司；

第七，保险费用为趸交方式，即一次性交纳，不接受分期支付；

第八，该保险收取保单管理费。

9.2.2.2　创新型人寿保险

（1）变额人寿保险

变额人寿保险的保费是固定的，但保额可以变动，通常要保证一个最低限额。变额寿险有其分立账户，它与公司的其他业务是分开的。保险人可以根据资产运用的实际情况，不断对其资产组合进行调整，投保人也可以自己在股票、债券和其他投资品种中选择组合。现金价值随着保险公司投资组合和投资业绩的情况而变动。

（2）可调整的人寿保险

可调整的人寿保险的特点是保额、保费和保险期限都可变动，即在一定的限制内，保险人可以提高或降低保单的保额，增加或减少保费，延长或缩短保险期。

（3）万能人寿保险

在保险期间，万能人寿保险的保费、现金价值和保额都可以随着消费者的需要而改变，但是，现金价值的利率与当时的市场利率紧密联系。因此，保险公司一般将其投资于中短期的产品，而不是像传统的人寿保险投资于长期投资工具。在其他的终身寿险合同中，保单所有人只能以保单的现金价值作为抵押进行借款；而在万能寿险中，保单所有人甚至可以提取出部分现金价值，且不使合同失效。

（4）变额万能寿险

变额万能寿险又被称为万能寿险产品类型Ⅱ，是变额寿险和万能保险相结合的产物。允许投保人改变缴费的数额；允许投保人使用投资账户中的现金支付保费。

9.2.3 年金保险

9.2.3.1 年金保险的特点

一定时期内每期相等金额的收付款项叫作年金（Annuity），如果年金的首付是无期限的，则称为永续年金（Perpetuity）。年金保险是以生存为给付保险金条件，按照年金现金流特征支付生存保险金的人寿保险。人们在年轻时节约闲散资金缴纳保费，年老之后就可以按期领取固定数额的保险金，从而使晚年生活得到经济保障。年金保险具有以下特点。

第一，在投保人开始领取之前，需要交清所有保费，不能边交保费边领年金。

第二，年金保险可以有确定的期限，也可以没有确定的期限，但是，均以年金保险的被保险人的生存为支付条件，在年金受领者死亡时，保险人立即终止支付。

第三，年金保险作为储蓄投资方式的风险较低。按照法律规定，保险公司必须提取责任准备金，且保险公司之间存在责任准备金储备制度保证，即使投保客户所购买年金的保险公司停业或破产，其余保险公司仍会自动为购买者分担年金给付。

9.2.3.2 年金保险的类型

根据不同的标准，年金保险可以划分为多种类型。

第一，按照缴费方法不同，可以划分为趸缴年金与分期缴费年金。

趸缴年金又称一次缴清保费年金，投保人一次性缴清全部保险费，然后从约定的年金给付开始日起，受领人按期领取年金。分期缴费年金是指投保人在保险金给付开始日之前分期缴纳保险费，在约定的年金给付开始日起按期由受领人领取年金。

第二，按照年金给付开始时间不同，年金保险可以划分为即期年金和延期年金。

即期年金是指在投保人缴纳所有保费且保险合同成立生效后，保险人立即按期给付保险年金的年金保险。延期年金是指保险合同成立生效后且被保险人到达一定年龄或经过一定时期后，保险人在被保险人仍然生存的条件下开始给付年金的年金保险。

第三，按照被保险人不同，年金保险可以划分为个人年金、联合及生存者年金、联合年金。

个人年金又称单生年金，被保险人为独立的一人，是以个人生存为给付条件的年金。联合及生存者年金是指两个或两个以上的被保险人中，在约定的给付开始日，至少有一个生存即给付年金，直至最后一个生存者死亡为止的年金。联合年金是指两个或两个以上的被保险人中，只要其中一个死亡则保险金给付即终止的年金，它是以两个或两个以上的被保险人同时生存为给付条件。

第四，按照给付期限不同，年金保险可以划分为定期年金、终身年金和最低保证年金。

　　定期年金是指保险人与被保险人有约定的保险年金给付期限的年金。终身年金是指保险人以被保险人死亡为终止给付保险的年金。最低保证年金是为了防止被保险人过早死亡而丧失领取年金的权利而产生的防范形式的年金。

　　第五，按照保险年金给付额是否变动，年金保险可以划分为定额年金和变额年金。

　　定额年金的保险年金给付额是固定的，不因市场通货膨胀而变化。变额年金具有投资分立账户，给付额随投资分立账户的资产收益变化而不同，可以有效解决通货膨胀对年金领取者生活状况的不利影响。

 扩展空间

太平福禄金生养老年金保险条款①

　　第一部分　您（投保人）与我们（太平人寿保险有限公司）的合同

　　第一条　保险合同的构成

　　本合同由以下几个部分构成：保险单及所附条款、投保单（其复印件或电子影像印刷件与正本具有同等效力）、批注，以及经您与我们共同认可的、与本合同有关的其他书面文件。

　　第二条　投保范围

　　本合同接受的被保险人的投保年龄为出生后满 28 日至 55 周岁。

　　第三条　保险合同成立与生效

　　您提出保险申请、我们同意承保，本合同成立。

　　合同生效日期在保险单上载明。保单年度、保险费约定支付日均以该日期计算。

　　第四条　保险期间

　　本合同的保险期间自本合同生效日零时起至被保险人年满 88 周岁后的首个保险单周年日零时止，并在保险单上载明。

　　第二部分　我们提供哪些保障利益

　　第五条　养老年金的领取方式及开始领取日

　　养老年金的领取方式为年领。

　　养老年金开始领取年龄分为 55 周岁、60 周岁两种。投保人在投保时可选择其中一种作为本合同的养老年金开始领取年龄。养老年金开始领取年龄一经确定，在本合同的保险期间内不得变更。

　　养老年金开始领取日为本合同约定的养老年金开始领取年龄后的首个保险单周年日。

　　第六条　基本保险金额

　　本合同的基本保险金额在投保时由您和我们约定，并在保险单或批注上列明。如果该金额发生变更，则以变更后的金额为基本保险金额。

---

　　①　中国太平保险集团官方网站，www.cntaiping.com。

第七条　保险责任

在本合同保险期间内且本合同有效，我们按照下列约定承担给付相应保险金的责任。

一、身故保险金

如果被保险人身故，我们按以下两项金额中的较大者给付身故保险金，同时本合同终止。

1. 本合同的年交保险费与被保险人身故时本合同的保单年度数 5 或交费年期数 6（以较小者为准）的乘积。

2. 被保险人身故时本合同的现金价值。

上述年交保险费根据被保险人在年交的交费方式下对应的保险费率，以被保险人身故时本合同的基本保险金额为基础，按投保时被保险人的年龄计算。

二、养老年金

自本合同约定的养老年金开始领取日零时起至本合同终止，如果被保险人在此期间内的每个保险单周年日零时生存，我们按当日本合同基本保险金额的 12% 给付养老年金。

三、满期保险金

如果被保险人在本合同期满日零时生存，我们按本合同的年交保险费与交费年期数的乘积给付满期保险金，同时本合同终止。

上述年交保险费根据被保险人在年交的交费方式下对应的保险费率，以本合同期满日的基本保险金额为基础，按投保时被保险人的年龄计算。

第八条　责任免除

因下列情形之一导致被保险人身故的，我们不承担给付身故保险金的责任。

1. 投保人对被保险人的故意杀害、故意伤害。

2. 被保险人故意犯罪或者抗拒依法采取的刑事强制措施。

3. 被保险人自本合同成立或者合同效力恢复之日起 2 年内自杀，但被保险人自杀时为无民事行为能力人的除外。

4. 被保险人主动吸食或注射毒品。

5. 被保险人酒后驾驶，无合法有效驾驶证驾驶，或驾驶无有效行驶证的机动车。

6. 战争、军事冲突、暴乱或武装叛乱。

7. 核爆炸、核辐射或核污染。

发生上述第 1 项情形导致被保险人身故的，本合同终止，您已交足 2 年以上保险费的，我们向其他权利人退还保险单的现金价值。发生上述其他情形导致被保险人身故的，本合同终止，我们向您退还保险单的现金价值。

第三部分　如何支付保险费

第九条　保险费的支付

本合同保险费的交费方式和交费期限由您和我们约定，并在保险单或批注上列明。

您在支付了首期保险费后，应按本合同的约定在每个保险费约定支付日支付当期应支付的保险费。

第十条　宽限期

分期支付保险费的，您支付首期保险费后，除本合同另有约定外，如果您到期未支付保险费，自保险费约定支付日的次日零时起 60 日为宽限期。宽限期内发生的保险事故，我们仍会承担保险责任，但在给付保险金时会扣减您欠交的保险费。

如果您宽限期结束之后仍未支付保险费，则本合同自宽限期满的次日零时起效力中止。

第四部分　如何申请保险金

第十一条　受益人

除另有约定外，养老年金、满期保险金的受益人为被保险人本人。

您或者被保险人可以指定一人或多人为身故保险金受益人。

身故保险金受益人为多人时，可以确定受益顺序和受益份额；如果没有确定份额，各受益人按照相等份额享有受益权。

被保险人为无民事行为能力人或限制民事行为能力人的，可以由其监护人指定受益人。您或者被保险人可以变更身故保险金受益人并书面通知我们。我们收到变更受益人的书面通知后，在保险单或其他保险凭证上批注或附贴批单。

您在指定和变更身故保险金受益人时，必须经过被保险人同意。

被保险人身故后，有下列情形之一的，保险金作为被保险人的遗产，由我们依照《中华人民共和国继承法》的规定履行给付保险金的义务。

一、没有指定受益人，或者受益人指定不明无法确定的。

二、受益人先于被保险人身故，没有其他受益人的。

三、受益人依法丧失受益权或者放弃受益权，没有其他受益人的。

受益人与被保险人在同一事件中身故，且不能确定身故先后顺序的，推定受益人身故在先。

受益人故意造成被保险人身故、伤残、疾病的，或者故意杀害被保险人未遂的，该受益人丧失受益权。

第十二条　保险事故通知

您或受益人知道保险事故后应当在 10 日内通知我们。

如果您或受益人故意或者因重大过失未及时通知，致使保险事故的性质、原因、损失程度等难以确定的，我们对无法确定的部分，不承担给付保险金的责任，但我们通过其他途径已经及时知道或者应当及时知道保险事故发生或者虽未及时通知但不影响我们确定保险事故的性质、原因、损失程度的除外。

第十三条　保险金申请

一、身故保险金的申请

在申请身故保险金时，由身故保险金的受益人作为申请人填写保险金给付申请书，并提供下列证明和资料：

1. 保险合同。

2. 受益人的有效身份证件。

3. 国务院卫生行政部门规定的医疗机构、公安机关或其他相关机构出具的被保险人的死亡证明。

4. 所能提供的与确认保险事故的性质、原因等有关的其他证明和资料。

二、养老年金、满期保险金的申请

在申请养老年金、满期保险金时，由相应保险金的受益人作为申请人填写保险金给付申请书，并提供下列证明和资料。

1. 保险合同。

2. 受益人的有效身份证件。

如果委托他人代为申请，除上述证明和资料外，还须提供相关保险金受益人的授权委托书、受托人有效身份证件等相关证明文件。保险金作为被保险人遗产时，还须提供可证明合法继承权的相关权利文件。受益人或继承人为未成年人或无民事行为能力人时，由其合法监护人代其申请领取保险金，其合法监护人还必须提供受益人或继承人为未成年人或无民事行为能力人的证明和监护人具有合法监护权的证明。以上证明和资料不完整的，我们将及时一次性通知申请人补充提供有关证明和资料。

第十四条　保险金给付

我们在收到保险金给付申请书及合同约定的证明和资料后，将在 5 个工作日内作出核定；情形复杂的，在 30 日内作出核定。对属于保险责任的，我们在与受益人达成给付保险金的协议后 10 日内，履行给付保险金义务。

我们未及时履行前款规定义务的，除支付保险金外，应当赔偿受益人因此受到的损失。对不属于保险责任的，我们自作出核定之日起 3 日内向受益人发出拒绝给付保险金通知书并说明理由。

我们在收到保险金给付申请书及有关证明和资料之日起 60 日内，对给付保险金的数额不能确定的，根据已有证明和资料可以确定的数额先予支付；我们最终确定给付保险金的数额后，将支付相应的差额。

第十五条　保单贷款

在本合同犹豫期之后，如果本合同具有现金价值，经被保险人书面同意，您可以向我们申请保单贷款。

保单贷款的最高金额不超过本合同当时所具有的现金价值净额的80%（最低金额不得少于人民币 1 000 元，我们将不定期调整最低贷款金额），具体额度需经我们审批。每一期贷款的最长期限为 6 个月。保单贷款利率按您与我们签订的贷款协议中约定的利率执行。

如果您没有未偿还的保单贷款，您申请的保单贷款按我们最近一次确定的保单贷款利率每日计息，每一期贷款适用的保单贷款利率在贷款期限内固定不变。

如果您有未偿还的保单贷款，您可以申请增加贷款，但具体额度需经我们审批，增加的保单贷款的期限为当期未偿还的保单贷款的剩余期限。增加的保单贷款按当期未偿还的保单贷款适用的贷款利率每日计息。

保单贷款期满时，如果您未能全部偿还保单贷款及累积利息，且本合同的现金价值净额大于零，未偿还的保单贷款及累积利息将构成新一期的保单贷款，贷款期限为 6 个月，并按我们届时执行的最新保单贷款利率计息。

您可以在保单贷款期满时，或保单贷款期满前偿还全部或部分的贷款及累积利息，还款将首先用于偿还累积利息，然后用于偿还贷款本金。

当本合同的现金价值净额小于或等于零时，本合同的效力中止。

第十六条　合同内容的变更权

您和我们协商同意后，有权变更本合同的有关内容，并由我们在保险单或保险凭证上批注，或签订合同变更的书面协议。

第十七条　合同效力的中止与恢复

在本合同效力中止期间，我们不承担保险责任。

本合同效力中止后 2 年内，您可以申请恢复合同效力。申请恢复合同效力时，您应履行如实告知义务（有关如实告知义务的具体内容及相应责任，参见本合同第二十三条）。

因欠交保险费导致合同效力中止的，经我们与您协商并达成协议，在您补交保险费及累积利息之日起，合同效力恢复。

因保单贷款导致合同效力中止的，经我们与您协商并达成协议，在您偿还保单贷款、累积利息及其他未还款项之日起，合同效力恢复。自本合同效力中止之日起满 2 年，您和我们未达成协议的，我们有权解除合同。我们解除合同的，向您退还合同效力中止时保险单的现金价值。

第十八条　犹豫期

您在收到本合同并书面签收之日起可享有 15 日的犹豫期，在犹豫期内要求解除本合同的，在我们收齐相关文件和资料的次日零时，本合同即被解除，我们自始不承担保险责任。我们在扣除 10 元工本费后，无息退还已交保险费。

第十九条　您解除合同的手续及风险

如您在犹豫期后申请解除本合同，请填写解除合同申请书并向我们提供下列资料。

1. 保险合同。

2. 您的有效身份证件。

自我们收到解除合同申请书时起，本合同终止。我们自收到解除合同申请书之日起 30 日内向您退还保险单的现金价值。您犹豫期后解除合同会遭受一定损失。

第六部分　您必须了解的其他事项

第二十条　明确说明与如实告知

订立本合同时，我们应向您说明本合同的内容。

对保险条款中免除我们责任的条款，我们在订立合同时应当在投保单、保险单或者其他保险凭证上作出足以引起您注意的提示，并对该条款的内容以书面或者口头形式向您作出明确说明，未作提示或者明确说明的，该条款不产生效力。

我们就您和被保险人的有关情况提出询问，您应当如实告知。

如果您故意或者因重大过失未履行前款规定的如实告知义务，足以影响我们决定是否同意承保或者提高保险费率的，我们有权解除本合同。

如果您故意不履行如实告知义务，对于本合同解除前发生的保险事故，我们不承担给付保险金的责任，并不退还保险费。

如果您因重大过失未履行如实告知义务，对保险事故的发生有严重影响的，对于本合同解除前发生的保险事故，我们不承担给付保险金的责任，但应当退还保险费。

我们在合同订立时已经知道您未如实告知的情况的，我们不得解除合同；发生保险事故的，我们承担给付保险金的责任。

第二十一条　我们合同解除权的限制

前条规定的合同解除权，自我们知道有解除事由之日起，超过30日不行使而消灭。自本合同成立之日起超过2年的，我们不得解除合同；发生保险事故的，我们承担给付保险金的责任。

第二十二条　年龄错误

您在申请投保时，应将与有效身份证件相符的被保险人的出生日期在投保单上填明，如果发生错误，按照下列方式办理。

1. 您申报的被保险人年龄不真实，并且其真实年龄不符合本合同约定投保年龄限制的，在保险事故发生之前我们有权解除合同，并向您退还保险单的现金价值。我们行使合同解除权适用"我们合同解除权的限制"的规定。

2. 您申报的被保险人年龄不真实，致使您实付保险费少于应付保险费的，我们有权更正并要求您补交保险费。若已经发生保险事故，在给付保险金时按实付保险费和应付保险费的比例给付。

3. 您申报的被保险人年龄不真实，致使您实付保险费多于应付保险费的，我们会将多收的保险费退还给您。

第二十三条　性别错误

您在申请投保时，应将与有效身份证件相符的被保险人的性别在投保单上填明，如果发生错误，按照下列方式办理。

1. 您申报的被保险人性别不真实，致使您实付保险费少于应付保险费的，我们有权更正并要求您补交保险费。若已经发生保险事故，在给付保险金时按实付保险费和应付保险费的比例给付。

2. 您申报的被保险人性别不真实，致使您实付保险费多于应付保险费的，我们会将多收的保险费退还给您。

第二十四条　未还款项

我们在给付各项保险金、退还现金价值或返还保险费时，如果您有欠交的保险费或其他未还款项，我们会在扣除上述款项及累积利息后给付。您欠交的保险费或其他未还款项将以保单贷款的方式计算累积利息。

关于保单贷款请参见第十八条。

第二十五条　保险合同的终止

除本合同另有约定外，本合同在发生下列情况之一时自动终止：

1. 本合同期满日零时。

2. 我们已按本合同的约定给付身故保险金。

3. 本合同内约定的其他终止情况。

通过对太平福禄金生养老年金保险条款的分析发现以下要点。

第一，投保年龄为出生后满28日至55周岁，不接受55周岁之后的投保，体现出年金保险的特点。

第二，该保险属于定期年金，保险期间为自本合同生效日零时起至被保险人年满88

周岁后的首个保险单周年日零时止。

第三，提供领取年龄为 55 周岁、60 周岁两种方式，并且领取年龄确定后不得变更。

第四，保险责任包括身故保险金、养老年金、满期保险金。

第五，该保险不仅有犹豫期，也有宽限期。犹豫期是指投保人可以在基本没有损失的条件下解除保险合同的期限，为 15 日。宽限期是指在分期支付保险费的情况下，自保险费约定支付日的次日零时起 60 天，在宽限期内发生保险事故，保险公司承担保险责任，但宽限期后投保人没有继续支付保险费，则合同效力中止。

第六，该保险提供保单贷款，时间在犹豫期之后，前提是保单具有现金价值，贷款提供者为保险公司，贷款最低金额为 1 000 元，最高金额不超过保单现金价值的 80%。

9.2.3　健康保险

9.2.3.1　健康保险的含义及特征

健康保险是补偿被保险人在保险有效期间因疾病、分娩或意外伤害而接受治疗时所发生的医疗费用，或补偿被保险人因疾病、意外伤害导致伤残或因分娩而无法工作时的收入损失的一种保险。

构成健康保险所指的疾病必须具有三个条件：其一，必须是由于明显的非外来原因所造成的；其二，必须是由于非先天的原因所造成的；其三，必须是由于非长期存在的原因造成的。

健康保险多以一年期的短期合同为主。定价主要采用非寿险精算技术，在制定费率时主要考虑疾病发生率、伤残发生率和疾病持续时间。健康保险主要是补偿性的给付，强调对被保险人因伤病所致的医疗花费或收入损失提供补偿，这种损失补偿的特征是人寿和意外伤害保险所不具备的。健康保险的理赔认定带有一定的主观性，保单有效期内可能会出现多次理赔，索赔金额的差异比较大，因而健康保险合同中有关保险责任部分的条款就显得比较复杂。有些条款是特有的，包括体格检查和尸体解剖条款、法律行为条款、既往症除外条款、等待期条款、免赔额条款和共保条款等。

9.2.3.2　健康保险的种类

（1）医疗费用保险

医疗费用保险简称医疗保险，主要补偿被保险人因疾病或意外事故所导致的医疗费用支出。医疗费用保险可以补偿的医疗费用主要包括门诊费、药费、住院费、护理费、医院杂费、手术费用和各种检查治疗费等。常见的医疗保险有：

普通医疗保险，又称基本医疗保险，主要补偿被保险人因疾病和意外伤害所导致的直接费用，对各项医疗费用的补偿一般都有严格的上限规定，同时很多医疗费用都被排除在保障范围之外；

综合医疗保险，保险责任一般包括住院床位费、检查检验费、手术费、诊疗费等，还包括对门诊医疗费和某些康复医疗费，如对假肢、人工关节和轮椅、救护车等费用进行补偿。给付限额相对较高，一般不存在医疗服务费用的单项限额，只设置一个总的赔付限额，除外责任也较少；

补充医疗保险，对特定的医疗费提供保障的医疗保险产品，包括住院津贴保险、特殊疾病医疗保险等；

特种医疗费用保险，主要包括牙病保险、处方药保险、眼科检查和视力矫正保险等。

（2）伤残收入损失保险

伤残收入损失保险又称失能收入保险，主要补偿被保险人因疾病或意外伤害事故所导致的收入损失。其是当被保险人因伤病而全部或部分丧失工作能力时，由保险人定期给付保险金以补偿被保险人收入损失的一种健康保险产品，伤残收入损失保险分为短期失能保险和长期失能保险。

失能收入保险一般按月或按周进行给付，被保险人投保时约定的给付金额有一个最高限额，通常确定为被保险人正常税前收入的50%~70%。确定最高给付限额的目的是防止被保险人丧失工作能力时所得保险金的补偿额超过有工作能力时的收入水平。失能收入保险的给付一般有三个月或半年的免责期，规定免责期的目的是为排除那些因小伤、小病短期无法工作的情况。同时，失能收入保险的保险金还有一定的给付期间，同样的保险金给付额，给付期间越长则费率越高。短期失能保险的保险金给付期间一般为1~5年，长期失能收入保险则可达5~10年，有部分失能收入保险规定保险金的给付可以持续到被保险人满60岁或65岁。

（3）长期护理保险

长期护理保险又称老年看护险，是对被保险人因失能而生活无法自理，需要入住康复中心或需要在家中接受他人护理时的种种费用提供补偿的一种健康保险。合同中一般规定有每日最高的保险金数额。大多数长期护理保险都有一定的免责期，此外，保险金的给付也有一定的给付期限，从免责期结束开始，一般到被保险人恢复生活自理能力后的60天为止。

长期护理保险对提供护理服务的人员和机构有严格的规定，同时还有严格的除外责任规定，如由投保前就存在的既往症所导致的生活自理能力丧失一般就作为除外责任，精神、神经疾患或情感障碍，酗酒和吸毒以及自杀自伤做导致的生活能力丧失一般也在除外之列。由于投保人购买长期护理保险时无法准确估计当其需要接受他人照顾时的实际花费会达到何种水平，为了抵御通货膨胀的影响，某些长期护理保险会提供递增的保险金给付，增加的幅度通常按照物价指数的大小确定或者规定一个固定的增加比例。

9.2.4　意外伤害保险

意外伤害是指在被保险人没有预见到或违背被保险人意愿的情况下，突然发生的外来致害物对被保险人的身体造成明显、剧烈侵害的客观事实。意外伤害保险是指以意外伤害而致身故或残疾为给付保险金条件的人身保险，其基本保障内容包括死亡给付、残疾给付和医疗给付等。人身意外伤害保险只承担意外伤害责任，不承担疾病等其他保险事故的给付义务。

9.3　财产保险与理财

9.3.1　财产保险的特征

财产保险有广义和狭义之分。广义的财产保险是以财产及其有关的经济利益和损害赔偿责任为保险标的的保险；狭义的财产保险是以物质财产为保险标的的保险，一般称为财产损失险。根据《中华人民共和国保险法》第九十五条规定："财产保险业务，包括财产损失保险、责任保险、信用保险、保证保险等保险业务。"这意味着，按照保险业务的划分，除了人身保险以外的各种保险，均可归为财产保险。

与人身保险相比，财产保险的主要特征如下。

第一，财产风险的多样性。财产保险面对的风险是多种多样的，各种自然灾害、意外事故、法律责任以及信用行为均构成财产保险承担的保险责任。

第二，保险标的价值的可衡量性。财产保险以财产及其有关利益为保险标的，而且要求其必须是可以用货币衡量价值的财产或利益，无法用货币衡量价值的财产或利益不能作为财产保险的保险标的。

第三，保险利益产生于人与物之间的关系，即投保人与投保标的之间的关系。这具体包括三个方面：①所有权，即对财产享有占有、使用、处置的权利；②根据所有权，即使财产非本人所有，但在一定时间内代他人负责保管而具有的权利；③债权，因债权债务关系而产生保险利益。

第四，保险金额的确定具有客观依据。财产保险保险金额的确定一般参照保险标的的实际价值，或者根据投保人的实际需要状况参照最大可能损失，根据最大可能损失确定其所购买的财产保险的保险金额。

第五，保险期限较短。大部分财产保险的保险期限较短。通常，普通财产保险的保险期为 1 年或者 1 年以内，保险期限就是保险人实际承担保险责任的期限。

9.3.2　财产损失保险

财产损失保险范围十分广泛，包括海上保险、货物运输保险、火灾保险、运输工具保险、工程保险和农业保险等。本书主要对与个人及家庭金融理财相关的保险加以介绍。

9.3.2.1　家庭财产保险

家庭财产保险是以城乡居民室内的有形资产为保险标的的一种保险，它为居民或家庭遭受的财产损失提供及时的经济补偿。家庭财产保险适宜城乡居民等个人及其家庭成员的自有财产，代他人保管的财产或与他人所共有的财产作为保险对象的保险。附加险有盗窃险、家用电器维修险等。家庭财产保险的赔偿一般采用第一危险赔偿方式，即在保险金额范围内的损失全部由保险人承担，超出部分才由被保险人自己承担，即使被保险人没有足额投保。

我国目前开办的家庭财产保险主要有以下几类。

（1）普通家庭财产险

普通家庭财产险是面向城乡居民家庭的基本险种，承保城乡居民所有的存放在固定地址范围内且处于相对静止状态下的各种财产物资。

（2）家庭财产两全险

家庭财产两全险是一种兼具经济补偿和到期还本性质的险种。它与普通家庭财产险的区别在于，家庭财产两全险是缴纳保险储金，而普通家庭财产险是缴纳保险费。例如，每份保险金额为 1 000 元的家庭财产两全险，保险储金为 100 元，投保人根据保险金额一次性缴纳保险储金，保险人将保险储金的利息作为保险费。保险期满后，无论保险期内是否发生赔付，保险人都将如数退还全部保险储金。

（3）投资保障型家庭财产保险

投资保障型家庭财产保险不仅具有保障功能，还具有投资功能。这种保险的投资金按份购买，例如，每份保险投资金为 1 000 元，且保险金额为 10 000 元，则投保人不但可得到保险金额为 10 000 元的保险保障，而且在保险期满后，无论是否获得过保险赔偿，被保险人均可以领取本金 1 000 元并可以得到一定的投资收益。

（4）个人贷款抵押房屋保险

个人贷款抵押房屋保险承保以房屋作抵押，向商业银行申请贷款的被保险人因火灾、爆炸、台风、洪水、雷击、泥石流、雪灾、雹灾、龙卷风等原因造成抵押房屋的损失以及为抢救房屋财产支付的合理施救费用。

9.3.2.2 汽车保险或机动车辆保险

在这一保险中，保险人负责赔偿被保险人因自然灾害和意外事故而蒙受的汽车车辆损失，以及对第三者应承担的经济责任。

（1）机动车辆基本险

机动车辆损失险和机动车辆第三者责任险是机动车辆的基本险。

车辆损失险是以机动车辆本身为保险标的，当保险车辆遭受保险责任范围内的自然灾害或意外事故，造成保险车辆本身损失时，保险人依据保险合同的规定给予赔偿的保险。

机动车辆第三者责任险是承保被保险人或者其允许的合格驾驶人在使用被保险车辆过程中，因发生意外事故致使第三者遭受人身伤亡或财产的直接损毁而依法或依据保险合同应承担的经济赔偿责任的一种保险。

（2）附加险

在投保了机动车辆损失险和机动车辆第三者责任险的基础上，投保人可以选择附加险，包括全车盗抢险、玻璃单独破碎险、车辆停驶损失险、自燃损失险、车身划痕损失险、车上人员责任险、车上货物责任险等。

9.3.3 责任保险

责任保险是在被保险人依法应负损害赔偿责任时，由保险人承担其赔偿责任的保险。这种保险以被保险人依法应承担的责任为保险标的，以第三人请求被保险人赔偿为保险事故，其保险金额即被保险人向第三人所赔偿的损失价值。

9.3.3.1 出租人责任保险

出租人责任保险是在被保险房屋内（包括被保险房屋的阳台、庭院）因意外事故导致承租人的人身伤亡，依法应当由出租人（被保险人）承担经济赔偿责任，保险人在赔偿限额内进行赔偿。

9.3.3.2 家政服务人员责任保险

家政服务人员责任保险是在保险合同的有效期内，被保险人所雇佣的家政服务人员在家政服务过程中遭受意外伤害事故导致的人身伤亡，依法应当由被保险人承担经济赔偿责任，保险人在赔偿限额内进行赔偿。

9.3.3.3　家养宠物责任保险

家养宠物责任保险是在保险合同有效期内，被保险人饲养的宠物造成第三者的人身伤害或死亡，保险人在赔偿限额内负责赔偿由此产生的治疗和处置费用以及给第三者造成的损失等。

9.3.3.4　高空坠物责任保险

高空坠物责任保险规定在保险合同的有效期内，在被保险房屋内（包括被保险房屋的阳台、庭院），因发生高空坠物事故导致第三者的人身伤亡或财产的直接损失，依法应当由被保险人承担经济赔偿责任，保险人在赔偿限额内进行赔偿。

中国人民财产保险股份有限公司

个人账户资金安全保险条款（2016）（节选）

第二条　本保险合同所指的被保险人，为存折、银行卡、网银账户以及经中国人民银行批准的支付机构账户（以下简称"第三方支付账户"）的所有人或他人信用卡附属卡的合法持有人。

保险标的

第三条　本保险合同的保险标的为"被保险人的个人账户"，包括以下内容。

（一）被保险人名下的存折。

（二）银行卡，包括：被保险人名下的借记卡；被保险人名下的信用卡主卡及与其关联的附属卡；以被保险人为持卡人的信用卡附属卡。

（三）被保险人名下的网银账户。

（四）被保险人名下的第三方支付账户（包括但不限于支付宝、财付通、易付宝、微信钱包等）。

（五）其他经保险人同意的被保险人的个人账户也可以成为本保险合同的保险标的。

投保人就以上各项保险标的可以选择投保，并以保险单载明为准。

第四条　在保险期间内，由于下列原因造成保险标的的损失，保险人按照本保险合同的约定负责赔偿。

（一）被保险人的个人账户因他人盗刷、盗用、复制而导致的资金损失。

（二）被保险人的个人账户被他人在银行柜面及 ATM 机器上盗取或转账导致的资金损失。

（三）被保险人在被歹徒胁迫的状态下，将其个人账户交给他人使用，或将个人账户的账号及密码透露给他人导致的资金损失。

（四）被保险人名下的信用卡主卡所关联的附属卡的持卡人在被歹徒胁迫的状态下，将附属卡交给他人使用，或透露该附属卡账号及密码给他人导致的资金损失。

第五条　保险事故发生后，被保险人为防止或减少保险标的的损失所支付的必要的、合理的费用，保险人按照本保险合同的约定也负责赔偿。

责任免除

第六条 下列原因造成的损失、费用，保险人不负责赔偿。

（一）投保人、被保险人及其代表的故意、重大过失或犯罪行为。

（二）行政行为或司法行为。

（三）被保险人的个人账户在借给他人使用期间所导致的资金损失。

（四）在没有被胁迫的情况下，被保险人或被保险人的信用卡主卡所关联的附属卡持有人主动向他人划转资金或付款的行为，以及主动向他人透露个人账户号及密码导致的资金损失。

（五）被保险人的个人账户在挂失或冻结前72小时以外的损失。

（六）被保险人或被保险人的信用卡主卡所关联的附属卡持有人未遵循银行账户及第三方支付账户使用规范，导致的资金损失。

第七条 下列损失、费用，保险人也不负责赔偿。

（一）被保险人的间接损失。

（二）本保险合同中载明的免赔额以及按本保险合同中载明的免赔率计算的免赔额，两者以高者为准。

第八条 保险金额由投保人和保险人协商确定，并在保险单中载明。

投保人和保险人也可以协商确定每次事故赔偿限额，并在保险单中载明。

第九条 免赔额（率）由投保人与保险人在订立保险合同时协商确定，并在保险单中载明。

保险期间

第十条 除另有约定外，保险期间为一年，以保险单载明的起讫时间为准。

保险人义务

第十一条 本保险合同成立后，保险人应当及时向投保人签发保险单或其他保险凭证。

第十二条 保险事故发生后，投保人、被保险人提供的有关索赔的证明和资料不完整的，保险人应当及时一次性通知投保人、被保险人补充提供。

第十三条 保险人收到被保险人的赔偿请求后，应当及时就是否属于保险责任作出核定，并将核定结果通知被保险人。

投保人、被保险人义务

第十四条 投保人应履行如实告知义务，如实回答保险人就保险标的或被保险人的有关情况提出的询问，并如实填写投保单。

第十五条 除本保险合同另有约定外，投保人应在保险合同成立时一次交清保险费。

第十六条 保险事故发生时，被保险人应当尽力采取必要的措施，防止或者减少损失。投保人、被保险人知道保险事故发生后，应当及时通知保险人。

第十七条 发生保险责任范围内的损失，应由有关责任方负责赔偿的，被保险人应行使或者保留向该责任方请求赔偿的权利。

在保险人向有关责任方行使代位请求赔偿权利时，被保险人应当向保险人提供必要的文件和其所知道的有关情况。

第十八条　被保险人向保险人请求赔偿时，应提交以下单证。

（一）与个人账户被盗刷、盗用、盗取、转账等相关的交易记录。

（二）有关损失资金的流向记录，例如涉及转账，需提供收款方姓名及账号等信息。

（三）个人账户挂失或冻结时间证明。

（四）公安机关证明。

通过对中国人民财产保险股份有限公司个人账户资金安全保险条款（2016）的分析发现：

第一，个人资金账户安全险具体保障被保险人的个人账户因他人胁迫、盗刷、盗用、复制而导致的资金损失；

第二，在境外发生的保险事故可以理赔，被保险人境内外的账户都受到保障；

第三，手机中毒或者进入钓鱼网站导致资金损失不在责任免除之列，可以承保；

第四，居民名下第三方支付账户中的资金被盗可以理赔；

第五，理赔需要公安机关开具证明，如果被盗金额较少，无公安机关证明，则不可以理赔；

第六，可以投保多份，最高保额100万元；

第七，被保险人具有妥善保护自身账户及银行卡的义务，因而，该保险条款具有免除责任，而且，间接损失很难计算，也在免除责任之列；

第八，该保险具有免赔额条款，可以由保险公司和投保人在订立保险合同时协商确定，并在保险单中载明，免赔额以内的损失由被保险人自己承担，从而降低了保险公司的成本，也降低了投保人的成本；

第九，保险期限为一年，为短期保险合同，也体现了财产保险期限短的特点。

9.4　保险产品在投资理财方面的运用

9.4.1　保险产品在理财规划中的定位

有些人觉得，购买了保险仿佛期盼着"厄运降临"；其实不然，购买了保险是为了让人们在"厄运降临"时可以平安度过。而且，保险产品在理财规划中占据着重要地位。

9.4.1.1　强化风险保障是金融理财的基本目的

平滑现金流是金融的基本功能。一方面，家庭可以通过投资、借款等方式，平滑自己的现金流，这种现金流往往都是可预测的，不确定性较小；另一方面，家庭会面临不可预测的现金流波动，特别是大额的现金流支出，此时，保险产品为人们提供了低成本的平滑现金流的方式，从物质层面上保证了生活的稳定性。

9.4.1.2　保险产品是转移大额损失风险的有效手段

风险不能灭失，但可以被转移。在生活中，可能会遇到这样的事件：发生的概率很小，但如果发生，则该家庭会遭受大额损失，甚至出现负债累累的情况。在这种情况下，其他的风险分散方式无法解决问题，保险产品发挥了不可替代的作用。家庭通过购买保

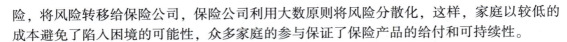

险，将风险转移给保险公司，保险公司利用大数原则将风险分散化，这样，家庭以较低的成本避免了陷入困境的可能性，众多家庭的参与保证了保险产品的给付和可持续性。

9.4.1.3　保险产品改变了资产组合的结构

在构建资产组合的过程中，不同保险产品的作用存在差异。

第一，其他产品无法替代的保险产品。在上文中，我们已经阐述过，对于某些发生概率很小但损失很大的事件，通过购买保险，可以将这种风险转移。此时，保险产品的作用是其他理财产品无法替代的。

第二，具有替代性的保险产品。有些保险产品，特别是人寿保险产品、年金保险产品，是具有储蓄性质的保险产品，银行储蓄、银行理财产品、债券、基金等对其具有一定程度的替代性。因此，这类保险产品的投资额度与储蓄性质的资产的整体额度相关，也与其他具有储蓄性质的资产规模相关。

第三，保险产品对预防性货币需求的影响。保险产品对家庭预防性货币需求的影响较大。顾名思义，预防性货币需求是指为了应对未来不确定的现金流支出而产生的需求。保险产品的存在，将未来现金流支出的不确定性降到最低，因此降低了家庭的预防性货币需求。

第四，保险产品对投资资产的影响。保险产品的存在对可用于投资资产的规模和结构都会产生影响。一方面，保险产品提供的风险转移方式成本较低，因此，增加了可用于投资高风险、高收益资产的数额；另一方面，与其他可替代性金融产品相比，保险产品的收益可以免税。因此，在低风险、低收益的资产品种中，保险产品具有其比较优势。

9.4.2　选择保险产品的原则

选择保险产品的原则包括必需保险优先原则、重视风险程度原则、避免重复购买原则、保险保障突出原则、保险主附搭配原则。

9.4.2.1　必需保险优先原则

对于不同的家庭而言，保险可以分为必需的保险、重要的保险和可选的保险。必需的保险主要用于应对会使整个家庭陷入财务困境甚至资不抵债情况的保险事故；重要的保险主要用于应对改变家庭资产负债结构的保险事故；可选的保险主要用于应对在一定程度上减少家庭收入和资产的保险事故。不同的家庭、同一家庭的不同阶段，对保险的需求存在差异，但需要对必需的保险、重要的保险和可选的保险进行排序，这样才能将有限的资产分配在对家庭最重要的保险产品上，从而实现保障的最优化。

9.4.2.2　重视风险程度原则

保险是对风险的保障，因此，风险程度影响着保险需求。一方面，发生损失的可能性越高，保险的需求越大，这是因为家庭转移风险的需求更加迫切；另一方面，损失的严重性越大，保险需求也越大。对于某些高额损失，整个家庭无法通过其他方式和途径加以应对，只能通过保险进行转移，此时，保险产品具有不可替代性，购买保险是家庭的最优选择。

9.4.2.3　避免重复购买原则

保险可以分为社会保险和商业保险。社会保险是指国家为了预防和强制社会多数成员参加的，具有所得重分配功能的非营利性的社会安全制度，主要包括养老保险、医疗保险、失业保险、工伤保险、生育保险。商业保险是指通过订立保险合同、以营利为目的的保险形式，由专门的保险企业经营。社会保险在一定程度上具有强制性，而家庭可以自主选择商业保险。在选择商业保险的过程中，家庭需要将已有的社会保险纳入考虑的范围。例如，如果已经有了养老保险，那么，需要考虑年金保险未来的偿付对养老保险偿付的增加额。此外，在购买保险的过程中，注意避免商业保险的重复购买。例如，对于医疗保险而言，根据补偿原则，保险给付金额不超过实际花费金额，那么，如果出现了医疗保险事故，那么，先进行社会保险理赔，再由商业保险公司对差额部分进行理赔，即使投保了多家保险公司的多份保单，也无法进行重复理赔。但是，有些定额给付型的商业医疗保险，不论医疗费用的数额是多少，保险公司都会按照合同约定的数额给付保险金。

9.4.2.4　保险保障突出原则

购买保险产品是购买保险产品带来的保障，投资是第二位的。因此，在购买保险的过程中，根据先保障后投资的顺序，选择适合家庭的保险产品。因此，意外伤害保险、健康保险、车辆损失险、第三者责任险等保障功能突出的保险产品需要优先考虑；年金保险、教育保险、万能保险等储蓄投资功能较高的保险产品的排序较后。此外，很多保险产品，特别是人寿保险、年金保险，适合长期持有，不仅可以较早地获得风险保障，而且费率较低。

9.4.2.5　保险主附搭配原则

在购买保险的过程中，先主险后附加险。例如，在社会保险的基础上，对重大疾病保险、健康保险、意外伤害保险等产品进行考虑。同时，在购买商业保险的过程中，也需要坚持主附搭配原则，例如，在购买两全寿险的基础上，附加其他的医疗保险等。此外，对于家庭成员而言，购买保险的顺序应该是先大人后小孩、先中年后老年，坚持家庭支柱优先的原则，家庭支柱的存在保证了家庭整体的稳定。

9.4.3　选择适合的保险产品

9.4.3.1　家庭生命周期不同阶段的保险产品选择

在结婚之前，个人单身生活，健康状况良好，无家庭负担，收入低但稳定增长，保险需求不高，可以选择意外险和必要的健康保险，以减少因意外或疾病导致的直接或间接经济损失。同时，也可以考虑购买定期寿险，如果被保险人身故，保险金可以作为赡养父母的费用。在成立家庭之后，根据家庭生命周期不同阶段的特征、风险偏好，选择不同的保险产品。

（1）家庭形成期的保险产品

在家庭形成期，家庭的主要特征是夫妻结婚并生养子女，年龄较轻，身体健康，或者购房，或者与父母同住，净资产较少。

第一，从净资产方面看，净资产较少，家庭积累有限，能够进行保险投资的资金有限，因此，对于整个家庭而言，应该选择保费较低但必不可少的保险产品，如意外伤害险等。

第二，从年龄和健康程度方面看，夫妻双方年龄较轻，身体健康，对健康保险的需求相对较低，因此，在保险产品的排序中，健康保险的排序相对较后。当然，在年轻时购买保险，保费通常较低。

第三，从房屋贷款方面看，如果选择以住房按揭贷款的方式购房，那么，可以选择抵押贷款偿还保险等定期寿险，以房贷金额和家庭成员五年开销之和为保险金额，以保障贷款偿还人身故后对家庭在经济方面的影响；从支付方式看，为了降低当前的支出，可以采取分期缴纳保费的方式。

第四，从生育子女方面看，如果有需要可以选择母婴保险，对孕妇和新生儿均有保证，是非常全面并具有针对性的孕妇保险。同时，不同保险公司母婴保险的侧重点存在差异，有的侧重于对孕妇的死亡保险，有的侧重于对新生儿的保障。而且，不同母婴保险产品的免除责任也存在区别，不同家庭可以根据自身情况进行选择。

（2）家庭成长期的保险产品

在家庭成长期，家庭成员数量固定，夫妻正值壮年，资产不断增加，负债不断减少，净资产稳中有升。

第一，从房屋贷款方面看，如果购买了抵押贷款偿还保险等定期寿险，那么，需要按照保险合同的约定继续支付保险费，并将此项支出作为必要性支出。

第二，从年龄和健康程度看，夫妻双方正值壮年，身体健康，对健康保险的需求较低，但意外伤害、夫妻健康保险等产品对家庭的风险保障十分重要，可以作为必要性的购买产品。

第三，从子女需求方面看，子女年龄较小，可以选择意外伤害、健康保险中针对青少年的保险产品。

第四，从未来教育支出方面看，可以选择教育保险作为积累教育金的方式，不同家庭可以选择纯粹的教育保险、固定返还的教育保险以及理财型教育保险。教育保险不仅具有储蓄功能，可以在被保险人一定年龄后按期给付一定金额的教育金，还可为被保险人提供意外伤害或疾病身故等方面的给付及身故或高残保费豁免的优势。但是，教育保险的流动性较差，不能提前支取，而且对家庭来讲是长时期的必要支出。

（3）家庭成熟期的保险产品

在家庭成熟期，子女独立，夫妻二人生活，身体较为健康，净资产的数量达到峰值。

第一，从房屋贷款方面看，如果住房抵押贷款尚未还完，那么，与之相对应的抵押贷款偿还保险需要继续支付保险费。但随着住房抵押贷款全部偿还完毕，此部分保费支出也结束。

第二，从年龄和健康程度方面看，此阶段家庭对健康保险的需求增强，在意外伤害等保险产品的基础上，增加重大疾病、医疗等保险产品的投保支出，降低疾病等原因对家庭的伤害。

第三，从积累退休金方面看，年金保险等保险产品可以作为积累退休金的可选形式，选择适合自己的年金保险产品，增加退休后的收入来源，保证退休前和退休后收入的稳定性。

第四，从投资方面看，保险的基本功能是保障而不是投资，但保险收入存在避税的优势，可以选择投资型的保险产品丰富资产组合，分散风险。需要注意的是，在购买投资型保险的过程中，需要客观评价其风险程度。

（4）家庭衰老期的保险产品

在家庭衰老期，家庭成员只有夫妻二人或者只剩一方，年龄在60~80岁者居多。

第一，从保险需求方面看，对意外伤害、重大疾病、医疗等保险产品的需求较高，如果可以，考虑购买相应的保险，降低风险暴露水平。

第二，从保险偿付方面看，在这一阶段，之前购买的年金保险进入给付阶段，可以利用年金给付增加自己的退休收入。另外，不建议新增投资型保险的支出，需要降低投资组合的风险。

9.4.3.2　不同特点家庭的保险产品选择

家庭生命周期主要表述了一般家庭要经历的不同阶段，但是，不同的家庭也存在各自的特点，这些家庭特点会对保险选择产生影响。

（1）家庭财务情况与保险产品的选择

第一，从家庭财产种类看，家庭财产种类引发了对保险的需求。例如，对于拥有车辆的家庭而言，与车辆相关的机动车交通事故责任强制保险（简称交强险）是必须要购买的保险，同时，也可以考虑购买车辆损失险、第三者责任险、全车盗抢险、玻璃单独破碎险等其他保险产品。再如，可以根据家庭情况，决定是否购买家庭财产险。

第二，从家庭收入来源看，家庭收入来源决定了收入的稳定性。例如，与主要依靠资产收入的家庭相比，主要依靠工作类收入的家庭对保险的需求可能更高。一般而言，财富规模越大，资产收入占家庭总收入的比重越大，家庭的抗风险能力较强；相反，如果一个家庭的收入主要依靠家庭支柱的工作类收入，那么，家庭支柱的健康情况、工作稳定性等会对该家庭产生重要的影响。因此，对于意外伤害保险、重大疾病保险、住房抵押贷款保险、年金保险等产品的需求更加强烈。但是，如果从避税的角度考虑，对于财富规模较大的家庭，年金保险和投资型保险都是较好的选择。

第三，从家庭支出情况看，家庭支出情况决定了可以选择的保险种类和缴费方式。意外伤害保险等产品属于短期的保险产品，可以根据情况进行调整；但是，年金保险等属于长期的保险产品，其保费的缴纳期限可能会持续十年以上。因此，对于净资产较少的家庭而言，这意味着必要性支出的长期增加。而且，对于支出紧张的家庭而言，通常采取分期缴纳保费而非趸缴保费的方式。

（2）家庭偏好与保险产品的选择

不同的家庭有不同的偏好，这种家庭特点也影响着保险产品的选择。

第一，对于偏退休型的家庭而言，退休后的高品质生活对家庭成员的效用更高。因此，在工作时期，可以选择意外伤害、重大疾病等保险，降低高额损失发生的可能性，避免由于大额支出对储蓄积累的负向影响；同时，可以选择年金保险等产品，为退休时期增加收入来源。此外，在退休后，也可以选择与旅游、户外运动等相关的保险产品。

第二，对于偏当前享受型的家庭而言，储蓄率偏低，可以选择意外伤害等保险费较低但保障程度较好的保险；同时，重视对养老金的积累，选择年金保险等产品强制储蓄。

第三，对于偏购房型的家庭而言，为了拥有自用住房需要承担高额的债务负担，住房对这类家庭非常重要。因此，需要考虑购买住房抵押贷款保险，降低房屋的风险暴露水平。同时，如果在偿还房贷之后仍有余钱，可以购买意外伤害保险、健康保险等，对家庭在其他方面的风险提供保障。

第四，对于偏子女型的家庭而言，子女方面的支出数额较大，可以选择教育保险等产品积累教育金，同时，为了避免过于偏重子女而积累较少的退休金，也可以选择年金保险等产品。此外，家庭成员的意外伤害保险也是十分必要的。

素养提升

购买保险时需要注意的问题

● **弄清需要购买的保险产品**

在购买保险之前，人们应该清楚保险所保障的内容、手续费、缴纳方式等，选择适合自己需求的保险产品。不要盲目相信保险业务人员的口头推销，应该重视保险的合同条款。例如，假设某人需要购买定期寿险，他需要了解：第一，该保险合同的保险金额是多少？第二，保险期是多长时间？第三，保险责任包括哪些？第四，免除责任包括哪些？第五，保险费如何缴纳？等等。在充分地了解了保险合同的主要内容之后，才能判断该保险是否适合自己的需求。

● **选择适合自己的保险公司**

一般而言，人们应该选择经济实力和资信状况较高的保险公司。衡量保险公司财务状况的指标包括偿付能力和现金流情况。偿付能力通常利用净资产和净资产比率来衡量，净资产是总资产与总负债的差额，是反映保险公司偿债能力的重要指标；净资产比率是净资产与资产总额的比率，可以对不同规模的保险公司进行比较，一般而言，净资产绝对额越大、净资产比率越高的保险公司偿付能力越好。现金流情况通常利用流动比率来衡量，流动比率又称营运资金比率，是流动资产与流动负债的比率，反映保险公司短期偿债能力或赔款能力，一般而言，流动比率越高，保险公司的赔款能力越强，短期偿债能力越强。

● **比较相似保险产品的价格**

价格不是人们购买保险产品需要考虑的首要因素，却是影响人们保险产品选择的重要因素。如果其他条件相同，那么，人们更愿意选择价格较低的保险产品。但是，在比较价格的过程中，需要注意保险产品之间是否具有可比性，没有可比性的保险产品，不能简单地对其价格进行比较。第一，保险险种是否相同？不同的险种不能进行比较；第二，在同一险种下，免除责任是否相同？免除责任多的保险产品价格较低；第三，对财务状况、服务质量等非价格因素进行比较，如果某家保险公司财务状况不好，服务质量较差，那么，即使价格较低，人们获得的综合保险体验也较差。同时，在购买保险的时候，如果某部分损失人们可以以免赔的方式自留，那么，保费会大幅度降低，这是由于免赔的存在降低了保险公司在理赔等方面的成本，也降低了被保险人的道德风险。此外，不同的保险公司有其发展的侧重点和优势产品，人们可以对其优势产品进行重点关注。

● **考虑保险服务和理赔实践**

保险业是一种服务行业，在一定程度上，人们购买保险就是购买了保险公司的服务，因此，服务是人们在购买保险时需要考虑的重要因素。第一，在购买保险之前，保险经纪人在保单合同内容讲解方面的服务如何？第二，在购买保险之后，保险公司在转换保单类型、质押贷款等方面的服务如何？第三，在发生事故之后，保险公司的理赔服务如何？保险公司的理赔服务非常重要，人们可以从保险监管当局、保险行业协会、新闻媒体、朋友等各个渠道对保险公司的理赔实践进行了解。

本章小结

　　保险是一种以经济保障为基础的金融制度安排。它通过对不确定性时间发生的数理预测和收取保险费的方法，建立保险基金；以合同形式，由大多数人来分担少数人的损失，实现保险购买者风险转移和理财计划的目标。保险的基本原则包括：最大诚信原则、可保利益原则、补偿原则和近因原则。

　　人身保险主要包括人寿保险、年金保险、健康保险、意外伤害保险等。

　　人寿保险是保险公司承诺当被保险人死亡时即进行保险金支付的保险，主要包括定期寿险和终身寿险。

　　年金保险是指保险金的给付采取年金这种形式的生存保险，而年金是一系列固定金额、固定期限的货币收支。

　　健康保险是为补偿被保险人在保险有效期内因疾病、分娩或意外伤害而接受治疗时所发生的医疗费用，或补偿被保险人因疾病、意外伤害导致伤残或因分娩而无法工作时的收入损失的一类保险。

　　财产保险有广义和狭义之分。广义的财产保险是以财产及其有关的经济利益和损害赔偿责任为保险标的的保险；狭义的财产保险是以物质财产为保险标的的保险，一般称为财产损失险。

　　保险产品是金融理财中不可缺失的一部分，在购买保险的过程中，需要坚持必需保险优先原则、重视风险程度原则、避免重复购买原则、保险保障突出原则、主附搭配原则，并且，需要结合家庭生命周期的不同阶段和不同家庭的特点，注意保险产品的内容、保险公司的经济实力、保险产品的价格、理赔实践等问题。

核心概念

　　保险　人寿保险　年金保险　责任保险　信用保证保险

复习思考题

　　1. 保险的基本原则有哪些？

　　2. 保险合同具有哪些特征？

　　3. 人寿保险包括哪些种类？不同种类的人寿保险的特点是什么？

　　4. 如果某个家庭想要购买保险产品，那么，你将会对其提出怎样的建议呢？

　　5. 个人（家庭）购买保险时需要注意哪些问题？

第 10 章　信托与理财

 问题导向

1. 什么是信托?
2. 信托的特点是什么?
3. 信托业务包括哪些类型?

 知识目标

1. 了解信托的含义及关系人。
2. 理解信托机构的性质及特点。
3. 掌握信托业务的类型。

 综合素养

1. 帮助学生理解信托的多元性和复杂性。
2. 提高学生在信托投资过程中的风险意识。
3. 培养学生运用信托进行理财的能力。

10.1　信托概述

信托(Trust)是指委托人基于对受托人的信任,将其财产权委托给受托人,由受托人按委托人的意愿以自己的名义,为受益人的利益或特定目的,进行管理和处分的行为。

10.1.1　信托关系人

信托关系人是指由于信托行为而发生信托关系的信托当事人。信托关系人有三个:委托人、受托人、受益人。

10.1.1.1　委托人

委托人是指设立信托时的财产所有者，即利用信托方式达到特定目的的人。首先，委托人必须是财产的合法拥有者，因为信托是委托他人管理财产从而达到一定目的的财产管理方式。委托人在设立信托时，不仅决定由谁来享受这些财产的权益，而且还要把财产转移给受托人，如果委托人不是财产的合法所有者，他就无权决定财产的受益人并转让信托财产。其次，委托人必须是具有完全民事行为能力的人，无民事行为能力人不能成为委托人，如未成年人或禁治产人。委托人可以是法人，也可以是自然人。在一项信托业务中委托人可以是一个人，也可以是几个人，即共同委托人。

委托人将财产转移给受托人以后，就不再拥有对这部分财产的处置权，而是由受托人根据信托合同自主处置信托财产。但在信托期间，委托人仍然享有以下权利：要求受托人按照订立的契约管理和处理信托财产的权利；对强制执行信托财产提出异议的权利；要求改变信托管理方式的权利；当受托人管理不当或违反信托契约时，要求受托人赔偿信托财产损失的权利；要求查阅与信托财产管理和处理有关的文件以及要求受托人对信托事务予以说明的权利；要求法院就信托事务进行检查的权利；对受托人的辞任予以承诺的权利；要求受托人辞任的权利；当信托结束而无信托行为规定的财产归属者时，取得信托财产的权利；当委托人享受全部信托收益时，解除信托关系的权利；变更受益人或者处分受益人的信托受益权的权利。

10.1.1.2　受托人

受托人是接受委托人委托，并按照委托人的指示对信托财产进行管理和处理的人。即受人之托，代人理财的人。受托人在信托关系中处于十分重要的地位，这主要表现在：委托人对受托人予以完全的信任，将信托财产转移给受托人，使受托人能以自己的名义去管理和处置这部分财产；而且，委托人是以信托财产运用后的实际经济效果来计算信托收益的，在受托人无过失的情况下，信托财产的经营风险由委托人承担。正因为如此，对受托人的资格要求、权限与责任的规定也就更严。对受托人资格的要求主要是：受托人必须具有民事行为能力，无民事行为能力的人，如未成年人、破产人等不能充当受托人。受托人可以是自然人，即个人受托，也可以是法人，即法人受托。在一项信托事务中，受托人可以是一个人，也可以是几个人，即共同受托。

受托人在信托事务中应恪尽职守，诚实、信用、谨慎、有效地管理信托财产。具体来说，受托人的责任和义务主要包括：①受托人应当遵守信托规定，并以受益人的最大利益为宗旨，处理信托事务；②受托人不得利用信托财产为自己谋取利益，禁止受托人为自己的利益利用信托财产从事任何交易；③受托人应当将信托财产与其自有财产以及其他信托财产分别管理；④受托人应当自己处理信托事务；⑤受托人应当设置账簿，说明信托事务的处理情况，保存一切交易的完整记录，并每年定期将信托财产及其收支情况报告委托人及受益人；⑥受托人如要辞任，须经委托人、受益人或信托监管部门同意。

受托人的权利主要有：①经营信托业务的受托人，有权取得报酬；②受托人因处理信托事务所支出的费用、负担的债务或者受到的损害，可以要求从信托财产中获得补偿，当信托财产不足以补偿以上费用、债务或者损害时，受托人可以要求受益人给予适当补偿。但如果是由受托人管理不当或受托人的过错造成的费用、债务或损害，受托人就没有上述要求补偿的权利了。

10.1.1.3　受益人

受益人是指在信托关系中享受信托财产收益的人。受益人享受的利益分为三种情况：①本金受益，即受益人只享受信托财产本身的利益；②收益受益，即受益人只享受信托财产投资后的收益；③全部受益，即受益人既享受信托财产本身的利益，又享受信托财产投资后的收益。受益人享受哪种收益要由委托人在信托契约中予以规定。受益人是由委托人指定的，受益人可以是一人，也可以是数人，委托人既可以指明某人作为受益人，也可以确定一个选择受益人的标准，凡是符合这个标准的都可以成为受益人。在信托关系人当中，关于受益人的资格几乎没有限制，除了法律规定禁止享受某些财产权的人之外，不论是法人还是自然人，不论有无民事行为能力的人，都可以成为受益人。

受益人在信托关系中的权利主要是：①享有同委托人一样的权利；②享受信托收益的权利；③解除信托的权利。受益人的义务是：不能妨碍受托人的正常工作，当信托财产不足以补偿管理费用、债务或损害时，有义务对受托人进行补偿。

委托人、受托人、受益人是信托的基本当事人，信托关系必须明确这三个当事人，如果当事人不明确，信托关系就无法确定。在实际信托事务中，委托人可以指定他人为受益人，也可以指定自己为受益人，前者是他益信托，后者是自益信托。从委托人和受托人的关系来看，一般来说，委托人设立信托的原因主要在于委托人无法亲自处理与财产有关的事项，所以才委托他人代为管理和处理。从这个意义上说，受托人应是委托人、受益人之外的第三人。但是，信托中也存在着这样一种信托形式，即由委托人充当受托人，如英美等国广泛实行的"宣言信托"就是这样一种信托形式，即由委托人宣告自己为受托人，并在信托期间为他人利益而占有信托财产，实际上信托财产并没有转移，这种信托同时必须是"他益信托"，否则信托设立就毫无意义了。从受托人和受益人的关系来看，一般来说，受托人不能同时又是受益人，否则设立信托同样毫无意义。

10.1.2　信托的特点

10.1.2.1　财产权是信托行为成立的前提

财产权是信托行为成立的前提是指委托人必须拥有信托财产的所有权，并将这些权利授予和转移给受托人。这两个条件必须同时存在，缺少一个则信托便不能成立。如果委托人没有财产的合法所有权，他就无法将财产信托出去，也无权决定这笔财产的最终归属。同时，如果委托人不把财产权授予或转移给受托人，受托人就无法开始信托，无法行使受托人的权利，信托也就无从谈起。所以，信托行为的确立必须具备上述两个条件。

10.1.2.2　信托是一种充分信任

充分信任是指信托当事人之间的信任。对任何信用关系来说，当事人之间必须有信任，这种信任可以是对人的信任，也可以是对物的信任。信托和其他信用关系一样，当事人之间也必须相互信任，然而与其他信用关系不同的是，信托更强调当事人之间的充分信任，特别是委托人和受益人对受托人的信任，这种充分信任表现为：在信托期间，委托人将财产的所有权授予和转移给受托人，并在信托期间不再拥有对这部分财产的处置权；受托人按照信托契约的规定自主运用信托财产，在不违反信托目的的前提下，对信托财产的运用不受任何人的干涉。

10.1.2.3 他人利益是信托的目的

他人利益是信托的目的是指委托人为了受益人的利益而设立信托，受托人为了受益人的利益而取得信托财产，并管理和运用信托财产，信托财产的收益由受益人享受。在信托实务中，委托人也常常以自己为受益人而设立信托，但这并不否认信托目的的他人受益原则，因为信托的设立必须具备三个当事人，即委托人、受托人和受益人。即使委托人充当受益人，在信托关系上也不能只确立委托人和受托人，必须同时明确受益人。受益人对信托的存续和终止具有绝对的权利。信托设立后，受益人的资格不能随意取消，未经受益人同意，委托人不能解除信托或终止信托，也不能随意变更受益人的权利，信托收益全部由受益人享受。在信托关系中，受托人是信托财产法律上的所有者，但是受托人对信托财产法律上的所有是为了受益人的利益，受托人对信托财产的所有权与对其固有财产的所有权不同，受托人对信托财产的所有权是一种有限的所有权。

10.1.2.4 按照实际原则计算信托损益

在尽职尽责管理信托财产的前提下，信托财产的损益应根据受托人经营的实际结果来计算，而不是由委托人或受益人事先确立一个标准。如果信托财产有收益，受托人就向受益人交付收益，收益多，交付的也多；如果没有收益，受益人就不享受收益；如果信托财产运用中的支出大于收益，受托人有权要求受益人给予补偿。也就是说，在受托人本身没有过错的情况下，受托人不承担信托财产运用的任何风险和损失，这是由于信托是基于委托人和受益人对受托人的充分信托，承认受托人对委托人和受益人忠贞无私、诚实可靠，当然这种信任是建立在受托人严格执行信托契约规定的基础上，如果受托人没有按照委托人的意愿或信托契约的规定管理和运用信托财产，从而造成信托财产的损失，受托人就必须承担损失赔偿责任。

10.1.3 信托的职能

信托的主要职能包括财务管理职能、融通资金职能、信息咨询职能和社会投资职能。

10.1.3.1 财务管理职能

财务管理职能，也称财产事务管理职能，在我国又称"社会理财职能"，是信托机构受托对信托财产进行管理和处理的职能。财务管理职能是信托的基本职能。这种职能具有以下特点。

第一，受托人受托经营信托财产，只是为了受益人的利益而进行管理和处理，受托人不能借此为自己谋取利益，而只能受托进行服务性的经营。

第二，受托人虽然得到委托人的授信，接受了财产所有权的转移，但受托人如何管理和处理信托财产，只能按照信托的目的来进行。受托人不能按自己的需要随意利用信托财产。

第三，受托人通过管理或处理信托财产而产生的收益，最终要归于受益人。受托人为管理或处理信托财产而提供的劳务，只能收取手续费作为劳动报酬。

第四，受托人经营信托财产时，如发生亏损，只要符合信托契约的规定，受托人可以不承担此种亏损。很显然，信托的财务管理职能与日常生活中的财务管理有明显的区别。在我国，信托的财务管理职能内容十分丰富，与各种金融业务都有千丝万缕的联系，具有理财的社会性。如目前信托机构开办的资金信托、财产信托、委托贷款、委托投资等，都属于财务管理职能的运用。随着我国市场经济的不断发展，信托的财务管理职能将会发挥更大的作用。

10.1.3.2 融通资金职能

融通资金职能是指信托作为一项金融业务，具有筹集资金和融资的职能。在货币信用经济下，个人的财产必然有一部分会以货币资金的形态表现出来，因此，对这些信托财产的管理和运用就必然伴随着货币资金的融通。这一职能作用的大小，视各国对信托业务的认识和利用程度的高低而定。例如，日本把信托机构视为融通长期资金的机构，因而在整个日本信托业务中金钱信托占90%以上。在我国，信托的这项职能主要反映在长期资金的营运上，它通过筹集长期资金，用于生产和建设，同时也反映在通过吸引外资，引进国外先进设备和技术上。信托的融通资金职能具体表现在以下三个方面。

第一，直接表现为货币资金的融通。信托机构按照信托方式，受理委托人的信托资金从而形成信托存款。而当信托机构将信托存款资金用于投资、发放贷款或发行、买卖有价证券时，信托就发挥了融通资金的职能。

第二，表现为"物"的融通与货币资金融通相结合。当信托机构受理委托人的信托财产时，受托人便可以按照信托目的，通过融资性租赁形式，解决承租者购买设备资金不足的困难，实现资金融通。

第三，表现为通过受益权的转让而实现货币资金融通。随着受益权通过受益证券的易主转让，货币资金得到了融通，信托发挥了融通资金的职能。

10.1.3.3 信息咨询职能

信托业务具有多边经济关系，作为受托人与受益人的中介，是天然联系横向经济的桥梁和纽带。通过信托业务的办理，特别是通过代理和咨询业务，如代理发行有价证券、代理收付款项、代理保管资财、信用签证、经济咨询、资信调查等。受托人以代理人、见证人、担保人、介绍人、咨询人、监督人等身份为经营各方建立相互信任关系，为经营者提供可靠经济信息，为委托人的财产寻找投资场所等，从而加强了横向经济的联系和沟通，促进了地区之间的物资和资金交流，也推进了跨国经济技术间的协作。

10.1.3.4 社会投资职能

社会投资职能是指信托机构运用信托业务手段参与社会投资所产生的职能。信托机构开办投资业务是世界上大部分国家的普遍做法。我国自恢复信托业务以来，就开办了投资业务。目前，投资业务为我国信托机构的主要业务之一，以至于我国大多数信托机构被命名为"信托投资公司"。由此可见，信托还具有社会投资职能，表现在以下几个方面。

第一，有价证券投资。在当今世界经济舞台上，股份有限公司扮演着重要的角色，证券投资成为基本的投资方式之一，因而西方信托机构的大部分业务是从事各种有价证券的管理和应用。目前我国正扩大股份制试点和改革，证券投资方兴未艾，因而这种改革将推动信托公司证券投资业务的发展，而信托公司证券投资业务的发展也会为这种改革创造有利条件。

第二，信托投资，即信托机构对联营投资企业（其中包括跨地区跨行业的经济联合体等）单位，根据需要给予投资性的贷款，用于企业资金周转。信托投资业务包括指定信托投资、代理信托投资和一般信托投资。

综上所述，在信托的各种职能中，财务管理职能是其最基本的职能，融通资金职能主要在于沟通和协调经济关系，信息咨询职能提供信任、信息与咨询的职能，社会投资职能也有其重要职能。这些职能是否能够起作用以及发挥作用程度的大小，依各国的政治制度、经济制度、社会习俗等因素而定，特别是一国市场经济发展的程度和金融深化的程度对信托职能的发挥起着决定性的作用。

10.1.4　信托的基本原理

10.1.4.1　信托的构成要素

（1）信托主体

信托主体，又称信托关系人，是指信托行为中的当事人，涉及委托人、受托人、受益人等在内的多边经济关系。委托人、受托人和受益人三者构成了信托主体。

（2）信托客体

1）信托财产的定义和范围

根据《中华人民共和国信托法》（以下简称《信托法》），受托人因承诺信托而取得的财产是信托财产。关于信托财产的范围，我国法律规定：法律、行政法规禁止流通的财产，不得作为信托财产；法律、行政法规限制流通的财产，依法经有关主管部门批准后，可以作为信托财产；受托人因信托财产的管理运用、处分或者其他情形而取得的财产，也可归入信托财产。

2）信托财产的特殊性

第一，信托财产与非信托财产相区别，信托财产与委托人未设立信托的其他财产相区别。设立信托后，委托人死亡或者依法解散、被依法撤销、被宣告破产时，委托人是唯一受益人的，信托终止，信托财产作为其遗产或者清算财产；委托人不是唯一受益人的，信托存续，信托财产不作为其遗产或者清算财产；但作为共同受益人的委托人死亡或者依法解散、被依法撤销、被宣告破产时，其信托受益权作为其遗产或者清算财产。

第二，信托财产与固有财产相区别，信托财产与属于受托人所有的财产（以下简称"固有财产"）相区别。信托财产不得归入受托人的固有财产或者成为固有财产的一部分。受托人死亡或者依法解散、被依法撤销、被宣告破产而终止，信托财产不属于其遗产或者清算财产。

第三，信托财产强制执行的限制。除因下列情形之一外，对信托财产不得强制执行。

其一，设立信托前债权人已对该信托财产享有优先受偿的权利，并依法行使该权利的。

其二，受托人处理信托事务所产生的债务，债权人要求清偿该债务的。

其三，信托财产本身应担负的税款。

其四，法律规定的其他情形。

对于违反上述规定而强制执行信托财产，委托人、受托人或者受益人有权向人民法院提出异议。

第四，信托财产抵销上的限制。受托人管理运用、处分信托财产所产生的债权，不得与其固有财产产生的债务相抵销；受托人管理运用、处分不同委托人的信托财产所产生的债权债务，不得相互抵销。

10.1.4.2　信托行为

（1）信托行为的定义

信托行为是以设定信托为目的而发生的一种法律行为。 设立信托，应当采取书面形式。书面形式包括信托合同、遗嘱或者法律、行政法规规定的其他书面文件等。采取信托合同形式设立信托的，信托合同签订时，信托成立。采取其他书面形式设立信托的，受托人承诺信托时，信托成立。

（2）信托行为的形式

1）书面合同。

合同作为信托设立的方式之一，主要用于大陆法系。设立信托，其书面文件应当载明下列事项：信托目的；委托人、受托人的姓名或者名称、住所；受益人或者受益人范围；信托财产的范围、种类及状况；受益人取得信托利益的形式、方法。

除上述所列事项外，合同还可以载明信托期限、信托财产的管理方法、受托人的报酬、新受托人的选任方式、信托终止事由等事项。

2）遗嘱信托。

设立遗嘱信托，应当遵守继承法关于遗嘱的规定。遗嘱指定的人拒绝或者无能力担任受托人的，由受益人另行选任受托人；受益人为无民事行为能力人或者限制民事行为能力人的，依法由其监护人代行选任。遗嘱对选任受托人另有规定的，从其规定。在设立信托的三种方式中，可以说只有遗嘱是为英美法系和大陆法系所普遍承认和接受的。英美法系认为信托同样要遵循遗嘱的有关规定，除形式的要求外，还需保障遗嘱不得侵害特定继承人的权益，这与大陆法系基本一致。

3）法律文件。

信托关系是法院根据当事人行为中具有的信托意图而设立的，不是当事人明示的意思表示，是当事人之间依据法律事实而产生的信托关系。

 案例分析

金谷信托-207号盐城集合资金信托计划

发行机构：金谷信托

融资主体：盐城咏恒投资发展有限公司

投资领域：永续债券类

收益类型：固定收益类

规模：3亿元人民币

投资门槛：100万起

产品期限：24个月

付息方式：半年付息

所在地域：江苏盐城

风险评级：B

资金用途：用于向盐城咏恒投资发展有限公司进行永续债式权益性投资，资金最终用于归还本公司、子公司或母公司金融机构借款或购买原材料。

风控措施：盐城市盐都区国有资产控股有限公司、盐城市城镇化建设投资集团有限公司为本项目提供连带责任保证担保。

通过以上内容可以查询到以下信息。

第一，本信托产品的发行机构为金谷信托，是我国正规的信托公司。

第二，融资主体为盐城咏恒投资发展有限公司。本盐城咏恒投资发展有限公司主体评级为 AA 级，是盐城市第三大平台下第一大子公司，总资产 362.24 亿元，由盐城市政府实际控制。

第三，本项目存在担保主体。担保人之一为盐城市城镇化建设投资集团有限公司，主体评级为 AA 级，债信评级为 AAA 级，总资产为 467.84 亿元，由盐城市政府 100% 控股；担保人之二为盐城市盐都区国有资产控股有限公司，主体评级为 AA + 级，总资产为490.80 亿元，由盐城市盐都区人民政府 100% 控股。

第四，项目区域位置。项目位于江苏盐城，隶属于江苏省，是江苏省面积最大的地级市；长江三角洲中心区 29 城之一，是同时拥有空港、海港两个一类开放口岸的地级市；2022 年实现一般公共预算收入 453 亿元，地区生产总值 7 079.8 亿元，增长 4.6%，位列全省第一；2023 年中国百强城市排名第 39 位。

第五，项目为永续债券类。可以根据永续债券的特点和计算公式，在考虑风险溢价的基础上对基础价格进行测算。

10.2　信托机构及信托业务

10.2.1　信托机构性质及特点

10.2.1.1　信托机构的性质

（1）信托机构是从事信托业务的金融机构

由于信托机构的经营范围主要包括财产信托，企业资产重组、并购、项目融资、公司理财，国债、企业债券的承销业务，代保管业务，资信调查及经济咨询业务，自有资金的投资、贷款及担保业务等，因此一般都把信托机构定位为金融机构。

（2）信托机构是在信托业务中充当受托人的法人机构

信托业务是信托机构的主业，而在信托业务中，信托机构充当受托人的角色，接受委托人的委托，从受益人的利益出发，对信托财产进行管理。相对于个人，无论是从经验能力来看，还是从信息的来源和保证来看，法人都具有高效率、高保障、高收益的优势，因此，为保证信托业的健康稳定发展，一般规定信托机构必须是法人。

10.2.1.2　信托机构的特点

（1）以信任为基础进行财产管理

信托制度是以个人信任为基础发展而来的，个人信用的建立依靠诚信和传统的道德规范，所以，信托是以信任为基础产生的。信托起源于英国中世纪的土地用益关系，即土地所有人将土地交付他人占有、使用，但是约定他人给原土地所有人指定的收益。这种行为是在信任的基础上发生的。信托，即"受人之托，代人理财"，体现出信托的财产管理制度，信托机构作为受托人根据委托人复杂多变的需求，满足当事人的财产管理和投资融资需要，对委托人的财产进行管理和处置，这是信托的基本职能。

（2）在信托业务中充当受托人角色

在信托业务中，信托机构是受托人，是接受信托并且按照约定对信托财产进行管理或处分的人，作为受托人，有义务为受益人服务，需要一切事情从受益人的角度出发，而不能以此为自己谋利益；如有违反法律法规的行为而造成受益人的损失，应对受益人予以赔偿。

（3）通过取得信托报酬获取利润

信托机构的利润来源主要是信托报酬，信托业务的收益应当归受益人所有，因此信托机构的利润来源主要依靠佣金收入。

（4）遵循信托财产具有独立性的基本要求

独立性是指信托财产的独立性，即在信托业务中，信托机构作为受托人，应将信托财产分开管理，区别对待。这里的"分开管理"主要有四个方面：信托财产与受托人自身的财产分开；不同委托人的信托财产分开；同一委托人的不同信托财产分开；同一委托人的信托财产与其他财产分开。

 扩展空间

信托机构业务经营范围

《信托公司管理办法》对信托机构业务经营范围的规定如下。

信托公司可以申请经营下列部分或者全部本外币业务：资金信托；动产信托，不动产信托；有价证券信托，其他财产或财产权信托；作为投资基金或者基金管理公司的发起人从事投资基金业务；经营企业资产的重组、并购及项目融资、公司理财、财务顾问等业务；受托经营国务院有关部门批准的证券承销业务，办理居间、咨询、资信调查等业务；代保管及保管箱业务；法律法规规定或中国银行业监督管理委员会批准的其他业务。

信托公司可以根据《信托法》等法律法规的有关规定开展公益信托活动。

信托公司可以根据市场需要，按照信托目的、信托财产的种类或者对信托财产管理方式的不同设置信托业务品种。

信托公司管理运用或处分信托财产时，可以依照信托文件的约定，采取投资、出入、存放同业、买入返售、租赁、贷款等方式进行。中国银行业监督管理委员会另有规定的，从其规定。信托公司不得以卖出回购方式管理运用信托财产。

信托公司固有业务项下可以开展存放同业、拆放同业、贷款、租赁、投资等业务投资，业务限定为金融类公司股权投资、金融产品投资和自用固定资产投资。信托公司不得以固有财产进行实业投资，但中国银行业监督管理委员会另有规定的除外。

信托公司不得开展除同业拆入业务以外的其他负债业务，且同业拆入余额不得超过其净资产的20%。中国银行业监督管理委员会另有规定的除外。

信托公司可以开展对外担保业务，但对外担保余额不得超过其净资产的50%。

信托公司经营外汇信托业务，应当遵守国家外汇管理的有关规定，并接受外汇主管部门的检查、监督。

10.2.2 信托业务的类型

10.2.2.1 按照信托性质划分

（1）信托类业务

信托类业务是信托财产的所有者为实现指定人或自己的利益，将信托财产转交给受托人，要求其按信托目的代为管理或妥善处理。这种类型的信托要求信托财产发生转移，并要求受托人对信托财产进行独立管理，受托人得到的处理权限与承担的风险均比较大。

（2）代理类业务

代理类业务是委托人按既定的信托目的，授权受托人代为办理一定的经济事务。委托人一般不向信托机构转移信托财产的所有权，对信托机构授予的权限较小。信托机构一般只办理有关手续，不负责纠纷处理，不承担垫款责任，故而风险也较小。

10.2.2.2　按照信托目的划分

（1）民事信托

凡是以民法为依据建立的信托被称为民事信托，即民事信托属于民法范围内的信托，而民事法律范围主要包括民法、继承法、婚姻法、劳动法等法律，信托事项涉及的法律依据在此范围之内的为民事信托。例如，涉及个人财产的管理、抵押、变卖，遗产的继承和管理等事项的信托，即为民事信托。

（2）商事信托

凡是以商事法为依据建立的信托被称为商事信托，即商事信托属于商事法范围内的信托。而商事法范围主要包括公司法、票据法、保险法和海商法等法律。商事法主要调整企业的商业活动和经济活动关系。例如，股份公司的设立、改组、合并、解散与清算的信托，公司债券（企业债券）的发行、还本付息的信托，商务管理的信托，商业人寿保险的信托等，均为商事信托。

（3）民事商事通用信托

民事信托和商事信托之间并没有严格的界限，有些信托事项两者之间可以通用，既可以被归为民事信托也可以被归为商事信托。例如，附担保公司债信托，发行公司债券属于商事法规范的范畴，而把抵押财产交给受托人又涉及民法中有关保证的内容，所以它可被称为民事商事通用信托。还可以按照设定该信托的动机来区分：如果该信托的动机是以保证债券的发行为目的，则它可以被归为商事信托；如果设定该信托的动机偏重于抵押品的安全，则它可以被归为民事信托。

10.2.2.3　按照信托关系发生的基础划分

（1）自由信托

自由信托也被称为任意信托，是指信托当事人依照信托法规，按自己的意愿通过自由协商设立的信托。自由信托不受外力干预，是信托业务中最为普遍的一种。自由信托又分为契约信托和遗嘱信托。契约信托是通过委托人和受托人签订契约而设立的；遗嘱信托是按照个人遗嘱设立的。由于当事人的自由意思表示都被显示在契约或者遗嘱上，自由信托也被称为"明示信托"。但是，自由信托也必须符合受托人接受委托、受益人接受收益的规定。

（2）法定信托

法定信托是由司法机关依其法律授权权力确定信托关系而成立的信托。法定信托又分为鉴定信托和强制信托。

鉴定信托是当无明确的信托文件作为信托关系形成的依据时，由司法机关对信托财产或经济事务以及信托关系进行鉴定认可，推测当事人的意思从而建立的信托。例如，某人去世后，留下一笔遗产，但他并未对遗产的处置留下任何遗言，这时只能通过法庭来判定遗产的分配。即由法庭依照法律对遗产的分配进行裁决。法庭要为此做一系列的准备工作，如进行法庭调查等。在法庭调查期间，遗产不能无人照管，这时，司法机关就需要委托一个受托人在此期间管理遗产，妥善保护遗产。

强制信托则是由司法机关按照法律政策的规定强制性建立的信托。它不考虑信托关系人的意愿，而由司法机关根据公平、公正的原则，用法律上的解释权强制建立。这种信托的意义在于纠正用不正当手段取得他人财产的情形。例如，建立在非法侵占、贪污、挪用、诈骗等其他不法行为基础上而取得的他人财产，法院为保护原受益人的利益，强制取得受托权利，代原产权人追回并保管财产。

10.2.2.4　按照信托关系能否撤销划分

（1）可撤销信托

可撤销信托是指委托人在信托契约中保留了可随时终止信托并取回信托财产的权利的信托。这种信托委托人权利较大，对受益人的保护较小。

（2）不可撤销信托

不可撤销信托是相对"可撤销信托"而言的，它是指信托证书中未附撤销条款，因而财产委托人无信托撤销权的信托。不可撤销信托只有在信托意图已经实现或不可能实现的情况下，基于委托人和全体受益人的申请和法院判决才能消灭，不存在信托终止问题。不可撤销信托，在理论上又被称为"完全信托"，突出表现了"法律上的所有权"与"衡平法上的所有权"并存的信托关系特征。

10.2.2.5　按照委托人的性质划分

（1）个人信托

个人信托是指委托人（指自然人）基于财产规划的目的，将其财产权转移给受托人（信托机构），使受托人以信托契约的规定为受益人的利益或特定目的，管理或处分信托财产的行为。它又分为生前信托和身后信托。生前信托是委托人在世时设立的信托，其信托目的包含对财产规划、财产增值及税负的考虑。身后信托（遗嘱信托）多是以遗嘱的方式设立的信托，生效日期是委托人发生继承事实的时候，其目的主要在于遗产的分配与管理、无民事行为能力人或限制民事行为能力人的监护等。

（2）法人信托

法人信托是指由公司、社团等法人委托信托机构办理的各种信托业务。法人信托又称"机构信托""公司信托""团体信托"。法人信托具有以下特点。

第一，委托人是公司、社团等法人组织。

第二，受托人只能由法人机构承担，任何个人都没有受理法人信托的资格。

第三，信托内容与经济的发展有密切关系，具有为公司理财、投资、租赁、兼并与收购、金融市场融资等提供服务的职能。例如，公司债信托是为年金投资、股权投资以及公司创设、改组、合并、撤销和清算而创立的信托等。

（3）通用信托

委托人既可以是个人也可以是企业的信托被称为通用信托。

10.2.2.6　按照受益人划分

（1）私益信托

私益信托是委托人为了特定人（自己或其他指定受益人）的利益而设立的信托，其受益人是具体指定的，一般为自己、亲属、朋友或者其他特定个人，如委托人指定受益人为子女设立的遗产信托。

（2）公益信托

公益信托是委托人为学校、慈善、宗教及其他社会公共利益设立的信托。公益信托的设定不是为特定受益人谋利，而是为了促进社会公共的利益，故而受益人是社会公众中符合规定条件的人，是不特定的，如比尔及梅琳达·盖茨基金会、诺贝尔基金会、壹基金、私人或公司捐助的大学基金等。

10.2.2.7　按照委托人与受托人的关系划分

（1）自益信托

自益信托是委托人为了自己的利益而设立的信托。自益信托的委托人和受益人是同一人，因此自益信托只能是私益信托。

（2）他益信托

他益信托是委托人为了他人的利益而设立的信托。委托人设立信托的目的是为除自己之外的第三人谋取利益。

某些信托业务同时兼有自益与他益的性质。例如，委托人把信托财产托付给受托人经营，在信托文件中规定：若干年内运用信托财产所得的收益归委托人，作为其自身每年的生活费开支；在一定年限后，信托财产就归于第三人。

（3）宣示信托

宣示信托又称宣言信托，是指财产所有人以公开宣布的方式，公告自己为该项财产的受托人而设定的信托。该项财产一经宣告受托就成为信托财产，财产并不转移但须与委托人其他原有财产进行分别保管和经营。这种信托中只存在两方当事人，其设立属于单方法律行为，只需委托人单方意思表示即可，也属于他益信托。英美法系国家的信托法一般允许设立宣示信托，但是大陆法系国家一般不认可这种信托，因为委托人同时作为受托人将自己的财产设为信托财产，容易被利用来规避债务，有损债权人的利益。

10.2.2.8　按照信托的管理目的划分

（1）担保信托

担保信托是指以确保信托财产的安全，保护受益人的合法权益为目的而设立的信托。在受托人接受了一项担保信托业务后，委托人将信托财产转移给受托人，受托人在受托期间并不利用信托财产去获取收益，而是妥善保管信托财产，保证信托财产的完整。例如，附担保公司债信托就是一项担保信托，一家企业发行债券时，需要提交担保品，但是不可能向每一个债权人直接提供企业的担保品，企业就必须为众多债权人确定一个担保品的持有人，在债券还本以前，由信托公司作为持有人为众多债权人持有担保品，保护债权人的利益。为此，企业可以向信托机构申请担保公司债信托，由信托机构作为受托人，在受托期间妥善保管担保品，待企业偿还债券本息后，再把担保品交还给发债的企业，信托终止。

（2）管理信托

在管理信托下，委托人管理信托财产的目的在于保护财产的完整，不变更财产的方式或形态。例如，受托人管理委托人的不动产或动产，使之不受损坏。但是受托人不得随意改建、变卖不动产，受托人只有管理的权利，没有处分的权利。

（3）处分信托

处分信托是一种广义的管理信托，受托人管理委托人财产的目的在于使用和支配信托财产，增加信托财产的价值，因此可以对信托财产进行处分，如对信托财产中的股票、债券进行买卖，使之增值。

10.2.2.9 按照信托标的划分

（1）资金信托

资金信托也被称为金钱信托，是指委托人基于对信托机构的信任，将自己合法拥有的资金委托给信托机构进行管理与处分的信托业务。它以货币资金为标的，如单位资金信托、公益资金信托、社保基金信托、个人特约信托等。资金信托在日本特别发达，即前面提到的日本的金钱信托。

（2）实物财产信托

实物财产信托是指委托人将自己拥有的实物财产（动产或不动产）作为信托标的，委托信托机构按照约定的条件和目的进行管理或者处分的信托业务。其中动产是指原材料、设备、物资、交通工具等可以移动或移动后性质不发生较大变化的财产；不动产指厂房、仓库和土地等不能随便移动或移动后性质会有较大改变的财产。

（3）债权信托

债权信托是指以债权凭证为信托标的的信托业务。例如，企业委托受托人代为收取或支取款项、代收人寿保险公司理赔款等。

（4）经济事务信托

经济事务信托是以委托凭证为标的而建立的信托业务。委托人要求受托人代办各种经济事务，如委托设计、专利转让、委托代理会计事务等。

10.2.2.10 按照信托计划划分

（1）单一信托

单一信托是指信托机构接受单个委托人委托，依据委托人确定的管理方式单独管理和运用信托资金的行为。这种信托对于每个委托人的财产，从受托到运用都是单独进行的，所以可以较好地贯彻账户不同、运用效益也不同的收益分配原则。单一信托对于委托人之外的其他人没有信息披露义务，但必须按照委托人指明的用途使用资金。

（2）集合资金信托

集合资金信托是指信托机构接受两个或两个以上的委托人委托，依据委托人确定的管理方式或由信托机构代为确定的管理方式管理和运用信托资金。信托机构把许多委托人的信托资金集中起来加以运用，然后将实现的收益根据各委托人的金额比例分配给受益人。

 扩展空间

我国的信托公司名单

2023年5月26日，全国企业破产重整案件信息网发布裁判文书显示，重庆市第五中级人民法院认为，依照《中华人民共和国企业破产法》第二条第一款、第一百零七条规定，新华信托不能清偿到期债务，并且资产不足以清偿全部债务，符合宣告破产的法律规定。

　　至此，业内持牌信托机构也从之前的 68 家缩减至 67 家，而新华信托则成为我国自 2001 年《信托法》颁布之后首家宣告破产的信托公司。我国当前存续的信托公司名单如下。

爱建信托，全称：上海爱建信托投资有限公司

安信信托，全称：安信信托股份有限公司

百瑞信托，全称：百瑞信托有限责任公司

北方信托，全称：北方国际信托股份有限公司

北京信托，全称：北京国际信托有限公司

渤海信托，全称：渤海国际信托股份有限公司

大业信托，全称：大业信托有限责任公司

东莞信托，全称：东莞信托有限公司

国通信托，全称：国通信托有限责任公司

光大信托，全称：光大兴陇信托有限责任公司

国联信托，全称：国联信托股份有限公司

国民信托，全称：国民信托有限公司

国投信托，全称：国投泰康信托有限公司

国元信托，全称：安徽国元信托有限责任公司

杭州信托，全称：杭州工商信托股份有限公司

财信信托，全称：湖南省财信信托有限责任公司

华澳信托，全称：华澳国际信托有限公司

华宝信托，全称：华宝信托有限责任公司

华宸信托，全称：华宸信托有限责任公司

华能信托，全称：华能贵诚信托有限公司

华融信托，全称：华融国际信托有限责任公司

华润信托，全称：华润深国投信托有限公司

华鑫信托，全称：华鑫国际信托有限公司

华信信托，全称：华信信托股份有限公司

吉林信托，全称：吉林省信托有限责任公司

建信信托，全称：建信信托有限责任公司

江苏信托，全称：江苏省国际信托有限责任公司

交银信托，全称：交银国际信托有限公司

金谷信托，全称：中国金谷国际信托有限责任公司

昆仑信托，全称：昆仑信托有限责任公司

陆家嘴信托，全称：陆家嘴国际信托有限公司

民生信托，全称：中国民生信托有限公司

平安信托，全称：平安信托有限责任公司

厦门信托，全称：厦门国际信托有限公司

山东信托，全称：山东省国际信托股份有限公司

山西信托，全称：山西信托有限责任公司

陕西国投，全称：陕西省国际信托投资股份有限公司

上海信托，全称：上海国际信托有限公司

四川信托，全称：四川信托有限公司

苏州信托，全称：苏州信托有限公司

天津信托，全称：天津信托有限责任公司

外贸信托，全称：中国对外经济贸易信托有限公司

万向信托，全称：万向信托有限公司

五矿信托，全称：五矿国际信托有限公司

西部信托，全称：西部信托投资有限公司

西藏信托，全称：西藏信托有限公司

新时代信托，全称：新时代信托股份有限公司

兴业信托，全称：兴业国际信托有限公司

英大信托，全称：英大国际信托有限责任公司

粤财信托，全称：广东粤财信托有限公司

云南信托，全称：云南国际信托有限公司

长安信托，全称：长安国际信托有限公司

长城信托，全称：长城新盛信托有限责任公司

浙金信托，全称：浙商金汇信托股份有限公司

中诚信托，全称：中诚信托有限责任公司

中海信托，全称：中海信托股份有限公司

中航信托，全称：中航信托股份有限公司

中建投信托，全称：中建投信托股份有限公司

雪松信托，全称：雪松国际信托股份有限公司

中粮信托，全称：中粮信托有限责任公司

中融信托，全称：中融国际信托有限公司

中泰信托，全称：中泰信托有限责任公司

中铁信托，全称：中铁信托有限责任公司

中信信托，全称：中信信托有限责任公司

中原信托，全称：中原信托有限公司

重庆信托，全称：重庆国际信托有限公司

紫金信托，全称：紫金信托有限责任公司

10.3 信托产品在理财方面的运用

10.3.1 信托投资的流程

信托投资是一种重要的资产管理方式，可以为投资者提供较高的收益并承担较低的风险。信托投资的流程包括：确定投资目标、研究投资项目、选择信托公司、签订信托合

同、投资资产管理、监控投资风险、定期汇报和评估等。

第一，确定投资目标。

首先，投资者需要明确自己的投资目标，如购房、教育基金、养老等。这些目标将有助于确定投资策略和选择合适的信托产品。

第二，研究投资项目。

在选择信托产品之前，投资者需要对市场上的信托项目进行充分的研究和了解。可以通过咨询专业人士、查阅相关资料、互联网搜索等方式获取信息。同时，投资者还需要了解信托产品的风险和收益，并根据自己的风险承受能力进行选择。

第三，选择信托公司。

选择一家信誉良好、专业的信托公司是信托投资的关键。投资者应该了解信托公司的背景、资质、经验等方面的情况，并选择与自己信任的公司合作。

第四，签订信托合同。

在选择合适的信托产品后，投资者需要与信托公司签订信托合同。合同中应明确投资金额、投资期限收益分配、风险管理等方面的条款。在签订合同时，投资者应该认真阅读每一条款，确保自己的权益得到保障。

第五，投资资产管理。

在签订合同后，投资者需要将资金交给信托公司进行资产管理。投资者可以通过咨询信托公司或查询相关资料，了解自己的资产状况和投资组合的表现。

第六，监控投资风险。

信托投资存在一定的风险，投资者需要时刻关注市场变化和风险因素。可以通过咨询专业人士、查阅市场资讯，互联网搜索等方式获取信息，并对自己的资产组合进行及时调整。

第七，定期汇报和评估。

信托投资结束后，投资者会定期收到信托公司的汇报和评估报告，包括资产状况、收益分配、风险管理等方面的信息。投资者应该认真阅读这些报告，了解自己的投资表现和风险状况，并对未来的投资策略进行调整。

总之，进行信托投资需要制订明确的投资目标，选择合适的信托公司和项目，并签订详细的合同。在投资过程中，投资者需要不断关注市场风险和资产状况，及时进行调整和评估。同时遵守相关法律法规和规定，确保合法合规地进行投资活动。

 案例分析

钱先生是一位上市公司的高管，有一定的财富积累，他如何通过信托计划实现多元化的资产配置呢？

第一，选择一家专业的资产管理公司。通过钱先生的调查，选择×××信托作为自己的受托人。该信托公司具有丰富的投资经验和优秀的运营能力，在信托计划中，负责投资组合的建立和管理。

第二，明确钱先生的背景和信托目标。通过与信托公司沟通，信托公司已经了解了钱先生的家庭背景、财富情况、收入支出情况，并将资产的长期保值增值作为信托目标。

第三，建立投资组合。根据钱先生的风险承受水平以及投资目标，信托公司建立了多元化的投资组合。该组合主要投资于股票和债券市场，并采用主动管理策略。一方面，信托公司作为受托人，通过分析经济发展走势、行业前景、财务情况，选择具有成长性的股票作为投资标的；另一方面，根据经济政策变化、公司微观数据变动对投资组合进行调整。

第四，管理投资风险。在信托协议中，信托公司需要对受托人的风险管理措施进行明确，不仅包括风险管理体系、风险评估、投机条款等，也包括受托人可以选择的风险管理工具。而且，钱先生与信托公司应根据经济金融形势的变化及时调整风险管理策略。

第五，明确信托期限。本信托计划期限为10年。在信托期限内，受托人根据合同规定对投资组合进行管理。如果钱先生需要赎回资金，需要提前与受托人进行沟通，根据协议规定进行赎回。在信托计划期满后，钱先生可以选择续约或者对资产进行赎回。

第六，收益分配。在信托计划中，需要对钱先生的收益分配方式进行明确。一般情况下，收益分配包括现金分红、资产增值等。此外，根据国家税收政策，受托人会为钱先生出具相关税收发票，协助其合理规划税收负担。

10.3.2 运用信托进行投资理财的技巧

第一，了解风险。

任何投资都存在风险，信托投资也不例外。在投资前，投资者应详细了解各种可能的风险，并评估自己对这些风险的承受能力。一般来说，高收益的信托产品往往伴随着更高的风险。

第二，长期投资。

信托是一种长期投资，通常需要数年的时间才能获得稳定的收益。因此，投资者应有长期投资的准备，避免因短期市场波动而影响长期投资策略。

第三，多样化投资。

将资金分散到不同的信托产品、行业和地区中，可以降低投资风险。不要把所有的资金都投入单一的信托产品中。

第四，定期评估。

定期评估自己的投资组合，确保它仍然符合你的投资目标和风险承受能力。投资者应该定期咨询专业人士，以获得客观的投资建议。

第五，理性投资。

投资者应理解自己是投资信托，而不是购买股票或债券。因此，应避免盲目追求高收益而忽略了潜在的风险。

第六，了解产品。

在购买信托产品前，投资者应对产品的性质、投向、风险和收益等方面有全面的了解。同时，投资者还应了解信托公司的背景、资质和信誉等信息。

第七，适度配置。

投资者应根据自己的财务状况和投资目标，合理配置信托产品的比例。不要将全部资产都投入信托产品中，而应适度配置其他类型的资产。

第八，与专业人士合作。

投资者在选择信托产品时，可以寻求专业人士的帮助。例如，理财顾问或信托顾问可以提供专业的投资建议和风险管理方案。与专业人士合作可以提高投资者的决策效率和投资效果。

总之，信托投资理财需要充分了解信托产品的特点和风险，制定长期的投资策略，保持理性，多样化配置资产，并定期评估投资组合的表现。

10.3.3 信托投资风险防范

信托投资风险防范主要包括了解信托公司，了解融资方、担保方，了解信息披露情况，了解产品风险测评等方面。

第一，了解信托公司。投资者需要从公司的注册资本、管理团队、业务能力、信誉情况、历史业绩等方面对信托公司深入了解，从而选择适合的信托公司为自己服务。

第二，了解融资方、担保方。投资者需要了解融资方和担保方的还款能力，例如，融资方是上市公司还是非上市公司、国有企业还是非国有企业、行业特点如何、担保方的资质如何、是否有抵押物等。

第三，了解信息披露。如果信托产品出现重大变动，或者融资方出现问题时，信托公司会进行重大信息披露。投资者需要关注信托公司的信息披露情况，及时了解所投资信托产品的情况。

第四，了解产品风险测评。投资者可以对信托产品进行风险测评，从而了解信托产品的风险程度，并根据自身的风险偏好态度和风险偏好能力进行选择。

素养提升

777.7 万元信托投资巨亏 50%，中信信托被判赔偿全部损失[1]

投资者才某有购买信托产品的意向，通过朋友认识了董某，董某自称是大通证券的经理。经董某介绍，才某得知了中信复金 1 期项目。2015 年 5 月 25 日，才某通过中国建设银行某分行向中信信托汇款 333.3 万元，摘要载明"才某认购中信复金 1 期"。同年 6 月 9 日，才某再次向该项目汇款 444.4 万元。到了 2017 年 10 月 19 日，中信信托向才某账户转款 383.075 万元。中信信托称该笔款项系涉案信托计划于 2017 年 10 月 18 日清算后向才某支付的收益，除该笔款项外，中信信托未支付其他款项。

投资者才某陈述称，购买上述信托产品时，董某让他先把钱汇过去，没有签合同，并且汇款前后才某都不曾持有涉案产品的相应资料，在汇款 777.7 万元后，也没有人找才某沟通。因此，才某并不认为自己与中信信托之间存在信托合同关系，未向中信信托购买过理财产品，也没有亲自签署《信托合同》及《客户调查问卷》，中信信托违反适当性义务。而中信信托则称，涉案产品为公司直销，委托人直接和信托公司签订合同，委托人签字后寄回，同时附银行卡和身份证复印件，并通过所附银行卡向公司账户打款。

中信信托还表示与大通证券存在业务关系，才某的合同是其委托大通证券公司签署，签署细节只有大通证券知道，董某是大通证券股份有限公司该营业部（以下简称"新华营业部"）当时的负责人。

---

[1] https://bjfc.bjcourt.gov.cn/

据中信信托所言，合同是从印刷厂直接邮寄给营业部，董某协助签好后直接寄回中信信托。然而，合同签订时并没有录音录像，中信信托称这是因为当时还没有"双录"的规定。

综上所述，可以看出双方主要争议焦点为：才先生与信托公司之间是否形成信托合同关系；若形成信托合同关系，信托公司是否履行了适当性义务；信托公司是否应当对才先生的损失承担赔偿责任。

经笔迹鉴定，《信托合同》和《客户调查问卷》都不是才某本人所签，中信信托也没有举证其通过其他方式审核过才先生作为投资者的适当性。鉴于此，法院认定中信信托在适当性履行中存在重大不足，据此判决中信信托返还才某394.625万。

一审判决后，中信信托提起上诉，要求撤销一审判决。上诉理由如下。

第一，信托公司已尽到适当性义务，且才某的既往投资经验可以充分说明其具备投资高风险金融产品的识别、判断和承受能力，能够自主决定购买该信托产品，进而可以免除信托公司的适当性义务。

第二，信托公司已履行信托合同约定的事务管理义务，不存在违约行为。

第三，才某违反诚信原则，故意隐瞒既往投资经验，未尽基本注意义务，存在严重过错，投资亏损应当由其自己承担。

第四，涉案信托产品亏损是由极端系统性市场风险导致的，与信托公司无关，应当由信托财产承担。

二审法院认为，才某虽然没有签订书面合同，但已支付认购款项，信托合同成立。才某既往投资金融产品的属性、类型、金额等均与涉案信托产品存在较大差异，其既往投资经验不足以免除信托公司的适当性义务。信托公司所提交证据不足以证明其充分履行了适当性义务，应赔偿才某的投资损失。

本案从客户、产品、适当销售等方面确立了金融机构履行适当性义务的标准，为金融机构准确履行适当性义务提供指引。对于未充分履行适当性义务的金融机构，本案要求其承担赔偿责任，补偿金融消费者的损失，对于金融市场具有警示意义，有助于督促金融机构切实履行适当性义务，有效保护金融消费者权益。

北京金融法院给金融机构和金融消费者提了如下一些建议。

对金融机构而言，第一，要诚实信用、勤勉尽责。在信托产品销售、管理过程中严格履行自身义务。第二，要注重保护金融消费者。监管机构现在把投资者保护放在首要位置，信托机构自身必须要在销售环节落实投资者适当性义务，在产品说明文件中清晰、准确地说明与解释产品的交易结构和风险情况；杜绝虚假宣传和不当诱导投资；如果有代销机构的，要督促代销机构履行好适当性义务，以减少代销机构违规销售从而给信托公司带来的风险。

对于金融消费者而言，第一，要有风险意识。要了解自己的风险承受能力，购买金融产品前要全面了解产品情况、相关风险，并进行自我评估，切勿盲目相信销售人员的陈述。第二，要有法律意识。要从正规渠道购买金融产品，在购买过程中注意留存相关证据；要仔细阅读合同等相关文件，不要轻易由他人代为签字等；要注意信息披露等，遇到纠纷及时拿起法律武器维护自己的权利。

本章小结

信托是指委托人基于对受托人的信任，将其财产权委托给受托人，由受托人按委托人的意愿以自己的名义，为受益人的利益或特定目的，进行管理和处分的行为。

信托关系人是指由于信托行为而发生信托关系的信托当事人。信托的特点包括：财产权是信托行为成立的前提，信托是一种充分信任，他人利益是信托的目的、按照实际原则计算信托损益。

信托的主要职能包括财务管理职能、资金融通职能、信息咨询职能和社会投资职能。

信托主体又称信托关系人，是指信托行为中的当事人，涉及包括委托人、受托人、受益人等在内的多边经济关系。委托人、受托人和受益人三者构成了信托主体。信托客体是信托财产，是受托人因承诺信托而取得的财产。信托行为是以设定信托为目的而发生的一种法律行为。信托机构是从事信托业务的金融机构，是在信托业务中充当受托人的法人机构。

信托业务可以按照信托性质划分、按照信托目的划分、按照信托关系发生的基础划分、按照信托关系能否撤销划分、按照委托人的性质划分、按照受益人划分、按照委托人与受托人的关系划分、按照信托的管理目的划分、按照信托标的划分、按照信托计划划分。

信托投资的流程包括：确定投资目标、研究投资项目、选择信托公司、签订信托合同、投资资产管理、监控投资风险、定期汇报和评估等。

核心概念

信托　信托主体　信托客体　信托行为

复习思考题

1. 信托的含义和特点是什么？
2. 信托业务包括哪些类型？
3. 运用信托进行投资的基本流程是什么？
4. 谈一谈你对信托投资风险的理解？

第 11 章　金融衍生品与理财

问题导向

1. 什么是金融衍生品?
2. 为什么说期货合约是标准化的远期合约?
3. 期权合约的履约方式有哪些?

知识目标

1. 了解金融衍生品的含义及种类。
2. 掌握远期合约和期货合约的特点。
3. 掌握期权合约的盈亏分析和履约方式。

综合素养

1. 帮助学生理解金融衍生品的基本内容。
2. 培养学生理解嵌套有金融衍生品的理财产品的特点和风险。
3. 提高学生运用金融衍生品进行理财的能力。

11.1　金融衍生品概述

11.1.1　金融衍生品的种类

金融衍生品是指一种基于基础金融产品的金融合约,其价值取决于一种或多种基础资产或指数。合约的基本种类包括远期合约、期货、掉期(互换)和期权。金融衍生品具有两大基本特征。一是其价格受传统金融产品价格的支配,二是金融衍生品的交易通常都是杠杆或信用交易。在金融衍生品交易中,一般不需要支付合同的全部金额,只需要利用少量资金就可以进行几十倍衍生品的交易,具有明显的杠杆和信用交易特征。

11.1.1.1　货币衍生品、利率衍生品和股权式衍生品

按其依据的基础金融产品的不同，金融衍生品可划分为货币衍生品、利率衍生品和股权式衍生品。

（1）货币衍生品

货币衍生品是指以各种货币作为基础工具的衍生金融产品，主要包括远期外汇合约、货币期货、货币期权、货币互换以及上述合约的混合交易合约。

（2）利率衍生品

利率衍生品是指以利率或利率的载体为基础工具的衍生金融产品，主要包括远期利率协议、利率期货、利率期权、利率互换以及上述合约的混合交易合约。

（3）股权式衍生品

股权式衍生品是指以股票或股票指数为基础工具的衍生金融产品，主要包括股票期货、股票期权、股票指数期货、股票指数期权以及上述合约的混合交易合约。

11.1.1.2　金融远期、金融期货、金融期权和金融互换

按合约性质的不同，金融衍生品可划分为金融远期、金融期货、金融期权、金融互换。

（1）金融远期

金融远期是指合约双方同意在未来日期按照固定价格交易金融资产的合约。金融远期合约规定了将来交易的资产、交易的日期、交易的价格和交易的数量，合约条款因合约双方的不同需要而有所差异。金融远期合约主要有远期外汇交易合约和远期利率协议。

（2）金融期货

金融期货是指买卖双方在有组织的交易所内以公开竞价的方式达成的、在将来某一特定时间交割标准数量特定金融工具的协议。金融期货主要包括货币期货、利率期货和股票指数期货等。

（3）金融期权

金融期权又称金融选择权，是指合约持有人，即期权合约的买方享有在契约期满日或在此之前，按合同的约定价格购买或出售约定数量的某种金融工具的权利。金融期权包括现货期权和期货期权两大类。

（4）金融互换

金融互换是指两个或两个以上的当事人按共同商定的条件，在约定的时间内交换一系列支付款项的金融交易。金融互换主要有货币互换和利率互换两种。

11.1.2　金融衍生品市场的主要参与者

（1）商业银行

商业银行是金融衍生品市场的重要参与者，商业银行参与衍生市场的目的主要如下。

第一，进行资产负债管理。商业银行的资产和负债同利率、汇率的变化密切相关，所以商业银行在金融衍生市场上利用相应衍生工具，一方面不时调整其资产负债结构，另一方面也可以防范风险。

第二，拓展业务空间。近年来，由于金融业务的交叉化，商业银行的业务受到了来自其他金融机构的影响。为了拓展业务空间，增加盈利，商业银行的表外业务得到了迅猛发

展，其中，债务互换、期权交易、远期利率协议都属于金融衍生工具。

第三，提供金融衍生市场相关的中介服务。商业银行凭借自身的物质技术和人才优势，开展金融衍生市场交易的中介服务，一方面可以降低经营成本，增加手续费和佣金收入；另一方面，还可以为其客户提供全方位的服务，有利于巩固老客户，增加新客户。

（2）投资银行和证券公司

投资银行和证券公司是从事证券发行和交易的金融机构，它们参与金融衍生市场的目的如下。

第一，防范证券发行与自营业务的风险。投资银行和证券公司在从事证券发行业务时，会面临一定的市场价格变动的风险，为了防范这种风险，通常它们会通过在金融衍生市场进行相应的操作以规避发行中的风险。另外，投资银行和证券公司在从事证券的自营业务的过程中，也需要通过衍生市场规避风险。

第二，通过金融衍生市场交易，赚取利润。提供经纪和咨询服务，赚取佣金和手续费。

第三，开展金融衍生市场业务，拓展业务空间。近年来，随着金融自由化、证券化趋势的增强，投资银行和证券公司既面临着来自商业银行对其传统业务侵蚀的挑战，同时也出现了更为广泛的业务发展空间，金融衍生市场便是其中之一。目前，投资银行和证券公司都在金融衍生市场占有相当的份额。

（3）基金经理人

基金经理人在金融衍生市场进行交易，一方面是利用金融衍生工具为其所持有的金融资产避险，另一方面则是为了在金融衍生市场利用金融衍生工具的交易盈利。

（4）工商企业

工商企业持有的金融资产同样也面临着利率和汇率变动的风险。因此，工商企业在金融衍生市场利用相应工具规避风险是其基本目的。近年来，一些实力雄厚的企业也开始利用金融衍生市场交易增加其利润。

（5）套期保值者和投机者

套期保值者和投机者对金融衍生市场而言都是不可缺少的。套期保值的存在决定了金融衍生市场存在的必要性，而投机的存在决定了金融衍生市场存在的可能性。套期保值者为了保值参与金融衍生工具的交易，有了对该市场存在的要求；而投机者参与该市场提高了市场的流动性，充当价格发现的主力军，使该市场充满了活力。

 扩展空间

金融衍生品市场的产生与发展

第二次世界大战后建立的布雷顿森林体系，实行各国货币与美元挂钩，美元直接与黄金挂钩，这实质上是一种固定汇率制。它的建立为世界经济的发展和各国的投资及贸易起到了极大的促进作用。然而，到了20世纪60年代，由于美国与日本等主要工业国家之间产生了巨额的贸易逆差，使美国的对外负债远远大于它的黄金储备。1971年8月，尼克松政府直接宣布美元不能兑换黄金。同年12月，西方主要国家在华盛顿签订史密森协定，较大幅度调整了主要货币对黄金的比价，并试图减少汇率波动。然而，在1973年3月，这一努力宣告失败，各国纷纷实行浮动汇率制，汇率的波动随之加剧。频繁而大幅度波动的汇率带来了多方面的风险，为了防范汇率波动带来的风险，芝加哥商业交易所于 1972 年 5 月 16 日开辟了国际货币市场分部，并办理澳元、英镑、加元、日元、瑞士法郎和西德马克（原德国货币单位）六种主要外币的期货交易。这标志着金融衍生品市场的产生。此后，各种金融衍生品应运而生。1975 年，芝加哥期货交易所（CBOT）率先开办了抵押协会债券利率期货。1982 年 2 月 24 日，美国堪萨斯州推出了第一份股票指数期货合约。

股票选择权是金融期权市场最早出现的品种。20 世纪 20 年代就出现了股票选择权交易，但由于是场外交易，规模不大，所以影响力较小。1973 年 4 月 26 日，全球第一家选择权集中交易所芝加哥期权交易所成立（COBE），该所最初交易的是 16 种以股票为标的物的买权契约。1982 年 10 月 1 日，芝加哥交易所推出第一份利率选择权合约。1981 年 8 月，世界银行发行了 2.9 亿美元欧洲债券，并决定将其本金与利息同 IBM 公司进行法郎和德国马克互换，开创了金融互换市场的先例。1992 年，第一笔利率互换在美国完成。之后又出现了期货互换、期权互换等其他互换交易。

与西方国家相比，我国金融衍生工具起步较晚，发展速度较为缓慢，金融产品的种类较为单一。我国金融衍生品主要起步于 20 世纪 90 年代，主要包括国债期货、股票权证、外汇期货以及股票指数期货等衍生品类型。在我国衍生品工具发展的 20 多年中，我国金融衍生品市场也在不断的完善，包括 90 年代初期我国海南证券交易中心实行的股指期货交易、上海交易中心推出的国债期货等。在发展过程中，我国相继推出了不少金融衍生产品，但由于自身发展不成熟，大部分衍生品都没有生存下去。我国的金融衍生品市场也是风生水起，经历了 90 年代初期的快速增长，90 年代末的倒退，直到 21 世纪初期，我国金融衍生品市场随着我国经济的快速发展才重新复燃，进入了新的发展阶段，并于 2010 年发行了沪深 300 综合指数期货合约。

目前，中国共有四家期货交易所，分别是上海期货交易所、郑州商品交易所、大连商品交易所和中国金融期货交易所。目前，这四家交易所共上市交易的期货期权品种共有 54 个，其中包括商品期货 46 个、金融期货 5 个、商品期权 2 个，金融期权 1 个。基本覆盖了农产品、有色金属、能源化工、工业原材料、建筑材料等实体经济产业，同时还包括金融领域。2017 年 4 月 1 日，国内首例商品期权品种——豆粕期权在大连商品交易所上市，这是国内期权市场继 2015 年上证 50ETF 期权上市后的又一重大突破，标志着我国金融衍生品市场进入了新时代，紧随其后的 2017 年 4 月 19 日，白糖期权也在郑州商品交易所上市。

11.2 期货与理财

11.2.1 远期合约

金融远期合约是指交易双方约定在未来的某一约定时间，按照约定的价格买卖一定数量的某种金融资产的合约。

11.2.1.1 金融远期合约的特点

金融远期合约是一种非标准化的合约。其交易也不在交易所内，这样就使金融远期交易具有了相应的优点和缺点。金融远期合约的内容由双方谈判达成，交易双方可以就交易地点、交割时间、交割价格、合约规模及其标的物的品质等级等内容进行谈判。金融远期合约的这一特点使其与金融期货合约相比具有很大的灵活性，这也是金融远期合约的最大优点。金融远期合约的非标准化使得每份合约千差万别，这又使金融远期合约的流动性较差。金融远期合约没有固定的交易场所，不利于形成统一的价格。与金融期货合约交易相比，金融远期合约没有履约保证，导致其交易的风险性很大，这又是金融远期合约交易的最大缺点。

11.2.1.2 金融远期合约的种类

（1）远期利率协议

远期利率协议是指买卖双方同意从未来某个商定的时间开始，在某一特定时期内按协议利率借贷一笔数额确定、以具体货币表示的名义本金的协议。在远期利率协议中，协议中的买方是名义借款人，其订立远期利率协议的目的是规避利率上升的风险或投机。远期利率协议中的卖方则是名义借款人，其订立远期利率协议的目的主要是规避利率下降的风险或投机。之所以称为"名义"，是因为借贷双方不必交换本金，只是在结算日根据协议利率按照利率之间的差额以及名义本金额，由交易一方付给另一方相应的结算金。到结算日，如果参照利率大于协议利率，那么，卖方要向买方支付相应金额的结算金，相反，买方就要向卖方支付相应金额的结算金。一般来说，实际借款利息是在贷款期时支付，而结算金则是在结算日支付，所以，在这种情况下，差额必须以贴现方式预扣结算。

远期利率协议最重要的功能是通过固定将来实际交付的利率而避免了利率变动风险，但由于远期利率协议是场外交易，故存在信用风险和流动性风险，然而，这种风险是有限的，因为它最后实际支付的只是利差而非本金。

（2）远期外汇合约

远期外汇合约是指双方约定在将来某一时间按约定的远期汇率买卖一定金额外汇的合约。交易双方在签订合同时，就确定好将来进行交割的远期汇率，到交割日不论汇率是多少，双方都应按约定的汇率进行交割。到交割时，双方只是交割合同中约定汇率与当时的即期汇率之间的差额。

（3）远期股票合约

远期股票合约是指在将来某一特定日期按特定价格交付一定数量单支股票或一揽子股票的协议。

11.2.1.3 金融远期合约的优点和缺点

金融远期合约的优点在于它是非标准化合约，交易双方可以就合约的内容，如交割地点、时间、价格、合约规模、标的物的品质等进行谈判，灵活性较大。但是，金融远期合约也存在以下明显的缺点。

第一，没有固定的、集中的交易场所，缺乏信息交流和传递，难以形成统一的市场价格，市场效率较低。

第二，金融远期合约的非标准化特征决定了它的流通性较差。

第三，金融远期合约的履行保障是交易双方的信用，违约风险较高。

11.2.2　期货合约

期货合约实质上是一种标准化的远期合约。在期货合约中，交易的品种、规格、数量、期限、交割地点都已经标准化，唯一需要协商的就是价格，这使期货合约的流动性大大增强了。期货合约交易的品种多种多样，包括铜、铝等金属期货合约，大豆、玉米、小麦、棉花等粮食期货合约，燃油期货合约等。金融期货合约是指协议双方同意在约定的某个日期按约定的条件（包括价格、交割地点、交割方式）买入或卖出标准数量的某种金融工具的标准化协议。

11.2.2.1　期货的交易机制

1. 合约标准化

期货交易所为各种标的物的期货合约制定了标准化的数量、质量、交割地点、交割时间、交割方式、合约规模等条款，只有价格是在成交时根据市场行情确定的，从而使期货合约具有极强的流动性，并因此吸引了众多交易者。

（1）交易单位

交易单位也称合约规模，是指交易所对每一份金融期货合约所规定的交易数量。人们在交易中只能买进或卖出这一标准数量的整数倍，也就是说，只能买卖多少份这样的合约。

（2）最小变动价位

最小变动价位，即一个刻度，是指由交易所规定的在金融期货交易中每一次价格变动的最小幅度。刻度乘以交易单位所得的积就是每份金融期货合约的价值，因价格变动一个刻度而增减的金额，称为刻度值。

（3）每日价格波动幅度

在金融期货交易中，为了防止期货价格过分剧烈波动，从而引起相应的风险。每个期货交易所通常都对金融期货合约的每日价格波动的最大幅度做出相应限制，这种限制称为"每日价格波动限制"。

（4）合约月份

合约月份是指期货合约到期交收的月份。在金融期货交易中，除个别合约有特殊的交收月份外，绝大多数期货合约的交收月份都定为每年的 3 月、6 月、9 月和 12 月。

（5）交易时间

交易时间是指由交易所规定的每种合约在每天可以进行交易的具体时间。每个交易所对在其交易所交易的每个交易品种都有具体的交易时间规定。可见，不同的交易所有不同的交易时间，即使在同一交易所不同的交易品种也有不同的交易时间。

（6）最后交易日

最后交易日是指由交易所规定的每种合约在到期前的最后一个交易日期。金融期货交易大多数都不进行实际交割，而是通过对冲结清交易部分。如果持仓者在最后交易日交易结束前仍没作对冲交易，那么，他只能通过合约到期时进行实物交收或现金结算结清其交易部分。

（7）交割

交割是指由交易所规定的每种到期未平仓金融期货合约在实际交收时的各项条款，主要包括交割日期、交割方式、交割地点等。

2. 保证金

期货市场上的价格每日都在变化，第二天的期货价格同第一天的期货价格就有所不同。两日间的价格差额便构成买卖双方的损益。当某一方由于价格变化对自己不利而遭受损失时，另一方便会获利。如果前者不能支付这笔金额，势必给后者带来损失。为了避免这种信用风险，期货的买方或卖方客户需缴纳保证金。

保证金也称按金，所需缴纳数量同有关期货价格的易变性有关，即同每日损益的概率分布有关。在期货交易中，价格变动大的期货合约要求的保证金高些；反之则低些。不同经纪人索要保证金的数量不等，可以具体商议。

1）初始保证金。初始保证金是签订期货合同时必须缴存的保证金数量。

2）维持保证金。维持保证金是清算所设定的保证金账户余额的最低水平。当期货投资者保证金账户内的余额小于维持保证金时，投资者就会收到清算所发出的保证金通知，被要求追加保证金。

3）变动保证金。变动保证金＝初始保证金－维持保证金。

4）双重保证金制度。外汇期货交易由买卖双方委托经纪人通过交易所进行。为了防止信用风险，一方面，买卖期货合约的客户必须向其经纪公司（清算所会员）缴纳保证金，即开立保证金账户；另一方面，经纪公司（清算所会员）必须向交易所的清算机构——票据交换所缴纳保证金。这种双重保证金制度保证了期货市场的正常运行。表11-1为我国2年期国债期货合约表。

 扩展空间

表 11-1　我国 2 年期国债期货合约表

合约标的	面值为 200 万元人民币、票面利率为 3% 的名义中短期国债	每日价格最大波动限制	上一交易日结算价的 ±0.5%
可交割国债	发行期限不高于 5 年，合约到期月份首日剩余期限为 1.5~2.25 年的记账式附息国债	最低交易保证金	合约价值的 0.5%
报价方式	百元净价报价	最后交易日	合约到期月份的第二个星期五
最小变动价位	0.005 元	最后交割日	最后交易日后的第三个交易日
合约月份	最近的三个季月（3 月、6 月、9 月、12 月中的最近三个月循环）	交割方式	实物交割
交易时间	9：30—11：30，13：00—15：15	交易代码	TS
最后交易日交易时间	9：30—11：30	上市交易所	中国金融期货交易所

在我国，国债期货开户门槛具体如下。

（1）自然人

第一，申请开户时保证金账户可用资金余额不低于人民币 50 万元。

第二，具备金融期货基础知识，通过相关测试。

第三，具有累计 10 个交易日、20 笔以上的金融期货仿真交易成交记录，或者三年内具有 10 笔以上的期货交易成交记录。

第四，不存在严重不良诚信记录，不存在法律、行政法规、规章和交易所业务规则禁止或者限制从事金融期货交易的情形。

（2）一般机构客户

第一，申请开户时保证金账户可用资金余额不低于人民币 50 万元。

第二，相关业务人员具备金融基础知识，通过相关测试。

第三，具有累计 10 个交易日、20 笔以上的金融期货仿真交易成交记录，或者三年内具有 10 笔以上的期货交易成交记录。

第四，不存在严重不良诚信记录，不存在法律、行政法规、规章和交易所业务规则禁止或者限制从事金融期货交易的情形。

第五，具有参与金融期货交易的内部控制、风险管理等相关制度。

11.2.2.2　期货合约的特点

与远期合约相比，期货合约的最大特点在于它的标准化，具体表现如下。

（1）交易场所不同

远期交易没有固定的场所，是一个无组织、分散的市场；期货市场是一个有组织、有秩序的、统一的市场，期货合约在交易所内交易，受到各种交易规则的制约。

（2）交易规模不同

远期合约的规模由交易双方自行确定，而期货合约则不同，期货交易所将每份期货合约的规模进行确定，只能交易该规模的倍数。

（3）价格确定方式不同

远期合约的交割价格是由交易双方直接谈判而确定的；期货交易的价格是在交易所中大量的买者和卖者通过其经纪人在场内公开竞价确定的，定价效率较高。

（4）违约风险不同

远期合约违约风险的大小主要取决于对手方的信用，违约风险较高；而期货合约的履约完全不取决于对手方而取决于交易所或清算公司，交易双方直接面对交易所，违约风险较小。

（5）履约方式不同

由于远期合约是非标准化的，转让相当困难，因此，绝大多数远期合约只能在到期时以实物交割来履行；而期货合约是标准化的，交易十分方便。期货合约的这一特点使得在合约到期时只有不到 5% 的合约最终进行实物交割，绝大多数交易者在此之前就通过购买一份内容相同、方向相反的合约来进行对冲。

（6）结算方式不同

远期合约签订后，交易双方只有到期才进行交割清算，期间很少进行结算；期货交易则采取逐日结算制度，交易所或清算机构每天进行清算，确定盈亏，再补交保证金或者提取收益。每一个交易账户按照确定的结算价格进行市值调整，计算出当天的结算价格和前一天的结算价格的差额，如果结算价格上涨，那么，持有多头头寸的保证金账户将会有现金流入，而持有空头头寸的保证金账户将会有现金流出，这一过程被称为逐日结算。逐日结算的结果是期货合约每日进行结算，而不是在其最后期限才进行结算。

11.2.2.3　期货市场功能

一般来讲，成功运作的金融期货市场具有价格发现和风险转移两大功能：

（1）价格发现

所谓价格发现，是指在交易所内对多种金融期货商品合约进行交易的结果能够产生这种金融商品的期货价格体系。金融期货市场发现的金融资产价格具有以下两个特点。

1）公正性。

由于期货交易是集中在交易所进行的，而交易所作为一种有组织、规范化的市场，集中了大量的买者和卖者，通过公开、公平、公正的竞争形成价格，它基本反映了真实的供求关系和变化趋势。

2）预期性。

与现货市场相比，期货市场价格对未来市场供求关系变动有预测作用，它可以把国内市场价格与国际市场价格有机结合在一起。

期货市场大大改进了价格信息质量，使远期供求关系得到显示和调整。期货市场信息是企业经营决策和国家宏观调控的重要依据。

（2）风险转移

经济生活无时无刻不存在风险，而期货市场具有一种风险转移机制，它可以提供套期保值业务，最大限度地减少价格波动带来的风险。套期保值就是买进或卖出与现货头寸数量相当、方向相反的期货合约，以期在将来某一时间通过卖出或买进期货合约而补偿因现货市场价格变动所带来的价格风险。20世纪70年代以来，世界经济急剧波动，金融风险猛增，金融机构和公司都寻求金融期货市场规避风险，这正是金融期货市场得以产生和发展的内在动因。金融期货市场之所以具有风险转移的功能，主要是因为期货市场上有大量的投机者参与。他们根据市场供求变化的种种信息，对价格走势作出预测，靠低买高卖赚取利润。正是这些投机者承担了市场风险，制造了市场流动性，使期货市场风险转移的功能得以顺利实现。

11.2.2.4　期货市场的参与者

（1）期货交易所

期货交易是在期货交易所的组织下进行的，期货交易所是期货市场最重要的组成部分。期货交易所是由会员组成的公司实体，会员们选举董事会成员，被选出的董事轮流选举交易所的管理者，交易所制定会员规则，并对违规者进行处罚。大多数期货交易所都拥有有限数量的完全会员资格，这种资格成为交易席位。通常存在一个交易席位买卖市场，并向公众公布最高和最低的出价。席位价格随市场的交易量和引进的新合约数量的变化而波动。此外，交易清算所是交易所的附属机构，作为期货交易的媒介或中间人，保证每笔交易的双方履行合约。

（2）期货交易商

期货交易商是期货交易所的个人成员，他们要么到期货交易所的交易大厅进行交易，要么坐在交易终端前进行交易。除了直接参与到交易中的主体之外，期货市场还存在一些其他的参与者。引介经纪商（Introducing Broker，IB）是那些从公众客户中委托下单业务的个人；商品交易顾问（Commodity Trading Advisor，CTA）是那些分析期货市场走势并公布分析报告，提供建议及推荐买进或卖出合约的个人和机构；商品交易合作基金运营商（Commodity Pool Operator，CPO）是那些从公众手中筹集资金、汇集并使用这些资金进行期货交易的个人或机构。

（3）经纪行和经纪人

期货交易必须通过经纪行进行。经纪行和经纪人是为客户与期货交易所场内交易员联系和办理期货交易的中间人。经纪行通过自己的经纪人与客户联系，代替客户在交易所进行买卖，并收取一定的佣金。交易所只承认经纪人是买卖的主体，委托人关于交易中的一切事宜，与交易所无关。

每个交易所下设立几个经纪行，经纪行必须是经注册登记的期货交易所会员，经纪行委派经纪人作为会员代理经纪行的业务，每个经纪行规定一定名额的经纪人，每个经纪人本身必须缴纳身份保证金作为担保，具体数目由各交易所自行规定。

11.2.2.5　期货交易程序

期货交易所规定了期货交易的程序，具体过程如下。

第一，客户如果不是交易所会员，要进入期货市场进行买卖，首先要委托期货经纪行办理开户手续，包括签署一份授权经纪行代为买卖的合约及缴付保证金；经纪行被授权后就可以按该合同的条款，根据客户的指示办理期货的买卖。

第二，投资者可在交易所的电子报价机或报纸的财经版上逐日刊登的商品价格行情栏内选择较为合适的价位，并向经纪人发出买卖期货的指令。

第三，经纪人接到客户交易指令后，立即记下交易单的数量、价格、月份、商品，将其交给经纪公司的收单部，经该部审核后通过专线电话或电传通知经纪行驻在交易所的交易代表。交易代表在收到的交易单上打上时间图章，送给交易所的场内经纪人（即场内交易员）。

第四，场内经纪人根据各方客户的发盘彼此进行买卖交易。他们一般是采用大声公开喊价，并以手势辅助表达要买进或卖出的数量和价格。如果客户的限价指令加 MIT，则按美国芝加哥期货交易所的规则，只要当天出现该交易价位，则经纪公司不得以任何借口推诿而不执行指令，应尽量争取成交。

第五，每笔交易后，场内经纪人须将记录记载于交易卡和原来的订单上，并将交易详情送交清算所，同时场内经纪人通过经纪行将合约通知书转交客户。

第六，客户要求将期货平仓时，其手续与买进或卖出相同，由经纪人通过其在交易所的代表，委托场内经纪人将某期货合约进行对冲。如果客户在短时间内不平仓，一般应在每天按当天交易所结算价结算一次。结算中如有盈利，即由经纪行补交盈利差额给客户，如有亏损，则客户需要存入保证金，补交亏损差额。

第七，交易所随时将各项期货商品行市在场内显示出来，场内经纪人和经纪行的交易代表及时了解价格的变动情况，同时以电传打字机和其他通信工具将商品行情向全世界传达。

11.2.2.6　利率期货

利率期货是指交易双方在期货交易所内以公开竞价的方式所进行的利率期货合约的集

中性交易。同样，利率期货合约也是由期货交易所制定的一种标准化合约。交易双方按照交易所规定的报价方式和报价范围通过公开竞价的方式约定在未来某日以成交时确定的价格交收一定数量的某种利率相关商品的标准化契约。

利率期货合约的种类很多，根据其报价方式不同，主要分为短期利率期货合约和长期利率期货合约。

（1）短期利率期货合约

短期利率期货合约是指期货合约标的的期限在一年以内的各种利率期货合约，即以货币市场的各类债务凭证为标的的期货合约，包括期限在一年以内的短期国库券期货、大额可转让定期存单期货及其他商业票据期货等。

（2）长期利率期货合约

长期利率期货合约主要有中长期国债（或中长期政府债券）期货合约以及抵押贷款证券期货合约等。中长期国债与短期国债不同，它不按贴现方式发行，利息在到期日之前每半年支付一次，最后一笔利息在到期日与本金一同偿还投资者。

11.2.2.7 股指期货

股指期货是以股价指数为标的的期货合约，它是一种有法律约束力的合约，签约双方在未来的某个特定日期，依据预先决定的指数大小（即成交价格），进行标的指数买卖。股价指数是全部或部分股票根据不同的计算方法得出的表达市场价值的数值。

股指期货合约的物质基础是标的指数，首先必须有一个反映股票市场价格运动的指数被设计为期货合约标的。标的指数计算的科学性、反映市场状况的客观性是股指期货市场功能得以实现的基本前提。世界上有许多著名的股票价格指数，有的被选中为相应期货合约标的，有的没有被设计为期货合约标的，也有的期货合约是以专门编制的股价指数为标的设计的。

股指期货的交易对象是反映股票价格水平变动的指标，股价指数的变动实质代表股票平均价格乃至股票市值的变动。正是从这个基础出发，人们将股价指数期货合约的交易单位定义为一定规模的市值，有时甚至直接将交易单位表述为合约单位或合约规模。

投资者根据其对市场的判断，对股指期货进行投资。投资者原意承担风险来获取预期收益，他无须与股票组合相配合，而是直接对股指期货进行单向买卖。并且，交易效率、交易成本、杠杆效应及做空机制使得通过股指期货间接投资股票市场具有更大的优势和吸引力。

11.2.3 期货在理财方面的运用

期货在理财产品中的实际运用存在三种交易方式：投机操作、套期保值操作和套利操作。

11.2.3.1 关于投机操作的交易方式

理财产品中的投机操作指理财产品的管理者以获取交易差价为目的的期货交易行为。由于期货的杠杆效应使得投资者的收益和风险均呈现明显的放大效应，投资者对期货走向判断准确可以放大收益，判断错误将会放大损失。正是因为期货的高风险性和巨大的波动性，期货交易实行每日无负债的结算制度。根据指引要求，理财产品在资产管理业务中可以采取投机策略，但仅限于单一机构作为委托人的信托产品，如此规定的目的正是考虑到投机操作的巨大风险性，对委托人资质提出了较高要求。

11.2.3.2　关于套期保值操作的交易方式

理财产品中的套期保值操作指理财产品的管理者通过在期货市场建立与现货市场方向相反、数量大致相当、月份相同或相近的头寸，利用期货市场的盈亏来抵消现货市场的盈亏，从而达到规避价格波动风险的目的。理财产品在实际运用中会有较多的套期保值需求，在实务操作中，通常有买入套期保值和卖出套期保值之分。

1. 买入套期保值策略的运用

买入套期保值策略在理财产品运用的过程中主要分为成本锁定型和避险型，本文以股指期货为例进行说明。

（1）成本锁定型

成本锁定型主要出现在以下两种情形中。

其一为当期资金不足，为锁定成本而进行的买入套期保值策略，即当信托型理财账户未来一段时间内可收到一定的信托资金数额，而即期股票市场上涨概率很大，为避免股市上涨引发未来建仓成本的攀升，可在即期建仓股指期货，锁定未来购入股票的成本，待未来资金到账后再买入股票，同时对股指期货进行平仓了结。如果未来买入股票时，价格符合上涨预期，股指期货的盈利可以弥补股票现货市场增加的成本；如果价格下降，买入股票成本的下降可以弥补股指期货的亏损。无论出现何种情况，均可以锁定股票的建仓成本。

其二为即期资金充足需大量购进股票，为降低冲击成本而实施的买入套期保值策略。即信托理财账户即期拥有大量现金，需购入大量股票，短期购入大量股票必然推高二级市场的价格，导致购入成本大幅提高。因此可以先买入对应价值的股指期货合约，然后在股票市场分步建仓，同时逐步平仓对应的股指期货合约。

（2）避险型

避险型又称多头套保策略，即理财账户持有的股票头寸基本为融券仓位，因防止出现股票上涨带来的损失，可以在二级市场采取买入套期保值策略，即如股票下跌股指期货确有损失，但融券仓位的盈利可以弥补；如股票上涨融券仓位的损失可以通过股指期货合约的盈利进行弥补。

2. 卖出套期保值策略的运用

卖出套期保值策略在信托型理财产品的运用过程中主要为避险型，主要运用于信托理财账户中已经持有股票头寸的情形。当信托理财账户已经持有大量股票且由于即将参与分红等原因必须持有时，为预期股票可能下跌而采取的卖出套期保值策略。还有一种情况，当信托理财账户持有的股票组合需要调整或因达到投资目标需要卖出时，因担心在二级市场出售可能引发股票下跌而采取卖出套期保值的策略。

11.2.3.3　关于套利操作的交易方式

套利是指利用市场上两个相同或相关资产暂时出现的不合理价格关系，同时进行的方向相反的买卖交易。理财中的期货套利指针对期货与现货之间、期货不同合约之间的不合理价格关系进行套利的交易行为。

理论上，期货套利分为期现套利、跨期套利、阿尔法套利、跨产品套利、跨市套利等。其中，期现套利是指当期货市场的某种期货合约与现货市场上在价格上出现差距，从而利用两个市场的价格差距，低买高卖而获利。在期货期现套利中，期货与现货价格通常会保持着一定的动态关联。但是，有时期货与现货价格会产生偏离，当这种偏离超出一定范围时，就会产生套利机会。跨期套利是指当不同交割月的同一期货合约间价差偏离均衡位置时进行的套利交易，分为多头跨期、空头跨期、蝶式跨期。阿尔法套利是指运用期货与具有阿尔法值的证券产品之间进行反向对冲的套利，也就是做多具有阿尔法值的证券产品，做空指数期货，实现回避系统性风险下的超越市场指数的阿尔法收益。使用该种套利方法的关键是要选择好有一定折价率或具有超额收益阿尔法的证券产品。关于跨产品套利和跨市套利则由于我国目前期货品种单一以及无法实现同一种期货合约的跨所交易而无法开展。在理财产品的套利操作中，比较常见的是期现套利和跨期套利。

11.3　期权与理财

11.3.1　期权合约的特点

金融期权是指赋予其购买者在规定的期限内有权选择是否以特定的价格买进或卖出一定数量标的的某种金融商品或金融期货合约的交易。在金融期货交易中，买卖双方的权利和义务是对等的。而在期权交易中，期权合约的购买者只有权利，没有义务；期权合约的出售者却只有义务，没有权利。当期权购买者按合约规定要求行使其买进或卖出标的资产时，期权出售者必须依约与其进行交易。当然，期权的出售者会获得期权购买者支付给他的报酬。一般而言，期权交易具有以下特点。

（1）标的的特殊性

期权是一种可以买卖的权利，期权交易以这种特定权利作为交易标的，是一种权利的有偿使用权，是期权的购买方向期权的出售方支付了一定数额的费用之后所拥有的、在规定的有效期内按事先约定的价格向期权出售方买进或者卖出一定数量的某种商品或期货合约的权利。

（2）交易的灵活性

期权的执行与否完全由购买方确定。如果市场行情的变化对购买方有利则执行，如对其不利，则购买方完全可以放弃这种权利不予执行。此外，如果购买方选择执行，依照美式期权，则可以在到期之前的任何一天行使权利。这是一般金融交易工具所不具备的特性。

（3）权利和义务的非对等性

在期权交易中期权的购买方享有在有效期内买进或卖出一定数量的某种商品或期货合约的权利，但并不负有必须买进或卖出一定数量的某种商品或期货合约的义务。对期权出售方来说，其权利是有限的，即向购买方收取一定数额的期权费用，而其义务则是无限的。一旦买方要求行使期权，出售方必须即时卖出或买进一定数量的某种商品或期货合约。

（4）风险与收益的不平衡性

对于期权的购买方来说，其所承担的风险是有限的，因为其可能遭受的最大损失就是购买期权时已经支付的期权费，这种风险是可预知的。然而，由于购买方具有买进或卖出期货合约的决定权，所以获利机会较多，并且在购买看涨期权的情况下，其收益额是无限的，只有在购买看跌期权的情况下，其获利额才受限于基础资产的执行价格。但对于期权的出售方而言，他在期权交易中所面临的风险是很难准确预测的，因此其必须预先缴纳一笔保证金以表明其具有履约的能力。具体来说，在出售看涨期权的情况下，其风险可能是无限的，在出售看跌期权情况下，其风险可能是有限的。与其所承担的风险相比，期权出售方的收益额永远是有限的，即期权买方支付的期权费。

11.3.2　金融期权合约的基本要素

（1）协定价格

协定价格或执行价格，是期权交易双方在交易时所确定的、期权购买者在行使其权利时针对合约标的物买卖所执行的价格。这个价格一经确定，期权合约的购买者如果在期权的有效期内行使权利，则无论期权合约标的物的市场价格如何变化，期权交易的双方必须按此价格买卖期权合约所规定的标的物。

（2）期权费

期权费是期权购买者为获得其权利而向期权出售者所支付的费用。也是期权合约出售者承担其义务的报酬。这个费用一经支出，则无论期权的购买者是否行使其权利，都不能再收回。

（3）有效期限

有效期限是期权购买者行使权利的期限。如前所述，期权的购买者在向期权的出售者支付期权费之后，就获得了按协定价格买卖合约所规定的金融商品的权利。然而，期权的购买者只能在期权合约所规定的时间内行使权利。这个时间就是期权合约的有效期限。

11.3.3　期权合约的盈亏分析

期权合约具有四个基本部位：看涨期权多头、看涨期权空头、看跌期权多头、看跌期权空头，当未来现货市场的价格与执行价格不一致时，四个基本部位会产生收益或者损失。

11.3.3.1　期权合约的四个基本部位

（1）看涨期权多头

看涨期权多头是指看涨期权合约的持有者，即支付期权费，获得在未来规定的期限内按照协定价格买入某种资产的权利，可以选择是否行权。

（2）看涨期权空头

看涨期权空头是指看涨期权合约的出售者，即收到期权费，当看涨期权多头方要求行权时，按照协定价格出售某种资产。

（3）看跌期权多头

看跌期权多头是指看跌期权合约的持有者，即支付期权费，获得在未来规定的期限内按照协定价格卖出某种资产的权利，可以选择是否行权。

（4）看跌期权空头

看跌期权空头是指看跌期权合约的出售者，即收到期权费，当看跌期权多头方要求行权时，按照协定价格购买某种资产。

11.3.3.2 期权的盈亏

以欧式看涨期权多头为例，如图 11-1 所示，当现货市场价格 ST<执行价格 K 时，合约持有者不会行权，因为他可以直接在现货市场上以更低的价格购买资产，此时合约持有者的损失为期权费；当现货市场价格 ST>执行价格 K 时，合约持有者会行权，以低于现货市场价格的执行价格购买资产，但是，只有当现货市场价格 ST 与执行价格 K 之间的差额超过期权费时，合约持有者才能获得正收益。

以欧式看跌期权多头为例，如图 11-2，当现货市场价格 ST>执行价格 K 时，合约持有者不会行权，因为他可以直接在现货市场上以更高的价格出售资产，此时合约持有者的损失为期权费；当现货市场价格 ST<执行价格 K 时，合约持有者会行权，以高于现货市场价格的执行价格出售资产，但是，只有当执行价格 K 与现货市场价格 ST 之间的差额超过期权费时，合约持有者才能获得正收益。

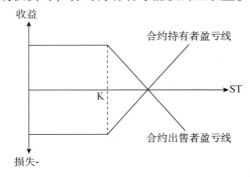
图 11-1 看涨期权多头和空头的盈亏 (1)

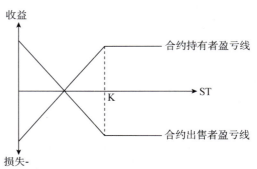
图 11-2 看跌期权多头和空头的盈亏 (2)

11.3.4 金融期权合约的种类

（1）买入期权与卖出期权

买入期权是指期权购买者可在未来约定的日期，以协定价格向期权出售者购买约定数量的某种金融商品或金融期货合约的期权。期权的购买者如果购买了买入期权，则他未来在其权利有效期内只能选择买或不买。由此看来，当投资者对金融商品或金融期货合约之标的物价格看涨时，他才会购买买入期权。如果将来价格上涨，则他可以以协定价格（低于市价）向期权出售者买进这种金融商品或期权合约，从中获利。所以买入期权也叫看涨期权。

卖出期权是期权购买者可以在未来约定的日期，以协定价格向期权出售者卖出约定数量的某种金融商品或金融期货合约的期权。期权的购买者在购买了卖出期权后，则他未来在其权利有效期内只能选择卖或不卖。同样可知，当投资者对某种金融商品或金融期货合约之标的物的未来价格看跌时，他才会购买卖出期权。如果将来价格下跌，则他可以以协定价格（高于市价）向期权的购买者出售合约所规定的相应数量的金融商品或金融期货合约，以期从中获利。所以卖出期权也叫看跌期权。

（2）欧式期权与美式期权

欧式期权、美式期权是根据期权有效期限的不同进行划分的。欧式期权是指期权的购买者只能在期权到期这一天行使其权利。而美式期权的购买者可以从其购买期权的那一天起，直到期权到期日这一天内的任何一天都可以行使其权利。可见，美式期权对期权购买者而言，有更大的选择权，因此，美式期权的期权费比欧式期权的期权费高。

（3）场内期权与场外期权

场内期权是指在交易所内集中进行的标准化金融期权合约的交易；而场外期权是指在非集中性的交易场所进行的非标准化金融期权合约的交易。

（4）现货期权与期货期权

现货期权是指以各种金融工具作为期权交易之标的物的期权交易。如股票期权、外汇期权、利率期权等。期货期权是指以期货合约作为期权交易之标的物的期权交易。如外汇期货期权、利率期货期权、股票价格指数期货期权等。表 11-2 为上证 50 股指期权合约表。

扩展空间

表 11-2　上证 50 股指期权合约表

合约标的	上证 50 指数	每日价格最大波动限制	上一交易日上证 50 指数收盘价的 ±10%
合约乘数	每点人民币 100 元	行权方式	欧式
合约类型	看涨期权、看跌期权	交易时间	9：30—11：30，13：00—15：00
报价单位	指数点	最后交易日	合约到期月份的第三个星期五，遇国家法定假日顺延
最小变动价位	0.2 点	到期日	同最后交易日
合约月份	当月、后 2 个月及随后 3 个季月	交割方式	现金交割
交易代码	看涨期权：HO 合约月份-C-行权价格 看跌期权：HO 合约月份-P-行权价格	上市交易所	中国金融期货交易所
行权价格	行权价格覆盖上证 50 指数上一交易日收盘价上下浮动 10% 对应的价格范围 对当月与后 2 个月合约：行权价格≤2 500 点时，行权价格间距为 25 点；2 500 点<行权价格≤5 000 点时，行权价格间距为 50 点；5 000 点<行权价格≤10 000 点时，行权价格间距为 100 点；行权价格>10 000 点时，行权价格间距为 200 点 对随后 3 个季月合约：行权价格≤2 500 点时，行权价格间距为 50 点；2 500 点<行权价格≤5 000 点时，行权价格间距为 100 点；5 000 点<行权价格≤10 000 点时，行权价格间距为 200 点；行权价格>10 000 点时，行权价格间距为 400 点		

我国上证 50 股指期权开户条件如下。

第一，资产要求。近 20 个交易日的日均资产不能低于 50 万元人民币。资产指证券市值与资金账户可用余额之和，并且不包括通过融资融券交易融入的证券和资金。

第二，知识测试。通过交易所认可的相应等级的知识测试。

第三，经历要求。具备一定的交易经历和经验。具体来说，至少有一个开立证券账户 6 个月以上的账户，并且具备融资融券账户或金融期货交易经历。

第四，信用记录。没有不良的信用记录（确保在金融交易中具有良好的信用记录和可靠性)。

11.3.5 金融期权的价格构成及影响因素

11.3.5.1 金融期权的价格构成

期权的价格也就是人们所说的期权费,从理论上讲,期权的价格由两方面构成:一是期权的内在价值,二是期权的时间价值。

(1)金融期权的内在价值

内在价值是立即执行期权合约时所获得的总收益。它反映了期权合约中事先约定的协定价格和相关标的物的市场价格的关系。一种期权有无内在价值及其大小,取决于该期权之协定价格与其标的物价格的比较。

根据期权协定价格与其标的物的市场价格的关系,可以把期权分为"实值期权""虚值期权"和"平价期权"。内在价值大于零的期权称为"实值期权";内在价值小于零的期权称为"虚值期权";内在价值等于零的期权称为"平价期权"。

(2)金融期权的时间价值

在实际的期权交易中,期权费并不等于期权的内在价值。这是因为,在期权到期前,期权合约的价值一方面会受到期权内在价值的影响,另一方面,它还受时间因素的影响。我们把期权购买者所支付的超过期权内在价值的那部分价值称为期权的时间价值。期权的购买者之所以愿意以高于期权内在价值的价格购买期权,是其认为:随着时间的变化,期权的内在价值可能增大。

11.3.5.2 影响期权价格的主要因素

期权的价格由内在价值与时间价值两部分构成。因此,影响期权内在价值和时间价值的因素都是影响期权价格的因素。

(1)协定价格与市场价格

协定价格与市场价格都是影响期权价格的重要因素。当期权交易成交时,协定价格随之而定,在期权到期前,随着时间的变化,期权之标的物的市场价格将不断变化,有时高于协定价格,有时低于协定价格,这种变化一方面影响期权的内在价值,另一方面也影响期权的时间价值。

期权之标的物的市场价格与协定价格的关系,对看涨期权和看跌期权来说,其结果是不同的。对看涨期权来说,当期权之标的物的市场价格大于协定价格时,其内在价值为正(实值期权),市场价格与协定价格的差距越大,期权的内在价值越大;当市场价格小于协定价格,则期权的内在价值为负(虚值期权);当市场价格等于协定价格,则期权的内在价值为零(平价期权)。对看跌期权来说,正好相反,当期权之标的物的市场价格小于协定价格时,期权的内在价值为正(实值期权);当市场价格大于协定价格时,期权的内在价值为负(虚值期权);当市场价格等于协定价格时,期权的内在价值为零(平价期权)。期权之标的物的市场价格与协定价格的关系,不但决定了期权内在价值的大小,同时,也对期权的时间价值有很大影响。时间价值是人们对期权之标的物的市场价格与协定价格未来变化及其程度的预期所支付的费用。一般说来,如果这两个价格未来变化的可能性和程度越大,则人们所愿意支付的费用也就越高,期权的时间价值就越大。可见,平价期权的时间价值最大,市场价格与协定价格差异程度越大,其时间价值越小。

（2）期权的有效期限

期权的有效期限对期权的价格也有很大影响。期权的有效期限越长，期权之标的物的市场价格与协定价格变化的可能性越大，因此，期权的时间价值就越大。

（3）利率

利率对期权价格的影响是很复杂的。利率的变化导致投资者的机会成本发生变化，从而引起其投资决策的变化。假设投资者对某种金融商品的未来价格看涨，此时，他可以选择直接购买这种金融商品，也可以购买以这种金融商品为标的物的看涨期权。如果此时利率上升，那么，投资者所支付的期权费的机会成本提高，可能引起投资者将资金从期权市场转向其他市场，从而导致期权价格下降。相反，若利率下降，投资者所支付的期权费的机会成本下降，投资者可能将更多的资金投放到期权市场，从而导致期权价格上升。

利率的变化也会引起金融工具价格的变化，也会导致投资者投资决策的变化。利率的变化会引起金融工具市场价格的变化，使金融期权标的物的协定价格与市场价格之间的关系发生变化，从而导致期权的内在价值发生变化，期权的价格也随之变化。事实上，利率对期权价格的影响是同时的、多方面的影响。分析时，应全面分析：例如，某投资者对某金融商品的未来价格看涨，他想购买一定数量的这种金融商品以期获利，如果此时利率上升，投资者可能会选择购买以这种金融工具为标的物的看涨期权，这时，他只需要支付购买相应数量金融商品之期权合约的期权费就可达到目的。同时，还可将节约的资金（现货投资价款与期权费之差）进行其他投资。这样将会导致期权价格上升。然而，利率上升，也会引起金融工具市场价格下降，这样金融期权之标的物的协定价格与市场价格的价差也将缩小，对于看涨期权来说，其内在价值就会减少，期权的价格又会因此而下降。可见，利率变化对期权价格的影响是复杂的。

（4）期权之标的物价格的波动性

投资者之所以购买或出售期权，是因为他们认为：期权标的物的价格将变动，这种变化可能会给他们带来好处。如前所述，期权合约对交易双方的权利和义务规定是不等的。对期权的购买者来说，不管标的物的价格变动对自己的不利程度如何，他都可以将损失限定在一定范围内（期权费），相反，期权的出售者将无法限定自己的损失。可见，标的物价格变化的程度越大，对期权的购买者就越有利，对期权的出售者就越不利，期权出售者减少损失的方法就是收取较高的期权费。所以，期权之标的物在有效期限内波动的程度越大，期权的价格就越高。

（5）期权之标的资产的收益状况

标的资产的收益会影响标的资产的价格。在期权交易中，协定价格是不变的。然而标的资产分红、付息会降低标的资产的价值，从而影响期权之标的资产协定价格与市场价格的差异，导致期权价格发生变化。一般来说，在期权有效期内，标的资产的收益越大，看涨期权的价格越低，看跌期权的价格越高。

11.3.6 期权交易市场

期权交易市场可以分为场内期权交易市场和场外期权交易市场。场内期权交易市场主要是指期权在期权交易所内进行交易；场外期权交易市场是指大型公司或者机构双方直接进行的期权交易。

11.3.6.1　场内期权交易市场

期权交易所是具有法律地位、有组织的公司实体，制定规章制度，承担管理期权交易的责任。与期货交易相同，在期权交易所进行交易的期权也是标准化的。

（1）期权交易的过程

第一，买方和卖方向各自经纪人下达交易指令，开始交易。

第二，买方和卖方的经纪人均要求其经纪公司的场内经纪人执行交易。

第三，双方场内经纪人在期权交易所的交易厅碰面，协定商谈价格。

第四，向期权清算所报告交易信息。

第五，双方场内经纪人分别向买方和卖方经纪人汇报协定价格。

第六，双方经纪人再分别向买方和卖方汇报协定价格。

第七，买方和卖方分别在其经纪人处存入权利金或保证金。

第八，买方和卖方经纪人再向清算公司存入交易权利金或保证金。

第九，双方经纪人的清算公司再向清算所存入交易权利金和保证金。

（2）期权交易商

在期权的买方和卖方之外，期权交易中还会涉及做市商、场内经纪人、指令簿处理人员等。

1）做市商。当公众中有人希望买进或卖出一种期权合约，但是又没有其他成员愿意卖出或买进该期权合约时，做市商自己完成交易，做市商的存在能够满足公众对期权的需求。

2）场内经纪人。如果需要进行期权交易，需要在经纪公司开设交易账户，经纪公司指派一名场内经纪人负责或作出合约安排。

3）指令簿处理人员。指令簿处理人员属于交易所的雇员，负责场内经纪人指令的处理。

（3）清算所

清算所的正式名称为期权清算公司，是为了保证期权交易的顺利进行而设置的独立机构。它确保期权卖方按照合约的规定履行义务，并记录其所有的多头和空头头寸状况。当期权持有者需要行权时，他面对的不是期权卖方，而是清算所。

11.3.6.2　场外期权交易市场

在场内交易市场之外，机构投资者主导着相当巨大的场外交易市场。一般而言，场外期权交易市场上的合约都是由大型企业集团、金融机构以及政府部门直接进行交易的。在场外期权交易中，期权合约的条款和适用条件依交易双方的特定需求量身定制，期权的设计具有非标准化的特征。而且，在期权交易所交易，一笔购买看跌期权合约的大额交易指令往往被认为是向市场发出的信号，这个信号逐渐形成市场的噪声，干扰市场的正常运作。但是，对于场外期权市场，投资者的交易均在私下达成，大额期权交易几乎对市场不具有影响。

11.3.7　期权的履约方式

期权交易的履约方式主要有三种：行使期权、对冲和自动失效。

11.3.7.1　行使期权

期权的持有者由于支付了期权费，所以获得了履行合约的权利。一般来说，只有当期权有内在价值时，期权的多头方才会行使期权，即对于看涨期权多头方而言，当现货价格大于执行价格时，才会行使期权。对于看跌期权多头方而言，当现货价格小于执行价格时，才会行使期权。我们把现货市场价格 ST 大于协定价格 K 时的看涨期权称为实值期权，把现货市场价格 ST 等于协定价格 K 的看涨期权称为两平期权，把现货市场价格 ST 小于执行价格 K 的看涨期权称为虚值期权。

11.3.7.2　对冲

大多数期权的多头方和空头方在期权到期时或在到期前选择对冲方法来结算期权交易地位。期权合约的多头方在达成交易后，在到期日之前，卖出执行价格与到期日相同的期权合约，对冲原来的多头地位；期权合约的空头方在达成交易后，在到期日之前，买入执行价格与到期日相同的期权合约，对冲原来的空头地位。

11.3.7.3　自动失效

期权具有时效性，如果期权一直处于虚值状态，那么，期权的多头方就不会行使期权，而会等待到期，任由期权失效。这样，期权的多头方损失了期权费。

11.3.8　期权合约在理财方面的运用

11.3.8.1　直接作为理财的工具

期权作为一种金融商品具有以下显著特点。

第一，期权的交易对象是一种权利，即买进或卖出特定标的物的权利，但不承担一定要买进或卖出的义务。

第二，这种权利具有很强的时间性，超过规定的有效期限期权自动失效。

第三，期权具有以小博大的杠杆效应，期权合约的买方和卖方的权利和义务是不对称的。这表现在买者拥有履约权利而不负担义务以及风险与收益的不对称上，对买者来说，他在价格有利的情况下行使期权可能获得无限的收益，而他所承担的最大风险只是为购买期权所支付的权利金，对卖者则相反。这意味着期权投资能以支付有限的权利金为代价，而购买到无限盈利的机会，上述特点使得期权很适合成为有效规避风险、增加收益的手段。投资者可以把经营中闲置的资金投入期权市场或者同时投资于股票和期权，在投资时即可预知风险（最大损失权利金），却有成倍获取回报的可能性。

11.3.8.2　注意期权投资中的风险

第一，价值归零风险。在临近到期日时，虚值和平值期权价值将逐渐归零。这种情况下，期权买方（权利方）在到期时将损失全部的权利金。

第二，流动性风险。在期权合约流动性不足或停牌时，投资者可能无法及时平仓，特别是深度实值/虚值的期权合约，其流动性风险相对更大。

第三，到期不行权风险。实值期权在到期时具有内在价值，但如果期权买方（权利方）在行权日未能及时行权或平仓，将损失期权原本应得的收益。

第四，保证金风险。期权卖方（义务方）需保证资金满足每天的保证金比例要求。若市场出现大幅不利波动，投资者须按时补足保证金，否则可能被强行平仓。

第五，杠杆风险。期权可以为投资者实现方向性杠杆交易的机会，但也可能损失全部权利金（买方），甚至造成更大的损失（卖方）。

11.3.8.3 辅助长期投资决策

投资具有可推迟性（如新产品生产投资），这与项目本身的性质有关。只要某项投资具有可推迟性，在面临外部风险（如市场价格、利率、经济形式等风险）的情况下，企业不要急于放弃，可能通过推迟现在的投资以获取更多的收益，这取决于项目的发展状况。为了寻找更有利的投资机会，推迟投资的权利就是一种期权。当然，获得这项投资期权必须先投资于必要的市场部位、人力资本及技术等，这些可看作期权的权利金。此时，投资者只有权利而没有义务进行投资，市场环境有利时，他行使期权，市场不利时，可以放弃投资，其损失仅为权利金。例如，企业面临开采石油的项目，先支付 5 年内开采石油的开发权费用。单从净现值角度分析，根据预测的现金流并进行折现，结果 npv<0，说明应该放弃该项目。但要把该项目放入期权框架中分析，把油田的开发权费用视为买进看涨期权支付的权利金，石油相当于基础资产，该企业支付开发权费用后享有开采石油的收益（超过履约价格及期权成本），企业进行开采就有利可图。这个项目之所以可行，在于它能给投资者未来继续投资提供可选择性。因此，引入期权后，投资项目的价值＝传统的 npv＋期权价值，这就对净现值进行了修正。

11.3.8.4 嵌套有期权的金融产品

在本书的第 5 章中，我们已经学习了嵌套有期权的结构性存款。除此之外，很多理财产品的设计都纳入了期权因素。下面以招银理财招睿全球资产动量十四月定开 10 号固定收益类理财计划为例进行分析。

 案例分析

招银理财招睿全球资产动量十四月定开 10 号固定收益类理财计划
（产品代码：122059）

全国银行业理财信息登记系统登记编号：Z7001621000307

理财币种：人民币

产品类型：固定收益类

募集方式：公募发行

运作方式：定期开放式

发行对象：

A 份额（销售代码［122059A］）的发行对象为个人投资者和机构投资者（仅指作为产品管理人代表其管理的家族信托、公益/慈善信托）；

C 份额（销售代码［122059C］）的发行对象为个人投资者和机构投资者（仅指作为产品管理人代表其管理的家族信托、公益/慈善信托）。

发行规模：

A 份额的发行规模上限为 6 亿元；

C 份额的发行规模上限为 12 亿元。

产品 A、C 份额总发行规模下限为 5 000 万元，上限合计为 18 亿元，若产品 A、C 份额发行规模超出对应的上限，销售服务机构有权停止和结束该份额的认购申请。

认购起点：

A、C 份额首次投资最低金额均为 1 000 元；超出首次投资最低金额部分，须为 1 000 元或 1 000 元的整数倍。

本金及理财收益：

本理财计划的收益特征为非保本浮动收益，不保障本金且不保证理财收益，本理财计划的收益随投资收益浮动，投资者可能会因市场变动等而蒙受损失且不设止损点。

挂钩标的：招银理财全球资产动量指数（MMA 指数）

Wind 代码：MMA

挂钩结构：欧式看涨价差型

在本理财产品投资周期内，产品所投资的挂钩招银理财全球资产动量指数（MMA 指数）的欧式看涨价差型期权会以一定参与率获取该指数上涨收益。除挂钩标的表现外，理财产品的实际投资收益还受固定收益类资产投资收益、期权费用支出、期权收益结构和理财产品费用、税收等多种因素影响。

投资比例：

固定收益类资产不低于 90%，其中非标准化债券资产占净资产比例为 0~49%，

衍生金融工具（以期权费计）投资比例为 0~10%。

从以上内容可以分析出以下信息。

第一，投资策略。本产品投资资产主要分为两部分，即固定收益类资产和衍生金融工具。固定收益类资产投资以获取稳定收益为主要目的，结合宏观经济走势判断，根据产品定开期限和监管要求合理设定组合久期，以稳健策略进行投资。衍生金融工具投资主要买入挂钩招银理财全球资产动量指数（MMA 指数）的欧式看涨价差期权。

第二，欧式看涨价差期权。该结构由一个执行价较低的看涨期权多头和一个执行价较高的看涨期权空头组成，其与欧式看涨期权的主要区别如下。

（1）应用场景不同

欧式看涨期权应用于单边大涨行情，而欧式看涨价差期权应用于温和上涨行情。选择何种结构与挂钩标的的走势特性有关。

（2）期权费不同

对期权合约买方而言，期权费属于沉没成本。由于欧式看涨价差结构中包含看涨期权空头，因此其期权费支出低于相同标的的、同等执行价位、同等期限的单腿欧式看涨期权。而且，欧式看涨价差期权较低的期权费更易被固定收益（以下简称固收）类资产的票息所覆盖，可以降低产品风险等级。

（3）理财产品期限

由于欧式看涨期权适用于单边大涨行情，单边行情持续性较差且期权合约时间价值衰减速度较快，因此，该结构更适用于短期理财产品。由于欧式看涨价差期权适用于温和上涨行情，即慢牛行情，因此其更适用于中长期理财产品。

第三，产品收益构成。"固收+期权"产品的收益可以分解为两部分：固定收益和浮动收益。其中，固定收益部分主要受到三个因素影响：①固收类（或类固收）资产收益；

②期权费支出；③税费支出。固收类资产收益与各费用之差决定了产品收益下限。

浮动收益部分受到两个因素影响：①挂钩标的走势；②期权合约的参与率。本产品挂钩招银理财全球资产动量指数（MMA 指数），但期权合约参与率未公布。

素养提升

中国银行"原油宝"事件始末[①]

2020 年 4 月 15 日，CME 发布公告："由于近期市场波动导致原油期货合约可能以零元或是负价格交易的概率变大，交易系统将会允许将交易价格设为零元或是负价格。"

2020 年 4 月 21 日，WTI 原油期货价格在集合竞价最后三分钟一度跌至-40 美元每桶。由于结算价计算方法较为特殊，当日 WTI 原油 2005 期货合约的结算价定为-37.63美元/桶。

2020 年 4 月 22 日，中国银行发布公告称："原油宝"美国原油合约产品将参考CME 官方结算价进行结算或移仓，当日开始暂停"原油宝"产品的新开仓交易。同日，没有提前移仓的多头投资者陆续收到中国银行的通知，称其保证金存在平仓亏损，要求补齐保证金，否则可能影响客户的个人征信。"原油宝"事件爆发。

2020 年 4 月 24 日，中国银行再次发布公告称将重新审视"原油宝"的产品设计、风险管控环节和流程等方面存在的问题，主动承担应有法律责任，将会尽最大努力维护客户的利益。

2020 年 4 月 29 日，中国银行称仍在研究并争取尽快拿出解决方案并尽量满足客户的合理诉求。后续，据媒体报道，中国银行将投资额低于 1 000 万元人民币的投资者认定为普通投资者，依照合同约定的 20% 强制平仓保证金比例归还本金，将投资额高于1 000 万元人民币的投资者认定为专业投资者，不予归还本金，也不追索平仓亏损。中国银行承担穿仓的全部亏损。

2020 年 5 月 4 日，国务院金融委召开第二十八次会议，强调各地应当高度重视当前国际商品市场价格波动所带来的部分金融产品风险问题，"原油宝"问题引起国家高度关注。

2020 年 5 月 5 日，约有 80% 的投资者选择接受和解方案，剩下的 20% 拒绝和解。中国银行称中国银行相关分支机构正与客户积极沟通，希望双方协商后和解。如和解不成，双方可能通过诉讼方式解决纠纷，中国银行尊重最终司法判决。

2020 年 5 月 19 日，银保监会指派监管人员进入中国银行，就"原油宝"产品问题进行专项调查，对产品设计、外盘交易、销售管理、风险控制和应急机制等环节开展全面检查。

2020 年 7 月，多地高级人民法院发布公告称，根据最高人民法院要求，为了依法保护投资者的合法权益，确保法律统一实施，各地范围内中国银行"原油宝"客户就"原油宝"事件以中国银行总行及其分支机构为被告提起的民事诉讼，将集中管辖。

2020 年 12 月 4 日，针对中国银行"原油宝"产品风险事件，银保监会依法对中国银行及其分支机构罚款 5 050 万元，对中国银行相关经理和交易员作出警告并罚款 50 万

---

① 徐少成．中国银行原油宝产品风险案例分析 [D]．大连：东北财经大学，2023

元。同时，责令中国银行暂停经营相关业务并要求其全面梳理相关人员责任，严肃问责。暂缓中国银行分支机构准入事项的审批。至此，"原油宝"事件宣告结束。

"原油宝"是中国银行发行的面向个人投资者的与境外原油期货合约挂钩的交易产品，其中美国原油产品与"WTI 原油期货合约"挂钩，同时提供美元和人民币报价。客户在中国银行开立保证金账户，签订产品协议并存入足额保证金后，便可以买多或者卖空"原油宝"产品，进而实现对境外原油期货的间接投资。"原油宝"产品仿照挂钩的WTI 期货按月度发布产品，当该期合约即将交割时，投资者可以选择自行平仓后重新买入下一期合约，或者由中国银行代其在最后交易日完成转移。"原油宝"合约的交易起始单位为 1 桶，后续递增单位为 0.1 桶，大大降低了投资者的投资门槛。"原油宝"投资者在中国银行的报价系统中进行买多或者卖空交易，中国银行首先在内部对多空进行对冲，随后将未能平仓的多头部分或者空头部分报送给中银美国，中银美国买入等量同向的 WTI 原油期货合约对冲自身风险。

通过由以上流程可以发现，"原油宝"产品可以分割为内盘和外盘两部分，内盘由国内投资者和中国银行组成，外盘由中国银行的子公司中银国际和 CME 交易所组成。内盘中，中国银行作为产品做市商，提供"原油宝"产品合约的报价，为了维持"原油宝"产品市场流动性，与客户直接进行对手方交易，还需要对客户账户保证金进行风险管理，以及为客户提供账户清算等服务。因此，"原油宝"产品是通过直接联结境外期货合约价格、面向个人投资者的、在商业银行柜台市场上交易的记账式交易产品，是一种再衍生产品。外盘中，中国银行需要对冲"原油宝"产品净头寸所带来的风险，但中国银行通过直接购买与净头寸等量同向的 WTI 合约来简单对冲，外盘与内盘没有直接关联，风险管理手段存在不足。

本章小结

金融衍生品是指一种基于基础金融产品的金融合约，其价值取决于一种或多种基础资产或指数。

按其依据的基础金融产品的不同，金融衍生品可划分为货币衍生品、利率衍生品和股权式衍生品。按合约性质的不同，金融衍生品可划分为金融远期、金融期货、金融期权、金融互换。

金融衍生品市场的主要参与者包括商业银行、投资银行和证券公司、基金经理人、工商企业、套期保值者和投机者。

金融远期合约是指交易双方约定在未来的某一约定时间，按照约定的价格买卖一定数量的某种金融资产的合约。期货合约实质上是一种标准化的远期合约。在期货合约中，交易的品种、规格、数量、期限、交割地点都已经标准化，唯一需要协商的就是价格，这使期货合约的流动性大大增强了。

金融期权是指赋予其购买者在规定的期限内有权选择是否以特定的价格买进或卖出一定数量标的的某种金融商品或金融期货合约的交易。

期权交易的履约方式主要有三种：行使期权、对冲和自动失效。

期权具有辅助长期投资决策的作用，而且很多理财产品的设计都纳入了期权因素。

核心概念

金融衍生品　远期　期货　期权　保证金

复习思考题

1. 为什么说期货合约是标准化的远期合约？
2. 期权合约的履约方式有哪些？
3. 简述期权合约的盈亏分析。
4. 请举例说明金融衍生品的收益和风险特征。
5. 谈一谈金融衍生品如何应用于投资理财？

第 12 章　黄金与理财

 问题导向

1. 黄金的投资品种有哪些？
2. 什么是黄金 ETF？
3. 黄金投资的风险有哪些？

 知识目标

1. 了解黄金投资的种类。
2. 掌握黄金期货、黄金期权、黄金 ETF 的含义。
3. 了解世界主要的黄金市场。
4. 从基本面分析黄金价格的影响因素。

 综合素养

1. 培养学生利用 K 线图进行黄金价格分析的能力。
2. 培养学生进行黄金投资的能力。
3. 提高学生黄金投资风险防范的能力。

12.1　黄金投资品种与市场

12.1.1　黄金投资品种

12.1.1.1　实物黄金

实物黄金是黄金投资的重要品类之一，主要包括金条、金币等。

（1）金条

金条具有抵御通货膨胀和保值的功能，是人们进行实物黄金投资时较为常见的选择。

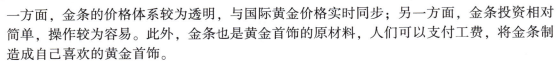

一方面，金条的价格体系较为透明，与国际黄金价格实时同步；另一方面，金条投资相对简单，操作较为容易。此外，金条也是黄金首饰的原材料，人们可以支付工费，将金条制造成自己喜欢的黄金首饰。

（2）金币

金币的主要价值在于收藏，收藏价值的增值与否是投资收益的关键。如果金币的纪念意义和收藏价值较高，其投资收益也相对较高。但目前国内纪念性金币市场的流动性较低，无法形成竞价交易价格，短期内很难实现投资收益。

12.1.1.2 黄金积存产品

黄金积存是指商业银行为个人客户开立黄金积存账户，记录个人客户在一定时期内存入一定重量黄金的负债类业务。个人客户可采取定期积存或主动积存的方式从商业银行买入黄金积存份额存入黄金积存账户，该积存份额可选择赎回或兑换实物贵金属产品。黄金积存产品门槛较低，无需开户费，甚至最低 1 克即可购买黄金；买卖灵活，有的银行提供定投定额自动购买；存金生金，存入黄金到期即可获得克重黄金收益；客户可自主选择兑换实物黄金产品，实物黄金产品种类丰富；渠道多样，除了营业网点，还提供网上银行、手机银行等多种渠道购买。

12.1.1.3 黄金回购

黄金回购业务是商业银行针对客户日益增加的实物黄金变现需求，代理第三方实物黄金产品收购企业收购客户所有的实物黄金产品业务。与证券回购不同，投资者在买入黄金时并不签订回购协议，也不确定回购价格、回购时间，换句话说，黄金回购业务双方并不必然存在原来的购销关系，回购价与买入价也没有必然联系，是银行的一种黄金收购业务。一般而言，商业银行通常对本行所销售的黄金提供黄金回购业务，有时也会扩展至其他大型银行的黄金产品。

 扩展空间

中国工商银行的黄金回购业务

代理收购实物黄金产品业务（即回购业务）是指工商银行代理第三方实物黄金产品收购企业收购客户所有的，纳入工商银行回购范围的实物黄金产品的经营行为。中国工商银行黄金回购业务如表 12-1 所示。

表 12-1　中国工商银行黄金回购业务

产品类型	产品描述	检测方法	备注
工行品牌黄金产品	成色为 Au99.99 或 Au99.9 的工商银行品牌实物金条、金块、金章等各种实心黄金产品（含工商银行提供个性化定制服务的金条、金块、金章等，彩金、深浮雕或形状不规则产品除外）	水吊检测法	产品须品相完好、无明显缺损、表面无修补痕迹且表面要素齐全（包括品牌标识、克重、成色等），重量与表面标识克重一致。个性化定制服务，是指我行根据客户个性化需求，委托定制合作企业设计生产相应的实物贵金属产品。个性化定制产品设计元素中不适用工行品牌标识，但产品证书为工行定制证书

续表

产品类型	产品描述	检测方法	备注
他行品牌投资金条	视同工行品牌金条收购的他行品牌金条，即成色为 Au99.99 的其他商业银行（暂定为农业银行、中国银行、建设银行、交通银行、招商银行、浦发银行、民生银行、平安银行、兴业银行、华夏银行、中信银行、光大银行、广发银行）品牌金条	水吊检测法	产品须品相完好、无明显缺损，表面无修补痕迹且表面要素齐全（包括品牌标识、克重、成色等），重量与表面标识克重一致
		火熔检测法	如单一客户提供的他行品牌金单笔收购重量超过 5kg，或代理收购网点在办理业务时无法采用水吊法检测的，应采用火熔法检测
其他实物黄金产品	成色 Au99.0（含金量 99%）以上的其他实物黄金产品	火熔检测法	
熊猫普制金币	中国人民银行发行的 2013 版及以后年版的熊猫普制金币，经中金国衡封装或评级的 2020 版之后的熊猫普制金币和一体化包装内含防伪芯片的熊猫普制金币		暂仅在浙江杭州羊坝头支行试点开办

中国工商银行（简称工行）的黄金回购业务的优势如下。

网点较多：工行现有 300 余家回购网点。

范围较广：近百家网点可回收各种含金量 99% 以上的黄金产品。

价格公允：回购产品价格由回购基础价格减去一定回购价差确定。回购基础价格参照上海黄金交易所相关价格设定，回购价差根据实物黄金产品的类型确定（工行品牌黄金产品为 4 元/克，其他成色 Au99.0 以上的黄金产品为 10 元/克，如遇调整以网点最新公告为准）。

门槛较低：对于回购重量没有特别限定。

支付优势：业务办理完成后，回购资金即时到账。

12.1.1.4　黄金延期交收交易品种

上海黄金交易所规定的黄金延期交收交易是一种以黄金为标的保证金交易。客户可以选择合约交易日当天交割，也可以延期至下一个交易日进行交割，同时引入延期补偿费机制来平抑供求矛盾的一种现货交易模式。

黄金现货延期交收交易在黄金套期保值的基础上，增加了黄金投资渠道，使黄金投资者能以较小的成本获取较大的收益，促进黄金市场流通。

目前，上海黄金交易所黄金延期交收交易品种为 Au（T+D）、Au（T+N1）和 Au（T+N2）。

Au（T+D）采用双向保证金交易方式和逐日盯市的清算方式，合约不设到期日，需要交割的多头、空头持仓，可在每日 15：00-15：30 进行交收申报，完成交割配对的申报，在当日清算时完成实物交割。延期交收合约通过延期补偿费调解交收矛盾，根据交收申报多头收货量和空头交货量的对比情况，确定多头、空头持仓之间延期补偿费的收付方向。T+D 合约按自然日计算延期补偿费，周五（或节假日前）按当日延期费支付方向结算周六和周日的延期费。

Au（T+N1）、Au（T+N2）与 Au（T+D）的差异主要体现在延期费支付方式上。T+N 合约的延期补偿费在延期费支付日集中支付，Au（T+N1）的延期费支付日为每年的 6 月 15 日，Au（T+N2）的延期费支付日为每年的 12 月 15 日。非延期费支付日不设延期补偿费，延期补偿费费率为 6%，对应合约进入 6 月和 12 月份时，将提高保证金比例。

12.1.1.5　黄金远期交易

黄金远期交易是远期交易的重要内容，为黄金投资提供了套期保值的手段，黄金远期交易是指买卖双方在未来一段时间根据约定的价格和数量对黄金进行交易的行为。但与一般远期交易不同的是，黄金远期交易需要缴纳一定比例的保证金，其违约风险也大幅度降低。

黄金远期价格的计算公式如下：

$$远期价格＝即期价格＋远期费$$
$$远期费＝即期价格×远期费率×（期限/360）$$

12.1.1.6　黄金期货

黄金期货是指以黄金作为交易标的的标准化远期交易。在期货市场买入黄金的一方为多头方，卖出黄金的一方为空头方。当未来黄金现货市场价格低于期货价格，空头方盈利，多头方亏损；当未来黄金现货市场价格高于期货价格，多头方盈利，空头方亏损。一方面，黄金期货在交易单位、报价单位、最小变动价位、每日价格最大波动限制、合约交割月份、交割时间、最后交易日、交割日期、交割品级等方面是标准化的；另一方面，黄金期货也采取保证金交易和逐日结算制度，较低的保证金比率会放大投资的收益和损失，逐日结算制度降低了违约的可能性。表 12-2 为上海期货交易所黄金期货标准合约。

扩展空间

表 12-2　上海期货交易所黄金期货标准合约

交易品种	黄金
交易单位	1 000 克/手
报价单位	元（人民币）/克
最小变动价位	0.05 元/克
每日价格最大波动限制	不超过上一交易日结算价±3%
合约交割月份	最近 3 个连续月份的合约以及最近 13 个月以内的双月合约
交割时间	上午 9：00—11：30，下午 1：30—3：00 和交易所规定的其他交易时间
最后交易日	合约交割月份的 15 日（遇法定节假日顺延）
交割日期	最后交易日后的连续五个工作日

续表

交割品级	金含量不小于 99.95% 的国产金锭及经交易所认可的伦敦金银市场协会 (LBMA) 认定的合格供货商或精炼厂生产的标准金锭
交割地点	交易所指定交割金库
最低交易保证金	合约价值的 4%
交割方式	实物交割
交割代码	AU
上市交易所	上海期货交易所

12.1.1.7　黄金期权

黄金期权是以黄金为标的的期权交易，也分为看涨期权和看跌期权。

（1）看涨期权

黄金看涨期权赋予其持有者在未来一定时间按照协定价格买入一定数量黄金的权利。当投资者预期黄金价格上涨时，支付期权费（也称权利金），买入黄金看涨期权。若未来黄金现货市场价格高于协定价格，则投资者获利；若未来黄金现货市场价格低于协定价格，则投资者损失期权费。

（2）看跌期权

黄金看跌期权赋予其持有者在未来一定时间按照协定价格卖出一定数量黄金的权利。当投资者预期黄金价格下降时，支付期权费（也称为权利金），买入黄金看跌期权。若未来黄金现货市场价格低于协定价格，则投资者获利；若未来黄金现货市场价格高于协定价格，则投资者损失期权费。表 12-3 为上海期货交易所黄金期货期权标准合约。

 扩展空间

表 12-3　上海期货交易所黄金期货期权标准合约

合约标的物	黄金期货合约（1 000 克）
合约品种	看涨期权，看跌期权
交易单位	1 手黄金期货合约
报价单位	元（人民币）/克
最小变动价位	0.02 元/克
涨停板幅度	与黄金期货合约涨跌停板幅度相同
合约月份	最近两个连续月份合约，其后月份在标的期货合约结算后持仓量达到一定数值之后的第二个交易日挂牌。
交割时间	上午 9：00—11：30，下午 13：30—15：00 及交易所规定的其他时间
最后交易日	标的期货合约交割月前第一月的倒数第五个交易日，交易所可以根据国家法定节假日等调整最后交易日
到期日	同最后交易日

续表

行权价格	行权价格覆盖黄金期货合约上一交易日结算价上下浮动 1.5 倍当日涨跌停板幅度对应的价格范围。行权价格≤200 元/克，行权价格间距为 2 元/克；200 元/克<行权价格≤400 元/克，行权价格间距为 4 元/克；行权价格>400 元/克，行权价格间距为 8 元/克
行权方式	美式。买方可以在到期日前任一交易日的交易时间提交行权申请；买方可以在到期日 15：30 之前提出行权申请、放弃申请
交割代码	看涨期权：AU-合约月份-C-行权价格 看跌期权：AU-合约月份-P-行权价格
上市交易所	上海期货交易所

12.1.1.8 黄金 ETF

世界上第一只黄金 ETF（Exchange Traded Fund）于 2003 年 4 月在悉尼上市。此后，2004 年又相继在伦敦、纽约和南非约翰内斯堡的证券交易所推出。

黄金 ETF 是一种在交易所交易的开放式基金，它可以随时申购和赎回，也可以上市交易；它的投资标的为黄金系列产品。而且，黄金 ETF 是一种指数型基金，也是一种被动型基金，它不能持有或交易高风险的衍生产品（如期货和期权）等。此外，由于黄金 ETF 持仓量较高，因此，黄金的买进卖出操作一般都会对黄金市场价格造成一定影响。黄金 ETF 基金持仓量的增加对黄金价格的上涨有支撑作用，反之就会利空黄金。

 扩展空间

博时黄金 ETF 基金招募说明书（节选）

一、投资目标

本基金通过投资于黄金交易所的黄金现货合约，在跟踪偏离度和跟踪误差最小化的前提下，争取为投资者提供与标的指数表现接近的投资回报。

二、投资范围

本基金可以投资黄金交易所的黄金现货合约及法律法规或中国证监会允许基金投资的其他金融工具。本基金主要投资于黄金交易所的黄金现货合约，包括黄金现货实盘合约、黄金现货延期交收合约及其他在上海黄金交易所上市的、经中国人民银行批准的合约。本基金主要投资的黄金现货实盘合约为 AU99.99、AU99.95。本基金主要投资的黄金现货延期交收合约为 AU（T+D）。本基金主要投资的黄金现货合约可以根据市场流动性情况的变化进行调整。本基金可从事黄金现货租赁业务。

建仓完成后，本基金投资于黄金现货合约的比例不低于基金资产的 90%，其他金融工具的投资比例依照法律法规或监管机构的规定执行。

基于跟踪误差、流动性因素和交易便利程度的考虑，黄金现货实盘合约中，本基金将主要投资于 AU99.99。但因特殊情况（如流动性不足等）导致本基金无法买入足够的 AU99.99 时，基金管理人可投资于 AU99.95 和 AU（T+D）或其他品种以进行适当替代。

如法律法规或监管机构以后允许基金投资其他品种，基金管理人在履行适当程序后，可以将其纳入投资范围。

基金管理人对本基金主要投资的黄金现货合约可以根据市场流动性情况的变化或其他情况进行调整，此调整无须召开持有人大会。本基金可从事黄金现货租赁业务。

三、标的指数

上海黄金交易所的黄金现货实盘合约 AU99.99 价格。

四、投资策略

本基金主要采取被动式管理策略。

本基金投资于黄金现货合约的资产比例不低于基金资产的 90%。

基于跟踪误差、流动性因素和交易便利程度的考虑，黄金现货实盘合约中，本基金将主要投资于 AU99.99。但因特殊情况（包括但不限于流动性不足等）导致本基金无法买入足够的 AU99.99 时，基金管理人可投资于 AU99.95 和 AU（T+D）或其他品种以进行适当替代。在正常市场情况下，本基金的风险管理目标是追求日均跟踪偏离度的绝对值不超过 0.2%，年化跟踪误差不超过 2%。当基金跟踪偏离度和跟踪误差超过了上述范围时，基金管理人应采取合理措施，避免跟踪偏离度和跟踪误差的进一步扩大。

12.1.1.9　黄金信托

黄金信托是一项金融服务，委托人把资金寄放在黄金投资机构，经过该机构平台渠道间接投资黄金市场。从某种程度上来说，黄金信托其实是一种私募基金，它的运营方式是：先由资金管理人募集提供约为资金总数 1/3 的启动资金，再由信托公司募集其余 2/3 的资金。这些资金均由资金管理人操作，信托公司负责监管，委托人享受除资金管理人收取的 20% 的利润以及支付给信托公司的 1.5% 的管理费用外的其余收益。

 扩展空间

职业操盘手畅谈现货黄金保证金操盘技巧

黄金保证金交易是指投资者在进行黄金交易中，按照黄金交易总额支付一定比例的价款，以此作为黄金实物交收时的履约保证。这就相当于在购买贵重物品时支付的定金。黄金保证金交易虽然不需占用大量资金，减轻了投资者的资金压力，但是它同时也会带来很大的风险。投资者如果将套期保值数量盲目地投机性放大，一旦决策失误，会招致企业的重大亏损甚至破产。

吴先生是杭州某证券公司的一名职业操盘手，有着多年的黄金现货交易、黄金股票操盘以及证券投资等实战经验。对于黄金保证金交易中如何将投机性风险降到最小，他提出了几点个人意见。

●做好理财预算

投资者应根据自己的个人经济实力确定投资方向，在黄金保证金交易中，不要将生活资金作为交易资本，这样会增加交易的风险。用于投资的资金最好不要超过闲散资金的三分之一。当投资取得的盈利超过了本金时，较为安全的做法是剔除本金，利用盈余的资金再投入投资中。

● 不要急于开立真实交易账户

初涉黄金保证金交易的投资者可以运用模拟账户，在模拟交易的过程中掌握交易步骤和策略。直到获利概率和获利数额都不断提升时，才可以开立真实的保证金交易账户。

● 保证金交易切忌抱"侥幸"心理

如果出现获利较为频繁或一笔交易弥补了之前的交易亏损甚至有盈余的状况，不要因此而存在"侥幸"的心理，认为形势大好，盈利已不成问题。因为这种状况也不排除是自己运气好或冒险以最大的交易数量取胜。所以，投资者不能就此而放松警惕，应该根据市场行情制订操作计划，适时调整操作战略以免出现得不偿失的局面。

● 不宜频繁进行交易

很多投资者在遇到亏损后，会急于翻本而频繁地进行交易。其实，这并非明智的做法。面对亏损的情形，只有在认为原来的预测及决定完全错误的情况之下，才可以尽快了结亏损的仓位，再开一个反向的新仓位。急于开立反向的新仓位想要翻身，通常只会使情况变得更糟。

● 不要进行逆势操作

投资者应该看到金价的上涨或下跌自有其规律，它并不会以人的意志为转移。通常情况下，在一个上升浪中只可以做多，而在一个下降浪中只可以做空，只要行情没有出现大的反转，不要进行逆势操作。

● 善用止损交易减小风险

当亏损金额超过了资金所能承受的限额，不要寄希望于行情回转而孤注一掷，应该立即平仓，这样就遏制了行情继续转坏的局势，避免了损失再度扩大。止损交易其实就是将损失降低到最小范围，这样就能有效地控制交易风险。

● 不要过分贪婪

很多投资者往往在遭受损失时不愿认赔平仓，而是等待下一次扭转乾坤的机会，继续在漩涡里挣扎反抗，结果行情每况愈下，最终一败涂地。这通常与人的"贪婪"分不开。其实，投资者应该把这部分损失看作是下次交易获利的机会成本，及时平仓并不会因此而让投资者失去弥补损失的机会。但是如果在一两笔交易中损失一个仓位，就会彻底毁了更多的机会，以此带来的损失将远远超过平仓的损失。

● 做好详细的交易记录

做好交易记录的目的是审时度势，从当前的市场行情中预探未来的走势，为投资者积累更多的交易经验，做好技术分析和风险防范，从而作出正确的交易决策。

● 止盈和止损同样重要

止盈，可以简单地理解为见好就收、适可而止。有时候，面对市场突如其来的反转走势，与其平仓于没有获利的情形也不要让原已获利的仓位变成亏损的情形。因此，寻找好的机会，将获利限制在某一时间段内，当市场行情下跌时，不至于措手不及。

● 及时了解黄金市场行情

如今，很多黄金投资网站以及电视、报刊都会及时发布当下的黄金行情走势。投资者应实时关注有关黄金的各种信息，学会分析黄金走势图，为黄金实战交易打下扎实的基础。

12.1.2 黄金市场

12.1.2.1 黄金市场的结构

（1）黄金市场的主体

黄金市场的主体包括黄金的供给者和需求者。其中，供给者包括生产黄金的企业、存有黄金需要出售的集团和个人、为解决外汇短缺和支付困难的各国中央银行、预测黄金价格下跌做"空头"的投机商等。需求者包括需要黄金做原材料的生产者、需要黄金做投资或保值承担物的个人、需增加官方储备资产的中央银行、预测黄金价格将上涨而做"多头"的投机商等。在现实中，黄金市场的参与主体包括国际金商、银行、对冲基金、中央银行、法人机构、私人投资者以及黄金经纪公司。

（2）黄金市场的分类

按交易所形态的不同划分可以分为场内黄金交易市场和场外黄金交易市场。

场内黄金交易市场是指建立在典型的期货市场基础上的黄金市场，黄金交易类似于在该市场上进行的其他商品交易。商品（期货）交易所作为一个非营利性机构本身不参加黄金交易，只是提供场地、设备，同时制定有关交易规则，依法确保交易公平、公正地进行，并对黄金交易进行严格监控，如美国 COMEX 黄金期货和上海黄金期货均是在场内市场交易的。

场外黄金交易市场是指没有一个固定交易场所的黄金市场，如伦敦黄金市场，是由各大金商及其下属公司相互联系组成的，通过金商与客户之间的电话、电传等进行交易；而苏黎世黄金市场，则由三大银行为客户代为买卖并负责结账清算。伦敦和苏黎世黄金市场上的买价和卖价基本上是保密的，其交易量也难以进行真实统计。

从黄金市场的交割形式划分，可以分为实物交割市场、金币交割市场、账面划拨交割市场和黄金券交易市场。

从黄金交割的时间划分，可以分为现货市场（即期市场）和期货市场（远期市场）。

从对世界黄金交易的影响程度划分，可以分为全球主导市场和区域性市场。

从黄金交易的标的性质划分，可以分为原生性市场和衍生性市场。

12.1.2.2 黄金市场的特点

（1）以实物黄金交易为基础，黄金衍生产品交易占主导

黄金衍生产品的价值是从实物黄金的价值衍生而来的，因此，实物黄金交易是当今黄金市场体系存在的基础，但从交易规模来看，黄金衍生物的交易量占据了 97% 以上的规模，居绝对主导地位。

（2）场内市场与场外市场并存，场内市场占先

世界黄金市场体系是一个场内交易与场外交易并存的体系结构。两者的区别体现在以下几个方面。

第一，交易标的物存在区别。场内交易市场的主要交易标的物是黄金 ETF 基金、期货和期权合约；而场外交易市场的交易标的物主要有实物黄金、远期合约以及根据客户需求而设计的其他黄金金融衍生物。

第二，合约属性存在区别。场内交易市场主要交易标准化合约，诸多要素都是固定标准化的；而场外交易市场主要交易非标准化合约，是交易双方商定的。

第三，市场参与者存在区别。一般说来，黄金场内交易市场主要是投资者参与的市场，黄金场外交易市场大多是生产者和最终用户参与的市场。场外交易市场与场内交易市场既紧密联系，又存在一定的竞争，从交易量上看，场内黄金交易的规模稍稍大于场外交易的规模。两者是并存关系，没有优劣、好坏之分，更不存在互相替代关系。

（3）黄金市场具有区域性，但更具有国际性

第一，全球有一个共同遵循的价格形成机制。黄金价格的形成和发现主要是伦敦黄金市场，纽约和东京市场也有一定的影响力。

第二，全球形成了一个 24 小时不间断交易网络。这个世界性的交易网络使黄金具有了世界性的流动性，从而导致价格趋同。

12.1.2.3　世界主要黄金市场

全球黄金市场主要分布在欧洲、亚洲、北美洲三个区域。欧洲以伦敦、苏黎世黄金市场为代表；北美主要以纽约、芝加哥为代表；亚洲主要以东京、中国香港为代表。

（1）美国黄金市场

美国黄金市场是 20 世纪 70 年代中期发展起来的，主要原因是 1977 年后，美元贬值，美国人（主要是以法人团体为主）为套期保值和投资增值获利发展起来的。美国黄金市场经过了一系列整合，如今以美国芝加哥商业交易所（Chicago Mercantile Exchange，CME）集团下属的 COMEX 交易所为主。美国芝加哥商业交易所成立于 1898 年，发展至今，已经成为美国最大的期货交易所、世界上最大的金融衍生品交易所和第二大期货期权合约的交易所。

美国黄金市场以做黄金期货交易为主，目前纽约黄金市场已成为世界上交易量最大和最活跃的黄金市场。1974 年 12 月 31 日，COMEX 市场开始进行黄金交易。1994 年 8 月 3 日，NYMEX 和 COMEX 正式合并，合并后的名称仍为纽约商品交易所，而原先的 COMEX 则作为分部。合并后的交易所一跃成为世界上最大的商品期货交易所。2007 年和 2008 年，芝加哥商业交易所分别收购芝加哥商品交易所（Chicago Board of Trade，CBOT）和纽约商品交易所（NYMEX），成为全球规模最大且多元化的交易所集团。根据 CME 集团的界定，它的黄金期货交易归下属的 COMEX 交易所负责。COMEX 目前交易的品种有黄金期货、迷你期货、微型期货以及期权和基金。COMEX 黄金期货每宗交易量为 100 金衡制盎司，最小波动价格为 0.1 美元/金衡制盎司，交易标的为 99.5% 的成色金。迷你黄金期货，每宗交易量为 50 金衡制盎司，最小波动价格为 0.25 美元/金衡制盎司。微型黄金期货，每宗交易量为 10 金衡制盎司，最小波动价格为 0.25 美元/金衡制盎司。COMEX 的黄金交易往往可以主导全球金价的走向，实际黄金实物的交收占很少的比例。参与 COMEX 黄金买卖以大型的对冲基金及机构投资者为主，他们的买卖对金市产生极大的交易动力；庞大的交易量吸引了众多投机者加入，整个黄金期货交易市场有很高的市场流动性。

（2）伦敦黄金市场

伦敦是世界上最大的黄金市场，其发展历史可追溯到二百多年前。1804 年，伦敦取代阿姆斯特丹成为世界黄金交易的中心。1919 年伦敦金市正式成立，每天进行上午和下午两次黄金定价，由五大金行（巴克莱银行、德意志银行、加拿大丰业银行、汇丰银行、法国兴业银行）定出当日的黄金市场价格，该价格一直影响纽约和中国香港的交易。但德意志银行宣布在 2014 年 5 月退出定盘价机制后，有着 117 年历史之久的伦敦白银定盘价于

2014 年 8 月终结。2015 年 3 月 20 日，伦敦黄金定盘价被 LBMA（伦敦黄金市场）黄金价格取代，新定价机制仍然每天两次定价（伦敦当地时间 10：30 和 15：00），但与之前少数银行通过电话定价方法不同，这是一个电子和可交易的拍卖过程，独立管理，买卖集合竞价并实时发布，参与者数量可以尽可能地多。伦敦的黄金定价是在"黄金屋"（Gold-Room）——一间位于伦敦市中心的洛希尔公司总部，伦敦金银市场协会是金银基准价知识产权的所有者，黄金基准定价由洲际交易所（ICE）旗下的 Benchmark Administration（基准管理）提供定价管理，白银基准定价则由芝加哥交易所集团和汤森路透共同管理。

伦敦黄金市场的交易制度比较特别。狭义地说，伦敦黄金市场主要指伦敦金银市场协会（London Bullion Market Association，LBMA），该市场不是以交易所形式存在，而是 OTC 市场。LBMA 充当的角色是其会员与交易对手的协调者，通过其职员及委员会的工作，确保伦敦始终能够满足全球金银市场革新的需求。LBMA 的运作方式是通过无形方式——会员的业务网络来完成，市场监管主要以自律为主。LBMA 的会员主要有两类：作市商和普通会员。作市商均为知名投行，如巴克莱银行、汇丰银行、高盛国际、瑞银集团、摩根大通等。LBMA 黄金的最小交易量为 1 金衡制盎司，标准金成色为 99.5%。

（3）苏黎世黄金市场

苏黎世黄金市场是第二次世界大战后发展起来的世界黄金市场。由于瑞士特殊的银行体系和辅助性的黄金交易服务体系，为黄金买卖者提供了一个既自由又保密的环境。瑞士与南非也有优惠协议，获得了 80% 的南非金，苏联的黄金也聚集于此，使得瑞士不仅是世界上新增黄金的最大中转站，也是世界上最大的私人黄金的存储与借贷中心。苏黎世黄金市场在世界黄金市场上的地位仅次于伦敦。

苏黎世黄金市场没有正式组织结构，由瑞士联合银行集团和瑞士信贷银行负责结算结账。这两大银行不仅可为客户代行交易，而且黄金交易也是这两家银行本身的主要业务，提供优良安全的保险柜和黄金账户。苏黎世黄金总库建立在瑞士两大银行非正式协商的基础上，不受政府管辖，作为交易商的联合体与清算系统混合体在市场上起中介作用。

苏黎世黄金市场无金价定盘制度，在每个交易日特定时间，根据供需状况议定当日交易金价，这一价格为苏黎世黄金官价。全日金价在此基础上的波动无涨停板限制。苏黎世金市的金条规格与伦敦金市相同，可方便参与者同时利用伦敦市场，增加流通性，其交易为 99.5% 的成色金，交割地点为苏黎世的黄金库或其他指定保管库。

（4）东京黄金市场

日本黄金交易所成立于 1981 年 4 月，1982 年开设期货，是日本政府正式批准的唯一黄金期货市场，为日本的黄金投业者提供了一个有透明度和效率的交易平台，之后在 1984 年与东京橡胶交易所等合并为东京工业品交易所。1991 年 4 月，东京工业品交易所将黄金市场原有的日本传统的定盘交易方式改为与世界主要市场一样的自动盘交易，同时引进电子屏幕交易系统，该系统完全实现了电子操作，远程控制。交易所又在配备全新系统的基础上，采用全电子化连续交易技术。2004 年，黄金期权获准上市，日本的黄金期货市场更加活跃。据统计，2004 年国外投资者在东京工业品交易所所占份额为 12.50%，在黄金这个品种上国外投资者所占比重为 13.67%。在 24 小时的黄金交易市场中，东京市场成为伦敦、纽约交易时间外的亚洲时段的重要交易市场。日本市场与欧美市场的不同之处在于，欧美的黄金市场以美元/金衡制盎司计，而日本市场以日元/克计，每宗交易合约为 1 000 克，交收纯度为 99.99% 的金锭，在指定的交割地点交割。

12.1.2.4 中国黄金市场

（1）中国香港黄金市场

香港黄金市场的起源可以追溯至 1910 年香港金银业行成立，其发展历史已逾百年。虽然较伦敦黄金市场，香港市场起步晚得多，但是，由于在 1974 年当时的香港政府撤销了对黄金进出口的管制，香港金市开始快速发展；又因为香港黄金市场在时差上刚好填补了纽约、芝加哥市场收市和伦敦开市前的空档，可以连贯亚、欧、美，形成完整的世界黄金市场，具备了"地利"和"人和"的条件，于是伦敦五大金商、瑞士三大银行等纷纷到香港设立分公司，他们将在伦敦交易的买卖活动带到香港，形成了一个无形的"伦敦金市场"。此后，香港交易所成立，黄金期货合约推出，伦敦金标准合约在金银贸易场推出，众多举措使香港发展成为世界五大黄金交易市场之一。目前香港最重要的黄金交易市场有香港金银贸易场、伦敦金市场以及期货市场。

（2）中国大陆黄金市场

20 世纪 30 年代，上海金业交易所曾是东亚最大的黄金交易中心之一，炒金是当时极为流行的投资方式。

中华人民共和国成立后，政府对黄金实行统一管理，1950 年 4 月，中国人民银行制定下发《金银管理办法》，冻结民间金银买卖，明确规定国内的金银买卖统一由中国人民银行经营管理。1983 年 6 月 15 日，《中华人民共和国金银管理条例》颁布实施，其基本内容是国家对金银实行统一管理、统收统配的政策，即对黄金实行市场管制，国家管理金银的主管机关为中国人民银行。1993 年，我国黄金市场启动改革，这一年国务院 63 号函确立了黄金市场化方向。2001 年 4 月，中国人民银行行长宣布取消黄金"统购统配"的计划管理体制，在上海组建黄金交易所。2002 年 10 月上海黄金交易所开业，标志着中国的黄金业开始走向市场化。2008 年 1 月 9 日，经国务院同意和中国证监会批准，黄金期货在上海期货交易所上市。

目前，我国黄金市场体系基本建成，初步形成了上海黄金交易所黄金业务、商业银行黄金业务和上海期货交易所黄金期货业务共同发展的市场格局，形成了与黄金产业协同发展的良好局面。

12.1.3 黄金投资的特点

12.1.3.1 价值较为稳定

黄金投资是应对通货膨胀的有效手段之一。当通货膨胀时，在名义收益率既定下，资产的实际收益率下降，但黄金价格往往伴随着通货膨胀的上升而上涨，表现出良好的价值稳定性。

12.1.3.2 普遍接受的抵押资产

如果以房地产为抵押物进行贷款，银行通常会以房产评估价值为基础进行折价，通常不超过 70%，但由于黄金价值的稳定性，若以黄金为抵押物进行贷款，往往可以打到黄金价值的 90%，黄金是世界普遍接受的抵押品种。

12.1.3.3 有效的避税工具

对于遗产税而言，黄金投资是较为有效的避税工具。当你想将财产转移给你的下一代时，可以先购买金条等实物黄金，再由下一代将黄金变成其他资产，从而实现对遗产税的有效规避。

12.2　黄金投资分析

与股票分析一样，黄金投资的主要分析方法包括基本分析法和技术分析法。两者是从两个不同的角度对市场进行分析，在实际操作中各有各的特色，因此投资者应结合使用。

12.2.1　黄金投资基本面分析

基本面分析侧重于从黄金的影响因素进行分析。由于黄金兼具商品属性和金融属性，又是资产的象征，所以影响黄金价格的因素很多，如供求关系、国际地缘政治、就业数据、美元汇率、石油价格、通货膨胀、美国实际利率、国际基金持仓水平、黄金出借利率、央行黄金储备情况、投资者的心理预期等因素，这些因素的相互作用或连锁反应对黄金价格产生重要影响。

12.2.1.1　供求关系

黄金作为一种商品，具有商品属性。任何商品的价格都会受到供需关系的影响，所以黄金的供需关系是影响黄金价格最基本的因素。当黄金市场供大于求时，黄金的价格就会有所下降；当黄金市场供小于求时，黄金的价格就会上升。此外，黄金新矿的发现、新型采金技术的应用同样影响黄金的供需情况，从而影响黄金的价格。特别是近年来受全球金融危机等因素影响，黄金投资需求的快速增长对金价影响较大。黄金复杂的属性和市场特点，决定了供求分析要与其他因素分析有机结合起来，才能更有效地判断金价趋势。

12.2.1.2　国际地缘政治

黄金作为一种避险资产，对地缘政治的发展情况较为敏感，在国际地缘政治发生变动时，黄金价格也会产生巨大波动，尤其是涉及大型经济体和重要地区时表现更为明显。特别是发生在中东或美国直接参与的地缘政治危机，对金价走势影响巨大。因为中东发生的地缘危机往往会提升石油价格和全球通胀预期，而美国参与的战争则意味着美元中长期贬值概率增大，这将会极大提升黄金的保值和避险需求。如 1965 年越南战争、1973 年第四次中东战争、1979 年年底"伊朗扣押美国人质"事件，在俄乌冲突爆发时，黄金的避险价值再次凸显。2021 年年中以后，黄金经历了几轮下跌，COMEX 黄金期货从 2021 年 6 月份的 1 920 美元高点跌落至 2021 年 8 月份的 1 600 美元水平，此后一直处于震荡状态。2022 年 2 月，俄乌冲突爆发，黄金出现了一轮快速上行，截至 3 月 7 日，COMEX 黄金期货收盘价接近 2 000 美元。综合考虑，历史上也有战争时期金价下跌的例子。例如，1989至 1992 年间，世界上出现了许多的政治动荡和零星战乱，但金价却没有因此而上升，原因是当时人人持有美元，舍弃黄金。故投资者不可机械套用战乱因素来预测金价，还要考虑美元等其他因素。

总体来看，对于货币信用体系稳定性影响越大的地缘政治格局，或对资源供给和资源价格影响越大的地缘政治事件，其对于金价的影响越大；反之，则对金价不构成明显的影响。

12.2.1.3　就业数据

就业数据是各国经济形势的晴雨表，对于黄金市场来说，美国的就业形势对黄金价格走势有着强烈的影响。美国新增非农就业数据，是美国就业数据中的一项，反映出农业就业人口以外的新增就业人数，和失业率同时发布，由美国劳工部统计局在每月第一个星期五美国东部时间 8：30，也就是北京时间星期五 20：30 发布前一个月的数据。截至 2023年为止，该数据是美国经济指标中最重要的一项，是影响汇市波动最大的经济数据之一。就业报告通常被誉为外汇市场能够做出反应的所有经济指标中的"皇冠上的宝石"。同时会影响黄金价格走势的就业数据还包括美国的失业率、首次申请失业金人数等指标，均是重要的反映经济状况的数据。由于失业率和非农就业人数直接与当前美联储实施的货币政策相挂钩，因此数据的好坏通过直接影响市场对货币政策变化的预期，从而影响外汇及黄金市场。美国是一个以消费为主导的巨型经济体，该国 60% 以上的 GDP 由国内消费拉动，这也是为什么劳工部的就业报告如此重要的原因。

12.2.1.4　美元汇率

美元作为全球最主要的储备货币和核心货币，美元汇率（如美元指数等）是影响金价波动的重要因素。美元指数是综合反映美元在国际外汇市场的汇率情况的指标，用来衡量美元对一揽子货币的汇率变化程度。它通过计算美元和对选定的一揽子货币的综合变化率，来衡量美元的强弱程度。国际市场上黄金价格以美元标价，金价分析往往也以美元金价为基础，因此美元升值会促使黄金价格下跌，而美元贬值又会推动黄金价格上涨，美元的走势强弱会对黄金价格产生直接和迅速的影响。但在某些特殊时段，尤其是黄金走势非常强或非常弱的时期，黄金价格也会摆脱美元影响，走出独自的趋势。

美元坚挺一般代表美国国内经济形势良好，美国国内股票和债券将得到投资者竞相追捧，黄金作为价值贮藏手段的功能受到削弱；而美元汇率下降则往往与通货膨胀、股市低迷等有关，黄金的保值功能又再次体现，在美元贬值和通货膨胀加剧时往往会刺激对黄金保值和投机性需求的上升。回顾过去二十年历史，当美元对其他西方货币坚挺，国际黄金价格就会下跌；当美元贬值，国际黄金价格就会上涨。过去十年，大多数情况下金价与美元走势负相关。但不可否认的是，二者之间的负相关性也不是"亘古不变"，在特殊的市场情况中，二者也可能发生同向波动。

12.2.1.5　石油价格

石油是全球性的资源，与各国的战略、经济息息相关，在国际大宗商品市场上，原油是最为重要的大宗商品之一。而黄金则是通胀之下的保值品，与美国的通货膨胀形影不离，观察黄金价格和国际原油价格走势，发现原油价格一直和黄金价格紧密关联。黄金具有抵御通货膨胀的功能，而国际原油价格又与通胀水平密切相关，因此，黄金价格与国际原油价格往往呈现正向运行的互动关系。由于黄金价格和石油价格受共同因素的影响，当这些因素发生变化时，黄金价格和原油价格就会有一定的同涨同跌性，可以说两者相关度较明显。当然在个别的时候，也会出现负相关的情况。

从历史数据上看，近 30 年，油价与金价呈 80% 左右的正相关关系。原油价格上涨，金价强势，原油价格回落，金价弱势。在石油是全球最重要的经济资源情况下，石油价仍将是全球物价水平和经济稳定性的重要影响因素，金价与油价正相关的关系将长期存在。

12.2.1.6 通货膨胀

通货膨胀，意指一般物价水平在某一时期内，连续性地以相当的幅度上涨的状态，又称为物价上升。现代经济学一般用 CPI（消费者物价指数）和 PPI（生产者物价指数）两个指标来衡量某个经济体通货膨胀指数的高低。

一个国家货币的购买能力，是基于物价指数而决定的。当一国的物价稳定时，其货币的购买能力就稳定。相反，通胀率越高，货币的购买力就越弱，这种货币就越缺乏吸引力。如果美国和世界主要地区的物价指数保持平稳，持有现金也不会贬值，又有利息收入，现金必然成为投资者的首选。相反，如果通胀剧烈，持有现金根本没有保障，收取利息也赶不上物价的暴升，人们就会购买并持有黄金，因为此时黄金会受到替代纸币作用的推动而需求上升，黄金的理论价格会随通胀而上涨。西方主要国家的通胀越高，以黄金作保值的要求也就越大，国际金价亦会越高。其中，美国的通胀率最容易左右黄金的变动，而一些较小国家的通货膨胀即便很高对国际金价影响也非常有限。相反，当一国的物价稳定时，其货币的购买能力就越稳定。如果美国和世界主要地区的物价指数保持平稳，持有现金也不会贬值，又有利息收入，现金就会成为投资者的首选，那么金价就会走势疲弱。

12.2.1.7 美国实际利率

美国利率水平也是市场判断黄金价格走势的重要指引之一，全球主要投研机构在预测金价走势时都对该指标非常重视。实际利率往往与金价走势负相关。实际利率是指剔除通货膨胀率后储户或投资者得到利息回报的真实利率。通常来讲，一个国家的实际利率越高，热钱向那里流入的机会就越高。如果美元的实际利率走高，美联储的加息预期增强，那么国际热钱向美国投资流向就比较明显，美元指数就会走强，而金价下行的概率就会增大。

因此，扣除通货膨胀后的实际利率实质上是持有黄金的机会成本（因为黄金不能生息，实际利率是人们持有黄金必须放弃的收益），实际利率为负的时期，人们更愿意持有黄金；实际利率长期为正的时期，人们更倾向于抛售黄金而持有其他高息资产。

12.2.1.8 国际基金持仓水平

随着美国次贷危机引发的金融危机，全球性货币信用危机促使机构投资者寻找更合适的投资品种来对冲汇率不稳定的风险。所以，以原油、黄金为代表的商品市场吸引了众多机构者的视线，国际对冲基金纷纷进入黄金市场和其他商品市场。国际对冲基金具有信息以及技术上的优势，因此他们在一定程度上具有先知先觉性与前瞻性。可以说，近年来黄金价格的大幅上涨既是投资背景发生深刻变化的必然产物，也是国际对冲基金大肆炒作的结果，所以在关注黄金价格走势时，也应该密切关注国际基金持仓水平的动向。

此外，与对冲基金有所不同的黄金 ETF 基金近几年规模迅速扩大，持仓量较高，也成为影响黄金价格波动因素之一。黄金 ETF 基金持仓变化代表市场上专业的投资机构对金价长期的看法，养老金、共同基金等大型公募投资基金由于不能直接持有黄金实物，因此 ETF 即成为其间接投资于黄金市场的不二选择。与对冲基金不同，这类投资机构持有的仓位不会频繁地发生变化，因此从历史数据得出的经验来看，黄金 ETF 持仓变化往往存在一定的趋势性。持仓数量增加代表专业机构的黄金投资需求增加，反之，则意味着市场黄金投资需求的减少。自 2013 年年初以来，全球最大的黄金 ETF 基金（SPDR）的累计黄金持有量下跌了 500 吨，对应着金价从 1 700 美元上方大幅回调。

12.2.1.9 黄金出借利率

一般来说，在其他因素保持不变的情况下，黄金出借利率相当于借入黄金的成本，当利率走高时，大型银行倾向于借出黄金，黄金供应量增加，对应市场可能下跌；相反，当该利率走低时，大型银行倾向于借入黄金，实物黄金的需求增加，对应金价则可能上涨。

12.2.1.10 央行黄金储备情况

在全球黄金市场中，除了个人投资者和机构投资者外，其实大部分的实物黄金都储存于各大央行（包括 IMF）手中。由于黄金具有特殊的货币属性，因此，其一般作为外汇储备的补充存于央行的资产负债表中。

一般来说，央行售金一直是市场上实物黄金供给的主要来源之一，从 2004 年到 2008 年的五年时间里，全球各大央行累计售金重量超过 2 000 吨。但自 2008 年全球金融危机爆发以来，各国央行为了对冲持有大量美元资产的风险，开始逐步缩减售金的规模，甚至开始在市场上买入黄金。央行在实物黄金市场中头寸的变化无疑会引起供需基本面的变化，从而影响黄金价格。

12.2.1.11 投资者的心理预期等其他因素

投资者的心理预期是影响黄金价格剧烈波动的重要因素。但是，投资者的心理预期往往是配合其他方面因素的共同作用，起到放大价格的波动幅度的作用，从而给黄金期货和现货投资创造了大量的价差交易机会。

12.2.2 黄金投资技术分析

技术分析是指以市场行为为研究对象，以判断市场趋势并跟随趋势的周期性变化来进行黄金交易决策的方法的总和。在第 7 章股票与理财中，本书已经对 K 线图、切线分析法、形态分析法、指标分析法等技术分析法进行了介绍，在此不再赘述。下面以不同时间的 K 线图为例，对黄金投资的技术分析进行介绍。

根据时间周期的不同，K 线可以分为 1 分钟 K 线、5 分钟 K 线、15 分钟 K 线、30 分钟 K 线、60 分钟 K 线、日 K 线、周 K 线、月 K 线等。

12.2.2.1 1 分钟 K 线的投资技巧

1 分钟所形成的 K 线称为 1 分钟 K 线，也有开盘价、收盘价、最高价和最低价。1 分钟 K 线重要的形态特征是，在上涨时大多出现光头光脚大阳线，下跌时大多出现光头光脚大阴线，1 分钟 K 线是分时 K 线中周期最短的 K 线，灵敏度最高。正是因为其高灵敏度，1 分钟 K 线常被用作选择黄金最佳买卖点。黄金短线操作不仅可以获得短期利润，而且能够规避长期持有黄金类资产所带来的风险。

12.2.2.2 5 分钟 K 线的分析技巧

以 5 分钟为间隔，绘制而成的 K 线是 5 分钟 K 线，5 分钟 K 线图可以预测未来 1 天的走势。5 分钟 K 线的灵敏度较高，仅次于 1 分钟 K 线，在黄金短期投资中较为常用。

当 5 分钟 K 线站在了 5 日均线上，均线呈现出多头排列，当 MACD 指标形成"黄金交叉"时，投资者可考虑买入。

当 5 分钟 K 线跌破 30 日均线，且 MACD 指标呈现"死叉"时，投资者应及时卖出。

12.2.2.3　15 分钟 K 线的分析技巧

15 分钟形成的 K 线即 15 分钟 K 线。15 分钟 K 线是日 K 线的一个缩小版。15 分钟 K 线进行黄金投资分析，适用于大盘不稳定的情况下，一般用于投资者自己长期持有的黄金类资产，操作极具纪律性。

12.2.2.4　30 分钟 K 线的分析技巧

使用 30 分钟 K 线可以分析黄金类资产的调整行情，选择最佳的买卖点，抓住做反弹和短差的时机。如果用 30 分钟 K 线进行观察与选择，通常需要满足以下条件。

第一，只是短期调整走势。

第二，30 分钟 K 线在 60 分钟 K 线附近出现缩量横盘，价格波动幅度小于 2%。价格在 60 分钟 K 线附近调整的时间持续两到三个交易日。

第三，下午 14 时左右出现放量上涨，成交量是上个交易日同一时段的 3~5 倍，K 线在收盘时穿过 80 分钟 K 线。

第四，BOLL 指标在中轨区运行，MACD、KDJ 指标形成交叉开口向上的形态。

12.2.2.5　60 分钟 K 线的分析技巧

60 分钟 K 线是判断短线卖点的重要依据。因为它比其他短时 K 线稳定，同时又比日 K 线、周 K 线等长期 K 线灵活，卖点不至于太过滞后。将 60 分钟 K 线和日 K 线、大盘近期走势等结合进行综合考虑，更加能够把握黄金的短线卖点。

情况一，K 线图上出现异动 K 线走势。

在没有外力作用下，K 线图上出现常态的上涨阳线和下跌阴线，价格仍旧会向原趋势运行。如果出现长上影线、长下影线或长上下影线，且影线长于实体的 K 线，价格一小时内就会有较大跌幅的 K 线走势叫作异动 K 线走势，是卖出信号。

情况二，K 线图上出现缩量上涨的走势。

一段时间的上涨后，短期均量线下破长期均量线，价格虽然还在上涨，但成交量没有放大，说明上攻开始乏力，价格可能即将下跌或者会进入较长时间的调整时期，是卖出信号。

12.2.2.6　日 K 线的分析技巧

在所有的 K 线分析中，以日 K 线最为重要，分时走势的分析也要服从日 K 线的判断。日 K 线是市场上众多投资者普遍参考和使用的 K 线。对于投资者而言有很重要的参考意义。以下几点是符合黄金类资产买入操作的条件。

第一，只要大盘不处在顶部或下跌阶段，即可执行买入操作。

第二，第一次涨停出现在资产价格上升的底部或腰部时，主力通常会在 5 日均线附近采用震仓手法清洗获利盘，时间一般为一周左右。洗盘后又会展开新一轮上升，所以在价格跌至 5 日均线附近是很好的买入机会。

第三，如果在涨停后的两天内出现高开低走的缩量小阴线，而且在第二天收盘前半小时均以最低价收盘，第三天的收盘价在 5 日均线附近，这是很好的买入机会。

第四，当价格涨停时出现天量封单，且涨停后的大单抛单很少或者没有，甚至是连续几分钟内都没成交量或成交量极少，一直到收盘前的天量买单仍在，那么第二天价格就很可能继续走高。

以下几点是符合黄金类资产卖出操作的条件。

第一，当价格处在高位时，一旦出现损失超过 5%，应立即出局。涨幅达到 5% 后，一旦出现滞涨或者下跌，应立即出局。

第二，在买入黄金的 5 日内，若价格不涨甚至下跌，投资者应立即出局。

12.2.2.7 周 K 线的分析技巧

日 K 线的变化频率比较快，很容易出现技术陷阱，周 K 线相对而言就比较可靠。周 K 线可以将短期 K 线出现的较大波动过滤。如果能将日 K 线和周 K 线相结合进行分析，可以更加可靠地研判价格的后期走势。

周 K 线图上的每一根 K 线代表周一到周五连续 5 个交易日的价格变化区间，周 K 线是基于 5 个交易日的日 K 线作出的。通过周 K 线可以有效解决主力利用日 K 线进行"骗线"的问题，从而使得投资者作出正确的分析。对周 K 线进行投资分析时，应注意以下几点。

第一，当连续出现阴线超跌时，如果出现两根以上的止跌 K 线，行情可能会出现较大的反弹，投资者不必按照日 K 线进行操作，可适当买入。

第二，在某黄金类资产价格的连续下跌途中，只有在出现较长下影线的 K 线，且成交量极度萎缩时，才可以考虑买入。

第三，在价格上涨途中，周 K 线呈现出放量上涨的态势，如果下周出现相对低点，应视为较好的短线买入时机。

第四，在连续上涨后出现较长的上影线，成交量也明显放大，行情可能会进入调整时期，应视为卖出信号。

第五，价格在下跌后出现反弹，如果出现了实体较大的光头光脚阴线，说明多方力量有限，反弹力度不大，应视为卖出信号。

12.2.2.8 月 K 线的分析技巧

就可信度而言，月 K 线的可信度大于周 K 线，而周 K 线的可信度大于日 K 线，在运用 K 线组合预测后市行情时，将日 K 线配合周 K 线和月 K 线，这样准确性就更高。

对于大势的研究，一定要以月 K 线为主，周 K 线和日 K 线为辅，月 K 线非常适合对股市大势的分析。月 K 线带有一定的规律性，如出现连阴线、塔形底，说明达到短期或中长期底部，此时做多盈利的机会比较大。

通过月 K 线分析价格走势，确定其大方向，就能把握好黄金的走势，从而掌握大势。

12.3　黄金投资产品在理财方面的应用

12.3.1　实物黄金投资策略

第一，了解实物黄金的种类。在进行实物黄金投资之前，对实物黄金种类的了解是必要的，不仅要了解金币、金条等实物黄金的交易机制，也要了解不同种类实物黄金的风险和收益特征。此外，不要选择纪念性金条、贺岁金条等"饰品金条"。

第二，明确实物黄金的投资渠道。实物黄金的投资渠道包括商业银行、上海黄金交易所、金店或商场等授权机构，在选择投资渠道时，应重点考察出售机构的资信情况、黄金价格、变现流程。

第三，实物黄金适合长期投资。实物黄金是一种适合长线投资的产品，实物黄金具有长期持有的特点。因此，在投资实物黄金时，从长远角度分析当前金价的走势和未来黄金变化的趋势预测。

 扩展空间

黄金在资产配置中的角色①

凯恩斯曾经说过：黄金作为最后的卫兵和紧急需要时的储备金，还没有任何其他的东西可以取代它。凯恩斯的这句话是从国家金融安全的角度出发说出来的，其实，黄金在个人资产配置中同样发挥着重要作用。我国历史战乱纷纷、朝代更替频繁，藏金因具有抵御战争和政治巨变等风险的特殊优势，成为我国民众世代相承的个人财富储藏方式。20 世纪 80 年代和 90 年代足金首饰的热销，21 世纪之初各种金条的热卖，直至当今各类黄金投资产品受到的高度关注，都反映出黄金在个人资产配置中占有的重要地位。

黄金专家罗伊贾斯兰特曾经分析过四个世纪的黄金购买力，得出了"20 世纪中叶的黄金购买力和 17 世纪差不多"的结论。他还发现，"在一个长期时间里，黄金始终会保持它恒定的购买力水平，每半个世纪，商品价格就会回复到恒常数量的黄金价值上去，而不是黄金价值按商品的价格波动而波动"。不论政治动乱还是经济动荡，都不能使黄金的价值贬为零。作为一种实物资产，黄金具有其内在价值，无论经历怎样的社会变迁和岁月流逝，黄金的价值长存，具有长期内在价值。

在人类历史上，黄金一直都是保护资产安全的避风港，无论是信用货币体系的动荡甚至崩溃，还是自然灾害和战争，黄金都是资产组合中不可或缺的部分。之所以只有黄金能发挥如此的效用，其根源在于黄金具有内在的价值稳定性，与其他资产相比，具有更加普遍的认同性、变现能力强等特征，股票、债权还是房地产等资产，或多或少带有

---

①　中国期货业协会. 黄金［M］. 北京：中国财政经济出版社，2010.

区域性，它们以信用为基础，只有在流动性好的时候才有较好的变现能力，但是一旦所处市场动荡，这些资产的价值会迅速蒸发，陷入流动性枯竭的困境，最典型的例子就是雷曼兄弟公司的倒闭，那些建立在信用基础上的衍生品一夜间变得一钱不值，而黄金与这些资产有着相反的投资属性，这些属性可以对冲投资组合中其他资产价格波动所带来的风险。

20 世纪 30 年代美国经济大萧条期间，美元贬值，金价上涨，投资者通过持有黄金保护自身的资产安全。进入 21 世纪，黄金依然是资产配置中的重要组成部分，可以为投资者实现资产保值，规避市场风险。2008 年上半年，全球范围内的通货膨胀导致大宗商品价格快速上涨，突破历史高点，通胀压力剧增，而 2008 年年末，金融风暴席卷全球，包括房地产、股市、商品价格以及多国货币的汇率出现大幅快速下跌，短期内市场风险急速放大。在这段时间内，黄金价格始终保持平稳，其长期上行的趋势得到保持，作为资产组合中的一部分，黄金无论是在前半段的通货膨胀时期，还是在金融风暴爆发后都表现出良好的稳定性，其规避风险、资产保值的特征得到了充分的体现。

在个人及家庭的资产配置中，存款、银行理财产品、股票、基金、房产、保险等资产占据较高的份额，这些资产在相同因素的影响下会导致资产价格大幅波动，资产之间的联动性也较强，但黄金的价格相对稳定，持有黄金可以发挥关键的制衡作用，对提高资产质量和抗风险能力具有重要意义。而且，在经济周期的不同阶段，黄金价格的波动性存在差异。在经济扩张阶段，经济波动性与黄金价格的波动性相关性较弱，但在经济萧条阶段，特别是经济危机时期，黄金价格往往逆势上涨，呈现出坚挺的价格态势。

12.3.2 黄金市场的投资风险

12.3.2.1 黄金投资的风险特点

第一，不同的黄金投资品种的风险存在差异。黄金投资的风险会根据投资者选择的投资品种不同而呈现出不同的风险。例如，黄金现货投资的风险相对较小、预期收益相对较低；黄金期货投资的风险相对较大、预期收益相对较高。

第二，黄金投资风险具有较强的可变性。黄金价格影响因素多种多样，不同因素之间还存在交叉作用，需要投资者对风险变化进行预判，进而调整投资决策。

第三，投资风险具有一定的可预见性。这为黄金投资操作提供了指导。黄金价格的基本面因素反映了黄金价格在未来一段时间内的走势。因此，黄金投资风险是必然存在的，但它也是可预见的。

12.3.2.2 黄金期货交易中存在的风险

第一，流动性风险。由于市场流动性差，期货交易难以迅速、及时、方便地成交所产生的风险。因此，要避免遭受流动性风险，投资者要注意市场的容量，研究多空双方的主力构成，以免进入单方面强势主导的单边市场。

第二，强行平仓风险。在结算环节，由于公司根据交易所提供的结算结果每天都要对交易者的盈亏状况进行结算，所以当期货价格波动较大、保证金不能在规定时间内补足时，交易者可能面临强行平仓风险。

第三，交割风险。期货合约都有期限，当合约到期时，所有未平仓合约都必须进行实物交割。因此，不准备进行交割的客户应在合约到期之前将持有的未平仓合约及时平仓，以免承担交割责任。

第四，市场风险。客户在美金期货交易中，最大的风险来源于市场价格的波动给客户带来交易盈利或损失的风险。

第五，经纪委托风险。客户在选择和期货经纪公司确立委托过程中产生的风险。投资者在准备进入期货市场时必须仔细考察，慎重决策，挑选有实力、有信誉的公司。

12.3.3 黄金投资的风险防范

黄金投资的风险管理从某种意义上来说是黄金投资最终成败的关键。因此，投资者需要将风险管理放在首要位置。

第一，建立资金分配计划。在操作之前根据资金量大小合理分配资金运作的比例，为失误操作造成的损失留下回旋的空间和机会。同时，根据投资者自身的风险偏好设定黄金投资的低风险组合、中风险组合、高风险组合。

第二，确定适宜的操作方式。每个投资者拥有的操作时间是不同的。如果有足够的时间盯盘，并且具有一定的技术分析功底，可以通过短线操作获得更多的收益机会；如果只有很少的时间关注盘面，不适宜做短线操作，需要慎重寻找一个比较可靠且趋势较长的介入点中长线持有，累计获利较大时再予以出局套现。

第三，树立良好的投资心态。进行黄金投资必须拥有一个良好的心态。心态平和时，思路往往比较清晰，面对行情的波动能够客观地看待和分析，这样才能够理性操作。

第四，严格执行操作流程。行情的跌宕起伏会对投资者的心理造成一定影响，需要建立操作规范，并严格执行，尽可能避免不健康的心态主导投资行为。

第五，密切关注人民币汇率波动情况。中国黄金投资产品的报价为人民币/克，但国际黄金市场报价为美元/盎司。因为人民币汇率往往会出现一些波动，故而需要密切关注我国黄金报价的汇率情况，尽量避免汇率风险的产生。

第六，谨慎控制仓位。在黄金投资过程中，针对实物黄金，需要对投资比例进行合理控制，针对账户资金，需要对交易数量进行合理控制；对黄金递延与黄金期货交易而言，由于其属于保证金交易模式，会放大杠杆，故而在关注高收益的同时，需要合理控制仓位，因为仓位越重时投资者承受价格波动的能力会逐渐减弱。

素养提升

规避风险的三大原则

价格的波动会形成一定的市场风险，但某些时候，价格的波动也是市场行情的客观反映。因此，投资者不应仅局限于某一方面来对市场作出分析和判断，这样不仅无法对风险进行正确地识别，也可能会使风险扩大化。因此，投资者应该遵循投资市场的入市原则，以规避黄金投资中遇到的风险。规避黄金市场风险的原则如下。

（1）减少不必要的投机行为

黄金市场和其他商品市场一样，市场的参与者都是买方和卖方。这里的卖方主要是指提供黄金的生产者，而买方主要是利用黄金进行投资或投机的黄金需求方。

虽然他们都是以黄金作为筹码来获得利润，但他们对于市场行为的选择往往不同。黄金生产者以实现黄金价值来获得盈利，也就是说，生产者把黄金卖出去了，赚到的钱实际上就是黄金实现的价值，他们利用的是黄金的即期价格；而投机者却利用预期价格的不确定性来博取差价。当然，有时黄金生产者也会使用期货价格，但他们的目的不是追求更高的价格，而是确保价格的稳定。为规避市场风险，生产者不得不失去一部分超额利益，而投机者不必要的投机行为也会使自己陷入更大的投资风险中。

（2）增强自身抵御风险能力

虽然投资者可以从金价的基本面因素来预测价格的波动趋势，但黄金价格变化无常，让人难以捉摸。对于黄金生产者来说，虽然无法全然掌控黄金价格，但应当掌握一定的成本控制技术，而不应该把精力完全放在消除金价预期的不确定上。这样在熊市来时，不至于措手不及。生产者只有增强自身的抵御风险能力，才能在市场风险中临危不惧。

（3）保持持续稳定的市场供求格局

黄金生产者要收回投资一般需要几年甚至十几年的时间，这是一个相对较长的过程。与投机者不同的是，生产者需要的不是根据金价的剧烈波动来从中获利，他们更看重黄金市场长期的走势，金价过于频繁和大幅度的上涨其实对于他们而言并不是最好的局面。

由于黄金的永恒性，黄金的消费永远滞后于它的生产，也就是说，黄金的供给或许在某种程度上要远远大于其需求，这就导致了黄金的储存量越积越多，这就给黄金生产者开拓市场带来了不小的压力。只有长期保持一个持续和稳定的市场需求和市场供给，金价才能处于稳定上升的趋势中，黄金生产者的利益才会得到保障。

本章小结

实物黄金是黄金投资的重要品类之一，主要包括金条、金币等。

黄金积存是指商业银行为个人客户开立黄金积存账户，记录个人客户在一定时期内存入一定重量黄金的负债类业务。黄金回购业务是商业银行针对客户日益增加的实物黄金变现需求，代理第三方实物黄金产品收购企业收购客户所有的实物黄金产品业务。

上海黄金交易所规定的黄金延期交收交易是一种以黄金为标的的保证金交易。客户可以选择合约交易日当天交割，也可以延期至下一个交易日进行交割，同时引入延期补偿费机制来平抑供求矛盾的一种现货交易模式。

黄金远期交易是指买卖双方在未来一段时间根据约定的价格和数量对黄金进行交易的行为。黄金期货是指以黄金作为交易标的的标准化远期交易。黄金期权是以黄金为标的的期权交易，也分为看涨期权和看跌期权。黄金ETF是一种在交易所交易的开放式基金，它可以随时申购和赎回，也可以上市交易；它的投资标的为黄金系列产品。黄金信托是一项金融服务，委托人把资金寄放在黄金投资机构，经过该机构平台渠道间接投资黄金市场。

黄金市场的主体包括黄金的供给者和需求者。按交易所形态的不同划分为场外黄金交易市场和场内黄金交易市场。

全球黄金市场主要分布在欧洲、亚洲、北美洲三个区域。欧洲以伦敦、苏黎世黄金市场为代表；北美洲主要以纽约、芝加哥为代表；亚洲主要以东京、中国香港为代表。

与股票分析一样，黄金投资的主要分析方法包括基本面分析法和技术分析法，基本面分析侧重于从黄金的影响因素进行分析。

实物黄金适合于长期投资。黄金投资的风险特点包括不同的黄金投资品种风险存在差异、黄金投资风险具有较强的可变性、投资风险具有一定的可预见性。黄金投资的风险防范包括建立资金分配计划、确定适宜的操作方式、树立良好的投资心态、严格执行操作流程、密切关注人民币汇率波动情况、谨慎控制仓位等。

核心概念

黄金积存 黄金延期交收交易 黄金期货 黄金期权 黄金 ETF

复习思考题

1. 黄金的投资品种有哪些？
2. 什么是黄金 ETF？
3. 黄金投资的风险有哪些？
4. 如何对黄金投资的风险进行防范？
5. 谈一谈黄金投资在金融理财中的角色？

参 考 文 献

[1] 安东尼·克里森兹. 债券投资策略 [M]. 2 版. 林东, 译. 北京：机械工业出版社, 2016.

[2] 彼得·林奇, 约翰·罗瑟查尔德. 彼得·林奇教你理财 [M]. 宋三江, 罗志芳, 译. 北京：机械工业出版社, 2010.

[3] 弗雷德里克·S·米什金. 货币金融学 [M]. 11 版. 郑艳文, 等, 译. 北京：中国人民大学出版社, 2016.

[4] 罗伯特·D·爱德华兹, 约翰·迈吉, W.H.C·巴塞蒂. 股市趋势技术分析 [M]. 万娟, 郭烨, 姚立倩, 童伟华, 译. 北京：机械工业出版社, 2017.

[5] 乔治·克拉森. 巴比伦富翁的理财课 [M]. 比尔李, 译. 北京：中国社会科学出版社, 2007.

[6] 托马斯·卡尔. 市场中性交易 [M]. 郑三江, 许宁, 赵学雷, 译. 太原：山西人民出版社, 2017.

[7] 威廉·J·伯恩斯坦. 有效资产管理 [M]. 王红夏, 张皓晨, 译. 北京：机械工业出版社, 2016.

[8] 威廉·欧奈尔. 股票投资的 24 堂必修课 [M]. 王茵, 笃恒, 译. 北京：机械工业出版社, 2014.

[9] 詹姆斯·里卡兹. 黄金投资新时代 [M]. 许余洁, 吴海军, 译. 北京：中信出版集团, 2018.

[10] 兹维·博迪, 罗伯特·C·默顿, 戴维·L·克利顿. 金融学 [M]. 2 版. 曹辉, 等, 译. 北京：中国人民大学出版社, 2010.

[11] 森平爽一郎. 故事解读金融学 [M]. 盛凯, 译. 海口：南方出版社, 2014.

[12] 天野敦之. 懂会计才叫会理财 [M]. 胡玉, 清晓, 译. 北京：中国科学技术出版社, 2022.

[13] 安佳理财. 理财产品实战 [M]. 北京：清华大学出版社, 2016.

[14] 薄志红. 银行理财产品全攻略 [M]. 北京：中国宇航出版社, 2015.

[15] 北京当代金融培训有限公司, 北京金融培训中心. 金融理财原理 [M]. 北京：中信出版集团, 2010.

[16] 代犟. 每天读点理财常识 [M]. 上海：立信会计出版社, 2011.

[17] 邓琼芳. 从零开始读懂投资理财学 [M]. 昆明：云南美术出版社, 2020.

[18] 合力. 新手学基金投资从入门到精通 [M]. 北京：清华大学出版社, 2015.

[19] 贺学会. 证券投资学 [M]. 大连：东北财经大学出版社, 2018.

[20] 姜昌武. 赢在金币——黄金投资宝典 [M]. 北京：中国金融出版社, 2008.

［21］ 姜立涵. 有趣的金钱：人生第一堂理财课［M］. 北京：中译出版社，2022.

［22］ 李存金. 证券投资学教程［M］. 北京：北京理工大学出版社，2021.

［23］ 李昊轩. 给工薪族的第一本理财启蒙书［M］. 北京：中国华侨出版社，2012.

［24］ 李昊轩. 一本书读懂投资理财学［M］. 北京：中国华侨出版社，2010.

［25］ 李森. 小白理财［M］. 长沙：湖南科学技术出版社，2015.

［26］ 理财嘉油站. 理财的本质：无目标不理财［M］. 北京：机械工业出版社，2022.

［27］ 寥珊. 企业债市场和公司债市场的波动特征及相关性研究［J］. 天津大学硕士学位论文，2009.

［28］ 林萍，吕超，徐丹. 个人理财［M］. 北京：北京理工大学出版社，2020.

［29］ 刘红忠. 投资学［M］. 北京：高等教育出版社，2003.

［30］ 刘柯. 理财学院：银行理财产品一本通［M］. 北京：中国铁道出版社，2017.

［31］ 刘彦斌. 理财工具箱［M］. 北京：中信出版社，2012.

［32］ 刘园. 金融市场学［M］. 3版. 北京：中国人民大学出版社，2019.

［33］ 龙红亮. 投资理财红宝书：精通基金、股票、国债等个人投资的6种工具［M］. 北京：中信出版集团，2021.

［34］ 罗斌. 基金投资入门与实战技巧［M］. 北京：北京时代华文书局，2015.

［35］ 罗春秋. 从零开始学理财（实操版）［M］. 北京：中国铁道出版社，2014.

［36］ 罗春秋. 每个人都要懂的保险［M］. 北京：中国铁道出版社，2016.

［37］ 罗春秋. 人人都看得懂的银行理财产品投资实战［M］. 北京：中国铁道出版社，2021.

［38］ 马刚. 黄金投资入门与技巧［M］. 北京：电子工业出版社，2009.

［39］ 闵绥艳. 信托与租赁［M］. 北京：科学出版社，2017.

［40］ 沐丞. 理财趁年轻：愿你能过上想要的生活［M］. 北京：中国铁道出版社，2017.

［41］ 彭莉戈. 金融市场学［M］. 北京：经济科学出版社，2020.

［42］ 沈悦. 证券投资学［M］. 北京：中国人民大学出版社，2015.

［43］ 孙祁祥. 保险学［M］. 北京：北京大学出版社，2013.

［44］ 王春花. 理财规划原理［M］. 北京：清华大学出版社，2020.

［45］ 王在全. 零基础学理财［M］. 北京：文化发展出版社，2017.

［46］ 魏晓琴. 信托与租赁［M］. 北京：中国人民大学出版社，2019.

［47］ 吴军. 货币银行学［M］. 北京：对外经济贸易大学出版社，2010.

［48］ 吴晓求. 证券投资学［M］. 4版. 北京：中国人民大学出版社，2014.

［49］ 杨静云. 年轻人一定要知道的89个理财常识［M］. 北京：新世界出版社，2010.

［50］ 杨丽. 货币银行学［M］. 沈阳：辽宁大学出版社，2019.

［51］ 杨丽. 金融通论［M］. 沈阳：辽宁大学出版社，2011.

［52］ 杨连春. 黄金投资入门与技巧［M］. 北京：清华大学出版社，2012.

［53］ 殷孟波. 货币金融学［M］. 北京：中国金融出版社，2014.

［54］ 永良. K线图入门与技巧：股票和期货的永恒交易［M］. 上海：立信会计出版社，2015.

［55］ 于佳蓉. 基金定投：投资小白盈利指南［M］. 北京：电子工业出版社，2021.

［56］ 张鹤. 成功理财的16堂课［M］. 北京：机械工业出版社，2010.

［57］中国金融教育发展基金会金融理财标准委员会. 金融理财原理［M］. 北京：中信出版集团，2007.

［58］中国期货业协会. 黄金［M］. 北京：中国财政经济出版社，2010.

［59］周思洁. 理财先理心［M］. 桂林：漓江出版社，2011.

［60］祝合良，刘山恩，许贵阳. 黄金市场投资精要［M］. 北京：经济管理出版社，2012.